Frederick Faber

Alles für Jesus

oder Die leichten Wege zur Liebe Gottes

Frederick Faber

Alles für Jesus
oder Die leichten Wege zur Liebe Gottes

ISBN/EAN: 9783743656369

Hergestellt in Europa, USA, Kanada, Australien, Japan

Cover: Foto ©Lupo / pixelio.de

Weitere Bücher finden Sie auf **www.hansebooks.com**

Ich bin der Weinstock, ihr die Reben. Joh. 15, 5.

Je suis la vigne, vous êtes / I am the vine et you are
les sarments. Jean 15, 5. / the branches. John 15, 5.

Alles für Jesus,

oder

die leichten Wege zur Liebe Gottes.

Ein Betrachtungsbuch

für

fromme Christen und die es werden wollen.

Von

P. Frederick William Faber,

Doctor der Theologie und Superior des Oratoriums des heiligen Philippus Neri zu London.

Mit Genehmigung des Verfassers
nach der siebenten Auflage in's Deutsche übertragen
von
Carl B. Reichis

Vierte, verbesserte und mit den gewöhnlichen Gebeten der Kirche vermehrte Auflage.

Mit einem Stahlstiche.

Regensburg.
Druck und Verlag von G. Joseph Manz.
1865.

MILWAUKIE: HOFFMANN BROTHERS.

Vorwort des Uebersetzers.

Der hochwürdige Verfasser nachstehenden Werkes bestimmte es ursprünglich für die Mitglieder der Bruderschaft des kostbaren Blutes, welche das Oratorium des heiligen Philippus Neri zu London besuchen. Er will hier nicht eine Anleitung geben, die das ganze geistliche Leben umfaßt, er zeigt nur die leichten Wege, welche zur Liebe Gottes führen; die harten, rauhen Pfade, die nur eine hohe Heiligkeit wandeln kann, wie sie sich im Leben vieler Heiligen abspiegelt, liegen außer seinem Gesichtskreise.

Das Buch, welches im Jahre 1853 zum ersten Mal erschien, fand in England und Irland eine so gute Aufnahme, daß schon nach einigen Monaten eine zweite Auflage nöthig wurde, welcher bald die dritte, und im Jahre 1854 die vierte folgte. Auch wurde es kurz nach seinem Erscheinen in's Französische übersetzt und erhielt die Approbation des Erzbischofs von Paris, worin es heißt: „Dieses Werk durchweht ein Geist tiefen Glaubens und zarter Frömmigkeit; der Verfasser weiß das fromme Leben liebenswürdig zu machen, indem er es in sein wahres Licht stellt, und zeigt seinen Lesern mit großer Kenntniß des menschlichen Herzens die Wege, welche sicher zu Gott führen."

Der Text der dritten Auflage wurde wieder sorgfältig durchgesehen, und auf allseitigen Wunsch sind derselben die gewöhnlichen Gebete der Kirche beigefügt worden.

Vorrede des Verfassers.

Indem ich dieß Buch dem Publikum darbiete, scheinen nur zwei Stücke eine Erklärung zu erfordern. 1) Spreche ich beständig von der Bruderschaft des kostbaren Blutes; dieß kommt daher, weil dieß Werk bestimmt war, für die Mitglieder der Bruderschaft als geistliches Handbuch zu dienen. Man darf aber daraus nicht schließen, als ob es nicht allen Katholiken ebenso von Nutzen sein könnte. 2) Während ich der christlichen Liebe meiner Leser vertraue, daß sie mich in allen zweifelhaften oder dunkeln Stellen nur in dem Sinne auslegen, welchen von der Kirche approbirte Schriftsteller angenommen haben, so möchte ich mich noch namentlich gegen ein Mißverständniß verwahren. Man könnte sagen: Alle diese Uebungen und Andachten beziehen sich blos auf die sehnsüchtige, nicht auf die thätige Liebe, und deßhalb annehmen, als ob ich nur die eine einzuflößen suche, ohne mich um die andere zu bekümmern. Natürlich muß die Liebe, um vollkommen zu sein, thätig werden, und die thätige Liebe liegt in der Abtödtung, von der Selbstverläugnung an, welche von allen Christen gefordert wird, um eine Todsünde zu vermeiden, bis hinauf zur Selbstentsagung der Heiligen in Dingen, die unserer geringen geistlichen Vollkom-

menheit als eine Uebertreibung erscheinen. Es gibt
keine hohe Heiligkeit ohne einen Grad der Selbstverläugnung, welche weit über das hinausgeht, was
das Gebot von Jedem unter uns verlangt. Aber
dieß ist nicht der Gegenstand, den ich mir hier zu
behandeln vorgenommen habe; mein Zweck ist nicht,
zu zeigen, was vollkommen, sondern was leicht zu
thun ist; ich will keineswegs versuchen, die Seelen
in die höhern Regionen des geistlichen Lebens einzuführen. Gott verhüte, daß ich so thöricht oder so
eitel sein sollte! Als ein Sohn des heiligen Philippus habe ich es besonders mit der Welt zu thun,
und mit Leuten, die in der Welt leben und hier
gut zu sein, und sich in ihrem gewöhnlichen Berufe
zu heiligen suchen. Zu Solchen spreche ich, und ich
schlage ihnen keine Opfer vor, die ihre Kräfte übersteigen, sondern Andachtsübungen, welche zugleich
anziehend sind und auch dahin abzielen, ihren christlichen Eifer zu beseelen, ihre Liebe anzuregen und
in ihnen jenen unaussprechlichen Reiz zu erhöhen,
welcher in der Uebung der Religion und der Pflichten liegt, die sie auflegt. Ich möchte die Frömmigkeit
gerne für Jene einladend und angenehm machen, welche
solche Hilfsmittel bedürfen, wie ich selbst. Ein höheres
Ziel habe ich mir nicht gesteckt. Wenn dieß Buch
auch nur Ein Herz veranlaßt, unsern Herrn ein wenig inniger zu lieben, so wird Gott das Werk und
seinen Verfasser weit über Verdienst gesegnet haben.

Morgengebet.

(Das Morgengebet ist eine Pflicht, die Gott als die erste Frucht des Tages von uns fordert; wir müssen sie daher gewissenhaft erfüllen. Der Erfolg unserer Handlungen den Tag über hängt größtentheils davon ab, wie wir diese erste Pflicht erfüllen. Wenn wir den Tag beginnen, ohne um Gottes Gnade zu flehen, und ohne Ihm aufrichtig für die Ruhe der Nacht zu danken, so setzen wir uns gewiß unzähligen Gefahren aus.

Allein vor dem Gebete müssen wir uns einen Augenblick innerlich sammeln und bedenken, was wir an uns selbst sind, und was Gott ist, mit welchem wir zu sprechen im Begriffe stehen. So werden wir die Wichtigkeit dieser Handlung begreifen, und die Gefühle der Demuth, der Reue über unsere Fehler, der Inbrunst, der Liebe und des Vertrauens in uns erwecken, womit wir Ihn anreden sollen.)

Beim Erwachen am Morgen sprich:

O mein Gott, mein einziges Gut, du Urheber meines Daseins und mein letztes Ziel und Ende, ich opfere dir mein Herz. Ruhm, Preis und Ehre sei dir immer und ewig! Amen.

Beim Aufstehen sprich:

Im Namen des Vaters, des Sohnes und des heiligen Geistes! Amen.

Ich will von diesem Bette aufstehen, um meinen Gott anzubeten und an der Rettung meiner Seele zu arbeiten. O daß ich am jüngsten Tage zum ewigen Leben auferstehen möchte!

Während des Ankleidens sprich:

O mein Gott! bekleide meine Seele mit dem hochzeitlichen Kleide der Liebe, und verleih', daß ich dasselbe rein und unbefleckt vor deinen Richterstuhl bringe.

Wenn du angekleidet bist, so kniee nieder und sprich:

Im Namen des Vaters und des Sohnes und des heiligen Geistes! Amen. Gebenedeit sei die heilige und unzertheilte Dreifaltigkeit, jetzt und in Ewigkeit! Amen.

Komm, o heiliger Geist! nimm Besitz von meinem Herzen und entzünde darin das Feuer deiner göttlichen Liebe. Amen.

(Stelle dich in die Gegenwart Gottes, sage Ihm Dank für seine Wohlthaten und opfere dich Ihm ohne Vorbehalt auf.)

O ewiger Gott! heiligste und anbetungswürdigste Dreifaltigkeit, Gott Vater, Sohn und heiliger Geist: Du Anfang und Ende aller Dinge, in welchem wir leben, uns bewegen und sind; ich glaube fest, daß du hier gegenwärtig bist, ich bete dich mit der tiefsten Demuth an, ich preise dich, ich sage dir vom Grunde meines Herzens dafür Dank, daß du mich nach deinem Bild und Gleichniß erschaffen, und mich mit dem kostbaren Blute deines Sohnes erlöst hast; daß du mich bisher erhieltest, und mich den Anfang dieses Tages glücklich erleben ließest. Siehe, o Herr, ich opfere dir Alles, was ich bin, und insbesondere meine Gedanken, Worte und Werke, nebst den Leiden und Widerwärtigkeiten, die mich vielleicht im Laufe dieses Tages treffen werden. Ich weihe sie gänzlich zur Ehre deines Namens in Vereinigung mit benen Jesu Christi, meines Erlösers, damit sie durch seine unendlichen Verdienste alle in deinen Augen wohlgefällig sein mögen. Gib ihnen, o Herr, deinen Segen! Möge deine göttliche Liebe sie beseelen, und mögen sie alle zur größeren Ehre deiner göttlichen Majestät abzielen. Amen.

Entschließe dich, das Böse zu meiden und das Gute zu thun.

Anbetungswürdiger Jesu! du göttliches Vorbild jener Vollkommenheit, nach welcher wir trachten sollen, ich will es diesen Tag versuchen, nach deinem Beispiele milde, demüthig, keusch, geduldig, liebreich und in den Willen Gottes ergeben zu sein. Neige mein Herz zur Haltung deiner Gebote. Ich bin entschlossen, mit dem größten Fleiße über mich zu wachen, und in's Künftige nüchtern, gerecht und fromm zu leben. Ich will eine Wache an meinen Mund stellen, und ein Thor der Klugheit vor meine Lippen, damit ich nicht sündige mit meiner Zunge. Ich will meine Augen abwenden, daß sie nicht eitle Dinge sehen, und will besonders aufmerksam sein, daß ich diesen Tag nicht in meine gewohnten Fehler zurückfalle, sondern unter deinem gnädigen Beistande muthig dagegen kämpfe. Erleuchte meinen Geist, reinige mein Herz und leite meine Schritte, damit ich mein ganzes Leben in deinem göttlichen Dienste zubringen möge. Amen.

Bitte um die nothwendige Gnade.

Du kennst, o Gott! meine Schwäche, daß ich arm bin und verlassen, daß ich nichts Gutes thun, nicht einmal denken kann ohne dich. Erhebe dich also zu meiner Hilfe, stärke mich mit deiner Gnade, damit ich eifrig thue, was ich fest beschlossen habe, und nicht nur alles Böse vermeide, was du verbietest, sondern auch alles Gute thue, was du gebietest. Vater unser ꝛc. Gegrüßet seist du Maria ꝛc. Ich glaube ꝛc.

Confiteor.

Ich bekenne Gott dem Allmächtigen, Mariä der seligsten allezeit reinen Jungfrau, dem seligen Erzengel Michael, dem seligen Johannes dem Täufer, den heiligen Aposteln

Petrus und Paulus, allen Heiligen und dir Vater! daß ich gesündigt habe oft und viel in Gedanken, Wort und Werk, aus meiner Schuld, aus meiner Schuld, aus meiner größten Schuld. Deßhalb bitte ich die seligste Jungfrau Maria, den seligen Erzengel Michael, den seligen Johannes den Täufer, die heiligen Apostel Petrus und Paulus, und alle Heiligen, zu bitten für mich bei Gott, unserm Herrn.

Es erbarme sich meiner der allmächtige Gott, und verzeihe mir meine Sünden, und führe mich zum ewigen Leben.

Nachlaß, Lossprechung und Vergebung meiner Sünden, schenke mir der allmächtige und barmherzige Gott! Amen.

Rufe die seligste Jungfrau, deinen Schutzengel und deinen heiligen Namenspatron an.

O heilige Jungfrau, Mutter Gottes, meine Patronin und Fürsprecherin! bitte für deinen armen Diener (Dienerin), und erzeige dich mir als eine Mutter. Und du, o seliger Geist, welchen Gott in seiner Barmherzigkeit mir zum Schutzengel bestimmt hat, bitte für mich diesen Tag, daß ich nicht vom Pfade der Tugend abweiche. Auch du glückseliger Heiliger, dessen Namen ich trage, bitte für mich, daß ich Gott in diesem Leben getreu diene, wie du es gethan, und Ihn mit dir im Himmel verherrliche. Amen.

Akte des Glaubens, der Hoffnung und der Liebe.

Im Namen des Vaters und des Sohnes und des heiligen Geistes! Amen.

Gebet vor Erweckung der Akte.

O allmächtiger, ewiger Gott! verleih uns ein Wachsthum im Glauben, in der Hoffnung und in der Liebe, und damit wir erlangen, was du verheißen hast, so gib, daß wir deine Gebote lieben und üben, durch Jesum Christum, unsern Herrn. Amen.

Akt des Glaubens.

O mein Gott! ich glaube fest, daß du nur ein einziger Gott bist, der Schöpfer und Herr Himmels und der Erde, unendlich groß, unendlich gut und unendlich vollkommen. Ich glaube fest, daß in dir, dem alleinigen Gotte, drei göttliche Personen sind, der Vater und der Sohn und der heilige Geist. Ich glaube fest, daß Gott der Sohn, die zweite Person der heiligsten Dreifaltigkeit, Mensch geworden; daß er empfangen wurde vom heiligen Geiste, geboren aus Maria der Jungfrau; daß er am Kreuze litt und starb, um uns zu erlösen; daß er am dritten Tag auferstand von den Todten; daß er auffuhr in den Himmel und nun sitzet zur rechten Hand des Vaters; daß er am Ende der Welt kommen wird, um die Menschen zu richten und jedem nach seinen Werken zu vergelten; daß er die Guten mit ewiger Seligkeit belohnen, und die Bösen zu den ewigen Peinen der Hölle verdammen wird. Ich glaube diese und alle anderen Wahrheiten, welche die heilige katholische Kirche uns zu glauben vorstellt, weil du mein Gott, die untrügliche Wahrheit, sie geoffenbart, und weil du uns befohlen hast, die Kirche zu hören, welche ist die Säule und Grundfeste der Wahrheit. In diesem Glauben, bin ich fest entschlossen, mit deiner heiligen Gnade zu leben und zu sterben.

Akt der Hoffnung.

O mein Gott! der du jeden Segen, selbst den Himmel, durch Jesum Christum denen gnädig verheißen hast, die deine Gebote halten; im Vertrauen auf deine Macht, die unendlich ist, auf deine Barmherzigkeit, die alle Dinge übersteigt, und auf deine Verheißungen, denen du immer getreu bleibst, hoffe ich zuversichtlich, die Verzeihung meiner begangenen Sünden zu erlangen, welche ich jetzt verabscheue, sowie die Gnade, dir in diesem Leben durch Verrichtung der guten Werke, die du befohlen hast, getreu zu dienen, und die ewige Glückseligkeit in dem andern Leben durch meinen Herrn und Erlöser Jesus Christus.

Akt der Liebe.

O mein Gott! mein Schöpfer, mein Erlöser, mein höchstes Gut! dessen grenzenlose Liebe gegen mich nie aufhört, und dessen unendliche Vollkommenheiten die anbetenden Engel mit unaussprechlicher Wonne betrachten, ich liebe dich von ganzem Herzen und von ganzer Seele und über alle Dinge, und um deinetwillen liebe ich meinen Nächsten wie mich selbst. O lehre mich, gnädiger Gott! dich täglich mehr und mehr zu lieben, und verleihe mir in deiner Barmherzigkeit, daß ich, nachdem ich dich auf Erden geliebt, mich deiner ewig im Himmel erfreuen möge.

Tägliche Aufopferung.

Mein Gott und mein Alles! ich möchte dir mit jedem Athemzuge, mit jedem Gedanken, mit jedem Worte, mit jeder Bewegung des Leibes und der Seele sagen, daß ich dich mehr liebe als das Leben oder irgend Etwas in dieser Welt. Ich bringe mich dir ganz zum Opfer dar, indem ich meine Taufgelübde erneuere, nebst den Versprechen und Entschlüssen meines vergangenen Lebens. Ich bringe dir auch (und bei jeder Bewegung meines Leibes und der Seele möchte ich dies Opfer erneuern) allen Preis, allen Dank und alle Anbetung der streitenden, triumphirenden und leidenden Kirche dar; Alles, was sie dir geopfert oder opfern wird, bis an's Ende der Zeiten; alle Liebe, alles Wohlgefallen und alle Freuden, die du in deiner göttlichen Wesenheit als alleiniger Gott in drei Personen besitzest; alle Huldigung, die mein geliebter Jesus dir in dem anbetungswürdigen Sakramente des Altars darbringt; alle heiligen Messen, die jetzt gefeiert werden, gefeiert worden sind oder bis an's Ende der Zeit werden gefeiert werden, zu deiner Ehre und Glorie, ohne daß ich einen andern Wunsch habe als den einzigen, dir zu gefallen, dich zu lieben, für dich zu leben und für dich zu sterben. Ich bin dein, mein Gott und mein Alles. O gib, daß ich es ganz sei und auf ewig! Vor Allem nimm mein Herz, verbanne aus ihm alle andern Neigungen und mache es für die Zukunft zu einem brennenden Feuerofen der reinsten Flammen deiner glühendsten Liebe. Amen.

Abendgebet.

(Wenn es eine Pflicht von der größten Wichtigkeit ist, den Tag gut anzufangen, so ist es nicht minder wichtig, denselben recht zu beschließen. Die Gnaden, die uns im Laufe des Tages erwiesen wurden, und der Schutz, den wir vor den Gefahren der Nacht nöthig haben, sind dringende Gründe, warum wir uns an Gott wenden und zu ihm mit der innigsten Dankbarkeit und Liebe beten sollen. Eine tägliche Gewissenserforschung im Allgemeinen mit Rücksicht auf unser ganzes Betragen den Tag über, und insbesondere mit Rücksicht auf unsere herrschende Leidenschaft oder üble Gewohnheit und auf die Tugend, die wir am meisten bedürfen, wird von allen Lehrern im geistlichen Leben nachdrücklich empfohlen, als eine der wichtigsten Pflichten und als die nützlichste Andachtsübung, um die Sünde zu meiden und die Tugend zu erlangen. Sie ist ein Spiegel, worin wir uns in unserer wahren Gestalt sehen, und wodurch wir zur Erkenntniß unserer Sünden und bösen Neigungen kommen. Sie gleicht einem Schwamme, womit wir die Schuld von unsern Seelen abwaschen und um so reiner vor Gott werden, je fleißiger wir sie üben. Wenn wir den Gatten unserer Seele durch diese heilige Uebung nicht täglich vom Unkraute reinigen, so wird der verdorbene Boden des Herzens natürlich Laster und Unvollkommenheiten in Menge hervorbringen.

Die vielen ausgezeichneten Segnungen, die Gott denjenigen Familien verliehen hat und verleiht, wo solche Gebete in der Regel verrichtet werden, sollten ein hinreichender Beweggrund sein, diese Gewohnheit überall einzuführen, und hauptsächlich am Abend, wo alle um so leichter versammelt sein können. „Wo zwei oder drei in meinem Namen versammelt sind," sagt Christus, „da werde ich mitten unter ihnen sein." O Christen! was für einen stärkern Antrieb können wir haben, uns ein so großes Glück zu verschaffen?)

Im Namen des Vaters ꝛc. Amen.

Gebenedeit sei die heilige und unzertrennliche Dreieinigkeit jetzt und in Ewigkeit! Amen.

Komm, o heiliger Geist! erfülle die Herzen deiner gläubigen Diener, und entzünde in ihnen das Feuer deiner göttlichen Liebe. Amen.

Stelle dich in die Gegenwart Gottes und bete Ihn demüthig an.

In tiefem Gefühle der Gegenwart deiner ewigen Majestät bete ich dich voll Demuth an, o mein Schöpfer, mein Erlöser, und mein Richter! Ich glaube an dich, weil du die Wahrheit selbst bist. Ich hoffe auf dich, weil du deinem Worte getreu bleibst. Ich liebe dich von ganzem Herzen, weil du meiner Liebe würdig bist, und um deinetwillen liebe ich auch meinen Nächsten wie mich selbst.

Sage Gott Dank für die Gnaden, die Er dir heute erzeigt hat.

Setze mich in den Stand, o mein Gott! dir, wie ich sollte, für alle deine unschätzbaren Wohlthaten und Gnaden zu danken.

Du hast an mich gedacht und mich geliebt von Ewigkeit; du hast mich aus Nichts gebildet; du hast deinen geliebten Sohn dem schmachvollen Tod am Kreuze zu meiner Erlösung überliefert; du beschütztest mich, daß ich nicht in den Abgrund des ewigen Verderbens fiel, während meine Sünden dich oft hätten auffordern können, mir das Leben zu nehmen. Du wolltest mich gnädig schonen, ob ich gleich fortfuhr, dich zu beleidigen. Ach mein Gott! wie kann ich Dir für die unzähligen Wohlthaten vergelten, die du mir im ganzen Verlaufe meines Lebens erwiesen hast, und insbesondere für die Gnaden dieses Tages? O alle ihr Engel und Heilige! vereiniget euch mit mir im Preise des Gottes der Barmherzigkeit, der gegen ein so unwürdiges Geschöpf so liebreich ist.

Bitte Gott, dir deine Sünden offenbar zu machen.

O ewige Quelle des Lichtes! der du gesagt hast: „Es werde Licht, und es war Licht," erleuchte die Finsterniß meines Verstandes und vertreibe jene Schatten der Unwissenheit und des Irrthums, welche mir die Häßlichkeit und Größe meiner Sünden verbergen. Enthülle mir, ich bitte dich, alle Sünden, die ich diesen Tag begangen habe, sei es in Gedanken, Worten und Werken oder Unterlassungen; verleihe mir ein lebhaftes Gefühl ihrer Häßlichkeit, damit ich sie auf's tiefste verabscheue, und Nichts so sehr fürchte, als noch einmal eine Sünde zu begehen.

(Erforsche dein Gewissen und erwäge, wo, und in welcher Gesellschaft du diesen Tag gewesen bist. Besinne dich auf die Sünden, die du gegen Gott, gegen deinen Nächsten, oder gegen dich selbst begangen hast, und denke darüber nach, ob du die Pflichten deines Standes erfülltest.)

Gebet.

Durchdrungen von Schmerz, und überwältigt von Scham bei dem Anblicke meiner Missethaten, erkenne ich mich für unwürdig, o Herr! unter deine Diener gezählt zu werden. Ist es möglich, daß ich deine unendliche Geduld und Güte mit so viel Bosheit und Undankbarkeit vergelten konnte? Schöpfer Himmels und der Erde! ich habe wider dich gesündigt. Ach, ich habe dich beleidigt, der so gut und meiner Liebe so würdig ist! Dennoch, o Herr! wenn ich bedenke, daß ich das Werk deiner Hände und mit dem Blute deines eingebornen Sohnes erkauft bin, kann ich nicht verzweifeln an deiner Verzeihung. Demnach flehe ich durch seine unendlichen Verdienste, du wollest mir die Vergebung meiner Sünden gewähren. Habe Mitleid mit mir, o ewiger Vater! und schone meiner um deines geliebten Sohnes willen. Wende ab dein Angesicht von meinen Sünden und tilge meine Missethaten. Ich bin herzlich betrübt darüber, weil sie dich beleidigten, und ich werde fortfahren, sie aufrichtig zu bereuen, bis zur Stunde meines Todes. Amen.

Fasse den festen Vorsatz zur Besserung.

O allmächtiger, ewiger Gott! ich wünschte vom Grunde meines Herzens, daß ich nie wider dich gesündigt hätte, aber da ich so unglücklich gewesen bin, o so verleihe mir jetzt deine Gnade, daß ich dich nie mehr beleidige. Du hast gesagt: „Ich will nicht den Tod des Sünders, sondern daß er sich bekehre und lebe." Bekehre mich also, und ich werde bekehrt sein. — Erbarme dich meiner nach deiner großen Barmherzigkeit und nach der Menge deiner Erbarmungen tilge alle meine Missethaten. Ich entsage aller Sünde und den Gelegenheiten dazu, und nehme mir ernstlich vor, hinfort auf dem Pfade deiner Gebote zu wandeln. Diesen Entschluß bin ich entschlossen zu halten, mit dem Beistande deiner Gnade, die mir erkauft ist durch die unendlichen Verdienste deines eingebornen Sohnes Jesu

Christi, unsers Herrn, Amen. Vater unser ꝛc. Ave Maria ꝛc. Ich glaube ꝛc.

Gebet.

Segne, o Herr! die Ruhe, die ich jetzt genießen will, damit ich nach Erneuerung meiner Körperkräfte um so besser im Stande bin, dir zu dienen. O alle ihr Heiligen und Engel, aber insbesondere du, o Mutter Gottes, bittet für mich, nicht nur diese Nacht und mein übriges Leben, sondern auch in der Stunde meines Todes! Amen.

Ergieße, o Herr! deinen Segen über meine Eltern, Wohlthäter, Freunde, und über meine Feinde, wenn ich solche habe. Beschütze meine geistlichen und weltlichen Vorgesetzten. Hilf den Armen und Kranken, und denen, die in der Todesangst liegen. Bekehre alle Irrgläubigen und Ungläubigen. O Gott der Güte und Barmherzigkeit! erbarme dich der Seelen im Fegfeuer, mache ihren Leiden ein Ende, und schenke allen denen, für die ich besonders zu beten verpflichtet bin, das ewige Licht, die ewige Ruhe und Seligkeit. Amen.

Beichtgebete.

Vorbereitung auf die Beicht.
Bitte um den göttlichen Beistand, um eine gute Beicht abzulegen.

O allmächtiger und barmherziger Gott! der du mich aus Nichts erschaffen und mich mit dem kostbaren Blute deines Sohnes erlöset hast; der du mich bis auf diesen Tag mit so vieler Geduld ertrugest, trotz meinen Sünden und meiner Undankbarkeit, indem du mir immer riefest, von den Wegen der Eitelkeit und Bosheit zurückzukehren, auf denen ich mich verirrte, während ich leeren Schatten nachjagte, und wo ich vergebens meinen Durst mit schmutzigem Wasser und meinen Hunger mit den Trebern der Schweine zu stillen suchte: siehe, o Herr! ich habe nun das aufrichtige Verlangen, alle diese meine bösen Wege aufzugeben, das Land des Todes zu verlassen, und zu dir zurückzukehren, zur Quelle des Lebens. Ich möchte meine Sünden mit aller Aufrichtigkeit dir und deinem Diener bekennen, und deßhalb will ich mich durch eine fleißige Erforschung meines Gewissens selbst zur Rechenschaft ziehen. Aber, o mein Gott! wie elend werde ich mich täuschen, wenn du mir nicht in diesem wichtigen Werke durch deine himmlische Erleuchtung beistehst. Entferne also jeden Schleier, der mir irgend eine meiner Sünden verbirgt, damit ich sie alle in ihrer wahren Farbe sehe, und sie aufrichtig verabscheue. O gib, daß ich nicht länger von dem bösen Feinde oder von meiner Eigenliebe berückt werde, so daß ich mich vor mir selbst verberge oder auf irgend eine Weise mir in meinen Sünden schmeichle.

Aber, o mein gütiger Gott! was wird es mir nützen, meine Sünden zu bekennen, wenn du mir nicht auch eine herzliche Reue über dieselben verleihest? Ohne diese werden meine Sünden alle dennoch auf mir lasten, und ich werde dennoch dein Feind sein und ein Kind der Hölle. Du bestehest auf einer Aenderung des Herzens, ohne welche es keine Aussöhnung mit dir geben kann, und diese Aenderung des Herzens kannst nur du verleihen. O gib sie mir also, theuerster Herr! zu dieser Zeit; gib mir einen lebendigen Glauben, eine feste Hoffnung auf das Leiden meines Erlösers; lehre mich dich fürchten und dich lieben. Verleihe mir um deiner Barmherzigkeit willen eine herzliche Reue, einen so guten Gott beleidigt zu haben, und flöße mir einen vollen und festen Entschluß ein, in's Künftige ein neues Leben zu beginnen.

Schenke mir auch die Gnade, ein vollständiges und aufrichtiges Bekenntniß meiner Sünden abzulegen, und die Beschämung darüber als eine Buße anzunehmen, die mir für meine Uebertretungen mit Recht gebührt. Laß den bösen Feind mit allen seinen Künsten nicht Herr über mich werden, daß ich aus Furcht oder Scham irgend etwas übergehe; laß mich lieber sterben, als in ein so großes Uebel einwilligen. O verleih, daß diese Beicht wenigstens gut ist, und um deines Sohnes Jesu Christi willen, der für mich und für alle Sünder starb, stehe mir bei, daß ich jeden Theil derselben mit der gleichen Sorgfalt und Aufmerksamkeit durchgehe, wie ich es in der Stunde meines Todes mit Freuden thun würde.

Seligste Jungfrau, Mutter meines Erlösers, du Spiegel der Unschuld und Heiligkeit, du Zuflucht reumüthiger Sünder! bitte für mich durch das Leiden deines Sohnes, daß ich die Gnade erlangen möge, eine gute Beicht abzulegen. Alle ihr Engel und Heiligen Gottes, bittet für mich armen Sünder, daß ich jetzt von meinen bösen Wegen umkehre, damit so mein Herz hinfort für immer mit dem eurigen in ewiger Liebe geeinigt sei, und sich nie mehr von dem höchsten Gute entferne. Amen.

(Erforsche nun dein Gewissen und nachdem du es sorgfältig erforscht hast, sprich folgendes Gebet, um Reue und Leid zu erwecken.)

Ich habe hier nun vor mir, o Herr! den traurigen Anblick der vielen Beleibigungen, wodurch ich deiner göttlichen Majestät mißfiel, und die einst im Gerichte gegen mich aufstehen werden, wenn meine Seele nicht durch eine herzliche Reue bereitet wird, deine Verzeihung zu empfangen. Aber diese Reue und dieses Leid, o Herr! muß die freie Gabe deiner Barmherzigkeit sein, sonst werden alle meine Bemühungen vergeblich sein. Habe daher Mitleid mit mir, o barmherziger Vater! und gieße in mein Herz deine Gnade, damit ich alle meine Sünden aufrichtig bereuen könne. Verleihe mir wahre Zerknirschung des Herzens, damit ich meine niedrige Undankbarkeit beweine, und von Herzen darüber trauere, meinen so guten Gott beleidigt zu haben. Gib, daß ich nicht durch eine falsche Reue mich täuschen lasse, wie es durch meine Schwäche und Nachläßigkeit, fürchte ich, nur zu oft der Fall war. Möge sie jetzt deine Gabe sein, die von dir, dem Vater der Lichter, herabkommt, damit so meine Reue von einer wahren Besserung und Lebensänderung begleitet sein möge, und ich wieder in die Zahl deiner Diener aufgenommen werde! Amen.

Gebet vor der Beicht.

Erbarme dich meiner, o Gott! und laß mich an den Wirkungen deiner großen Barmherzigkeit Theil nehmen. Ich erkenne nun die Menge und Größe meiner Sünden. Du bist es, o mein Gott! den ich treuloses Geschöpf beleidigt habe. Um meinen sinnlichen Neigungen zu folgen, und meine Leidenschaften zu befriedigen, habe ich dich verlassen und deine Gnade verloren. Ich, den du nach deinem Bilde erschufest und mit dem Blute deines eingebornen Sohnes erlöstest, habe meine Seele jenen Ungeheuern von Undankbarkeit, den höllischen Geistern ähnlich gemacht; wie sie habe ich den Himmel, meine selige Heimath verscherzt, und die Hölle und Verdammung verdient, welcher ich niemals werde entrinnen können, ohne den Beistand deiner unendlichen Barmherzigkeit. Das Unrecht, das ich dir zugefügt, o Herr! ist so groß, daß dein Sohn Jesus Christus, mein Erlöser, deshalb den Tod erleiden mußte. Wie also, o mein Gott! wie kann ich ein so großes Uebel genugsam beklagen? Wer wird meine Augen zu

einer Thränenquelle machen, damit ich unaufhörlich mein
Elend und meine Bosheit beweine, und Buße thue für
meine Sünden?

Ich anerkenne meine Fehltritte, o Herr! ich fühle,
daß ich nicht würdig bin, in deiner Gegenwart zu erscheinen, oder jenen anbetungswürdigen Namen anzurufen, den
ich nicht auszusprechen verdiene. Ich habe dich schwerer
beleidigt als Manche, die jetzt in dem ewigen Feuer der
Hölle schmachten. Ich habe deine Gnade mißbraucht, dein
heiliges Blut mit Füßen getreten, voll Undankbarkeit deine
Wohlthaten gegen dich selbst gewendet, und Gelegenheiten
des Heils versäumt, die nie wiederkehren werden. Ach,
wenn ich meine Nebenmenschen mit der Hälfte der Undankbarkeit behandelt hätte, die ich gegen dich, mein gütiger
Gott! gezeigt habe, so müßte ich daran verzweifeln, daß sie
mir verzeihen; aber obgleich ich ganz unwürdig bin, um
deine Verzeihung zu bitten oder sie zu erlangen, so verzweifle ich doch nicht, noch einmal in deine Gnade und
Freundschaft aufgenommen zu werden. Ich weiß, daß
meine vielfältigen Sünden wenige sind im Vergleich mit
deinen überreichen Verdiensten, und daß du nie ein reumüthiges und zerknirschtes Herz zurückzuweisen vermagst.
Ich werfe mich mit allen meinen Sünden und mit meinem
Elende am Fuße deines Kreuzes nieder, wo noch nie ein
Sünder verworfen wurde, der mit Demuth und Reue
deine Verzeihung anflehte. Ich umfange deine Füße mit
der reumüthigen Magdalena, und wünsche innigst, daß ich
gleich ihr, dich ebenso lieben könnte, wie ich dich beleidigt habe.
Ach, versage mir jene Verzeihung nicht, nach welcher ich
mich mehr sehne, als nach jedem andern Gute. Habe
Mitleid mit mir, o mein Gott und Vater! denn zu wem
kann ich meine Zuflucht nehmen, als zu dir? Warum
brachte ich die besten Tage meines Lebens damit zu, meinen Schöpfer zu erzürnen? Wenigstens will ich jetzt für

immer jene sündhafte Laufbahn verlassen, der ich nur zu lange gefolgt bin. Möge die Sünde mir immer, wie jetzt, furchtbarer erscheinen, als selbst die Hölle, und die geringste Versuchung, dich zu beleidigen, schrecklicher als der Tod! O gib, daß jede Stunde meines Lebens künftighin meine Reue über alle meine Sünden vermehre und meinen festen Entschluß bestärke, dem unaussprechlichen Unglücke, eine einzige vorsätzliche Sünde zu begehen, den Tod tausendmal vorzuziehen.

Gebet nach der Beicht.

O Gott der Barmherzigkeit! ich habe nun durch deine Gnade mein Gewissen von der Schuld entlastet, die mich drückte, indem ich voll Demuth alle Sünden, an die ich mich erinnern konnte, deinem Diener, meinem geistlichen Vater entdeckte. Ich bitte dich, diese Beicht gnädig anzunehmen, und mir alle meine Fehltritte zu verzeihen, sowohl jene, die ich vergessen habe, als die, deren ich mich erinnern konnte. Schenke mir die Gnade, o Herr! in's Künftige sorgfältiger zu leben und mich meiner vorigen Laster zu enthalten, die ich gänzlich verabscheue, mit dem festen Vorsatze, mich derselben nie mehr schuldig zu machen. Aber insbesondere, o barmherzigster Erlöser! gib mir die Kraft, jenen Versuchungen zu widerstehen, die mich am meisten plagen, und alle Gelegenheiten zu vermeiden, dich für die Zukunft zu beleidigen. Wenn der Gerechte des Tages siebenmal fällt, wie viel mehr habe ich Grund, über mich zu wachen, o Herr! und zu fürchten, daß ich in meinen Entschlüssen nicht standhaft sein werde, weil ich in Folge meiner lasterhaften Gewohnheiten die natürliche Blindheit und Schwäche vermehrt habe, in welcher ich geboren ward. Dennoch, o Herr! nehme ich mir ernstlich vor, mit deinem gnädigen Beistande nie in irgend eine Todsünde einzuwilligen, vor welcher du mich, so lange ich lebe, bewahren mögest, und was meine läßlichen Sünden und Unvollkommenheiten betrifft, so bin ich entschlossen, gegen sie zu kämpfen, und hoffe mit deiner Güte, sie endlich abzulegen. Dazu verleihe mir deine Gnade, o süßer Jesus! daß ich mein Gewissen jede Nacht sorgfältig prüfe.

Ich flehe demüthig um deinen Beistand, die Buße, die mir auferlegt wurde, zu verrichten, wie ich sollte. Gib, daß ich meine Entschlüsse nie vergesse, und meine Bemühungen nie aufgebe, mein Leben zu bessern, bis ich endlich ein wahrer Büßer werde und den neuen Menschen anziehe, damit ich so durch die Verdienste deines heiligen Leidens hienieden die volle Verzeihung meiner Sünden erlange, und jenseits das ewige Leben. Verleihe mir dieses, mein Herr und Erlöser Jesus Christus, der du mit Gott dem Vater und dem heiligen Geiste lebest und regierest in Ewigkeit! Amen.

Communion-Gebete.

Betrachtungen vor der Communion.

(Betrachte ernstlich die wunderbare Güte und Liebe Jesu Christi in der Einsetzung des heiligen Altarssakramentes.)

Anmuthungen und Entschließungen.

O du unaussprechliche Güte und Liebe meines Erlösers! O Jesus, mit welcher Freigebigkeit und Güte gibst du dich uns in diesem heiligen Geheimnisse der Liebe, daß du die Nahrung unserer Seelen sein willst! Erwecke in mir, liebster Jesus! einen heftigen Hunger und Durst nach dieser Speise. Verleihe, daß ich dich mit der reinsten Liebe und mit der tiefsten Demuth empfange. Ach möchte ich immer nach dir dürsten, o Quelle aller Süßigkeit! Meine Seele schmachte voll Liebe nach dir, bis ich glücklich dahin gelange, dich ewig zu genießen!

O mein Gott, Gott meines Lebens, Gott meiner Seele und alles dessen, was ich bin und habe, Gott der Liebe! was soll ich sagen? wie werde oder kann ich dir eine so große Liebe vergelten, die du hier einem so armen, elenden und unwürdigen Geschöpfe erweisest, wie ich bin? Tausendmal seist du dafür gepriesen! O du einzig wahres Leben meiner Seele! O daß ich die Kräfte aller seligen Geister im Himmel hätte, damit ich dich für deine unendliche Güte und Liebe auch nur einigermaßen preisen und anbeten könnte, wie ich sollte.

Ich will thun, was ich kann, theuerster Herr! um gegen dich für diese deine Güte und Barmherzigkeit dankbar zu sein, indem ich es versuche, zu dir, o Jesus! in diesem heiligen Sakramente mit einem festen Glauben an deine wirkliche Gegenwart zu kommen. Ich will dieses heilige Sakrament der Liebe hoch verehren, und mich bestreben, niemals eine Unehrerbietigkeit gegen dasselbe zu begehen. Ich will hier zu dir meine Zuflucht nehmen, als zu meinem Tröster in allen meinen Trübsalen, als zu meinem Helfer in allen Gefahren, und als zu meinem Beschützer vor den Angriffen der Welt, des Fleisches und des Teufels. Ich will dich, o süßer Erlöser meiner Seele! als ein Unterpfand meines Heils empfangen. Ich bete dich hienieden im Glauben an, und ich hoffe dich dereinst in ewiger Seligkeit im Himmel zu genießen. Amen. Vater unser ꝛc. Ave Maria ꝛc. Ehre sei dem Vater ꝛc.

(Denke über die Frucht des heiligen Sakramentes nach, und erwäge jene Worte unsers Erlösers: „Wer mein Fleisch ißt und mein Blut trinkt, bleibt in mir und ich in ihm, und wer mich ißt, der wird auch durch mich leben.")

O Jesus, du wahres und einziges Leben meiner Seele! du hast gesagt: „Wer mich ißt, wird durch mich leben," o wie sehr bin ich dir für diese deine Liebe und Güte verpflichtet. Ach mein theuerster Herr! ich verlange sehnlich, dich in diesem göttlichen Geheimnisse zu empfangen, damit meine Seele in dir und durch dich lebe.

Wie könnte ich, du Stärke und Trost meiner Seele! die Arbeiten und Mühen dieses elenden Lebens ertragen, wenn ich nicht mit diesem Himmelsbrode, mit dieser belebenden Speise erfrischt und genährt würde? O wie anbetungswürdig sind deine Rathschlüsse, o Herr! und die Wege deiner Liebe.

Ich will dich lobpreisen, o mein Gott! und mich bestreben, dir für diese deine Güte dankbar zu sein. Du verlangst keine andere Vergeltung, als daß ich dich lieben soll. Ich will dich lieben, mein theuerster Herr und Gott! und will die Aufrichtigkeit dieser meiner Liebe durch meine emsige Sorgfalt bezeugen, dir in allen Dingen zu gefallen. Ich will lieber sterben als dich vorsätzlich beleidigen, oder einer schlechten Gebrauch von den Gnaden machen, die du mir erweisest. Du bist mein Gott, und ich will dich hienieden lieben und dir dienen; denn ich verlange und hoffe, mit dir im Himmel ewig glücklich zu sein. Amen. Vater unser ꝛc. Ave Maria ꝛc. Ehre sei dem Vater ꝛc.

(Betrachte Jesum Christum in diesem heiligen Geheimnisse als deinen anbetungswürdigen Erlöser und Seligmacher.)

O die unendliche und unbegreifliche Liebe Jesu! o Güte ohne Gleichen! der Sohn Gottes wird Mensch, um den Menschen zu erlösen und zu retten! O süßer Erlöser, mit welcher zärtlichen Liebe setzest du diese deine Barmherzigkeit gegen uns in diesem heiligen und anbetungswürdigen Geheimnisse fort! Du bist hier wahrhaft gegenwärtig, du erneuerst täglich das Andenken an deine Liebe, du gibst uns alle die reichen Schätze und Verdienste deines heiligen Leidens, deinen Leib und dein Blut, ja ganz dich selbst, um dich als wahren Erlöser gegen uns zu beweisen. Brenne, o mein Herz, und werde entflammt von der Liebe eines Erlösers, der so liebreich, so gütig und freigebig ist. O mein Gott, mein Jesus und mein Heiland! ich verlange dich zu lieben, und in Liebe unzertrennlich mit dir verbunden zu sein, und weil ich dich liebe, so laß mich lieber tausendmal sterben, als dich absichtlich beleidigen. Ich will täglich an dich denken, täglich dich preisen und anbeten in diesem heiligen Geheimnisse der Liebe. Hier will ich in die süße Betrachtung deiner versunken bleiben, und nichts soll mich von dir abziehen. Ich sage der Welt und allen Geschöpfen und Allem Lebewohl, was im Vergleich mit dir, mein Herr und Gott! so werthlos ist. Wandle mich ganz in dich um, damit nicht ich lebe, sondern du in mir und ich in dir. Amen. Vater unser 2c. Ave Maria 2c. Ehre sei dem Vater 2c.

Andachten nach der Communion.

Sieh, o Herr! ich habe dich selbst, ich besitze dich, der du alle Dinge besitzest und Alles vermagst. Mache daher, o mein Gott und mein Alles! mein Herz los von allen Dingen, die nichts sind als Eitelkeit. Mein Herz soll ganz allein auf dich gerichtet sein und immer in dir ruhen, wo allein mein Schatz ist, die höchste Wahrheit und die ewige Seligkeit.

Laß meine Seele, o Herr! die Süßigkeit deiner Gegenwart empfinden. Laß mich kosten, wie süß du bist, o Herr! damit ich angezogen durch deine Liebe, nie mehr weltlichen Freuden nachstrebe; denn du bist die Freude meines Herzens und mein Antheil auf ewig. Du bist der

Arzt meiner Seele und heilest alle unsere Schwachheiten durch dein heiliges Blut, und ich bin der Kranke, den zu heilen du vom Himmel kamest. O heile meine Seele; denn ich habe gegen dich gesündigt. Du bist der gute Hirt, und hast dein Leben für deine Schafe gelassen; siehe, ich bin jenes Schaf, das verloren war, und dennoch ließest du dich herab, mich mit deinem Leibe und Blute zu nähren. Nimm mich jetzt auf deine Schultern und trage mich heim. Was kannst du mir abschlagen, nachdem du mir dich selbst gegeben hast? Leite mich und nichts wird mir mangeln auf der Waide, wohin du mich gesetzt, bis du mich zu den seligen Auen des ewigen Lebens bringest.

O wahres Licht, das jeden Menschen erleuchtet, der in die Welt kommt, erleuchte mich! O Feuer, das immer brennt und nie erlöscht, siehe, wie lau und kalt ich bin; entflamme mein Herz, daß es von deiner Liebe brenne! O König des Himmels und der Erde, so reich an Gnade, siehe, ich bin arm, und du weißt, was ich am meisten bedarf; du allein kannst mir beistehen und mich bereichern. O hilf mir, mein Gott! und stehe meiner Seele mit den Schätzen deiner Gnade bei. O mein Herr und Gott! siehe, ich bin dein Diener; gib mir Verstand und errege meinen Willen, damit ich hinfort in allen Dingen deinen Willen erkenne und thue. Du bist das Lamm Gottes, das makellose Lamm, das hinwegnimmt die Sünden der Welt; o nimm von mir hinweg Alles, was mir schadet und dir mißfällt, und gib mir, was dir wohlgefällig und mir nützlich ist.

Du bist meine Liebe und all' meine Freude; du bist mein Gott und mein Alles, du der Antheil meines Erbes! Möge die süße Flamme deiner Liebe meine Seele verzehren, damit ich der Welt absterbe aus Liebe zu dir, der du dich herabließest, am Kreuze aus Liebe zu mir zu sterben.

Verwunde nun, theuerster Jesus! mein Herz mit dem Feuer der reinen und vollkommenen Liebe, damit meine

Seele immer schmachte vor Sehnsucht nach dir, du ewiger Gott. Gib, o Herr! daß ich immer nach dir hungere, dem Brode der Engel, der Speise der seligen Geister. Möge meine Seele immer dürsten nach dir, der Quelle der Weisheit und Erkenntniß. Immer soll sie sich nach dir sehnen, und dich suchen, bis sie endlich glücklich in deine Gegenwart gelangt. Ihre Gedanken sollen unaufhörlich auf dich gerichtet sein, du allein seist meine Hoffnung, meine Stärke, mein Schatz, mein Friede, meine Nahrung, meine Zuflucht, meine Hilfe, meine Weisheit, mein Antheil und Besitz. Mein Herz hänge an dir allein, so daß es nicht in der Macht irgend eines Geschöpfes steht, mich von dir zu trennen.

O mein Gott! wie soll ich eine so ausgezeichnete Gnade vergelten, oder was soll ich thun, um sie anzuerkennen, wie sie es verdient? Ist es möglich, daß ich dich nach so offenbaren Beweisen deiner Liebe nicht beständig lieben sollte? Du hast mich so sehr geliebt, daß du dein Leben für mich ließest, und ich sollte eine so unendliche Liebe nicht damit vergelten, daß ich nur einzig für dich lebe? Du theilest dich ganz mir mit, und ich sollte hinfort nicht ganz dein bleiben? Laß es nicht geschehen, o Gott! daß ich undankbar oder unempfindlich sein sollte gegen deine Liebe oder mein eigenes Heil. Ich betheuere daher in deiner Gegenwart, daß ich in's Künftige dir treu sein, und mich nie durch den geringsten Ungehorsam gegen deine Gebote von dir trennen will. Ich will deine Güte nie vergessen, noch die Gnade, die du an mir gethan. Ich will dich lieben von ganzem Herzen; denn, du o Herr! bist meine Stärke, meine Stütze, meine Zuflucht, mein Alles. Was gibt es im Himmel oder auf Erden, das ich mehr lieben sollte, als dich, den Gott meines Herzens?

Aufopferung.

Was für ein Pfand kann ich dir, mein Erlöser! als eine Bürgschaft für die Liebe geben, die mich nun an dich fesselt? Ich habe nichts, was deiner würdig wäre, oder was ich nicht von dir empfangen hätte. Aber so groß ist deine Güte, daß du dich begnügest, von uns anzunehmen, was bereits dein ist. Siehe, ich bringe dir deßhalb meinen Leib und meine Seele zum Opfer dar, die nun beide durch deine göttliche Gegenwart geheiligt sind. Ich weihe sie dir auf immer, da du sie zu deinem Tempel erkoren hast. Mein Leib soll beständig zu deinem Dienste angewendet und nie mehr ein Werkzeug der Sünde werden. Meine Seele soll dich erkennen, dich lieben, und dir immer getreu bleiben. Segne, o Herr! das Geschenk, das ich dir hiemit mache, laß nicht zu, daß mein Leib je wieder durch sinnliche Gelüste befleckt werde, oder daß meine Seele noch einmal eine Todsünde begehe; denn da ich jetzt entschlossen bin, dir mit Leib und Seele zu dienen, so will ich mich bestreben, die bösen Neigungen zu verbessern.

Ich will gegen mich selbst kämpfen, meinen gewohnten Vergnügen, meinen Leidenschaften, meiner Begierlichkeit, meinem Zorne, meinem Stolze, meiner Eigenliebe und endlich Allem entsagen, was dich beleidigen könnte.

Gebet um Beharrlichkeit.

Erhalte, o Herr! auf immer in meiner Seele die heiligen Entschließungen, die du mir jetzt eingegeben hast, und verleihe mir die Gnade, sie getreulich auszuführen. Ohne deinen Beistand vermag ich Nichts; ich bitte dich daher inständig um deine Hilfe, um die Schwierigkeiten zu überwinden, denen ich auf dem Wege meines Heils begegnen könnte. Schau mich mit deinem barmherzigen Auge an, habe Mitleid mit meiner Schwäche und stärke mich täglich mit deiner Gnade. O glorreiche Jungfrau! vereinige dich mit mir, um deinem geliebten Sohne Dank zu sagen, der mich wieder in seine Gnade aufgenommen und meine Seele mit der Speise seines kostbarsten Leibes erquickt hat. Ersetze du die Mängel meiner Andacht und bitte Ihn, daß Er nicht von mir scheide, ohne einen großen Segen für meine Seele zurückzulassen. Ihr heiligen Engel, ihr dienenden Geister Gottes! die ihr den eingebornen Sohn des ewigen Vaters gleich bei seinem Eintritte in die Welt angebetet habt, o werdet jetzt meine Fürbitter, damit ich Ihm künftig mit demselben Geiste und derselben Treue diene, wie ihr, so lange Er auf Erden weilte, und mit derselben Wonne, wie ihr es jetzt thuet in seinem himmlischen Reiche. Alle ihr Heiligen Gottes vereiniget eure Gebete mit dem meinigen, damit ich durch seine Gnade euren Fußstapfen in der treuen Erfüllung aller Pflichten nachfolge, bis ich endlich mit guten Werken reich beladen in eure Gesellschaft aufgenommen werde und meinen Jesus in alle Ewigkeit besitze!

Erhöre gnädig alle meine Gebete, o guter Jesus! verbirg mich in deine heiligen Wunden, und beschütze mich da vor allen meinen Feinden. Nichts soll mich jemals von dir scheiden; rufe mich zu dir in der Stunde meines Todes, damit ich mit deinen Heiligen dich preise ewiglich. Und nun, Herr Jesus! gehe ich von dir auf eine Weile, aber ich hoffe nicht ohne dich, der du mein Trost und die einzige Freude meiner Seele bist. Deiner Liebe und deinem Schutze empfehle ich mich, sowie meine Brüder, Verwandten, mein Vaterland, meine Freunde und Feinde. Möge deine Liebe das Ziel aller meiner Gedanken, Worte und Werke sein, der du lebest und regierest in Ewigkeit! Amen.

Meßgebet.

Im Namen des Vaters, des Sohnes und des heiligen Geistes! Amen.

Ich komme, o Herr, in dein Heiligthum, um das Leben und die Speise meiner Seele zu suchen. Wie ich auf dich hoffe, o Herr, so flöße mir auch jenes Vertrauen ein, das mich zu deinem heiligen Berge führt. Erlaube mir, göttlicher Jesus, diesen neuen Calvarienberg mit dir zu besteigen, damit meine ganze Seele der Erhabenheit deiner Majestät ihre Huldigung darbringe; damit mein Herz mit seinen zärtlichsten Gefühlen deine unendliche Liebe anerkenne; damit mein Gedächtniß bei den anbetungswürdigen Geheimnissen verweile, die hier erneuert werden, und das Opfer meines ganzen Wesens das deinige begleite. Ach, ich bin unwürdig, mich mit deinem Diener in deiner Anbetung zu vereinigen. Ich kann weder die Größe deiner Wohlthaten empfinden noch sie anerkennen, wie ich so gerne möchte. Sei also du, o Herr, mit mir, damit ich durch dich und mit dir diesen erhabenen Geheimnissen würdig anwohne.

Sprich sodann mit den Ministranten das Confiteor wie folgt:

Ich bekenne Gott dem Allmächtigen, Mariä der seligsten, allezeit reinen Jungfrau, dem seligen Erzengel Michael, dem seligen Johannes dem Täufer, den heiligen Aposteln Petrus und Paulus, allen Heiligen und dir Vater, daß ich gesündigt habe oft und viel, in Gedanken, Wort und Werk, aus meiner Schuld, aus meiner Schuld, aus meiner größten Schuld. Deshalb bitte ich die seligste allzeit reine Jungfrau Maria, den seligen Erzengel Michael, den seligen Johannes den Täufer, die heiligen Apostel Petrus und Paulus, alle Heiligen und dich, Vater, zu bitten für mich bei Gott, unserm Herrn.

Nach dem Confiteor sprich:

O mein Gott, der du uns geboten hast, für einander zu beten, und in deiner heiligen Kirche sogar Sündern die Vollmacht verleihest, von der Sünde loszusprechen, nimm mit gleicher Güte die Gebete deines Volkes für den Priester, und die des Priesters für dein Volk auf.

Wir bitten dich, o Herr, durch die Verdienste jener Heiligen, deren Reliquien hier sind und aller Heiligen, du wollest mir alle meine Sünden gnädig verzeihen. Amen.

Bei dem Introitus sprich:

Gib, o Herr, daß wir für die Darbringung dieses großen Opfers heute wahrhaft vorbereitet sein mögen, und weil unsere Sünden allein uns dir mißfällig machen können, darum rufen wir laut zu dir um Barmherzigkeit.

Bei dem Kyrie eleison sprich:

Erbarme dich meiner, o Herr, und vergib mir alle meine Sünden. Erbarme dich meiner, o Herr, erbarme dich meiner.

Gloria.

Ehre sei Gott in den Höhen und Friede auf Erde den Menschen, die eines guten Willens sind! Wir loben dich, wir benedeien dich, wir beten dich an, wir verherrlichen dich. Dank sagen wir dir ob deiner großen Herrlichkeit, Herr, Gott, Himmelskönig. Gott, allmächtiger Vater! Herr, eingeborner Sohn, Jesus Christus! Herr Gott, Lamm Gottes, Sohn des Vaters, der du hinwegnimmst die Sünden der Welt, nimm auf unser Flehen! der du sitzest zur Rechten des Vaters, erbarme dich unser! denn du allein bist der Heilige, du allein der Herr, du allein der Allerhöchste, Jesus Christus, mit dem heiligen Geiste in der Glorie Gottes des Vaters. Amen.

Bei dem Dominus vobiscum sprich:

Sei du immer mit uns, o mein Gott, und laß deine Gnade nie von uns weichen!

Bei der Collekte.

Allmächtiger, ewiger Gott, wir bitten dich demüthig, du wollest den Gebeten deines Dieners, die er dir im Namen deiner Kirche und für uns, dein Volk, darbringt, ein gnädiges Ohr schenken; nimm sie auf zur Ehre deines Namens und zum Heile unserer Seelen, und verleihe uns alle jene Segnungen, die auf irgend eine Weise beitragen können zu unserm Heile, durch unsern Herrn Jesus Christus. Amen.

Bei der Epistel und dem Evangelium.

Ewig seist du gepriesen, o Herr, für die göttlichen Vorschriften, die deine Propheten, Apostel und Evangelisten uns mittheilten, und für die heiligen Wahrheiten, die du uns in deinem heiligen Evangelium geoffenbart hast. Grabe, o mein Gott, diese himmlischen Lehren tief in mein Herz ein. Mögen sie die Richtschnur meines Lebens sein, so daß ich nicht nur deinen Willen erkenne, sondern ihn auch thue, und deine Gebote getreu beobachte. O ihr erhabenen und heilsamen Gesetze meines Gottes, ach wie oft habe ich euch verletzt, aber du, o Gott der Wahrheit, wirst mir die Gnade verleihen, deine heiligen Vorschriften zu begreifen, und die Kraft, sie zu befolgen. Amen.

Credo.

Ich glaube an einen Einigen Gott, den allmächtigen Vater, Schöpfer des Himmels und der Erde, alles Sichtbaren und Unsichtbaren. Und an Einen Jesum Christum, den Sohn Gottes, den Eingebornen, der aus dem Vater erzeugt worden vor aller Zeit; Gott von Gott, Licht vom Lichte, wahrer Gott von wahrem Gotte; erzeugt, nicht geschaffen, gleich wesentlich mit dem Vater, durch den Alles geschaffen worden. Der wegen uns Menschen und wegen unsers Heiles herabgestiegen aus den Himmeln, und Fleisch geworden ist vom heiligen Geiste, aus Maria der Jungfrau, und Mensch geworden ist. Und gekreuzigt für uns, hat unter Pontius Pilatus Er gelitten, und ward in's Grab gelegt. Und er ist auferstanden am dritten Tage gemäß den Schriften. Und aufgefahren zu dem Himmel, sitzet er zur Rechten des Vaters. Und er wird wiederkommen, mit Glorie, zu richten die Lebendigen und die Todten, und seines Reiches wird kein Ende sein. Und an den heiligen Geist, den Herrn und Lebensspender, der von dem Vater und dem Sohne ausgehet, der mit dem Vater und dem Sohne zugleich angebetet und mitverherrlicht wird, der durch die Propheten geredet hat. Und an eine einige, heilige, katholische und apostolische Kirche. Ich bekenne Eine Taufe zur Nachlassung der Sünden, und erwarte die Auferstehung der Todten und ein zukünftiges Leben. Amen.

Bei dem Offertorium sprich:

Empfange, o Herr, dieses makellose Opfer, welches dir dein Diener im Namen deiner Kirche darbringt. Mit demselben opfere ich mich selbst und Alles, was ich habe, dir auf, so daß ich Alles thun will, was du gebietest, und Alles leiden, was du zulässest. Nimm mein Opfer gnädig an und habe Geduld mit meiner Schwäche; darum bitte ich dich in aller Demuth.

Opferung des Kelches.

Wir bringen dir, o Herr, den Kelch des Heils zum Opfer dar, indem wir deine Milde anflehen, daß es als ein süßer Wohlgeruch zu deiner göttlichen Majestät emporsteige, für unser Heil und für das der ganzen Welt.

Wenn der Priester sich vor dem Altare verneigt.

Nimm uns an, o Herr, im Geiste der Demuth und Herzenszerknirschung, und verleihe, daß das Opfer, das wir dir heute vor deinen Augen darbringen, dir wohlgefällig sein möge.

Wenn er das Brod und den Wein segnet.

Komm, o allmächtiger ewiger Gott, du Heiligmacher, und segne dieses Opfer, das zur Ehre deines heiligen Namens bereitet ist.

Zur Handwaschung.

O reiner und heiliger Gott, der du dereinst zu einem deiner Jünger sagtest: „Wenn ich dich nicht wasche, so wirst du keinen Antheil an mir haben," gieße jetzt die heilsamen Ströme deiner Gnade über mich aus, die unsere Seelen reiniget. Wasche mich, theuerster Herr, von allen Flecken der Sünde in dem Blute des Lammes, damit ich würdig sein möge, diesen himmlischen Geheimnissen anzuwohnen.

Bei dem Orate Fratres.

Möge der Herr das Opfer aus deinen Händen annehmen, zum Preise und Ruhme seines Namens und zu seiner heiligen Kirche Wohlfahrt.

Bei dem Stillgebete.

Erhöre gnädig unser Gebet, o Herr! und nimm dies Opfer wohlgefällig auf, das wir deine Diener dir dar-

bringen, damit es, wie wir es zur Ehre deines Namens
darbringen, für uns ein Mittel sei, hienieden deine Gnade
zu erlangen, und jenseits die ewige Seligkeit. Durch Jesum Christum ⁊c.

Bei der Präfation.

Laß es nicht geschehen, o Liebe und Leben meiner
Seele, daß mein Geist sich auch nur einen Augenblick von
der Betrachtung der unaussprechlichen Wunder abwende,
die du zu wirken im Begriffe stehst. Erhebe und erleuchte
meinen Verstand, entflamme mein Herz, erwärme und belebe alle Gefühle meiner Seele, damit ich mich mit Freuden in die Betrachtung dieser erstaunlichen Wunder der
Liebe und Barmherzigkeit versenke. O, daß mein Herz
weniger befleckt, weniger schwach und kraftlos wäre, damit
ich dir eine Huldigung darbringen könnte, die einigermaßen
deinem höchsten Wesen und deiner furchtbaren Majestät
angemessen wäre! O unaussprechliche Güte! wahre Liebe
meines Lebens! ich werfe mich im Geiste vor jenem Throne
der Glorie nieder, wo die Cherubim und Seraphim mit
allen himmlischen Heerschaaren deine Majestät anbeten.
Ich bitte dich flehentlich, nimm meine Huldigung in Vereinigung mit den Gefühlen der Bewunderung und Liebe
gnädig an, womit sie unaufhörlich singen: Heilig, heilig, heilig, Herr Gott Sabaoth. Himmel und Erde sind voll deiner
Herrlichkeit. Hosanna in der Höhe! Gebenedeit sei, der
da kommt im Namen des Herrn! Hosanna in der Höhe!

Zum Canon.

Erbarmungsreichster Vater, der du deinen einzigen
Sohn hingegeben hast, um unser tägliches Opfer zu werden, neige gnädig dein Ohr zu unsern Gebeten und gewähre unsere Bitten. Beschütze, einige und regiere deine
heilige Kirche in der ganzen Welt. Gieße aus deinen Se-

gen über unsern heiligen Vater, den Papst, über unsern Bischof, über unsern König, und über alle wahren Bekenner des katholischen Glaubens.

O mein Gott, ich opfere dir mein Herz und meine Seele auf in Vereinigung mit dem Entzücken der Liebe und Andacht jener unvergleichbaren Jungfrau, in deren reiner Seele, die durch den göttlichen Geist vorbereitet und mit den reichsten Schätzen deiner Gnade geziert ward, du so gerne weiltest. Ich opfere dir, um meine Kälte und Lauigkeit zu sühnen, ihr heiliges Herz mit der ganzen reinen Liebe, wovon sie immer beseelt war und in alle Ewigkeit beseelt sein wird. Ich opfere dir ihre erhabenen und himmlischen Betrachtungen, ihren Geist des Stillschweigens und der innern Sammlung, ihre makellose Reinigkeit und tiefe Demuth, und flehe dich an, durch dein bitteres Leiden, woran sie am Fuße des Kreuzes so reichlich Theil nahm, die Missethaten deines unwürdigen Dieners zu verzeihen. Und du, o heiligste Jungfrau, Mutter der schönen Liebe, der Furcht, der Erkenntniß und der heiligen Hoffnung, erlange mir einen Antheil an den heiligen Tugenden, die deine Seele von dem Augenblicke deiner unbefleckten Empfängniß an schmückten; denn mein Herz ist nicht weniger als das deinige zur Wohnung und zum Heiligthume eines Gottes bestimmt.

Wenn der Priester die Hände über das Brod und den Wein breitet, und während des anbetungswürdigen Geheimnisses der Consekration sprich:

Schenke, wir bitten dich, den Gebeten deines Dieners Gehör, welchen du dazu bestimmt hast, für uns dieses Opfer darzubringen, und verleihe, daß es wirksam sein möge, um alle jene Segnungen zu erlangen, um die er für uns bittet. Siehe, o Herr, wir alle hier Anwesenden bringen dir in diesem Brod und Wein die Sinnbilder unserer vollkommenen Vereinigung dar. Verleihe, daß sie in den wirklichen Leib und in das wirkliche Blut deines lieben Sohnes verwandelt werden mögen, und daß wir, die wir durch dieses heilige Opfer dir geweiht sind, in deinem Dienste leben, und von diesem Leben in deiner Gnade abscheiden.

Bei der Aufhebung der heiligen Hostie.

Anbetungswürdigster Leib! ich bete dich mit allen Kräften meiner Seele an. O Herr, der du dich uns ganz hingegeben hast, verleihe, daß wir ganz dein werden. Ich glaube, o Herr, hilf meinem Unglauben!

Erbarmungsreichster Erlöser, sei du mein Beschützer, stärke und vertheidige mich mit deiner himmlischen Gnade jetzt und insbesondere in der Stunde meines Absterbens! Amen.

Bei der Aufhebung des Kelches.

Anbetungswürdigstes Blut, das du hinwegwaschest alle unsere Sünden, ich bete dich an; wie glücklich wären wir, wenn wir unser Blut und Leben für das deinige hingeben könnten! Reinige, o Jesus, heilige und bewahre unsere Seelen zum ewigen Leben.

Ach, warum brennt mein Herz nicht gegen dich von der innigsten Dankbarkeit und Liebe? Aber, o göttliches makelloses Lamm! Du bist nicht verlassen, du wirst in diesem Augenblicke von Myriaden von Engeln verherrlichet, welche unsichtbar diesen heiligen und furchtbaren Geheimnissen anwohnen. Ihr Cherubim und Seraphim und alle ihr himmlischen Heerschaaren, betet Ihn für mich an, preiset Ihn, benedeiet Ihn, verherrlichet seinen heiligen Namen, und verdoppelt euere feurige Inbrunst, um meine schwache Liebe zu ersetzen.

Während der Priester in der Stille das Memento für die Todten betet, bete auch das deinige mit den Worten:

Ich bringe dir noch einmal, o Herr! dieses heilige Opfer des Leibes und Blutes deines Sohnes dar für die abgeschiedenen Gläubigen und insbesondere für die Seelen derjenigen, für die ich besonders zu beten verpflichtet bin, für jene, die mich beleidigt haben und meine Feinde gewesen sind, sowie für diejenigen, die im Kriege umkamen oder Niemand haben, um für sie zu beten. Diesen, o Herr, und allen übrigen in Christo verstorbenen Gläubigen verleihe, wir bitten dich, einen Ort der Erfrischung, der Erleuchtung und des Friedens, durch denselben Jesum Christum, unsern Herrn. Amen.

(Bei dem Pater noster wiederhole dieses heilige Gebet des Herrn.)

Vom Pater noster bis zum Agnus Dei sprich:

O mein Gott, der du im Himmel herrschest, komm und regiere auch in meiner Seele. Heilige sie durch deine Gegenwart, unterwirf sie deinem heiligen Willen und mache sie folgsam und gelehrig, den Einsprechungen deiner Gnade zu gehorchen. Rotte aus aus meinem Herzen alle Gefühle des Hasses und der Rache, und vergib mir, wie ich Andern vergebe. Verleihe mir jene Weisheit, welche die Versuchungen vermeidet, und jene Stärke, die mich siegreich macht, wenn sie unvermeidlich sind. Befreie mich von allen jenen Uebeln, die mich bedrängen. Ich komme zu dir, als ein Kind zu seinem Vater, um genährt, als ein schuldbefleckter Diener, um mit seinem Herrn wieder ausgesöhnt, als ein Unterthan, um von seinem König beschützt zu werden, als ein Unglücklicher, der um Trost zur ächten Quelle des wahren Trostes seine Zuflucht nimmt.

Sprich das Agnus Dei.

O du Lamm Gottes, das hinwegnimmt die Sünden der Welt, erbarme dich unser!

O du Lamm Gottes, das hinwegnimmt die Sünden der Welt, erbarme dich unser!

O du Lamm Gottes, das hinwegnimmt die Sünden der Welt, schenke uns den Frieden!

Vom Agnus Dei bis zur Communion.

Göttliches Lamm, das gekommen ist, um die Sünden der Welt hinweg zu nehmen, laß mich nicht ausgeschlossen sein von dem Antheile an deinen allgemeinen unendlichen Erbarmungen, und reinige meine Seele im Bade deines kostbaren Blutes.

O Jesus, der du der Weg, die Wahrheit und das Leben bist, nur nach dir steht mein Verlangen. In deiner göttlichen Gegenwart vergesse ich meine eigene Armuth, und fühle mich sogar reich, da mein Geliebter der Reichthum, die Schönheit und Vollkommenheit selbst ist. O göttlicher Erlöser meiner Seele, in dein brennendes Herz werfe ich alle meine Missethaten. So groß und mannigfaltig sie sind, so sind sie doch nicht zahlreicher als deine Erbarmungen, noch kann ihre Bosheit der Zärtlichkeit deiner Liebe gleichkommen.

O Mutter Jesu, heilige Jungfrau, Tochter des ewigen Vaters, Mutter des ewigen Sohnes und Braut des heiligen Geistes! zu dir nehme ich meine Zuflucht und stelle mich unter deinen gnädigen Schutz. Erlange mir durch deine Fürbitte jenen Glauben, jene Andacht, jene Liebe, jene Reinheit und Heiligkeit des Leibes und der Seele, womit du an diesen heiligen Geheimnissen Theil nahmest. Bitte für mich deinen göttlichen Sohn, daß er mir diese Gnade verleihen möge. Amen.

Nach der Communion des Priesters.

Herr Jesu! ich danke dir innigst für alle Gnaden und Wohlthaten, vorzüglich aber für die unaussprechliche Wohlthat der Erlösung und der göttlichen Liebe, welche dich bewog, uns schwache Menschen durch den Genuß deines Fleisches und Blutes zum ewigen Leben zu stärken. Belebe mich mit Kraft zur Erfüllung meiner Pflichten, zur Thätigkeit für alles Gute, und zum Kampfe wider die Sünde! Vereinige mich ganz mit dir! Nichts soll mich von deiner Liebe scheiden. Amen.

Zum Segen des Priesters.

Erfülle, himmlischer Vater! die frommen Wünsche und den Segen des Priesters. Laß die guten Gesinnungen und Entschließungen, die ich in dieser dir geheiligten Stunde gefaßt habe, zur thätigen Ausübung gedeihen. Ohne deinen väterlichen Beistand vermag ich weder das Gute ernstlich zu wollen, noch dasselbe mit Entschlossenheit zu vollbringen. Segne mich denn stets in allen meinen Berufsgeschäften! Deine Gnade weiche nie von uns! Sie führe uns alle auf dem Wege des Glaubens und der Tugend zu dem Ziele unserer irdischen Wallfahrt, zu dir, o Gott! Amen.

Zum Ende der heiligen Messe.

Ewiger Vater! nimm das unblutige Opfer dieser heiligen Messe zu Ehren deines Namens und zum Heile der Welt ebenso erbarmend an, wie du das blutige Opfer Jesu angenommen hast, das er dir am Kreuze zur Vergebung unserer Sünden darbrachte. Laß uns die Früchte der Erlösung ewig genießen, damit wir in diesem und im künftigen Leben seine Erbarmungen anbeten, loben und preisen durch denselben Herrn Jesum Christum. Amen.

Kreuzwegandacht.

V. Wir beten dich an, o Jesu, und preisen dich, denn durch dein heiliges Kreuz hast du die Welt erlöset.

Lasset uns beten.

Sieh gnädig herab auf diese deine Familie, für welche unser Herr Jesus Christus sich den Händen der Sünder überlassen und am Kreuze sterben wollte; der mit dir in Einigkeit des heiligen Geistes lebet und regieret, Gott von Ewigkeit zu Ewigkeit! Amen.

Akt der Reue.

O mein Gott und Erlöser, siehe, ich liege zu deinen Füßen, voll Reue über meine Sünden, weil ich deine unendliche Güte beleidigt habe. Ich will von nun an lieber sterben, als dich noch einmal beleidigen, da ich dich über Alles liebe.

Erbarme dich unser, o Herr, erbarme dich unser!

I. Station.

Diese Station stellt uns die Gerichtshalle des Pilatus vor, wo unser Erlöser das Todesurtheil empfängt.

V. Wir beten dich an, o Jesu, und preisen dich;

B. Denn durch dein heiliges Kreuz hast du die Welt erlöset.

Betrachte, meine Seele, wie Pilatus deinen unschuldigen Jesus zum Kreuztode verdammte, und wie er freudig dieses Urtheil empfing, damit du von der ewigen Verdammniß befreit würdest.

O Jesu! ich sage dir Dank für deine so große Liebe, und bitte dich, das Urtheil des ewigen Todes, das ich durch meine Sünden verdient habe, zu vernichten, damit ich würdig werde, das ewige Leben zu genießen.

Vater unser, Ave Maria, Ehre sei dem Vater ꝛc.

Erbarme dich unser, o Herr, erbarme dich unser!

II. Station.

Diese Station stellt uns vor, wie Jesus das Kreuz aufgeladen wurde.

V. Wir beten dich an, o Jesu, und preisen dich;

B. Denn durch dein heiliges Kreuz hast du die Welt erlöset.

Betrachte, meine Seele, wie Jesus seine Schultern dem Kreuze darbot, auf welches alle deine Sünden geladen waren.

O mein Jesu! verzeihe mir, und gib mir die Gnade, deine Last nie mehr durch neue Sünden zu beschweren, sondern daß ich immer das Kreuz mit einer wahren Buße tragen möge.

Vater unser, Ave Maria, Ehre sei dem Vater ꝛc.

Erbarme dich unser, o Herr, erbarme dich unser!

III. Station.

Diese Station stellt uns vor, wie Jesus zum ersten Mal unter dem Kreuze fällt.

V. Wir beten dich an, o Jesu, und preisen dich;

B. Denn durch dein heiliges Kreuz hast du die Welt erlöset.

Erwäge, meine Seele, wie Jesus die schwere Last nicht aushalten kann und schmerzlich unter dem Kreuze niederfällt.

O mein Jesu! mein Fall in die Sünde ist die Ursache davon. Ich bitte dich, gib mir die Gnade, daß ich dir diesen Schmerz nie mehr durch einen neuen Fall erneuere.

Vater unser, Ave Maria, Ehre sei dem Vater ꝛc.

Erbarme dich unser, o Herr, erbarme dich unser!

IV. Station.

Diese Station stellt die Begegnung der schmerzhaften Mutter Maria und ihres göttlichen Sohnes dar.

Wir beten dich an und preisen dich; denn durch dein heiliges Kreuz hast du die Welt erlöset.

Erwäge, meine Seele, wie tief das Herz der seligsten Jungfrau verwundet wurde beim Anblicke Jesu, und das Herz Jesu beim Anblick seiner betrübtesten Mutter. Du warst durch deine Sünden die Ursache dieses Schmerzes Jesu und Maria's.

O Jesus und Maria! lasset mich einen wahren Schmerz über meine Sünden empfinden, damit ich dieselben, so lange ich lebe, beweine und es verdiene, euch bei meinem Tode gnädig zu finden.

Vater unser, Ave Maria, Ehre sei dem Vater 2c.
Erbarme dich unser, o Herr, erbarme dich unser!

V. Station.

Diese Station stellt uns vor, wie Simon von Cyrene gezwungen wurde, das Kreuz zu tragen.

Wir beten dich an, o Jesu, und preisen dich; denn durch dein heiliges Kreuz hast du die Welt erlöset.

Erwäge, meine Seele, wie Jesus keine Kräfte mehr hatte, um das Kreuz zu halten, so daß die Juden mit einem erheuchelten Mitleid ihm dasselbe zu erleichtern suchten.

O Jesu! ich habe das Kreuz verschuldet, da ich gesündigt habe. Gib, daß ich wenigstens dein Gefährte sei, indem ich das Kreuz jeder Widerwärtigkeit aus Liebe zu dir trage.

Vater unser, Ave Maria, Ehre sei dem Vater 2c.
Erbarme dich unser, o Herr, erbarme dich unser!

VI. Station.

Diese Station stellt uns Veronika vor, wie sie Jesus das Gesicht abtrocknet.

Wir beten dich an, o Jesu, und preisen dich; denn durch dein heiliges Kreuz hast du die Welt erlöset.

Erwäge, meine Seele, den Liebesdienst, welchen diese Frau Jesus erwiesen hat, und wie er dieselbe sogleich belohnte, indem er ihr sein Bildniß, an jenem Tuche abgedrückt, darreichte.

O mein Jesu! gib mir die Gnade, meine Seele von jedem Schmutze zu reinigen und drücke meinem Geiste und meinem Herzen tief dein heiliges Leiden ein.

Vater unser, Ave Maria, Ehre sei dem Vater ꝛc.
Erbarme dich unser, o Herr, erbarme dich unser!

VII. Station.

Diese Station stellt uns vor, wie Jesus zum zweiten Mal unter dem Kreuze fällt.

Wir beten dich an, o Jesu, und preisen dich; denn durch dein heiliges Kreuz hast du die Welt erlöset.

Erwäge, meine Seele, die Schmerzen Jesu bei diesem neuen Fall, welcher durch deinen Rückfall in die Sünde bewirkt worden ist.

O Jesu! ich verdemüthige mich vor dir und bitte dich, gib mir die Gnade, daß ich mich so von meinen Sünden erhebe, um nie mehr in dieselben zurückzufallen.

Vater unser, Ave Maria, Ehre sei dem Vater ꝛc.
Erbarme dich unser, o Herr, erbarme dich unser!

VIII. Station.

Diese Station stellt uns vor, wie Jesus den Frauen begegnete, die über ihn weinten.

Wir beten dich an, o Jesu, und preisen dich; denn durch dein heiliges Kreuz hast du die Welt erlöset.

Erwäge, meine Seele, wie Jesus zu jenen Frauen sagte, daß sie nicht über ihn, sondern über sich selbst weinen sollten, damit du lernest, daß du zuerst über deine Sünden und dann über seine Leiden weinen sollst.

O Jesu! gib mir Thränen einer wahren Reue, damit mein Mitleid mit deinen Schmerzen verdienstlich sei.

Vater unser, Ave Maria, Ehre sei dem Vater ꝛc.
Erbarme dich unser, o Herr, erbarme dich unser!

IX. Station.

Diese Station stellt uns vor, wie Jesus zum dritten Mal unter dem schweren Kreuze niederfällt.

Wir beten dich an, o Jesu, und preisen dich; denn durch dein heiliges Kreuz hast du die Welt erlöset.

Erwäge, meine Seele, wie Jesus zum dritten Mal unter dem Kreuze fiel, weil deine Beharrlichkeit im Bösen dich angetrieben hat, in deinem Sündenleben fortzufahren.

O Jesu! ich will für immer meinen Sünden ein Ende machen, damit ich dich nicht mehr betrübe. Befestige meinen Vorsatz und mache ihn wirksam durch deine Gnade!

Vater unser, Ave Maria, Ehre sei dem Vater ꝛc.

Erbarme dich unser, o Herr, erbarme dich unser!

X. Station.

Diese Station stellt uns vor, wie Jesus auf dem Calvarienberge seiner Kleider beraubt und mit Galle getränkt wurde.

Wir beten dich an, o Jesu, und preisen dich; denn durch dein heiliges Kreuz hast du die Welt erlöset.

Erwäge, meine Seele, die Scham Jesu, als er seiner Kleider entblößt und darauf mit Galle und Myrrhen getränkt wurde. Dies war die Strafe für deine Unsittlichkeit und deine Gaumenlust.

O Jesu! ich bereue mein ausschweifendes Leben und fasse den Entschluß, dir diese Schmerzen nie mehr zu erneuern, sondern mit aller Sittsamkeit und Mäßigkeit zu leben. Dies hoffe ich durch deinen göttlichen Beistand.

Vater unser, Ave Maria, Ehre sei dem Vater ꝛc.

Erbarme dich unser, o Herr, erbarme dich unser!

XI. Station.

Diese Station stellt uns vor, wie Jesus in Gegenwart seiner betrübtesten Mutter an's Kreuz genagelt wird.

Wir beten dich an, o Jesu, und preisen dich; denn durch dein heiliges Kreuz hast du die Welt erlöset.

Erwäge, meine Seele, die Schmerzen Jesu, als er an Händen und Füßen mit Nägeln durchbohrt wurde. Welche Grausamkeit der Juden! Welche Liebe Jesu gegen dich!

O mein Jesu! du leidest so viel für mich und ich fliehe so sehr alles Leiden! Hefte meinen Willen an dein Kreuz; ich bin fest entschlossen, dich nie mehr zu beleidigen und gerne Alles aus Liebe zu dir zu leiden.

Vater unser, Ave Maria, Ehre sei dem Vater ꝛc.

Erbarme dich unser, o Herr, erbarme dich unser!

XII. Station.

Diese Station stellt uns den Tod Jesu am Kreuze vor.

Wir beten dich an und preisen dich; denn durch dein heiliges Kreuz hast du die Welt erlöset.

Erwäge, meine Seele, daß dein Erlöser nach einer dreistündigen Todesangst für dein Heil am Kreuze starb.

O mein Jesus! es ist gewiß gerecht, daß ich dir mein noch übriges Leben widme, da du das deinige unter so vielen Schmerzen für mich hingegeben hast. Dies ist mein fester Entschluß. Deine Gnade stehe mir dazu bei durch die Verdienste deines Todes.

Vater unser, Ave Maria, Ehre sei dem Vater ꝛc.

Erbarme dich unser, o Herr, erbarme dich unser!

XIII. Station.

Diese Station stellt uns vor, wie der heilige Leib Jesu vom Kreuze abgenommen und in den Schooß der jungfräulichen Mutter gelegt wurde.

Wir beten dich an und preisen dich; denn durch dein heiliges Kreuz hast du die Welt erlöset.

Betrachte, meine Seele, den Schmerz der seligsten Jungfrau, als sie ihren göttlichen Sohn todt in ihren Armen erblickte.

O schmerzhafte Mutter, durch die Verdienste Jesu

erlange mir die Gnade, nie mehr die Ursache seines Todes zu erneuern, sondern daß er immer in mir mit seiner göttlichen Gnade leben möge.

Vater unser, Ave Maria, Ehre sei dem Vater ꝛc.

Erbarme dich unser, o Herr, erbarme dich unser!

XIV. Station.

Diese letzte Station stellt uns das Begräbniß unsers Erlösers vor.

Wir beten dich an, o Jesu, und preisen dich; denn durch dein heiliges Kreuz hast du die Welt erlöset.

Erwäge, meine Seele, wie der heiligste Leib Jesu mit großer Ehrfurcht in einem neuen Grabe beigesetzt wurde, das für ihn bereitet war.

O mein Jesu! ich sage dir Dank für Alles, was du für mich gelitten hast und bitte dich demüthig, mir die Gnade zu verleihen, daß ich mein Herz vorbereite, dich in der heiligen Communion würdig zu empfangen, um deine beständige Wohnung zu sein.

Vater unser, Ave Maria, Ehre sei dem Vater ꝛc.

Erbarme dich unser, o Herr, erbarme dich unser!

Schluß des heiligen Kreuzweges.

Gott, der du die Fahne des Kreuzes durch das kostbare Blut deines Sohnes hast heiligen wollen, wir bitten dich, verleihe, daß wir Alle, die wir uns über die Verherrlichung deines heiligen Kreuzes erfreuen, eben so auch deines Schutzes allzeit genießen. Durch unsern Herrn Jesum Christum. Amen.

Man kann die Andacht mit einem Vater unser, Ave Maria und Ehre sei dem Vater ꝛc. nach der Meinung Sr. Heiligkeit des Papstes beschließen.

Alles für Jesus.

I. Kapitel.
Die Interessen Jesu.

Jesus Alles für uns — und Alles aus Liebe. — Seine Interessen sind der Zweck der Bruderschaft des kostbaren Blutes. — Die Interessen der Menschen und die Interessen des Teufels. — Die Interessen Jesu 1) in der triumphirenden, 2) in der streitenden 3) in der leidenden Kirche. — Die vier Hauptinteressen Jesu: 1) die Verherrlichung seines Vaters, 2) die Frucht seines Leidens, 3) die Ehre seiner Mutter, 4) die Werthschätzung der Gnade — folgen nicht derselben Regel wie die Interessen der Welt. — Man darf nicht auf die sichtbaren Resultate schauen. — Das Gebet, das Hauptmittel, Jesu Interessen zu fördern.

§. 1. Jesus Alles für uns — und Alles aus Liebe.

Jesus gehört uns, Er will sich uns zur Verfügung stellen, Er theilt uns Alles von sich mit, was wir aufzunehmen im Stande sind. Er liebt uns mit einer Liebe, die kein Wort aussprechen kann, ja mehr als wir uns denken und vorstellen können, und Er läßt sich herab, mit einem ebenso unbeschreiblichen Verlangen zu wünschen, daß wir Ihn mit inbrünstiger, ungetheilter Liebe lieben möchten. Seine Verdienste können ebenso gut die unsrigen genannt werden, als die seinigen. Seine Genugthuungen sind nicht so sehr seine Schätze, als sie die unsrigen sind. Seine Sakramente sind nur ebenso viele Wege, die seine Liebe vorgezeichnet hat, um sich unsern Seelen mitzutheilen. Wo immer wir uns hinwenden in der Kirche Gottes, da ist Jesus. Er ist für uns der Anfang, die Mitte und das Ende von Allem. Er ist unsere Hilfe in der Buße, unser Trost im Kummer, unsere Stütze in der Versuchung. Es gibt nichts Gutes, nichts Heiliges, nichts Schönes, nichts Freudevolles, das Er nicht seinen Dienern ist. Niemand braucht arm zu sein, weil er, wenn er will, Jesum zu seinem Eigenthum und Besitz haben kann. Niemand darf niedergeschlagen sein, denn Jesus ist die Freude des Himmels, und es ist seine Freude, in sorgenvolle Herzen einzugehen. Wir können viele Dinge übertreiben, aber wir können nie unsere Verpflichtungen gegen Jesus übertreiben, oder die Größe des Erbarmens und der Liebe Jesu gegen uns. All unser Leben lang könnten wir von Jesus reden, und doch würden wir nie erschöpfen, was Liebliches von Ihm gesagt werden kann. Die Ewigkeit wird nicht lang genug sein, um Alles kennen zu lernen, was Er ist, oder Ihn für alles das zu preisen, was Er gethan. Aber daran liegt dann nichts; denn wir werden immer bei Ihm sein und verlangen nichts weiter.

Er hat uns nichts vorenthalten; es gibt nicht Eine Thätigkeit seiner menschlichen Seele, die nicht zu unserer Erlösung beigetragen, nicht Ein Glied seines anbetungswürdigen Leibes, das nicht für uns gelitten hat. Es gibt keine Pein, keine Schmach und Unbild, deren bittern Kelch Er nicht bis auf die letzte Hefe unsertwegen ausgetrunken hätte. Es gibt nicht Einen Tropfen seines kostbaren Blutes, den Er nicht für uns vergossen, nicht Einen Schlag seines allerheiligsten Herzens, welcher nicht ein Akt der Liebe gegen uns wäre. Wir lesen wunderbare Dinge im Leben der Heiligen über ihre Liebe zu Gott, Dinge, an deren Nachahmung wir nicht zu denken wagen. Sie übten schreckliche Abtödtungen, oder brachten Jahre lang in ununterbrochenem Stillschweigen zu, oder sie waren immer in Ekstase oder Verzückung, oder sie liebten leidenschaftlich Schmerz und Verachtung, oder sie vergingen und härmten sich ab in heiliger Ungeduld nach dem Tode, oder sie suchten den Tod und starben unter den langen Folgen eines qualenvollen Marterthums. Jedes dieser Dinge für sich betrachtet erfüllt uns mit Bewunderung. Und doch, stellet sie alle zusammen und denket euch all die Liebe eines heiligen Petrus, Paulus und Johannes, eines heiligen Joseph und einer heiligen Magdalena, aller Apostel und Martyrer, der Bekenner und Jungfrauen zu allen Zeiten in ein einziges Herz gesammelt, das durch ein Wunder stark genug wäre, so viel Liebe in sich zu halten; füget dann zu all dem die brennende Liebe, welche die neun Chöre zahlloser Engel für Gott haben und krönet dieß Alles mit der unaussprechlichen Liebe des unbefleckten Herzens unserer theuren Gottesmutter, und doch kommt es nicht nahe, ja es ist nur eine schwache Nachahmung jener Liebe, die Gott für einen Jeden aus uns hat, so niedrig, unwürdig und sündhaft wir sein mögen. Wir kennen unsere eigene Unwürdigkeit, wir hassen uns selbst ob unserer begangenen Sünden, es ärgert uns unsere verborgene Gemeinheit, Reizbarkeit und Schlechtigkeit, und doch trotz all dem liebt Er uns mit dieser unaussprechlichen Liebe, und wäre bereit, wenn es nöthig wäre, wie Er es einem seiner Diener geoffenbart, vom Himmel herabzukommen, um sich wieder für Jeden von uns kreuzigen zu lassen.

Das Wunder ist nicht blos, daß Er uns sehr liebt, sondern daß Er uns überhaupt liebt. Wenn wir betrachten, wer Er ist, und was wir sind, haben wir auch nur einen einzigen Anspruch auf seine Liebe, als das Uebermaß und ohne Ihn die Hoffnungslosigkeit unseres Elendes? Wir

haben keine Ansprüche an Ihn, als die, welche Er selbst
in seiner Erbarmung für uns erfunden hat. Was kann
unliebenswürdiger sein, als wir sind, was weniger edelmüthig, was undankbarer? Und doch liebt Er uns mit
diesem Uebermaß von Liebe! Ach, wie können wir jemals
diesen Einen Gedanken vergessen, wie ein Interesse nehmen
an etwas Anderem, als an dieser unendlichen Liebe Gottes
gegen seine gefallenen Geschöpfe? Es ist fast erstaunlich,
wie wir unsere gewöhnlichen Geschäfte des Lebens erfüllen
können, oder wie es kommt, daß wir nicht wie Menschen,
die gegen ein erschaffenes Wesen von Liebe entbrannt sind,
Essen und Trinken und Schlafen vergessen, da wir uns zu
jeder Stunde des Tages und der Nacht als den Gegenstand der zärtlichsten Liebe Gottes fühlen, des Allmächtigen,
Allweisen, Allerheiligsten. O unglaublichstes aller Wunder!
Segnungen werden auf uns gehäuft, daß wir sie kaum
ertragen können, Gnaden auf Gnaden, daß wir nicht im
Stande sind, sie zu zählen. Sein Erbarmen gegen uns
ist mit jedem Morgen neu. Und dann nach Allem soll
noch die Belohnung kommen, die kein Auge je gesehen,
kein Ohr gehört und keines Menschen Herz begriffen hat!
Sehet, all dieß thut Jesus für uns.

Ach, süßester Erlöser, bis zu diesem Tage, was haben
wir für Dich gethan? Und sehet, was Er für uns gethan
hat, und der Zweck von Allem, was Er that, war, unsere
Liebe zu gewinnen. Wir sehen ein Crucifix an und es
bewegt uns kaum. Wir hören von seinem bittern Leiden,
aber unser Auge bleibt trocken und unser Herz gleichgiltig.
Wir knieen zum Gebete nieder, aber wir können unsere
Gedanken kaum ein Viertelstündchen auf Ihn gerichtet
halten. Wir gehen in seine allerheiligste Gegenwart und
beugen kaum das Knie vor dem Tabernakel, damit wir
unsere Kleider nicht beschmutzen. Wir sehen Andere sündigen; aber was kümmert es uns, daß Jesus beleidigt

wird, so lange nicht wir unser Seelenheil der Gefahr dadurch aussetzen, daß wir Ihn beleidigen? Ach, dieß sind seltsame Zeichen von Liebe! Gewiß, Jesus muß nur einen geringen Platz in unsern Herzen einnehmen, wenn wir so gegen Ihn fühlen. Und doch ist es so; wir gehen unsere eigenen Wege und thun unsern eigenen Willen. Die Hauptsache für uns ist, unsere Begierde zu befriedigen und uns Alles leicht zu machen. Das Leben soll uns in lauter Freude verfließen, Buße und Leiden ferngehalten werden. Wir müssen leibliche Bequemlichkeiten und weltliche Genüsse haben, und unser geistiges Leben soll in nichts Anderem bestehen als in einem hinreichenden Maße innern Trostes, ohne welchen unsere Seele uns Schmerz verursacht, weil sie nicht in Ruhe ist. Wenn wir Gott anbeten, so geschieht es aus Selbstsucht, wenn wir Andern Gutes thun, so suchen wir sogar bei unserer Wohlthätigkeit uns selbst. Armer Jesus Christus! pflegte der heilige Alphons zu sagen, armer Jesus Christus! Wer denkt an Ihn, wer kümmert sich um seine Interessen?

Dieß ist aber gerade der Zweck unserer Bruderschaft vom kostbaren Blute, nach den Interessen Jesu zu schauen und sie in allweg zu fördern. Es gibt kaum irgend einen weltlichen Gegenstand von Bedeutung, der nicht einen Verein in's Dasein gerufen hat, um seine Rechte zu vertheidigen und seine Interessen zu betreiben. Warum sollten nicht die Interessen Jesu auch einen haben? Die Wissenschaft hat ihre Versammlungen und ihre korrespondirenden Gesellschaften. Man verbindet sich miteinander, um irgend einer politischen Lieblingsmeinung den Sieg zu verschaffen. Man bildet Eisenbahn- und Dampfschifffahrtsgesellschaften; warum sollten wir nicht auch einen Verein gründen, um hier über die Angelegenheiten Jesu zu verhandeln, seine Rechte zu schützen und seine Interessen zu fördern? Seht, gerade dieß ist der Zweck der Bruderschaft vom kostbaren Blute. Wenn wir in dieselbe eintreten, so müssen wir die Selbstsucht an der Thüre zurücklassen; man tritt nicht um seinetwillen ein, Alles ist für Jesus.

Wir wollen nun versuchen, einen Begriff von den Interessen Jesu zu geben; wie würden wir sonst im Stande sein, dieselben zu fördern? Man kann nicht in der Finsterniß arbeiten, man muß wissen, was man thut. Ihr wißt, was es heißt, ein Interesse haben. Wenn ihr einen Blick auf die Welt werfet, so werdet ihr sehen, daß Jedermann irgend ein Interesse hat, woran sein Herz hängt, und wofür er angestrengt arbeitet. Es gibt fast eben so viele Interessen in der Welt als es Menschen gibt. Jedermann, dem ihr auf den Straßen begegnet, geht irgend einem Ziele nach. Ihr seht es an seinem Gesicht, seinem lebhaften Auge und seinem raschen Gang. Entweder betrifft es die Politik, oder die Wissenschaft, oder den Handel, oder die Mode, oder ist es einfach der Ehrgeiz oder das Laster. Was es aber immer sein mag, Jeder hat sein Interesse nach eigener Wahl ergriffen und macht sich eine Pflicht daraus, ihm zu dienen. Emsig arbeitet er dafür alle Tage; er geht zu Bett mit dem Gedanken daran und wacht Morgens mit ihm auf. Selbst am Sonntag ist es eher seine Hand, die ruht, als sein Kopf oder sein Herz, die mit seinem Interesse erfüllt sind. Seht, was die Leute thun, einzeln oder vereinigt, um die Sklaverei abzuschaffen, oder den Freihandel zu erhalten, oder den Postverkehr zu beschleunigen, oder neue Eisenbahnen anzulegen. Es ist klar, die Menschen haben Interessen genug in der Welt, die ihnen am Herzen liegen, und wofür sie kräftigst arbeiten. Ach, daß dieß alles für Gott wäre, für den guten, gnädigen, ewigen Gott!

Auch der Teufel hat seine Interessen in der Welt. Es ist ihm gestattet worden, ein Reich aufzurichten im

Gegensatz gegen Gott, und wie alle Souveräne hat er eine Menge Interessen. Er hat deßhalb überall seine thätigen, emsigen Agenten, unsichtbare Geister, die in den Straßen der Städte herumschwärmen, um seine Interessen zu betreiben; sie stellen dem Landmann auf dem Felde nach; sie sehen, was sie mit dem Mönche in seinem Kloster und mit dem Eremiten in seiner Zelle anfangen können. Selbst in den Kirchen, unter der Messe oder dem Segen sind sie eifrig bemüht, ihr höllisches Geschäft zu betreiben. Auch unsere Mitmenschen verbinden sich zu Tausenden an ihn als seine Agenten; ja viele arbeiten in seinem Interesse um Nichts, und was noch entsetzlicher ist, Viele thun sein Werk, und bilden sich dabei fest ein, es sei Gottes Werk, was sie thun, so gut und untadelhaft erscheint es ihren Augen. Wie viele Katholiken widersetzen sich guten Dingen, oder machen gottesfürchtige Personen lächerlich; doch würden sie nimmer zugeben, des Teufels Agenten zu sein, wenn sie wirklich wüßten, was sie thun. Diese Interessen des Teufels sind sehr mannigfaltig. Eine Todsünde verursachen, zu einer läßlichen Sünde überreden, einer Gnade in den Weg treten, vom Besuch der Sakramente abhalten, Lauigkeit befördern, gottesfürchtige Menschen, Bischöfe und religiöse Orden in Mißachtung bringen, den innern Gnadenruf ersticken, üble Nachrede ausbreiten, Andere beim Gebete zerstreut machen, den Menschen Liebe zu den Eitelkeiten der Welt einflößen und sie dahin bringen, daß sie ihr Geld auf sinnliche Genüsse, Möbel, Juwelen, feine Kleidung und eiteln Schmuck aller Art, anstatt auf die Armen Jesu Christi verwenden, die Gläubigen antreiben, daß sie ihr Vertrauen auf die Großen und Fürsten dieser Welt setzen, sie gegenseitig mit dem bittern Geist der Tadelsucht erfüllen, die Andacht zur allerseligsten Jungfrau vermindern und die Leute glauben machen, daß die göttliche Liebe nur eine leere Begeisterung und ein Unverstand ist — dieß sind die Hauptinteressen des Teufels. Es ist zum Erstaunen, mit welcher Energie er daran arbeitet, und mit welch tiefer Bosheit und entsetzlicher Gewandtheit er dieselben in der Welt befördert. Der Schöpfer hat nach seinen verborgenen Rathschlüssen dem finstern Feinde der Menschheit einen wunderbaren Wirkungskreis in dieser Schöpfung gestattet, auf welche der Allerheiligste einst mit Wohlgefallen herabsah und sie in seiner unaussprechlichen Güte segnete. Die menschlichen Interessen legen die Interessen Jesu bei Seite, theils als störend, öfter als unbedeutend. Die Interessen des Teufels sind jenen Jesu gerade entgegengesetzt, und wo sie triumphiren, werden diese entweder geschwächt oder sogar vernichtet.

§. 2. Was die Interessen Jesu sind.

Wir wollen nun die Interessen Jesu betrachten. Werfen wir einen Blick auf die ganze Kirche, seine Braut, und blicken wir zuerst zum Himmel auf nach der triumphirenden Kirche. Es ist das Interesse Jesu, daß die Ehre der allerheiligsten Dreifaltigkeit auf jede Weise zunehme und zu jeder Stunde des Tages und der Nacht. Diese Ehre wird vermehrt durch jedes gute Werk, Wort und Gedanken, durch jede Mitwirkung mit der Gnade, durch jeden Widerstand gegen die Versuchung, durch jeden Akt der Anbetung, durch jedes würdig gespendete oder demüthig empfangene Sakrament, durch jeden Akt der Huldigung und Liebe gegen Maria, durch jede Anrufung der Heiligen, durch jedes Gebet des Rosenkranzes, jedes Kreuzzeichen, jeden Tropfen Weihwasser, durch jeden geduldig ertragenen Schmerz, durch jede mit Sanftmuth aufgenommene Unbild, durch jede gute Begierde, wenn sie auch ohne Wirkung bleiben sollte — vorausgesetzt, daß all' dieß mit einer reinen Meinung und in Vereinigung mit den Verdiensten unseres Erlösers geschieht. Jede Stunde, so wollen wir wenigstens glauben, steigt eine neue Seele aus dem Fegfeuer oder von der Erde zum Himmel auf und beginnt ihre Ewigkeit der Lobpreisung und der Freude. Jede Seele, welche die Zahl der Anbeter Gottes vermehrt, jede schwache Stimme, die sich in die Chöre der Seraphim mischt, ist ein Zuwachs zur Verherrlichung Gottes und daher ist es das Interesse Jesu, zu bewirken, daß diese Ankömmlinge häufiger sind, und daß sie mehr Verdienste und einen höhern Grad von Liebe mit sich bringen. Selbst bis in den Himmel erstreckt sich die Wirksamkeit der Bruderschaft vom kostbaren Blute.

Sehen wir sodann auf jenes ungeheuere Reich des Fegfeuers. Alle die tausend Seelen, die es bewohnen, sind die theuern und getreuen Bräute Jesu Christi. Und doch, in welche entsetzliche Verlassenheit, in welchen Abgrund von Schmerzen hat seine Liebe sie versenkt? Er verlangt nach ihrer Befreiung, Er wünscht sehnlich, daß sie aus jener Region, über welcher beständig eine Wolke von Schmerzen hängt, in den hellen Sonnenschein ihrer himmlischen Heimath versetzt werden. Und doch sind Ihm so zu sagen die Hände gebunden. Er bewilligt ihnen keine Gnaden mehr, Er läßt ihnen keine Zeit mehr, Buße zu thun, Er gestattet ihnen nicht mehr, neue Verdienste zu erwerben, ja einige Gottesgelehrte sind sogar der Meinung, daß diese unglücklichen Seelen nicht einmal beten können. Wie steht es nun mit den Seelen in der leidenden Kirche? Was wir darüber sagen, ist wohl zu beherzigen: sie hängen fast mehr von der Erde ab, wie vom Himmel, fast mehr von uns, als von Ihm. So war es der Wille Desjenigen, von welchem Alles abhängt. Es ist also klar, daß Jesus hier seine Interessen hat. Er wünscht die Erlösung seiner Gefangenen und will, daß wir diejenigen, die Er mit seinem Blute erkaufte, wiederum erlösen.

Jede Genugthuung, die Gott für diese armen Seelen dargebracht wird, jede Aufopferung des kostbaren Blutes an den himmlischen Vater, jede mit Andacht angehörte Messe, jede empfangene Kommunion, jede freiwillig übernommene Buße, jeder gewonnene Ablaß, jedes Jubiläum, dessen Bedingungen wir erfüllt haben, jedes stille Gebet für die Verstorbenen, jedes kleine Almosen an die Armen, die ärmer sind, als wir — all dieß, wenn es für diese theuren Gefangenen aufgeopfert wird, fördert stündlich die Interessen Jesu im Fegfeuer, und dieß ist ein zweiter Wirkungskreis der Bruderschaft. Seht, wie die Schiffleute an den Pumpen arbeiten am Bord eines Schiffes, wenn sie für ihr Leben mit einem Leck kämpfen. Ach! daß wir die Liebe hätten, vermittelst der Ablässe so für die armen Seelen im Fegfeuer zu arbeiten! Die unendlichen Genugthuungen Jesu stehen uns zu Gebote und die Schmerzen Mariens und die Leiden der Martyrer und die heldenmüthige Beharrlichkeit, womit die Bekenner den rauhen Pfad der Tugend verfolgten. Jesus will hier sich nicht selbst helfen, weil Er gerne sieht, daß wir Ihm helfen, und weil Er denkt, unsere Liebe werde sich freuen, daß Er uns noch etwas überläßt, was wir für Ihn thun können. Es hat Heilige gegeben, die ihr ganzes Leben diesem einzigen Werke — den armen Seelen im Fegfeuer gewidmet haben, und wer im Lichte des Glaubens darüber nachdenkt, dem scheint dieß durchaus nicht auffallend. Es ist eine thörichte Vergleichung einfach deßwegen, weil sie zu schwach ist; aber es ist gewiß ein viel geringeres Werk, die Schlacht von Waterloo gewonnen oder die Dampfmaschine erfunden, als eine einzige Seele aus dem Fegfeuer erlöst zu haben, und ich möchte nicht glauben, daß es ein einziges Mitglied der Bruderschaft gibt, das nicht schon mehr gethan hat.

Betrachten wir nun die streitende Kirche auf Erden.

Die Interessen Jesu sind hier auch in Fülle vorhanden, und es gibt hier so viel zu thun, daß man nicht weiß, wo anfangen, und was zuerst thun. Denjenigen, welche Jesum nicht lieben, muß man Liebe zu Ihm einflößen, und diejenigen, welche Ihn lieben, antreiben, es in höherm Grade zu thun. Jeder von uns wähle ein besonderes Geschäft, und er wird da mehr Arbeit finden, als ihm seine Zeit zu thun erlaubt. Es gibt so viele Menschen im Todeskampfe, die in jeder Minute in der ganzen Welt sterben. Ach, in welcher Gefahr sind die theuersten Interessen Jesu auf ihrem Todbette! Satan verdoppelt seine Anstrengungen; die Versuchungen fallen über sie herein, zahlreicher als die Schneeflocken bei einem Wintersturme, und wer diese Schlacht gewinnt, Jesus oder der Teufel, bleibt Sieger für immer, denn der Streit ist zu Ende und darf nicht mehr beginnen. Es gibt Katholiken, die schon seit Jahren sich den heiligen Sakramenten nicht genaht haben, und Heilige, denen eines halbes Jahrhundert von Verdiensten und aufopfernder Liebe in Gefahr steht, verloren zu gehen; es fehlt ihnen nur Eines, und mögen sie auch noch so sehr leiden, sie können es nicht verdienen, nur Eines — die Beharrlichkeit bis an's Ende. Es gibt Irrgläubige, die nie daran dachten, daß sie im Irrthume sind, und Solche, welche über die Kirche Verläumbungen aussagten, und die Mutter Gottes schmähten. Es gibt Juden, die von denen abstammen, welche unsern Herrn gekreuzigt haben, und Mohamedaner, die nun Herren von Jerusalem sind. Es gibt Hottentotten, die abscheuliche Bilder anbeten, und amerikanische Indianer, die keine höhern Gedanken haben, als in alle Ewigkeit zu jagen, und welche glauben, ihre Verdienste steigern sich in dem Maße, wie die Anzahl ihrer Morde. Es gibt Menschen auf den Gipfeln der Berge, in den Tiefen der Thäler, in Städten und Einöden, zu Wasser und zu Lande, im

Gefängnisse und im Palaste; alle sterben, jede Minute rafft eine Menge von ihnen hin, und der Christ schaudert, wenn er den Zustand sieht, in welchem sie von diesem Augenblicke überrascht werden. Und doch ist Jesus für Jeden aus ihnen gestorben, so ausschließlich, als ob sein Tod nur Ihm von Nutzen wäre, und Er ist bereit, vom Himmel herabzusteigen und noch einmal für Jeden aus uns zu sterben, wenn dieß nöthig wäre. Gehet sein langes Leiden durch, betrachtet seine Schritte, seine Thränen, seine Blutstropfen; zählet die Dörner, die Schläge, das Anspeien, das Niederfallen; ermesset den Abgrund seiner Demüthigungen und seiner Schmerzen, die Qualen und Aengsten seines heiligen Herzens — und es war Alles für jenen armen Indianer, der in dieser Stunde weit von uns am Fuße der Anden stirbt, und wenn er in der Sünde stirbt, so ist all dieß Leiden umsonst. Der letzte Todeskampf der Menschen bildet nur einen besondern Theil der Interessen Jesu, und der heilige Camillus wurde von Gott erweckt, um einen Orden zu stiften, der einzig dem Dienste der Sterbenden geweiht sein sollte. Was könnte ich nicht sagen von Seelen in Todsünden, von Irr- und Ungläubigen, von Verbrechern im Gefängnisse, von Menschen in Gewissensscrupeln oder Versuchungen; ich würde nicht fertig werden, wenn ich alle Interessen Jesu auf Erden beschreiben wollte.

Da ich jedoch die Sterbenden, und die Gefahren des Todbettes als den Gegenstand einer besonderen Andacht erwähnt habe, so wird es nicht am unrechten Platze sein, zu erinnern, daß Pius VII. mit dem Gebete von drei Vaterunser und Ave Maria für die Sterbenden zu Ehren Jesu in der Todesangst Ablässe verbunden hat. Viele Heilige und fromme Personen haben diese besondere Andacht für die Sterbenden gehalten. Im Leben einer der ersten Nonnen von der Heimsuchung lesen wir, daß sie

einmal am Gründonnerstag Nachts im Jahre 1644 vor
dem Allerheiligsten wachte. Da sah sie ein Gesicht unsers
Herrn in dem Todeskampfe, und mit diesem Gesichte erhielt sie ein Licht und besondere Gnaden, um wirksam für
die Sterbenden zu beten. „Ach," rief sie aus, „die Todesstunde dieser armen Geschöpfe ist eine schreckliche Stunde!"
Und in der That, dieser Augenblick, welcher über unsere
ganze Ewigkeit entscheidet, ist die einzig wichtige Angelegenheit, womit wir uns in dieser Welt beschäftigen sollten. Von der Stunde an, da sie diese wunderbare Gnade
empfing, schien sie oft die Seufzer der Sterbenden zu
hören, und die Wirkung, welche dieß auf sie hatte, war
so groß, daß sie nachher immer Nachts und Morgens die
Gebete der Kirche für die Sterbenden betete. Sie dachte
oft über die Worte nach, die unser Herr kurze Zeit vor
seinem Tode sprach: „Der Fürst dieser Welt ist gekommen, und hat Nichts an mir gefunden!" als ob unser
ganzes Leben nur nach dem Ziele streben müßte, uns in
Stand zu setzen, daß wir in der Todesstunde diese Worte
gewissermaßen auf uns selbst anwenden können. Von
derselben Klosterfrau erzählt man, daß, als der Bischof
von Genf am Tage des heiligen Hieronymus zur Ein-
weihung der Kirche des Ordens nach Annecy kam, und
die Oberin eine der sechs Kapellen dem heiligen Joseph
geweiht wünschte, diese gute Schwester sie bat, dieselbe
dem heiligen Joseph weihen zu lassen, wie er in den Armen Jesu und Mariä stirbt. „Ach, gute Mutter!" rief
sie aus, „Gott hat mir geoffenbart, daß seine Güte durch
diese Andacht zu dem sterbenden heiligen Joseph den Sterbenden viele Gnaden verleihen will." Da der heilige
Joseph nicht sogleich in den Himmel kam, weil Jesus
ihn noch nicht geöffnet hatte, sondern zu den Vätern in
die Vorhölle hinabstieg, so ist es eine höchst wirksame Andacht für die Sterbenden und für die Seelen im Fegfeuer,

die Ergebung des heiligen Joseph, da er sterben und Jesus und Maria verlassen mußte, Gott darzubringen und die heilige Geduld zu ehren, womit er ruhig den Ostermorgen erwartete, wo der auferstandene Jesus kam und ihn in Freiheit setzte. So viel von dieser Andacht; aber ich wiederhole es, ich würde nicht zu Ende kommen, wenn ich alle Interessen Jesu auf Erden beschreiben wollte.

Es gibt kein Wirths- oder Cafféhaus, kein Theater, keinen Ball, keine öffentliche oder Privatversammlung, keinen Kaufladen oder Markt, keine Schule oder Kirche, wo die Interessen Jesu nicht allstündlich in Gefahr wären, und wo Er uns nicht aufruft, sie zu vertheidigen. Dieß sind die Kämpfe der Kirche, und es ist kein Wunder, daß es so viel zu thun gibt, und so wenig Zeit dazu. Es gibt kein Ding, das nicht zwei Seiten hat, die eine gehört Jesu, die andere ist gegen Ihn. Die reine, einfache Sünde ist nicht das einzige Interesse, das der Teufel hat; er kann Jesus mit schwachen Waffen bekämpfen, und fast eben so gut zum Ziele kommen, als mit der Todsünde. Manchmal tödtet ein langsames Gift die Seelen sicherer, als das heftigste. Sehet also die Mannigfaltigkeit der Interessen Jesu! sie sind unzählig und überall, und um für sie zu sorgen, dazu sind wir Glieder der Bruderschaft geworden.

So unmöglich es indessen ist, alle Interessen Jesu auf Erden im Einzelnen durchzugehen, so ist es doch nothwendig, einen klaren und bestimmten Ueberblick über dieselben zu bekommen, damit wir unser Amt als Glieder der Bruderschaft gehörig verstehen können. Wenn wir das heilige Herz Jesu betrachten, wie Er es uns in der heiligen Schrift, in der Kirchengeschichte, im Leben seiner Heiligen geoffenbart hat, und wie wir es selbst im Gebete gefunden haben, so werden wir sehen, daß die vielen und mannigfachen Interessen unsers Herrn in vier Klassen können getheilt werden, und eine kurze Skizze dieser Klassen wird uns eine klare Einsicht in unser Werk verschaffen, das wir betreiben. Die ersten Interessen Jesu liegen natürlich in unsern eigenen Seelen. Das Himmelreich ist in uns. Allein so wichtig dieß ist, so ist doch die Frage unserer eigenen Heiligung wenigstens nicht unmittelbar diejenige, um die es sich im Augenblicke handelt. Ohne persönliche Heiligkeit werden wir nichts ausrichten; aber davon zu sprechen, ist jetzt weder die Zeit, noch der Ort. Die vier großen Interessen Jesu, von welchen ich nun handeln will, sind: 1) die Verherrlichung seines Vaters; 2) die Frucht seines Leidens; 3) die Ehre seiner Mutter, und 4) die Werthschätzung seiner Gnade. Ueber jeden dieser vier Punkte will ich nun ein Wort sagen.

§. 3. Die vier Hauptinteressen Jesu: Die Verherrlichung seines Vaters.

Wenn wir unsern göttlichen Erlöser betrachten, wie Er uns in der heiligen Schrift dargestellt ist, so scheint nichts, wenn wir uns eines solchen Ausdrucks bedienen dürfen, so sehr einer herrschenden Leidenschaft in Ihm zu gleichen, als sein sehnliches Verlangen nach der Verherrlichung seines Vaters. Von der Zeit an, da Er in seinem zwölften Jahre Maria verließ, und in Jerusalem zurückblieb, bis zu seinem letzten Wort am Kreuze, begegnet uns diese Hingebung für die Ehre Gottes bei jedem Schritte. Wie es bei einer Gelegenheit von Ihm heißt, daß der Eifer für Gottes Haus ihn verzehrte, so können wir auch sagen, daß er unaufhörlich von Hunger und Durst nach der Ehre seines Vaters verzehrt wurde. Es war, als ob die Ehre Gottes auf Erden verloren gegangen und Er gekommen wäre, sie zu suchen und zu finden; und wie war sein heiliges Herz beengt, bis Er sie fand! So war Er unser Vorbild, zu diesem Ende gibt Er uns seine Gnade, daß wir unsern Vater verherrlichen, der im Himmel ist. Und nun, wer kann einen Blick in die Welt werfen, und sieht nicht, wie Gottes Ehre verschwunden ist auf Erden? Es ist das Interesse Jesu, daß wir sie suchen und finden sollen. Abgesehen von offenbaren Handlungen großer und schwerer Sünden, wie ist Gott vergessen, rein vergessen von dem größten Theil der Menschheit! Man lebt dahin, als ob kein Gott wäre, nicht als ob man sich offen gegen Ihn empörte; man geht nur über Ihn hin und will nichts von Ihm wissen. Er ist in seiner eigenen Schöpfung wie ein Gegenstand, der nicht dahin gehört. Man hat Ihn daher ruhig bei Seite gestellt, als ob Er ein Götzenbild wäre, das nun aus der Mode ist und im Wege steht. Die Gelehrten und Staatsmänner sind über diesen Punkt einig, und die Geschäfts- und Geldleute halten es für das Anständigste, über Gott zu schweigen; denn es ist schwer, von Ihm sprechen oder einen Begriff von Ihm haben, ohne Ihm zu viel einzuräumen. Hier finden wir ein schreckliches und, wäre die Gnade nicht, ein verzweifeltes Hinderniß der Interessen Jesu, in jener ungeheuern und undurchdringlichen Masse von Gottvergessenheit und von Unwissenheit über Gott. Ach, wie betrübt dieser Gedanke unser Herz, daß wir uns nach dem Tode sehnen! Denn was können wir in einer so hoffnungslosen Sache thun? Und doch müssen wir es versuchen. Mit einem Rosenkranz und einer geweihten Medaille in der Hand, was können wir da nicht thun! Und die Wirksamkeit einer einzigen Messe, ist sie nicht unendlich?

Es gibt sodann leider eine große Anzahl frommer Personen, die keineswegs der Ehre Gottes ihren gebührenden Platz einräumen; Viele, die sich ganz dem sogenannten geistlichen Leben widmen, und Ihm nur das Zweitbeste von Allem darbringen. Es fehlt ihnen an

Licht, Gottes Ehre zu erkennen, wenn sie dieselbe sehen. Es mangelt ihnen die Einsicht, unter dem Schein von Vernunft und Mäßigung die Gefahren der Welt und die Fallstricke des Teufels zu entdecken, wodurch sie Ihn seiner Ehre berauben wollen. Es fehlt ihnen der Muth, der Meinung der Welt zu trotzen, und die Festigkeit, ihr Leben beständig mit ihrem Glauben in Einklang zu bringen. Die armen Seelen! Gerade sie sind die Pest der Kirche, und doch kommt ihnen dieß nie einen Augenblick in den Sinn, und es wäre so sehr in den Interessen Jesu, daß sie sich selbst, und ebenso die Dinge, die sie umgeben, in ihrem wahren Lichte sehen möchten. Hier finden wir daher auch etwas zu thun. Wir sollen beten, daß alle guten Menschen und solche, die es zu werden versuchen, im Stande sein möchten, einzusehen, was zur Ehre Gottes ist, und was nicht. Ach, was für einen Verlust bringt uns jeden Tag der Mangel an dieser Einsicht!

Es gibt ferner religiöse Orden, die ein jeder nach seiner Weise und nach dem Ziele seiner Einsetzung mit dem Segen der Kirche an der Ehre Gottes arbeiten. Es gibt Bischöfe und Priester, deren Bemühungen einzig diesem Ziele geweiht sind. Es gibt Vereine und Bruderschaften ohne Zahl, und was ist ihr Zweck, als die Verherrlichung Gottes? Wir haben Leiden zu erdulden, Gefahren Trotz zu bieten, Aergernisse zu ertragen; die Bestimmung der Kirche ist, heute sich vor der Welt zu beugen, und morgen über sie zu herrschen: das Interesse Jesu verlangt all dieses. Wenn ein halb Dutzend Männer die Welt durchziehen und nichts als die Ehre Gottes suchen würden, sie könnten Berge versetzen. Dieß wurde dem Glauben verheißen; warum sollten wir nicht die Männer sein, die es thun?

§. 4. Die Frucht seines Leidens.

Dieß ist das zweite der Hauptinteressen Jesu. Jede Sünde, die wir verhindern können, mag sie auch noch so gering sein, ist von hoher Bedeutung für die Interessen Jesu. Wir können sehen, wie wichtig es ist, wenn wir bedenken, daß, wenn wir durch die geringste Lüge die Hölle für immer verschließen, alle Seelen, die darin sind, retten, die Bewohner des Fegfeuers befreien, und alle Menschen auf Erden zu Heiligen machen könnten, wie die heiligen Apostel Petrus und Paulus waren, wir dieß auf keinen Fall thun dürften; denn Gottes Ehre würde durch diese kleine Lüge mehr leiden, als durch alles Uebrige gewinnen. Was wird es erst sein, für die Interessen Jesu eine einzige Todsünde zu verhüten?

Und doch wie leicht ist dieß! Wenn wir jede Nacht, bevor wir schlafen gehen, die heilige Jungfrau bitten würden, Gott das kostbare Blut ihres theuern Sohnes für die Gnade darzubringen, irgendwo in der Welt in dieser Nacht eine Todsünde zu verhindern, und wenn wir dann dasselbe Gebet am Morgen für die Stunden des Tages erneuerten: gewiß, ein solches Opfer und von solchen Händen dargebracht, müßte unfehlbar die erbetene Gnade erlangen, und dann könnte Jeder von uns leicht 730 Todsünden des Jahres verhüten; und wenn Tausend von uns diese Gebete darbrächten, und 20 Jahre darin verharrten, was keinem von uns Mühe kostete, nichts zu sagen von dem Verdienste, das wir daraus gewinnen würden, so wären mehr als 14 Millionen Todsünden verhütet; und wenn alle Glieder der Bruderschaft diesem Beispiele folgten, so müßte man diese Zahl mit 10 vermehren. Ach wie würden auf diese Weise die Interessen Jesu in der Welt gedeihen, und wie glücklich, wie unaussprechlich glücklich würden wir sein!

So oft wir ferner Jemanden, der es von Nöthen hat, überreden, zur Beicht zu gehen, selbst nur um läßliche Sünden zu beichten, so vermehren wir die Frucht des Leidens unsers Erlösers. Jeder Akt der Buße, den ein Mensch auf unsern Antrieb verrichtet, jedes Gebet, das wir in der Meinung darbringen, diese Gnade zu erlangen, erhöht den Segen dieser Frucht. Jede neue Abtödtung, jede unbedeutende Buße, die wir veranlassen, entspricht demselben guten Zwecke, und so auch alle unsere Bemühungen, häufige Kommunionen zu befördern. So oft wir Jemand überreden, an unsern Andachten zum Leiden unsers Herrn Theil zu nehmen, dasselbe zu lesen oder zu betrachten, arbeiten wir an den Interessen Jesu. Es hat Jemand gesagt: wenn mich mein Gedächtniß nicht trügt, war es Albertus Magnus, daß eine einzige Thräne, die über das Leiden unsers Herrn vergoßen wird, mehr werth sei, als ein Jahr langes Fasten bei Wasser und Brod; was erst dann, wenn wir Andere bewegen, mit uns in zarter Andacht über das Leiden Jesu zu weinen! Wie viel kann ein kleines Gebet ausrichten! Süßer Jesus! warum sind wir so hart und kalt? Ach, fache in uns das Feuer an, welches anzuzünden Du auf die Erde gekommen bist!

§. 5. Die Ehre seiner Mutter.

Dieß ist ein anderes Hauptinteresse Jesu, und die ganze Geschichte der Kirche zeigt, wie nahe es seinem heiligen Herzen liegt. Die Liebe zu ihr besonders zog Ihn vom Himmel herab, und die Verdienste Marias bestimmten den Zeitpunkt der Menschwerdung. Sie war die Auserwählte der allerheiligsten, unzertrennlichen Dreifaltigkeit, die auserlesene Tochter des Vaters, die vorherbestimmte Mutter des Sohnes und die erkorene Braut des heiligen Geistes. Die wahre Lehre Jesu war zu allen Zeiten innig mit der Andacht zu Maria verbunden, und die Mutter kann nur verwundet werden, wenn man den Sohn angreift. So ist Maria das Erbtheil demüthiger und glaubenstreuer Katholiken; wie die Andacht zu ihr zunimmt, so auch die Heiligkeit. Die Heiligen haben sich in der Schule ihrer Liebe gebildet. Die Sünde hat keinen größern Feind als Maria, denn der Gedanke an sie ist ein Zauber gegen dieselbe, und die Teufel zittern bei ihrem Namen. Niemand kann den Sohn lieben, ohne daß auch die Liebe zur Mutter in ihm wächst; Niemand kann die Mutter lieben, ohne daß zugleich sein Herz zur Liebe gegen den Sohn entflammt wird. Darum hat Jesus sie an die Spitze seiner Kirche gestellt, damit sie für die Guten ein Unterpfand aller Gnaden und der Stein des Anstoßes für seine Feinde sein soll. Was Wunder also, daß seine Interessen mit ihrer Ehre innig verflochten sind? Jede Lästerung der Irrgläubigen gegen ihre Würde, welche man durch einen Akt der Liebe oder der Danksagung für ihre unbefleckte Empfängniß und beständige Jungfrauschaft wieder gut zu machen sucht, gibt uns Gelegenheit, die Interessen Jesu zu befördern. Alles, was man thun kann, um ihre Verehrung zu verbreiten, und besonders um den Katholiken eine zarte Andacht gegen sie einzuflößen, ist ein verdienstliches Werk in den Augen Jesu, welcher uns reichlich dafür belohnen wird. Die Gläubigen veranlassen, daß sie an ihren Festtagen zur Kommunion gehen, sich in ihre Bruderschaften aufnehmen lassen, ein Gemälde von ihr bewahren, für die Seelen im Fegfeuer, die bei Lebzeiten eine besondere Andacht zu ihr trugen, Ablässe gewinnen, täglich einen Rosenkranz beten — dieß sind lauter Dinge, die Jedermann thun kann, und welche alle zu den Interessen Jesu beitragen. Noch eine Andacht will ich erwähnen, und ich wünschte sie Allen einflößen zu können, wir würden dann genug thun für die Interessen Jesu, und die Liebe zu unserm Herrn würde sich so verdoppeln. Wir sollten nämlich mehr Vertrauen auf die Fürbitten unserer göttlichen Mutter haben, eine zweifellosere Zuversicht, mehr wirklichen Glauben an sie. Man würde mehr Liebe zu Maria haben, wenn man auch mehr Glauben an sie hätte; aber wir leben in einem irrgläubigen Lande, und es ist schwierig, unter Eisbergen leben und nicht kalt werden. O Jesu, belebe unser Vertrauen auf Maria, nicht nur, damit wir mehr für deine theueren Interessen arbeiten, sondern daß wir in der Weise daran arbeiten, wie Du es wünschest, indem wir uns kein Geschöpf theurer sein lassen, als die Einzige, welche Dir theurer war, als alle übrigen Geschöpfe.

§. 6. Die Werthschätzung der Gnade.

Dieß ist das vierte der Hauptinteressen Jesu. Die Welt würde ein ganz anderes Aussehen haben, wenn die Menschen nur die Gnade nach ihrem eigentlichen Werthe schätzten. Was ist auch in der Welt etwas werth, als die Gnade? Ach, wie kindisch lassen wir uns zu jeder Art von Thorheiten hinreißen, die nichts gemein haben mit den Interessen Jesu! Wie thöricht ist dieß von uns! Wie viel Zeit verlieren wir, was für Unheil richten wir an! Wie viel Gutes lassen wir unverrichtet! Und doch trotz all dem, mit welcher Güte und Geduld geht Jesus mit uns um! Wenn man die Gnade richtig schätzen würde, so würde es mit jedem der übrigen Interessen Jesu gut stehen. Wenn dieß nicht der Fall ist, so kommt es gerade aus dem Mangel an jener Werthschätzung her. Die Gnaden kommen unaufhörlich, und die Verdienste vervielfältigen sich fast eben so schnell, als die Schläge des heiligen Herzens Jesu, und während dieß Herz mit der innigsten Liebe für uns schlägt, sagen wir: Ich bin nicht verpflichtet, dieß zu thun; ich brauche dieß Vergnügen nicht zu opfern; ich muß den religiösen Eifer niederhalten.

Guter Gott! ich wünschte wir könnten Etwas von einem religiösen Eifer sehen, welcher niederzuhalten wäre! Armer Jesus! Und all dieß geschieht aus Mangel an wahrer Werthschätzung der Gnade. Lieber sterben, als einen einzigen Zuwachs an Gnade verscherzen! Glauben wir Alle dieses? Nein; aber wir sagen, wir glauben es. Wenn die Fonds morgen um 50 Procent fallen würden, es wäre von weniger Bedeutung, als wenn ein armer, kranker Irländer in irgend einer elenden Hütte durch Ungebuld irgend eine Gnade verscherzte. Wenn man, so sagen die Theologen, alle Gaben der Natur, welche den heiligen Michael schmücken, seine Macht, seine Stärke, seine Weisheit, seine Schönheit und alles Uebrige empfangen würde, es wäre nichts im Vergleich mit einer einzigen Gnade, wie Gott sie uns im Ueberflusse gibt, wenn wir eine Viertelstunde lang einem Gefühl des Zornes widerstehen; denn durch die Gnade nehmen wir gewissermaßen an der göttlichen Natur Theil. Führen wir dieß in unserm eigenen Leben aus, während wir Andere dazu überreden wollen? Zeiget mir in der Kirche irgend einen Mißbrauch oder ein Uebel, was ihr für eines wollet, und ich bin bereit, euch zu beweisen, es würde nie stattgefunden haben, wenn ihre Kinder eine wahre Werthschätzung der Gnade gehabt hätten, und überdieß, daß Alles morgen in Ordnung wäre, wenn die Gläubigen anfangen wollten, die Gnade nach ihrem richtigen Werthe zu würdigen. Die ganze Welt gewinnen, nützt dem Menschen nichts, wenn er an seiner unsterblichen Seele Schaden leidet. Geht und überzeuget die Leute davon, zeiget ihnen, welche Schätze sie mit Hilfe der Gnade aufhäufen können, und wie eine Gnade die andere im Gefolge hat, wie sie ein Verdienst wird, und wie endlich die Verdienste zur ewigen Herrlichkeit im Himmel führen. Ihr werdet in der That die Interessen unsers göttlichen Heilands befördern, wenn ihr dieß thut, ja in einem höhern Grade, als ihr euch denket. Betet nur, daß die Menschen eine höhere Werthschätzung der Gnade erlangen, und ihr werdet in der Stille Apostel Jesu sein. Alle Gnaden sind in Ihm; Er ist die Quelle und die Fülle derselben; Er verlangt, sie über die theueren Seelen auszugießen, für die Er gestorben ist, — und sie lassen es Ihn nicht thun, denn sie müssen die Gnaden schätzen, die sie haben, um neue zu gewinnen. Gehet und helfet Jesu! Warum sollte auch eine einzige Seele verloren gehen, für die Er starb? Es ist etwas Entsetzliches, an eine verlorene Seele zu denken. Und warum sollte sie verloren gehen? Es ist ja das kostbare Blut da für diejenigen, die es verlangen wollen, und was dasselbe gibt, ist Gnade. Aber die Menschen kümmern sich nicht um die Gnade. Der heilige Paulus brachte sein ganzes Leben damit zu, die Menschen über die Gnade zu unterrichten, und für sie um Gnade zu beten, und daß sie dieselbe recht anwenden möchten, wenn sie sie erlangt hätten. Wenn nach einer würdigen Kommunion der Gnadenquell in eurem Herzen entspringt, so bittet Ihn, aller Menschen Augen der Schönheit seiner Gnade zu öffnen, und dann wird Er seine Gnade vermehren, und mit der Vermehrung derselben werden seine Interessen befördert; denn mit unserm lieben Heiland verhält es sich so, daß Er um so reicher wird, je mehr Er weggibt. Theurer König der Seelen! Wie können wir an etwas Anderes denken, als an Ihn? Der Gedanke, daß wir seine Interessen in die Hand nehmen dürfen, sollte uns in Erstaunen setzen; aber wir kennen unsere eigenen Vorrechte nicht, und warum? Weil wir unsern liebenswürdigen Erlöser nicht genugsam betrachten. Warum nicht bei Zeiten beginnen, was unsere Freude sein soll für alle Ewigkeit? Betrachtet Jesum! Der Himmel ist nur deßhalb ein Himmel, weil Jesus da ist, und ich begreife nicht, warum die Erde nicht schon ein Himmel geworden ist, da ja Jesus auch auf Erden weilt. Ach, es kommt daher, weil uns die unselige Macht gelassen ist, Ihn zu beleidigen! Nehmet diese weg, und sogleich ist der Himmel da. Soll der Tag wirklich kommen, wo wir nicht mehr sündigen, nicht mehr das Herz Jesu verwunden können? O göttlicher Erlöser, laß bald die Sonne aufgehen, die nicht untergehen soll, bis dieß theuere Vorrecht unser ist! Warum sich beunruhigen und fragen, ob wir sogleich den Himmel zum Antheil bekommen werden, oder ob wir vorher durch das Fegfeuer wandern müssen? Was liegt daran? Die Hauptsache ist, daß wir die Macht verlieren, je noch einmal Gott, unsere Liebe, zu beleidigen.

§. 7. Wie wir die Interessen Jesu befördern können.

,Dieß sind die Interessen Jesu, und der Gegenstand unserer Bruderschaft ist, an ihrem Gedeihen zu arbeiten, oder vielmehr, es sind dieß nur Beispiele und Muster jener Interessen. Es mag sonderbar scheinen, daß unser göttlicher Erlöser von so armseligen und geringen Werkzeugen, als wir sind, für ein so wichtiges Werk Gebrauch machen sollte; aber es ist derselbe Herr, welcher einfache Fischer von der Ausbesserung ihrer Netze zu seinen Aposteln und zur Bekehrung der Welt berief. Allerdings haben wir in uns selbst Sünden genug zu sühnen und Unvollkommenheiten genug, um das Herz unsers himmlischen Bräutigams von uns abzuwenden, und es ist kein Ort in der ganzen Welt, den wir kennen, wo die Interessen Jesu in so großer Gefahr schweben, als in unsern eigenen Seelen. Und dennoch trotz all dem, müssen wir Apostel sein; wehe uns, wenn wir nicht Apostel sind! Wir müssen den Seelen der Andern dienen, sogar während wir selbst für unsere eigenen zu thun haben. Das

Evangelium ist ein Gesetz der Liebe, und des Christen Leben ist ein Leben des Gebets; wie der Apostel sagt: Wir müssen für alle Menschen Fürbitte einlegen. In der That, das Geschäft an unsern eigenen Seelen wird uns nicht gelingen, wenn wir uns nicht bemühen, die Interessen Jesu in Andern zu fördern. Viele beklagen sich über den geringen Fortschritt, welchen sie im geistlichen Leben machen, und über die Schwierigkeiten, die ihnen begegnen, ihre schlechten Leidenschaften, ihre sündhaften Schwächen und ihre Selbstliebe abzutödten. Sie stehen gerade noch da, wo sie vor einem Jahre waren. Dieß kommt oft daher, weil sie selbstisch sind, weil sie nur bei sich selbst stehen bleiben. Sie denken nicht daran, daß sie etwas mit den Seelen Anderer zu thun haben, oder mit den Interessen Jesu, oder mit der Fürbitte, und so blieben sie auf einer niedern Stufe stehen, weil sie nichts thun, um höhere Gnaden zu verdienen. Die Bruderschaft erwartet andere Dinge von uns und gibt uns ganz andere Lehren.

Allein es ist von Wichtigkeit, nicht zu vergessen, daß die Interessen Jesu nicht derselben Regel folgen, wie die Interessen der Welt. Wenn wir uns nicht daran erinnern würden, so müßten wir bald entmuthigt werden über das geringe Gute, das wir zu thun scheinen. Die Interessen Jesu sind größtentheils unsichtbar. Wir müssen vor Allem Glauben haben an die Macht des Gebetes. Wir werden nie bis zum letzten Tage die Erfolge kennen lernen, welche unsere Gebete erlangt, noch die Wirksamkeit, welche sie im Verlauf von Jahrhunderten auf die Kirche ausgeübt haben. Nehmen wir z. B. das Gebet des heiligen Stephan, während man ihn steinigte; es hatte die Bekehrung des heiligen Paulus zur Folge, welcher eben damals die Kleider seiner Mörder hütete. Denkt nur an das, was der heilige Paulus gethan, und noch täglich thut, und fortwährend thun wird bis an's Ende der Welt; nun denn,

Alles, was er thut, ist auch das Werk des heiligen Stephan, denn es ist die Frucht seines Gebets. So bittet vielleicht Jemand um das Gebet der Bruderschaft, daß Hindernisse, welche seiner Berufung zum religiösen Leben oder geistlichen Stande entgegenstehen, entfernt werden möchten, und diese Gnade wird an einem Freitag Abends unserm Gebete gewährt. Er wird ein Priester, er rettet Hundert von Seelen; diese Seelen retten andere, einige dadurch, daß sie selbst Priester werden oder Nonnen, oder fromme Väter und Mütter in der Welt. Und so verbreitet das Gebet allmählig überall hin seine segensvollen Früchte, und sehr wahrscheinlich wird es sein Werk fortsetzen, bis zu jener Nacht, aus welcher die Erde erwachen wird, um unsern Herrn vom Aufgang kommen zu sehen.

Wir dürfen daher nicht zu sehr auf die sichtbaren Früchte und die öffentlichen Resultate schauen. Was die Welt ein Unglück nennt, verwandelt sich oft für die Interessen Jesu in ein Glück. Es leidet z. B. Einer eine große Ungerechtigkeit, weil er Katholik ist. Ihr betet für ihn; die Ungerechtigkeit dauert fort, und die Protestanten triumphiren äußerlich darüber. Ihr bildet euch ein, euer Gebet sei nicht erhört worden. Es könnte keinen größern Irrthum geben. Jesus will diesen Menschen zu einem Heiligen machen; es ist besser für ihn, das hilflose Opfer jener Ungerechtigkeit zu sein. Mittlerweile hat Jesus durch euer Gebet ihm eine Menge Gnaden gewährt, welchen er mitgewirkt hat, so daß er in der That durch euer Vater unser und Ave Maria im Himmel in alle Ewigkeit einen höhern Platz einnehmen wird, als dieß sonst der Fall gewesen wäre. Es wird ein Edelstein weiter in seiner Krone schimmern, welcher sonst gefehlt hätte. Ihr werdet denselben im Himmel sehen und bewundern, und erfahren, daß es euer Vater unser und Ave Maria war, welches denselben in seine Krone einfügte. So verhält es sich mit dem Papst und der Kirche und mit den religiösen Orden, und in der That mit Allem, was auf Jesus Bezug hat. Seine Interessen folgen nicht den Regeln der Welt, sondern den Regeln der Gnade. Wir müssen sie mit einem andern Maße messen, und nicht mit dem Maßstab der Welt, wir müssen unser Maß und Gewicht aus dem Heiligthume nehmen! Jesus feierte nie einen größeren Triumph, als an dem Tage, da Er sich an's Kreuz nageln ließ, und doch glaubte die thörichte Welt, sie habe nun gesiegt, und schrieb sich ganz die Ehre des Tages zu. Es ist von Wichtigkeit, daß ihr euch dieß tief in euer Herz einprägt. Wir müssen glauben, daß Gott immer ein aufrichtiges Gebet erhört, und zwar in einer Weise und bis zu einem Grade, welche unsere kühnsten Erwartungen übertrifft; aber Er läßt uns noch nicht sehen, wie. Wir müssen es auf Glauben annehmen, und dürfen ganz versichert sein, daß wir am Ende in unserer Hoffnung nicht getäuscht werden.

§. 8. Das Gebet, ein Hauptmittel, die Interessen Jesu zu fördern.

Wir müssen noch ein paar Worte über die Art und Weise sagen, wie es uns zukommt, die Interessen Jesu zu fördern. Es gibt viele Wege dazu: ein gutes Beispiel geben, predigen, Bücher schreiben, gute Bücher ausleihen, den Nächsten mit Sanftmuth zurechtweisen, den Einfluß und das Ansehen anwenden, das man hat als Vater, Lehrer, Meister. Alle diese Wege sind gut, und wenn wir Jesum wahrhaft lieben, so werden wir nie einen derselben vernachlässigen, je nachdem sich uns Gelegenheit darbietet, und mit Rücksicht auf die bescheidenen Verhältnisse unsers Standes und unserer Stellung im Leben. Die Mitglieder der Bruderschaft sollen und dürfen diese Mittel gebrauchen, wie sie können; allein der wahre, eigentliche Weg der Bruderschaft ist nur ein einziger — das Gebet.

Man betet sehr wenig in unsern Tagen, und es ist wirklich traurig, zu sehen, wie wenig Glauben man auf das Gebet setzt. Man meint, man müsse Alles durch seine eigene Geschicklichkeit und Thätigkeit thun, und glaubt, dieselben Umstände, welche England zu einer großen Nation gemacht haben, werden auch für die Interessen Jesu passen und sein Reich auf Erden befördern. In unsern Tagen glaubt man nur, was man mit den Augen sieht. Wenn die Katholiken Etwas unternehmen, und es scheint wenig dabei herauszukommen, so werden sie niedergeschlagen und meinen, es habe kein Resultat gehabt. Es wird eine Mission gehalten und nur eine einzige Seele gerettet, oder eine einzige Sünde verhindert; es war ein Werk von vierzehn Tagen und hat so und so viel gekostet. Was für ein Verlust! Und doch wäre Jesus bereit, noch einmal vom Himmel herabzukommen und sich kreuzigen zu lassen, um zu verhindern, daß diese einzige Sünde die Ehre seines Vaters befleckte! Wenn wir keine Zahlen anführen und keine großen Resultate aufweisen können, wie die Mitglieder der protestantischen Bibelgesellschaften, welche laut ausposaunen, daß sie eine Million Bibeln nach China geschickt haben, ohne dabei zu bemerken, daß die chinesischen Damen einer ganzen Provinz Pantoffeln daraus gemacht haben; wenn wir die Welt oder das sogenannte Publikum nicht überzeugen und ihm beweisen können, daß wir sogar in seinen scharfen Augen ein großes Werk thun, so fangen wir an, einander zu kritisiren, und sündigen; wir halten öffentliche Zusammenkünfte, und sündigen; wir reden unüberlegt, und sündigen; wir geben das Werk auf, und sündigen; und dann ergreift Jeder seine frühere Lebensweise wieder. Wir haben versucht, ein gutes Werk auszuführen, und weil wir uns dabei auf menschliche Grundsätze stützten, hat es mit einer Menge neuer Sünden ein Ende genommen. All dieß kommt aus dem Mangel an Gebet und aus dem Mangel an Glauben auf die Macht des Gebets. Vergesset es daher nicht: die Bruderschaft kennt kein anderes Mittel, als das Gebet. Wir dürfen überzeugt sein, daß in einem ungläubigen Zeitalter und Lande ein aufrichtiges Gebet große Macht bei Gott und eine besondere Belohnung erhalten wird. Diejenigen, welche sich an Sion erinnerten, während Andere es vergaßen, wurden von dem Herrn wunderbar bedacht. Darum laßt uns beten unter einem Volke, welches das Gebet vergißt, sich auf sich selbst verläßt und sich auf einen fleischernen Arm stützt; und Gott wird mit uns sein, wie nie zuvor, und die Interessen Jesu werden gedeihen auf Erden. Wollte Gott, sie wären unser ganzes Leben lang unsern Herzen tief eingeprägt! Das Leben ist kurz, und wir haben viel zu thun; aber das Gebet ist mächtig und die Liebe stärker, als der Tod. So wollen wir denn Alle, Engel und Menschen, Sünder und Heilige, mit Freuden Alles daran setzen, an den theuren einzigen Interessen Jesu zu arbeiten.

II. Kapitel.
Die Sympathie mit Jesus.

Der Dienst aus Liebe. — Die Sympathie mit Jesus, das Merkmal eines Heiligen. — Drei Kennzeichen der Heiligen: 1) der Eifer für die Ehre Gottes, 2) die Empfindlichkeit in Betreff der Interessen Jesu, 3) emsige Sorgfalt für die Rettung der Seelen. — Geschichte der heiligen Hyacintha Mariscotti. — Beispiel der drei Kennzeichen an einem spanischen Jesuiten. — Die sechs Vortheile, welche aus der Anwendung der Ablässe auf die Seelen im Fegfeuer entspringen.

§. 1. Die Sympathie mit Jesus, das Merkmal eines Heiligen.

Als Jakob bei Laban in der Verbannung weilte, verliebte er sich in Rachel, Labans Tochter, und sagte zu ihrem Vater: Ich will dir sieben Jahre dienen für Rachel, deine jüngere Tochter; und die heilige Schrift setzt bei: So diente Jakob sieben Jahre für Rachel, und sie schienen ihm nur ein paar Tage, wegen der Größe seiner Liebe. Nun denn, wir, finden wir nicht oft das Leben zu lang, und gehen uns nicht die Tage zu träge vorüber? Ist nicht Beharrlichkeit etwas Lästiges, und wird uns die Pflicht nicht manchmal ermüdend und gleichgiltig? Es beschleicht uns zuweilen der Wunsch, das Leben möchte vorüber sein, aus heiliger Ungeduld, in welcher wir aufgelöst und bei Christus sein möchten. Die Sünde und die Macht, zu sündigen, und die Besorgniß, immer wieder in dieselbe zu fallen, wird uns unerträglich, und wir sehnen uns, bei Gott zu sein, wie sich Einer nach seiner abwesenden Liebe sehnt. Allein dieß ist nicht, was ich meine. Das Leben, und besonders unser geistliches Leben, schleppt sich oft aus ganz verschiedenen Gründen mühsam dahin. Es ist hart, immer mit seinen schlimmen Leidenschaften kämpfen zu müssen, und entmuthigend, so geringen Fortschritt zu machen. Versuchungen und Gewissensscrupel quälen uns unabläßig, und todt, begraben und sicher im Fegfeuer zu sein, scheint unserer grämlichen Sehnsucht das ersehnte Ziel; und warum dieß? Weil wir Jesu nicht aus Liebe dienen. Wäre dieß der Fall, so würde es mit uns stehen, wie mit Jakob; die Jahre würden uns wie Tage vorkommen, wegen der Größe unserer Liebe. Wir wollen nun sehen, ob es denn so ganz unmöglich für uns ist, unserm Heiland aus Liebe zu dienen.

Wir haben es als einen Grundsatz aufgestellt, daß der Zweck unserer Bruderschaft darin besteht, die Interessen Jesu zu fördern, und daß das besondere Mittel dazu das Gebet sei. Gerade der Umstand nun, daß wir das Gebet als unser eigentliches Mittel erwählt haben, weist uns noch auf etwas Anderes hin. Es ist möglich, Gott zu dienen und Etwas für die Interessen Jesu zu thun mit kaltem und trockenem Herzen, gerade wie wir. Jemand einen Dienst erweisen können wider Willen, und wie wenn dieß uns Mühe kostete. Aber es ist nicht möglich, Gott durch das Gebet zu dienen, oder die Interessen Jesu durch dasselbe zu fördern, in dieser trockenen und lieblosen Weise. Das Gebet, woran das Herz keinen Theil hat, ist überhaupt kein Gebet; es ist entweder Unehrerbietigkeit, oder Zerstreuung. So verpflichtet uns also, wie ihr seht, die Bruderschaft gleichsam, Jesu aus Liebe zu dienen, und da uns unsere Bruderschaft am Herzen liegt und wir ihr Gedeihen wünschen, so ist dieß ein anderer Grund für uns, warum wir sehen sollten, ob wir nicht Jesu aus Liebe dienen können. Ach, wenn nur ein Einziger aus euch davon überzeugt werden könnte, welche Freude würde es im Himmel sein, welche Wonne für Maria, welcher Trost für das heilige Herz Jesu! Eine einzige Seele weiter in der Welt, die Ihm aus Liebe dient, es wäre so viel werth, als tausend Jahre Buße, Ihm diesen Trost zu verschaffen! Die untergehende Sonne mit ihrem Farbenspiele und der sternbesäete Himmel, die Berge in ihrem Schmucke und das Meer mit seinem glänzenden Wiederscheine, die duftenden Wälder und die Blumen in ihrer stolzen Pracht, sie sind nicht halb so schön, als eine Seele, die Jesu aus Liebe dient mitten unter den Leiden des gewöhnlichen Lebens in diesem Thränenthale.

Jedermann möchte gern ein Heiliger werden. Dieß ist gewiß wahr. Man möchte Gott eben so sehr lieben, wie die Heiligen es thaten, man möchte immer jene überschwengliche Freude empfinden, welche die Heiligen erfüllte, und geradaus zum Himmel gehen, ohne Aufenthalt im Fegfeuer. Wir wissen wohl, daß wir sehr weit entfernt sind, Heilige zu sein, und wir fürchten, es ist sehr wenig Aussicht da, daß wir es jemals werden. Es fehlt uns die Stärke zu ihren großen Strengheiten und körperlichen

Abtödtungen, und der Muth zu ihrer edelmüthigen Lossagung von der Welt. Wir haben kein übernatürliches Verlangen nach Kreuz und Leiden, wie sie, und doch, trotz all dem, wer möchte nicht wünschen, ein Heiliger zu werden, wenn er könnte?

Meine Absicht ist hier nicht, euch schwere Pflichten vorzuschlagen, noch weniger strenge Abtödtungen. Ich will euch nicht weiter treiben, als eure Gnade es zuläßt, aber ich wünschte, daß ihr euch wohl merket, was ich euch nun sagen will. Betrachtet alle Heiligen zu allen Zeiten, was auch ihre Geschichte oder ihr Loos im Leben gewesen sein mag. Ihr werdet finden, wenn ihr sie mit einander vergleicht, daß nicht ihre Abtödtungen sie zu Heiligen gemacht haben. Sie unterscheiden sich sehr viel von einander, und doch sind sie sich alle sehr ähnlich. Einige haben ihr ganzes Leben lang Wunder gewirkt, wie der heilige Franziskaner Joseph von Cupertino, Andere fast gar nicht, wie es mit dem heiligen Vincenz von Paula der Fall war, und was den heiligen Johann Baptist betrifft, von dem unser Herr so wunderbare Dinge sagte, so hat er nie ein einziges Wunder gewirkt; manche Heilige haben schreckliche Abtödtungen geübt, wie z. B. die heilige Rosa von Lima; andere begnügten sich damit, Gottes Willen zu nehmen, wie er ihnen begegnete, und ihren Eigenwillen abzutödten; dieß war bei dem heiligen Franz von Sales der Fall. Allein ob sie Wunder thaten, oder nicht, ob sie außerordentliche körperliche Bußübungen ausübten, oder nicht, dennoch haben sie einen ihnen eigenthümlichen, besondern Charakter, eine gewisse Vorliebe und Neigung, woran wir sie immer erkennen könnten, wenn wir ihnen begegneten. Und das Erfreuliche daran ist, daß wir die besondern Merkmale ihrer Heiligkeit auch uns aneignen können, wenn wir wollen, ohne erstaunliche Wunder zu thun, oder fürchterliche Bußen zu üben.

Ich will damit nicht sagen, daß wir den Heiligen so leicht gleich werden können; nein, ich behaupte nur, daß die Wege, welche sie einschlugen, um zur Liebe Gottes zu gelangen und den Interessen Jesu zu dienen, uns gleichfalls offen stehen, und daß wir, wenn wir wollen, uns all Das aneignen können, was sie dem heiligen Herzen Jesu so theuer gemacht hat; ja dieß wird sogleich unser eigen sei, wenn wir nur eifrige Mitglieder der Bruderschaft sind. Mit Einem Wort, während sich die Heiligen sonst fast in Allem unterscheiden, gibt es drei Stücke, worin sie alle übereinstimmen, und dieß sind folgende: 1) der Eifer für die Ehre Gottes, 2) die Empfindlichkeit für die Interessen Jesu, und 3) die emsige Sorgfalt für das Heil der Seelen.

Ehe ich indessen über jeden dieser drei Punkte Etwas sage, muß ich einem Mißverständnisse von eurer Seite vorbeugen. Ich wünsche nicht, Etwas gesagt zu haben, daß Einer von euch die Hoffnung aufgebe, vor dem Tode ein Heiliger zu werden. So gering auch die Aussicht dazu sein mag, so möchte ich doch nicht die Ursache gewesen sein, daß es einen Heiligen weniger auf Erden gebe; es wäre dieß ja ganz gegen die theuren Interessen Jesu, was ja gerade der Gegenstand dieser kleinen Abhandlung ist. Erlaubet mir daher, euch Etwas von einer Heiligen zu erzählen, der heiligen Hyacintha Mariscotti, welche im Jahre 1807 von Pius VII. heilig gesprochen wurde. Sie war eine italienische Dame von hohem Adel und zeigte schon als Mädchen eine große Vorliebe für schöne Kleider und modischen Putz. Ihre Eltern schickten sie in ein Kloster, um sie erziehen zu lassen; aber die ganze Zeit, die sie hier zubrachte, pflegte sie sich mit Nichts zu beschäften, als mit thörichten Welteitelkeiten. Ihre ganze Jugend brachte sie in Zerstreuung hin; dann wünschte sie sich zu verheirathen, und weil ihre Schwester eine gute

Parthie machte, und sie keinen Antrag erhielt, wurde sie voll Aerger und Neid, und so widerwärtig, daß sich ihr Niemand nahen mochte.

Ihr Vater wünschte thörichter Weise, oder aus einem schlimmern Grunde, daß sie den Schleier nehmen möchte, und obgleich sie durchaus keinen Beruf dazu fühlte, so dachte sie doch, sie könne das ebenso gut thun, als sonst etwas, und trat daher in ein Kloster des dritten Ordens des heiligen Franziskus in Viterbo. Die Zucht im Kloster schien so locker zu sein als möglich, und sie that eben, was ihr gefiel.

Der heilige Alphons pflegte zu sagen, daß es für eine Seele leichter sei, sich mitten unter den Ergötzlichkeiten der Welt zu retten, als in einem Orden, wo die Regel nicht streng beobachtet wird, und wenige Männer hatten in diesem Stücke eine solche Erfahrung, wie er.

Das Erste, was unsere Heilige that, war, mit ihrem Gelde ein großes Zimmer für sich herrichten zu lassen. Sie möblirte es nach dem neuesten Geschmack, und schmückte es, wie ihr Biograph sagt, mit allem Aufwande aus. Sie vernachlässigte die Regel und solche Theile derselben, die sie hielt, beobachtete sie, wie man sich denken kann, in einer sehr lauen und ungenügenden Weise. Sie wurde immer mehr von Eitelkeit aufgezehrt und dachte den ganzen Tag an nichts, als an sich selbst. Ein sonderbarer Anfang zur Heiligkeit! Auf diese Art lebte sie beinahe zehn Jahre; da schickte ihr Gott eine schwere Krankheit. Sie verlangte nun nach dem Franziskanermönch, welcher der Beichtvater des Klosters war. Als dieser aber die prachtvolle Ausstattung des Zimmers erblickte, weigerte er sich, ihre Beichte zu hören, und sagte ihr: der Himmel sei nicht für solche bestimmt, wie sie. „Was," rief sie aus, „soll ich nicht selig werden?" „Das einzige Mittel," war seine Antwort, „besteht darin, Gott um Verzeihung zu bitten, das gegebene Aergerniß wieder gut zu machen und ein neues Leben zu beginnen." Sie brach in Thränen aus, ging in das Refektorium hinab, wo gerade alle Nonnen versammelt waren, warf sich vor ihnen auf die Kniee nieder, und bat um Verzeihung für das gegebene Aergerniß. Und dennoch trotz all dem fand keine große, oder wenigstens keine mit Aufopferung verbundene Aenderung mit ihr statt. Sie übergab ihre Schmucksachen der Oberin nicht, sondern sie besserte sich nur ganz allmählig in ihrer Lebensweise. Von Zeit zu Zeit mußte Gott ihr wieder eine Krankheit schicken, damit sie sich endlich ganz der Gnade hingab; die Gewissensbisse ließen jedoch nicht nach, sondern drangen immer tiefer in ihr Herz, bis dasselbe endlich ganz in Liebe zu Gott aufging und sie eine Heilige wurde.

Dieß ist gewiß eine tröstliche Geschichte. Wir sind nur zu gern geneigt, uns die Heiligen als Menschen zu denken, die von ihrer Wiege an außerordentlich waren, die durch besondere Gnade ihre Taufunschuld nicht verloren, kaum die Empörung schlechter Leidenschaften empfanden, und gewiß nicht den grausamsten aller Kämpfe kennen lernten, den Kampf mit alten sündhaften Gewohnheiten. Oder wenn dieß auch nicht der Fall ist, so denken wir uns dieselben als Personen, um deren willen Gott in außerordentlicher Weise wirksam war, wie z. B. bei der Bekehrung des heiligen Paulus und des heiligen Ignatius. Daher denken wir gar nicht daran, Heilige zu werden; aber die Geschichte der heiligen Hyacintha bietet uns eine ganz verschiedene Ansicht der Sache dar. Auf Jahre lange Lauigkeit, läßliche Sünden und unwürdige Eitelkeit folgte eine halbe Bekehrung und allmählige neue Fortschritte im Guten, gerade wie es bei so vielen aus uns gewesen sein mag.

Diese Geschichte wird durch eine treffliche und tröstliche Bemerkung des P. Backer[1]) beleuchtet. „Die Seelen," sagt er, „die aus äußern Rücksichten sich dem Klosterleben gewidmet haben, sollen deßhalb in ihrem Mißmuthe nicht denken, daß sie aus diesem heiligen Stande keinen Nutzen ziehen können, weil sie auf eine so unwürdige Weise in denselben getreten sind, sondern sie sollten vielmehr hoffen, daß sie durch eine besondere Fügung Gottes selbst gegen ihre Absicht und ihren Willen auf eine Lebensbahn geführt wurden, welche, wenn sie die Pflichten derselben erfüllen, für sie eine Quelle des Segens sein wird. Viele Personen befanden sich schon in diesem Falle und sind große Heilige geworden, nachdem Gott ihnen das Licht gab, ihre verkehrten Wege einzusehen und die Gnade, dieselben zu bessern; dadurch haben die, welche im Fleische begonnen hatten, im Geiste geendigt." Wie viele Personen in Klöstern, im geistlichen Stande, oder sogar solche, die in der Welt ein frommes Leben führen, können aus diesen Worten und aus diesem Beispiele neuen Muth schöpfen, um wieder frisch zu beginnen, selbst wenn sie schon zu dutzend Malen umsonst begonnen haben! Was uns jetzt noch fehlt, besteht darin, die letzten Jahre der heiligen Hyacintha nachzuahmen. Und wie werden wir dahin gelangen, dem Beispiele dieser Heiligen zu folgen? Wenn wir uns die drei vorhin erwähnten Merkmale der Heiligen anzueignen suchen: den Eifer für die Ehre Gottes, die Empfänglichkeit für die Interessen Jesu, und die emsige Sorgfalt für die Rettung der Seelen; denn in diesen drei Stücken besteht die Sympathie mit Jesus, und diese ist zugleich die Frucht und die Nahrung der Liebe, und Liebe ist Heiligkeit, und ein Heiliger ist einfach derjenige, welcher Jesum in einem höheren Grade liebt, als nach der

---

[1]) Sancta Sophia 1, 175.

gewöhnlichen Weise frommer Menschen, und welcher dafür ungewöhnliche Gnadengaben erhalten hat.

§. 2. Die Merkmale der Heiligen: Der Eifer für die Ehre Gottes.

Es ist die erste und zwar die Grundwahrheit der Religion, daß wir hier in der Welt sind zu keinem andern Ende, als um Gott durch die Rettung unserer Seelen zu verherrlichen. Dieß ist unser einziger Zweck, unser einziges Geschäft; alles sonst liegt jenseits dieses Zieles. Alle übrigen Geschöpfe helfen entweder oder hindern uns an diesem Einen Werke und müssen demgemäß behandelt werden. Aus diesem Grundsatze und nach den zwei Geboten, der Liebe Gottes und des Nächsten, entspringt die Pflicht, die Ehre Gottes in der Rettung sowol der Seele unsers Nebenmenschen, als unserer eigenen zu suchen. Nun ist es klar, daß, wenn wir Gott lieben, wir eifrig sein werden für seine Ehre, und je mehr wir Gott lieben, desto eifriger werden wir sein. Woran wir unser Herz gehängt haben, das verfolgen wir gewiß mit Eifer und Beharrlichkeit. Wenn ein Mensch Gott innig liebt, so sind alle seine Gedanken nur auf Ihn gerichtet, er betrachtet Alles nur von diesem Gesichtspunkte aus, und sieht Handel und Gewerbe als ebenso viele nothwendige Uebel an, die ihn von seinem Hauptgeschäfte abziehen. Er sucht überall und in Allem die Ehre Gottes; sie ist sein letzter Gedanke bei Nacht, sein erster beim Erwachen. Erlangt er Macht, Ansehen oder Einfluß, so ist seine erste Frage: Wie kann ich dieß zur Ehre Gottes verwenden? Befällt ihn ein Unglück, so ist dieß gleichfalls die erste Frage, die er an sich richtet. Wird ihm eine Geldsumme hinterlassen, so denkt er sogleich daran, sie dem Dienste Gottes zu weihen. Er interessirt sich für die Kirche, für die Erziehung der Jugend, für die Verbesserung des Lasters, weil in allen diesen Stücken die Ehre Gottes befördert wird. Ein Weltmann z. B. betrachtet das unermeßliche System der Eisenbahnen und Dampfschifffahrten, welches jetzt die Erde wie mit einem Netze bedeckt. Er berechnet die wahrscheinlichen Wirkungen desselben auf die Regierungen, auf die Volksrechte, auf Wissenschaft, auf Literatur, Handel und Civilisation, und dieß Problem fesselt ihn. Der Mann Gottes betrachtet dasselbe und denkt dabei, wie dieß System die Unternehmungen der Missionäre fördern, wie es die Katholiken einander näher bringen, die Verbindung mit dem heiligen Stuhle, worin die Freiheit der Kirche besteht, erleichtern, und wie dadurch Gottes Ehre wachsen wird. Wenn der Geist eines Mannes sich der Politik hingegeben hat, mag er nun auf Seite der Regierung oder der Opposition stehen, so stellt sich ihm Alles, was vorkommt, blos in Beziehung auf dieses einzige Interesse dar, das ihn beherrscht. Der Stand der Aerndten, die möglichen Folgen einer schlimmen Aerndte, unsere Beziehungen zum Ausland, das Mißvergnügen im Innern, die Arbeitseinstellungen der Arbeiter, die Bullen des Papstes — all dieß betrachtet er nur von seinem Standpunkte aus und fragt sich dabei: Welchen Einfluß wird dieß auf die politische Partei haben, zu welcher ich gehöre? Ebenso ist es auch mit dem Menschen, welcher Gott liebt; er betrachtet Alles, so verschieden es auch sein mag, nur in Rücksicht auf die Ehre Gottes. Ich meine damit nicht, daß er immer daran denkt, und daß seine Aufmerksamkeit stets auf diesen Punkt gerichtet ist; dieß wäre fast unmöglich, und würde beinahe die Kräfte der menschlichen Natur übersteigen, sondern ich will damit nur sagen, daß es sein Lieblingsgedanke ist, auf welchen er unablässig wieder zurückkommt, wie Einer, welcher etwas mit Leidenschaft liebt, oder heftig verlangt.

Dieß ist nun gewiß nicht sehr beschwerlich und erfordert auch keine Abtödtung. Wir können ruhig beginnen, ohne uns anfangs zu ermüden, und lassen sodann der Sache ihren Lauf, gerade wie sich eine Gewohnheit bildet und entwickelt. Wir können jeden Morgen ein kurzes Gebet zu Gott richten um die Liebe, seine Ehre zu suchen, und um Erleuchtung, sie den ganzen Tag zu finden. Diese unsere gute Meinung können wir täglich zwei Mal erneuern, auch bei der Kommunion, beim Schlusse des Rosenkranzes und bei der Gewissenserforschung darum bitten. Wenn wir es auch öfters vergessen, so dürfen wir uns deßhalb nicht beunruhigen, wir werden uns schon daran gewöhnen, und Gott selbst wird uns wunderbar helfen, wenn wir einige Monate in der Uebung verharrt haben; aber vorher nicht, merket es wohl; denn es ist dieß seine Weise, eine Weile zu warten und zu sehen, ob wir verharren, obgleich Er uns eigentlich allzeit hilft, sonst könnten wir nie verharren, nur will Er uns später in einer andern Weise helfen. In all dem ist nichts Mühsames, und doch würde diese Uebung uns den Heiligen viel näher bringen, und ach, wie sehr würden die Interessen Jesu dadurch gefördert, ehe noch ein Jahr vorüber wäre!

§. 3. Die Empfindlichkeit in Betreff der Interessen Jesu.

Ich gebrauche absichtlich dieß Wort, weil es so genau meine Meinung ausdrückt, und ich kein passenderes weiß. Wir wissen ganz gut, was es heißt, empfindlich sein in Betreff der Interessen von uns selbst oder von denjenigen, die uns näher stehen und uns theuer sind. Wir fangen da sogleich Feuer bei einem Winke oder Argwohne eines Angriffs auf dieselben. Wir sind immer mit eifersüchtiger Wachsamkeit auf der Hut, als ob Jedermann, dem wir begegnen, etwas gegen uns im Schilde führe. Wir sind gleich bereit, uns zu beklagen. Oftmals, wenn wir uns nicht in Acht nehmen, beurtheilen wir Andere ungerecht, oder wir verlieren die Mäßigung und sprechen rücksichtslos. Wendet nun all dieß auf die Interessen Jesu an, und ihr werdet einen ganz deutlichen Begriff davon erhalten, was es heißt, ein Heiliger sein. Indessen selbst fromme Leute begreifen dieß nicht und tadeln eine Handlungsweise als übertrieben und unbesonnen, einfach deßhalb, weil sie nicht wissen, was es heißt, Gott aus Liebe dienen. Wenn Einer, welcher so in Betreff der Interessen Jesu empfindlich ist, von einem Aergerniß hört, so wird er darüber tief betrübt, er denkt Tag und Nacht darüber nach, und spricht sich klagend darüber aus; so lange das Aergerniß dauert, kann er keine Freude genießen. Seine Freunde begreifen nicht, warum er so viel daraus macht, oder es so zu Herzen nimmt. Es geht ihn ja Nichts an, sagen sie, und seine Ehre wird dadurch nicht befleckt. Sie sind nahe daran, ihn der Ziererei zu beschulden, aber sie sehen die Liebe nicht, die ihn für Jesus verzehrt, und seinen wirklichen Schmerz, daß die Interessen seines Herrn verletzt werden. Sie würden sich einen Monat lang über die Plackereien ärgern, die ein ungerechter und gehässiger Prozeß ihnen verursacht; aber was ist dieß im Vergleich mit dem geringsten Hindernisse, das den Interessen Jesu in den Weg gelegt wird? Gewiß, ein Mensch, welcher dieß nicht einsieht, verdient kaum den Namen eines Christen.

Diese Empfindlichkeit in Betreff der Interessen Jesu zeigt sich ferner in der scharfen Wahrnehmung und in dem heftigen Abscheu vor jeder irrigen und falschen Lehre. Die Reinheit des wahren Glaubens ist eines der theuersten Interessen Jesu, und wer folglich seinen Herrn und Meister wahrhaft liebt, empfindet einen unaussprechlichen Schmerz über jede Aeußerung einer falschen Lehre, besonders unter Katholiken. Jede Meinung, welche dahin geht, unsern Herrn in Vergessenheit zu bringen, oder seine Gnade zu verachten, die Ehre seiner Mutter anzugreifen, die heiligen Sakramente herabzuwürdigen, oder die Vorrechte seines Statthalters auf Erden auch nur im Geringsten zu vermindern — all dieß, wenn auch nur in vorübergehender Unterhaltung vorgebracht, verwundet ihn so tief, daß er sogar physischen Schmerz darüber empfindet. Leute, die nicht weiter nachdenken, werden darüber beinahe geärgert, und doch, wenn sie hören würden, daß man die Ehre oder Züchtigkeit ihrer Mutter oder Schwester auf gemeine Weise in Frage stellte, so würde es keine Gewaltthat geben, wäre es auch Blutvergießen, wozu sie sich nicht berechtigt glaubten. Was ist aber die Ehre einer Mutter im Vergleich mit der Würde Jesu? was der gute Name einer Schwester im Vergleich mit der geringsten Beleidigung der Majestät Maria's? Und finde ich nicht vielmehr die Liebe einer Mutter und die Zärtlichkeit einer Schwester in dem Stuhle des heiligen Petrus, als in allen meinen Blutsverwandtschaften mit einander? Ich würde nicht verbunden sein, zu sterben, meine Ueberzeugung von der Ehre meiner Mutter mit meinem Blute zu besiegeln; aber ich wäre ein Elender, wenn ich vor dem Tode für die Ehre des heiligen Stuhles zurückbebte. Ihr werdet daher nicht einen einzigen Heiligen finden, welcher nicht diesen Schmerz der Liebe in seinem innersten Herzen empfunden hat, und dem es nicht unmöglich war, auch nur das Geringste von falscher Lehre zu hören. Wo dieß Gefühl nicht herrscht, da ist so gewiß als die Sonne am Himmel scheint, die Liebe zu Jesus im Herzen des Menschen nur schwach und gering.

Dieselbe Empfindlichkeit kann ich auch bei Gelegenheit in Betreff aller Interessen Jesu zeigen, welche im vorigen Kapitel erwähnt worden sind. Nur muß ich hier eine Bemerkung machen. Es kann manchmal vorkommen, daß die Liebe eines Menschen zu unserm Heilande die

Gränzen seiner gewöhnlichen Tugend übersteigt, und daß er in seinem Eifer unbesonnen, ungeduldig, heftig oder bitter wird. Er argwöhnt, wo ihm nichts dazu den geringsten Anlaß gibt, und kann die Gleichgiltigkeit oder Kälte Anderer nicht ertragen, wie er es müßte, wenn die Tugend der Menschenliebe vollkommener in ihm ausgebildet wäre. Dieß bringt oft das fromme Leben in Mißkredit; denn Niemand wird mit weniger Nachsicht und mit größerer Strenge beurtheilt, als die, welche ein frommes Leben in der Welt führen wollen. Allein sie müssen auch ihre Schwächen und Unvollkommenheiten haben, sie müssen die minder lieblichen Stufen des geistlichen Lebens durchwandern, und es muß daher ihr Trost sein, daß während die Menschen sie tadeln, Jesus sie manchmal lobt, und daß gerade die Unvollkommenheiten ihrer noch jungen Liebe Ihm theuer sind, während die weise Kritik und selbstgefällige Mäßigung ihrer Richter seinen Augen verhaßt ist.

Es ist gewiß nicht sehr schwer, diese Empfindlichkeit für die Interessen Jesu in sich zu pflegen, und doch ist sie eines der Hauptmerkmale der Heiligen. Ist es nicht der Mühe werth, es zu versuchen? Kann es im Leben ein so großes Vergnügen geben, als Jesum lieben und Ihm aus Liebe dienen? Wir können gleich heute beginnen, das Unternehmen ist nicht schwer; wir brauchen in unserm Leben keine plötzliche oder gewaltsame Aenderung zu machen, wir dürfen nur ein wenig mehr über die Liebe nachdenken und mehr um Liebe bitten, und dann sind wir ganz auf dem rechten Wege. Die Bruderschaft setzt uns in den Stand, sogleich darauf fortzuwandeln, ohne uns eine Verpflichtung aufzulegen.

§. 4. **Emsige Sorgfalt für die Rettung der Seelen.**

Dieß ist das dritte und letzte Merkmal der Heiligen, welches die Sympathie zwischen Jesus und uns ausmacht. Die Welt und die materiellen Interessen der Welt sind alle gegen uns, und reißen uns mit sich fort. Was wir sehen, macht einen viel größern Eindruck auf uns, als was wir glauben. Und doch kam Jesus auf die Welt, um die Seelen zu retten; Er ist für sie gestorben und hat sein kostbares Blut für sie vergossen. In dem Maße, als Seelen gerettet werden, gedeihen seine Interessen, und in dem Verhältnisse, als sie verloren gehen, werden dieselben beeinträchtigt. Die Seele allein ist werth, daß wir für sie sorgen. Denket nur, was es heißt, verloren gehen, verloren auf ewig! Wer kann das Entsetzen davon ermessen, wer die grenzenlose Trostlosigkeit, dieß unermeßliche Elend, diese unerträglichen Qualen und diese ohnmächtige Wuth der Verzweiflung schildern? Und doch sah die heilige Theresia Seelen der Menschen sich täglich in Menge durch die Pforten der Hölle stürzen, wie im Herbst der Wind welke Blätter von den Bäumen schüttelt. Und Jesus hing drei Stunden lang am Kreuz für eine jede dieser verlornen Seelen! Und sie könnten jetzt alle rein und strahlend im Himmelreiche glänzen! Sie liebten uns vielleicht, und wir liebten sie, und es war viel an ihnen zu lieben. Sie waren vielleicht ehemals edelmüthig, freundlich, nicht selbstsüchtig, aber sie liebten die Welt, und wurden von ihren Leidenschaften beherrscht, und ob sie gleich kaum daran dachten, haben sie unsern Herrn von Neuem gekreuzigt, und nun sind sie verloren — verloren auf ewig!

Was Wunder, wenn seine Diener um diese Seelen jammern, über welche Jesus selbst weinte? Daher kommt es, daß sie immer mit Missionen, Schulen, religiösen Orben, Abläſſen und Jubiläen beſchäftigt ſind. Sie ſind voll von Plänen, oder wenn nicht, wenigſtens von Gebeten. Sie beſchäftigen ſich faſt nur mit den Seelen, und opfern Alles für ſie auf. Sie machen jeden Tag einen neuen Plan, um Seelen zu gewinnen. Sie werden nicht niedergeſchlagen, weil ſie nicht recht einſehen, woher Geld oder Menſchen nehmen, um alle die guten Werke auszuführen, die ſie im Sinne haben; aber es iſt ihr Troſt, daß jedes Werk, welches die Seelen zum Gegenſtande hat, an ſich ſelbſt ein vollkommenes Werk iſt; denn die Wirkungen der Gnade und die Verdienſte des koſtbaren Blutes fortpflanzen, iſt an ſich ſelbſt etwas Wünſchenswerthes und von Gott Geſegnetes. Daher ermuthigt auch die Kirche, dieſe Mutter der Seelen, alle Uebungen, welche von Zeit zu Zeit den frommen Sinn der Gläubigen neu beleben, z. B. geiſtliche Exercitien, Miſſionen und Jubiläen; denn jedes dieſer Dinge iſt an ſich ſelbſt vollkommen. Während Einige müſſig ſchwätzen, Betrachtungen anſtellen, kritiſiren, verzagen und Hand und Herz der Andern ſchwächen, gehen die, welche Jeſum lieben, in Einfalt an's Werk, ohne an den Morgen zu denken.

Man könnte Bände vollſchreiben über dieſe Leidenſchaft für die Seelen. Sie muß da kommen, wo eine wahre Liebe zu Jeſus iſt. Nicht nur für Petrus galt die Vorſchrift, ſondern für Alle, welche lieben: „Wenn du bekehrt ſein wirſt, ſo befeſtige deine Brüder." Und ferner: „Liebſt du mich mehr als dieſe?" „Weide meine Lämmer." Und haben wir nicht, Jeder aus uns, viele kleine Mittel, wodurch wir beitragen können, Seelen zu retten? Und ſteht nicht wenigſtens bei der Fürbitte die ganze Kirche dem belebenden, mächtigen Einfluſſe unſerer Gebete ebenſo offen, als dem Papſte ſelbſt?

Dieſe drei Tugenden alſo machen hauptſächlich die Heiligen aus: Eifer für die Ehre Gottes, Empfindlichkeit für die Interessen Jesu, und emsige Sorgfalt für die Rettung der Seelen. Diese drei Tugenden miteinander wandeln die Seele um, geben ihr einen engelgleichen Charakter, und sichern uns mehr als alles Uebrige unser ewiges Heil. Sie sind es, welche die Bruderschaft in uns zu entwickeln sucht, und wir haben gesehen, wie leicht sie sind, wenn wir nur lernen wollen, Jesum lieben und Ihm dienen aus Liebe. Weder Alter, noch Geschlecht, noch die Stellung im Leben ist ein Hinderniß für die Uebung dieser Tugenden, und wie sehr würde die Welt ihr Aussehen verändern, wenn einige Gläubige dieselben ernstlich pflegen und sie täglich im Leben üben wollten!

Wenn ein Mann stirbt, so sagen seine Freunde manchmal von ihm, um seinen Fleiß, seine Energie und Thätigkeit zu rühmen: Er hat sein ganzes Leben der Vollendung dieser wichtigen Eisenbahnlinie geweiht; oder auch: Das einzige Ziel seiner Arbeiten bestand darin, der Regierung ein mehr wissenschaftliches Erziehungssystem für das Volk abzudrängen; oder: Er opferte sich für die Sache des Freihandels auf u. dgl. Es war seine einzige Idee, sie wuchs mit ihm auf, er konnte an nichts sonst denken; er sparte weder Zeit noch Kosten, seinen Lieblingsplan zu fördern. Er hat sein Leben geopfert, um seine Aufgabe zu erfüllen, und er hat sie gut erfüllt, weil sein Herz und seine Seele daran hing, und die Welt ist ihm dafür Dank schuldig. Warum sollte nicht auch von uns gesagt werden können: Er ist nicht mehr; dieser Mann hatte nur Eine Idee, nur Einen Wunsch, daß das Reich Gottes kommen und sein Wille geschehen möchte auf Erden, wie im Himmel. Dieser Gedanke zehrte ihn auf, er war stets bei ihm im Wachen oder im Schlafen; kein Hinderniß konnte ihn aufhalten, er sparte weder Zeit noch Kosten, um zu seinem Ziele zu gelangen, und wenn weder Zeit, noch Geld zu seiner Verfügung stand, so bestürmte er den Himmel mit

Gebeten. Er nahm sonst an nichts ein Interesse; diese Idee war seine Speise und sein Trank, und beherrschte ihn ganz, und nun ist er dahin. Ja, er ist dahin; aber während der Andere seine Eisenbahn und sein wohlfeiles Brod hinter sich zurückließ, hat unser Freund alle seine Liebe, seine Leiden und Gebete mit sich vor den Richterstuhl Jesu genommen, und was dort diese mächtigen Fürsprecher für ihn gethan, das hat kein Auge gesehen, kein Ohr gehört, und ist in keines Menschen Herz gekommen.

Denket also oft an diese drei Dinge, an diese einfache Methode der Heiligen, Jesu aus Liebe zu dienen. Möchtet ihr gerne sehen, wie diese Tugenden im Herzen eines guten Menschen wirksam sind, selbst in sehr geringfügigen Gegenständen? Es war einmal ein alter spanischer Jesuit, welcher lange nicht darüber in's Reine kommen konnte, ob es besser sei, einen Ablaß für die Seele im Fegfeuer zu gewinnen, die am meisten vernachläßigt und vergessen sei, oder für die Seele, welche der Erlösung und dem Eingang in die Seligkeit am nächsten stehe. Er war in Verlegenheit; jede dieser zwei Handlungen war dem Herzen Jesu theuer; aber welche war Ihm lieber? welche mochte wohl Jesus am meisten billigen?

Er hatte ein so mitleidiges Herz dieser gute Pater, daß er sich der armen, vernachlässigten Seele gar sehr zuneigte, gerade weil sie so vernachläßigt war, und es ging ihm zu Herzen, daß er sich um diese vergessene Seele nicht annehmen sollte. Aber endlich entschied er sich für die andere, und wir werden sehen, warum. Es scheint allerdings mitleidiger, für die Seele zu beten, die es am meisten nöthig hat, weil ihr Unglück größer ist; allein die christliche Liebe ist eine höhere Tugend, als das Mitleid, und es ist ein größerer Akt von Liebe, den Ablaß für die Seele aufzuopfern, welche am gerechtesten gewesen ist, und Gott am meisten geliebt hat, indem man so nur für die größere

Ehre der Majestät Gottes handelt, sofern er der Schöpfer dieser Seele ist; denn sie ist ihrem Eintritt in den Himmel am nächsten; wo sie sogleich beginnen wird durch Lob und Preis Ihn unendlich zu verherrlichen. Hier zeigte sich der Eifer für die Ehre Gottes. — Die Seele ist ferner nicht eigentlich der volle Besitz Jesu, als bis sie sicher im Himmel angelandet ist, und unser göttlicher Erlöser dieselbe dem himmlischen Vater als eine Trophäe seines heiligen Leidens darstellt. War es nun nicht besser, die arme, vernachlässigte Seele im Fegfeuer warten zu lassen, als Jesus im Himmel? Und überdieß konnte diese Trauer, die vergessene Seele übergehen zu müssen, nicht Jesu wohlgefallen, und mochte Er nicht etwas für diese arme Seele thun? Hier sehen wir die Empfindlichkeit für die Interessen Jesu. — Der gute Pater dachte ferner: Je bälder diese Seele, welche dem Himmel so nahe steht, in denselben eingeht, desto bälder wird sie anfangen, allerhand Gnaden von Gott für meine Seele und für die Seelen der Sünder auf Erden zu gewinnen. — Hier zeigte sich seine emsige Sorgfalt für die Rettung der Seelen, und so wendete er den Ablaß der Seele zu, die ihrer Erlösung am nächsten war, nicht ohne einen inbrünstigen Seufzer und einen bittenden Blick zu Maria, und nicht ohne den tröstlichen Gedanken, daß Jesus für die arme, vergessene Seele auch noch etwas thun würde.

Die Entscheidung des guten Paters in dieser Sache scheint eine wichtige Autorität für sich zu haben; denn unter den Offenbarungen, welche der Schwester Franzisca vom heiligen Sacramente, einer spanischen Nonne aus dem Orden der heiligen Theresia, zu Theil wurden, wurde ihr gesagt, daß am Abend des Allerseelentages eine Menge Seelen das Fegfeuer verlasse, und daß es meistens solche seien, welche der Seligkeit nahe stehen, um derenwillen Gott die Gebete der Kirche an diesem Tage erhöre. Auf der andern Seite wissen wir, daß der heilige Vincenz von Paula eine besondere Andacht zu den verlassensten Seelen hatte.

Der Jesuit war von dem weisen Grundsatze beseelt, daß er sich von allen seinen Handlungen Rechenschaft geben müsse. Ich will damit nicht sagen, daß ihr ebenso streng sein sollet; aber dieß Beispiel zeigt, wie die drei Merkmale der Heiligkeit eine fromme Seele durchdringen und selbst auf ihre geringsten Handlungen und ihre geheimsten Andachten einen Einfluß üben können, und dieß ist gerade der Gegenstand dieses Buches. Ich will für euch aus dem Leben der Heiligen und aus den Werken ascetischer Schriftsteller eine Anzahl leichter und angenehmer Uebungen herauswählen, die euch helfen werden, diese drei Merkmale eurer Seele einzudrücken, so daß ihr die Interessen unsers lieben Herrn und Heilandes in jeder Stunde eures Lebens befördern und euch zugleich auf die leichteste Weise zur Heiligkeit heranbilden könnet. Ihr könnet unter diesen Uebungen wählen, es wird euch keine aufgedrungen, jede steht euch frei. Ihr seid nicht einmal verbunden, wenn ihr eine wählet, die erhabenste, beste und vollkommenste zu wählen; denn es kann ganz gut der Fall sein, daß dieß nicht diejenige ist, die für euch am besten paßt. Nehmet, was eurem Geschmacke am meisten zusagt, ihr braucht eure Andachten nicht in Abtödtungen zu verwandeln. Es ist dieß eine irrige, unkatholische Ansicht, die ich gerne aus dem Kopfe aller Bekehrten verbannen möchte. Es klingt dieß schön, aber in der That endigt es immer mit Gleichgiltigkeit oder Erschlaffung. Ich will euch anleiten, Jesu aus Liebe zu dienen, und deßhalb müßt ihr darin eure Freude finden und eurer eigenen Neigung zur Andacht folgen.

§. 5. Die sechs Vortheile, welche aus der Anwendung der Abläße auf die Seelen im Fegfeuer entspringen.

Bevor ich dieß Kapitel endige, wünsche ich so sehnlich, euern Geist mit den Grundsätzen erfüllt zu sehen, die ich soeben aufgestellt habe, daß ich schließlich dieselben durch einen Gegenstand beleuchten will, welcher euch Allen wohl bekannt ist. Einige opfern, wie ihr wißt, alle ihre Abläße den Seelen im Fegfeuer auf, Andere behalten sie alle für sich selbst, und kein Theil hat ein Recht, deßhalb mit dem andern zu hadern. Wer möchte auch behaupten, daß es uns nicht freistehe, Etwas zu thun, wenn die Kirche uns die Freiheit läßt, so zu handeln; demungeachtet will ich für den Augenblick in dieser Sache Parthei ergreifen. Es wird dieß auf die drei Punkte, die ich vertheidige, ein großes Licht werfen, und ich werde mich genau an das halten, was Gottesgelehrte und geistliche Schriftsteller darüber gesagt haben.

Die Gnade ist etwas so Großes, daß wir suchen sollten, sie auf alle Weise zu fördern, und es gibt wenige Mittel, wodurch wir sie schneller vermehren können, als indem man die Genugthuung in ein Verdienst verwandelt. Dieß geschieht dadurch, daß man Abläße für die Seelen im Fegfeuer gewinnt. Durch diese Andacht erwerben wir große geistliche Schätze, und sie ist Gott angenehm, während sie uns selbst großen Nutzen bringt. Wir wollen einige Früchte dieser Andacht durchgehen, um uns zu ermuntern, freigebiger gegen diese Töchter Gottes und Bräute des heiligen Geistes zu sein, und sie mit unsern Gebeten und mit der Genugthuung unserer guten Werke zu unterstützen, indem wir all dieß für sie aufopfern, ohne Furcht, daß wir dadurch Etwas davon verlieren. In der That wird der unermeßlich viel gewinnen, welcher sich selbst kei-

nen Theil seiner Genugthuung oder seiner Ablässe zurück-
behält, sondern sie alle für die heiligen Bräute unsers
göttlichen Erlösers aufopfert, welche in jenen schrecklichen
Peinen gefangen gehalten werden.

Die erste Frucht ist die große Zunahme unserer Verdienste dadurch; denn von den drei Dingen, welche die
guten Werke der Gerechten in sich schließen, nämlich der
Verdienst, die Erhaltung der Bitte und die Genugthuung,
ist das allergrößte der Verdienst; denn dadurch werden
wir Gott angenehmer und Ihm inniger befreundet, indem
wir eine größere Gnade und so auch einen neuen Anspruch auf die ewige Herrlichkeit erlangen. Wenn also
Einer alle Genugthuung für seine guten Werke in eben
so viele neue Verdienste umwandeln könnte, so würde er
ohne Zweifel, abgesehen von dem Verdienste, was er schon
erworben hätte, bei diesem Tausche viel gewinnen, und
zwar aus folgendem Grunde: Die Herrlichkeit der Seligen
ist ohne Vergleich ein größeres Gut, als die Peinen des
Fegfeuers ein Uebel sind, und folglich ist ein Recht auf
eine Vermehrung dieser Herrlichkeit mehr werth, als ein
Recht auf eine Verminderung der Pein. Derjenige also,
welcher die Genugthuung für seine guten Werke und seine
Ablässe für die Seelen im Fegfeuer aufopfert, thut gerade
dieß, d. h. er verwandelt seine Genugthuung in ein Verdienst. Dadurch zeigt sich ein aufopfernder Act von Tugend, wodurch er das ewige Leben erlangen wird, vermittelst dieser in ein Verdienst verwandelten Genugthuung,
die ihm sonst die Pforten des Himmels nicht geöffnet
hätte. Als Genugthuung würde es ihm dazu nicht ein
Jota geholfen haben, aber indem er dieselbe in ein Verdienst umwandelt und zugleich Andern hilft, erreicht er
dieß. Dieser Punkt verlangt eine nähere Erwägung; denn
abgesehen von dem Umstande, daß die himmlische Herrlichkeit ein größeres Gut ist, als das Fegfeuer ein Uebel,

dürfen wir nicht vergessen, daß die Zunahme dieser Herrlichkeit immer fortdauert, während die Linderung der Leiden des Fegfeuers nur zeitlich ist und vorübergeht; denn das Fegfeuer selbst ist blos etwas Zeitliches, so daß der Unterschied zwischen der Zunahme der ewigen Herrlichkeit und der Linderung der Leiden des Fegfeuers ein unendlicher ist. Der Genuß der ewigen Güter, selbst im geringsten Grade, würde durch die Erduldung der größten zeitlichen Uebel wohlfeil erkauft sein. Dazu kommt noch, daß wir in allen Dingen thun sollten, was in den Augen Gottes am angenehmsten ist, ohne unser eigenes Interesse zu suchen, sondern sein größeres Wohlgefallen. Gott zu gefallen ist etwas Besseres, als sich Leiden ersparen; ein Mensch aber, welcher seine Genugthuung und seine Abläße für sich selbst behält, thut dieß aus dem Verlangen, sich Leiden zu ersparen, während derjenige, welcher dieselben alle für die Seelen im Fegfeuer aufopfert, sich Gott theurer macht durch diesen heroischen Act aufopfernder Liebe, wozu er nicht verbunden war, und welchen er aus freiem Willen vollzieht.

Das Leiden der armen Seelen ist ohne irgend einen Gewinn oder Nutzen für sie selbst, wodurch sie ihre Verdienste vermehren könnten, und so lange sie im Fegfeuer zurückgehalten werden, so lange ist das himmlische Jerusalem seiner Bürger und die Kirche auf Erden neuer Beschützer und Fürsprecher bei Gott beraubt. Daraus geht eine andere Frucht dieser Andacht hervor. Die Seele, die wir aus dem Fegfeuer erlösen, hat eine besondere Verpflichtung gegen uns, sowohl wegen der Wohlthat, die sie dadurch empfängt, daß sie um so früher in die Herrlichkeit eingeht, als auch wegen der schrecklichen Leiden, wovon sie befreit wird. Daher ist sie verbunden, für ihre Wohlthäter beständige Gnaden und Segnungen von Gott zu erflehen. Die Seligen wissen, daß das Gut, welches sie empfangen haben, unendlich ist, und weil sie im höchsten Grade dankbar sind, so suchen sie ihre Dankbarkeit im Verhältniß zur Größe ihrer Freude zu bezeugen. Demnach wird der, welcher seine Abläße den armen Seelen aufopfert, eben so viele Fürsprecher im Himmel haben, die sich um seine ewigen Interessen bekümmern, und es ist für einen Menschen ein größeres Gut, sich sein Seelenheil in diesem Leben durch die Gnaden zu sichern, die ihm diese Menge himmlischer Fürsprecher erlangt, als die Gefahr zu vermeiden, etwas länger im Fegfeuer verweilen zu müssen, weil er seine Genugthuungen und Abläße weggegeben hat. Allein wir gewinnen mehr, als die Freundschaft der Seelen, die wir befreien; wir gewinnen die Liebe ihrer Schutzengel und der Heiligen, welchen diese Seelen besonders zugethan waren, und wir werden auch dem heiligen Herzen Jesu theurer wegen seines Wohlgefallens an der Erlösung seiner theuren Braut und ihres Einganges in die himmlische Freude.

Es gibt noch eine dritte Frucht dieser Andacht, die für unsern Zweck gar sehr passend ist. Es ist etwas Großes, Jemand im Himmel haben, welcher für uns Gott loben, preisen und verherrlichen wird. Wer Gott inbrünstig und zärtlich liebt, kann nie rasten, ohne alles Mögliche zu thun, daß die unendliche Majestät Gottes erhöht und verherrlicht wird. Und doch können wir bei all dem Elend und der Sündhaftigkeit dieses Lebens die anbetungswürdige Majestät Gottes nicht verherrlichen, wie die Seelen im Himmel. Ach, was für eine Freude und welcher Trost ist dann der Gedanke, daß Andere, die wir aus dem Fegfeuer erlösten, dieß große Werk für uns im Himmel thun, und daß sie bereits ihre Lobpreisung begonnen haben, während wir noch hier auf Erden sind! Gewiß, es kann keine Seele geben, die so glücklich war, das Fegfeuer zu erreichen, welche nicht heiliger ist, als die unsrige, und mehr geeignet zur Verherrlichung Gottes. Wenn dieß so ist, dann haben wir selbst Jemand in den Himmel versetzt, welcher Gott größere Ehre geben kann, als wir könnten, wenn wir daselbst wären. Während wir essen, trinken, schlafen, uns hier abmüden auf Erden, ist im Himmel — welch ein erfrischender Gedanke, welcher kostbare Trost! — eine Seele, oder, so Gott will, sind es viele Seelen, deren Glück wir beschleunigt haben, und die nun unablässig die Majestät und Schönheit des Allerhöchsten anbeten und verherrlichen!

Dieß ist nicht Alles, es gibt noch eine vierte Frucht dieser aufopfernden Andacht. Wir gewinnen nicht nur unendliche Schätze für uns selbst, sondern auch für Andere; denn wir verursachen große Freude sowol in der streitenden, als in der triumphirenden Kirche. Groß ist der Jubel im Himmel, wie die Zahl seiner Bewohner zunimmt; denn wenn hier Freude herrscht über einen Sünder, welcher Buße thut, und doch wieder in seine Sünde zurückfallen kann, wie groß muß nicht die Freude über diesen neuen Mitbürger sein, welcher nicht mehr sündigen kann? Auch sein Schutzengel freut sich und empfängt tausend Glückwünsche von den himmlischen Geistern über den glücklichen Erfolg seines schützenden Amtes. Ebenso ist Freude unter den Heiligen, zu welchen diese Seele eine besondere Andacht hatte, und unter ihren Verwandten und Freunden, und in dem Heere derjenigen, welchen sie beigesellt wird. Auch Maria freut sich über den glücklichen Erfolg ihrer vielfachen Fürbitten, während Jesus freudig die Aerndte einsammelt, die er mit seinem kostbaren Blut benetzt hat. Der heilige Geist freut sich über den Sieg seiner Gaben und seiner zahllosen Einsprechungen, und der ewige Vater hat ein Wohlgefallen an der Vollkommenheit, zu welcher das Geschöpf seiner Wahl gelangt ist, das er so lange mit solchem Mitleid getragen. Die streitende

Kirche nimmt nicht minder an dieser Freude Theil. Sie hat einen neuen Fürsprecher gewonnen. Die Verwandten, Freunde, die Familie, die Gemeinde, das Vaterland dieser Seele hat einen besondern Grund zur Freude. Ja alle Auserwählten, und in der That die ganze Natur hat Grund zur Freude, daß ein anderes Geschöpf eingegangen ist in die Freude seines Schöpfers.

Es gibt noch eine fünfte Frucht dieser Andacht. Die Liebe duldet keinen Verzug. Soll ein Schatz, welcher Wunder thun kann für die Ehre Gottes und die Interessen Jesu, unbenutzt liegen bleiben, vielleicht Jahre lang? Für den Augenblick brauchen wir vielleicht unsere Genugthuungen und Ablässe nicht; und wenn sie in den Schatz der Kirche fließen, wer weiß, wie viele Jahre verstreichen mögen, ehe sie gebraucht werden, selbst wenn die Ansicht de Lugo's wahr ist, daß alle Genugthuungen der Heiligen bestimmt vor dem letzten Tage angewendet werden? Soll denn dieß Talent nicht sogleich für Gott verwendet werden, indem man auf der Stelle Seelen aus dem Fegfeuer erlöst, welche vielleicht noch in dieser Nacht ihr liebliches Opfer ewigen Preises beginnen?

Was wir endlich weggeben, kehrt uns im reichlichsten Maße wieder zurück, und dieß ist die sechste Frucht dieser Andacht. Zuerst liegt gerade in dem Acte einer so großen aufopfernden Liebe eine Genugthuung für unsere Sünden; denn wenn Almosen, die man zur Erleichterung körperlicher Bedürfnisse gibt, vor allen andern guten Werken genugthun, was wird es erst mit den geistlichen Almosen sein? Zweitens, wer etwas für die Ehre Gottes verliert, empfängt es endlich hundertfältig wieder, und Er wird uns solche Gnade geben, daß wir nur kurze Zeit im Fegfeuer bleiben dürfen, oder Er wird Andere bewegen, für uns zu beten, wenn wir darin sind, so daß wir, wenn wir unsere Ablässe für uns behalten hätten, vielleicht lange hätten in diesem Feuer bleiben müssen, während wir um so bälder in die Herrlichkeit eingehen, wenn Gott Viele antreibt, Abläſſe für uns zu gewinnen. Es ist ein ausgemachter Satz, daß Niemand verliert, wer für Gott verliert, und wenn wir im Fegfeuer sind, so werden die Seligen, welche durch uns bälder in den Himmel kamen, auf uns als ihre Wohlthäter herabschauen, und an unsere Erlösung als an eine Schuld denken, welche die Gerechtigkeit ihnen auflegt. Ja, nicht nur sie werden die Schuld anerkennen, sondern auch unser göttlicher Heiland.

Wenn wir daher alle unsere Genugthuungen und Abläſſe den Seelen im Fegfeuer zuwenden, so iſt dieß nicht nur der natürlichen Ordnung der Liebe nicht entgegen, sondern es iſt vielmehr unser beſtes Intereſſe, ſo zu handeln. Es ist eine Andacht, welche ganz mit der Ehre Gottes und den mannigfaltigen Intereſſen Jeſu und der Liebe der Seele zusammenhängt, und welche zugleich die streitende, die leidende und die triumphirende Kirche umfaßt. Laßt uns Gott danken, daß Er uns in seiner geheimnißvollen Freigebigkeit diese unſchätzbare Gnade gewährt hat, daß wir mit unſern Genugthuungen und Abläſſen thun können, was wir wollen, so daß wir, da sie ganz unser eigen ſind und zu unſerer freien Verfügung stehen, unsere Herzen erfreuen können, wenn wir sie so zu seiner größern Ehre und zu seinem Preise verwenden.

Seht, wie weit Einige gegangen ſind, deren Lob in allen Kirchen ertönt. Der P. Ferdinand von Monroy, ein ganz apostoliſcher Mann, vermachte schriftlich in seiner Todesstunde den Seelen im Fegfeuer alle Meſſen, die für ihn nach dem Tode gelesen, alle Bußen, die für ihn aufgeopfert, und alle Abläſſe, die für ihn gewonnen werden sollten. Er konnte wohl diese Schenkung machen; denn Einer, welcher Gott so zärtlich liebte und die Intereſſen Jesu so innig umfing, wie gerade dieſer Act der Liebe bezeugt, hatte solche Dinge wenig nöthig. „Die Liebe ist stark wie der Tod; viele Wasser vermögen die Liebe nicht zu löschen, und die Ströme reißen sie nicht hinweg; gäb' auch ein Mensch alle Habe seines Hauses für die Liebe, für nichts würde man's achten."[1])

Ihr seht nun deutlich, was ich von euch verlange. Ihr müßt Jesu dienen auf die eine oder andere Weise, sonst würdet ihr eure Seelen nicht retten. Ihr seid durchaus von Ihm abhängig. Ihr könnt nichts thun ohne seinen Glauben, ohne sein Leben, seinen Tod, sein Blut, seine Kirche, seine Sacramente. Ihr könnt keinen Schritt zum Himmel thun, außer durch Ihn. Nichts, was ihr denket oder thut, oder saget, ist etwas werth, wenn es nicht mit seinen Verdiensten in Verbindung steht. Es läßt sich keine vollständigere Abhängigkeit denken, als es unsere Abhängigkeit von Ihm ist. So müßt ihr also auf die eine oder die andere Weise Jesu dienen. Die Frage ist nun, ob es nicht am besten ist, Ihm aus Liebe zu dienen. War aber eure Religion bisher ein Dienst aus Liebe? Oder habt ihr eure Pflichten gegen Ihn erfüllt, wie ein armer Mann einem reichen Gläubiger eine Schuld heimzahlt, indem er ihm zwischen jedem Geldstück, das er ihm in die Hand zählt, in's Gesicht schaut, um zu sehen, ob er wirklich seine Armuth vergessen und den vollen Betrag seiner Schuld annehmen will? War es nicht euer Geschäft, das Geringste auszufinden, was ihr thun müßt, um den Himmel zu gewinnen? Die Gebote abwägen, die Vorschriften verkürzen, die Regeln nach Belieben auslegen, um Dispense bitten — ist dieß nicht das, was ihre eure Religion nanntet, eure Anbetung eines menschgewordenen Gottes, der seine Liebe bis zur Thorheit trieb und blutend am Kreuze hing?

---

[1]) Hoh. L. 8, 6. 7.

Nun behaupte ich aber, daß Jesu aus Liebe dienen viel leichter ist, als all dieß. Nichts ist leicht, was uns nicht glücklich macht, während wir es thun. Seid ihr in eurer Religion glücklich gewesen? Weit entfernt! Sie war euch blos eine Last. Hätte es sich nicht um Himmel und Hölle gehandelt, ihr würdet schon längst kurzen Prozeß mit ihr gemacht haben. Aber der Himmel und die Hölle sind Thatsachen, sie sind vorhanden, und da läßt sich nicht helfen. Wenn wir also religiös sein müssen, so bin ich für die Religion, welche glücklich macht. Ich sehe keinen Nutzen, mir eine lästige Religion aufzulegen, wenn Gott mir die Wahl läßt. Aber er hat mehr gethan, als dieß, Er wünscht, daß ich in meiner Religion glücklich sei, ja Er will, daß die Religion mein Glück und die Freude meines Lebens ausmachen soll. Um aber glücklich zu machen, muß die Religion eine Religion der Liebe sein. Die Liebe macht Alles leicht; mein Glück hängt also nur von Jesus ab, und meine Religion beglückt mich, so lange ich lebe. Wenn Jesu aus Liebe dienen etwas außerordentlich Schwieriges wäre, wie die Beschaulichkeit der Heiligen oder ihre Abtödtungen, dann wäre es etwas Anderes; allein es ist Nichts dergleichen. Gott dienen, weil man sich fürchtet, in die Hölle zu wandern, und in den Himmel zu kommen wünscht, ist ein großer Segen und ein übernatürliches Werk, aber es ist sehr schwierig, während Gott dienen, weil man Ihn liebt, so leicht ist, daß man es kaum begreifen kann, warum so viele Menschen in der Welt dieß vernachlässigen. O die thörichten, verblendeten Seelen!

Was euch glücklich macht, das macht auch unsern theuren Heiland glücklich, und der Gedanke daran beseligt uns so, daß wir uns kaum fassen können. Daher wird die Religion uns mit jedem Tage lieber. Das Leben ist nur eine einzige langdauernde Freude, weil der Wille

Gottes immer darin geschieht und seine Ehre allzeit dadurch gefördert wird. Die Interessen Jesu werden die eurigen, ihr umfasset sie, als ob sie eure eigenen wären, wie sie es auch sind. Sein Geist bemächtigt sich eurer in der Stille, schlägt in eurem Herzen einen Thron auf, und erklärt sich daselbst zum König, während ihr nie daran dachtet, was die göttliche Liebe in dieser Zeit an euch wirkte. Gottes Ehre wird euch theuer, wie Alles, was unsern Herrn betrifft: denn Er ist euer Augapfel geworden, und ihr fühlet euch hingezogen, Seelen zu retten, weil dieß das ist, was Er allezeit thut, und so bekommt ihr selbst einen innern Trieb und einen Geschmack daran. So geht es dann fort, und so lebet ihr dahin, doch nicht ihr, sondern Christus lebt in euch. Ihr denket nicht im entferntesten daran, daß ihr ein Heiliger seid, oder euch der Heiligkeit annähert; euer Leben ist verborgen bei Christus in Gott, und vor Niemand mehr verborgen, als vor euch selbst. Ihr ein Heiliger! Eure Demuth würde bei dem bloßen Gedanken entweder lachen, oder davor erschrecken. Aber, o Abgrund der göttlichen Barmherzigkeit! wie groß wird euer Erstaunen sein vor seinem Richterstuhle, wenn ihr das erfreuliche Urtheil hören, die hellstrahlende Krone sehen werdet! Ihr werdet euer Glück selbst fast nicht glauben können, wie die Auserwählten im Evangelium, die da sprachen: „Herr! wann sahen wir Dich hungrig, und haben Dich gespeist? Wann sahen wir Dich durstig, und gaben Dir zu trinken?" Sie können es sich nicht erklären. Bei all ihrer Liebe für Jesus ließen sie sich nie etwas so Großes träumen. Ach, dienet nur Jesu aus Liebe! Ihr könnet Gott nicht überwinden in dem Wettstreit der Liebe. Dienet nur Jesu aus Liebe, und ehe eure Augen sich schließen, ehe sich die Blässe des Todes über euer Angesicht verbreitet, oder die, welche euch umgeben, gewiß sind, daß jener letzte sanfte Athemzug wirklich euer letzter war: ach, wie unaussprechlich wird euer Erstaunen sein vor dem Richterstuhle eurer innigsten Liebe, während die Gesänge des Himmels an euer Ohr bringen und die Glorie Gottes vor euren Augen aufgeht, um nimmer zu verschwinden.

III. Kapitel.
Die Sünde verwundet die Liebe.

Gott sowol unser Vater als unser Schöpfer — dieß erweckt in uns die Liebe des Wohlgefallens und auch des Mitleidens. — Der Schmerz über die Sünde Anderer — verschiedene Offenbarungen der Heiligen hierüber. — Die Hauptaufgabe der Klosterfrauen. — Beispiele der Heiligen. — Arten, diesen Schmerz zu üben: 1) die Betrachtung über die Herrlichkeit Gottes, 2) die Weise des heiligen Bernhard, 3) die Weise des Balthasar Alvarez und des heiligen Alphonsus. — Wie die drei Triebe der Heiligen in dieser Andacht befriedigt werden. — Der heilige Paphnutius und der Flötenspieler — Lancislus über die Fastnacht — die Vision der heiligen Gertrud. — Das gewöhnliche Leben der meisten Katholiken.

§. 1. Gott, unser theuerster Vater.

Man erzählt sich von einem der ersten Väter des Oratoriums, dem Gefährten des heiligen Philippus, daß er die Schriftsteller über die Gnade vorzuziehen pflegte, welche auf Gottes Allmacht das größte Gewicht legten und das geringste auf den freien Willen des Menschen. Diese Bemerkung offenbart uns seinen ganzen Charakter; sie beweist nicht blos, daß er in der theologischen Frage, auf welche wir anspielen, ein treuer Schüler des heiligen Thomas war, sondern sie läßt uns auch einen tiefen Blick in sein eigenthümliches geistliches Leben thun, und zeigt uns die Richtung seiner Andacht. Er hatte eine herrschende Leidenschaft, die ihn mehr trieb als die in der Streitfrage liegenden Verdienste. Er hatte die Gewohnheit, in Allem die Parthei Gottes zu ergreifen, und die Dinge allzeit vom göttlichen Standpunkte aus anzusehen, nicht als ob fromme Menschen, welche in dieser wichtigen Controverse sich auf die entgegengesetzte Seite stellen, nicht gleichfalls in allem die Parthei Gottes ergriffen, wie der heiligmäßige Lessius und unser lieber heiliger Alphons alles für Gott thaten, wenn je ein Mensch; was ich dabei meine, ist, daß in diesem guten Vater mehr ein Instinkt wirkte, als der Verstand. Er nahm in einer dunkeln Frage jene Ansicht an, die ihm zur größten Ehre Gottes zu gereichen schien, weil es seine instinktmäßige Gewohnheit war, und gerade dieß möchte ich euch besonders empfehlen.

Eine falsche Lehre ist gehässig, weil sie unwahr ist; sie ist es auch, weil sie Aergerniß gibt, oder die Andacht zurückhält, oder die Seelen in Gefahr setzt. Aus allen diesen Gründen hassen gute Menschen dieselbe; aber diejenigen, welche zu Gott eine zarte, innige Liebe tragen, denken nicht so fast daran, als an die Beleidigung, welche der Ehre Gottes dadurch zugefügt wird. Gottes Ehre ist ihr erster Gedanke. Sie stellen sich sogleich auf die Seite Gottes. Wenn z. B. ein guter Mensch durch eine ungerechte Verfolgung oder durch eine grausame Verläumbung unterdrückt wird, so fühlen sie zwar die zarteste Theilnahme und zeigen die edelmüthigste Selbstaufopferung für den Dulder, aber ihr erster Gedanke, welcher alle übrigen beherrscht, ist die Wunde, welche der Ehre Gottes durch die Verfolgung seines Dieners geschlagen wird, und die Sünde, welche die Sünder durch ihre Verfolgung fast nothwendig begehen. Bei geistlicher Armuth, oder großen öffentlichen Sünden, oder wichtigen politischen Veränderungen, oder Unglücksfällen, oder wenn es sich um den Sieg der katholischen Sache, oder um die Rettung der Seelen aus dem Fegfeuer handelt, fühlen diese Menschen sogleich, wie durch einen Instinkt, wo die Ehre Gottes berührt wird, und dieser Gedanke nimmt sie so sehr ein, daß sie oft, bei den Leiden wie bei den Freuden Anderer untheilnehmend, unempfindlich oder kalt scheinen, obwol es im Grunde ihres Herzens nicht so ist.

Diese Gewohnheit nun, sich bei jeder Gelegenheit auf die Seite Gottes zu stellen, können wir leicht erwerben. Die Zeit, das Gebet, eine ruhige Beharrlichkeit bei der Andacht, sind die Wege, welche dazu führen, und es ist dieß sicherlich ein bedeutendes Hilfsmittel für uns, Gott zu lieben und Ihm zu dienen. Es ist etwas Großes, allmählig in der Ueberzeugung zu wachsen, daß es kein wirkliches Uebel in der Welt gibt, als die Sünde, daß wir nur Einen Feind haben, — die Sünde, und daß der Kampf mit der Sünde, in Andern sowol als in uns selbst, durch unsere Gebete und Handlungen gerade das einzige Geschäft ist, das wir zu thun haben, und das einen Werth hat. Diese Ueberzeugung entsteht in uns aus der Gewohnheit, immer die Parthei Gottes zu ergreifen, und wann sie sich einmal gebildet hat, so können wir daraus neue Stärke schöpfen, um in unserer löblichen Gewohnheit zu verharren. Als Geschöpfe sind wir an unserm eigentlichen Platze, wenn wir die Parthei unseres Schöpfers ergreifen, seine Interessen vertheidigen, seine Majestät beschützen und seine Ehre befördern. Wenn wir so handeln, so finden wir das Glück beim härtesten irdischen Loose, und den Frieden im wildesten Sturme.

Allein Gott ist nicht nur unser Schöpfer, Er ist auch unser Vater. O daß wir Alle die tiefe Bedeutung dieser Wahrheit fühlten! Wer Gott als seinem Schöpfer dient, ist ganz verschieden von dem, der Ihm als seinem Vater dient. Wir dienen Gott nicht aus Liebe, weil wir keinen Begriff von einem liebenden Gott haben. Wir sind trocken und kalt gegen Ihn, weil wir in Ihm immerfort nur unsern Gesetzgeber, Herrn und Richter sehen. Weit Mehrere würden versuchen, auf dem Wege der Vollkommenheit zu wandeln und würden darauf verharren, es wäre bei weitem keine so große Kluft zwischen heiligen und gewöhnlichen Katholiken, wenn wir nur Gott als unserm Vater dienen und Ihn als solchen betrachten wollten. Es ist erstaunlich, was für ängstliche und unkindliche Gefühle sogar unter guten Menschen gegen Gott, seine Macht und Majestät herrschen. Es ist dieß die Quelle aller Unlust und alles Mangels an Trost bei Erfüllung der religiösen Pflichten; es bringt dieß allerhand Versuchungen gegen den Glauben mit sich, und erweckt allerlei Skrupel im Geiste, welche die zarte Andacht hindern und den freudigen Geist liebender Abtödtungen erkälten. Es ist gerade das Glück unsers Lebens, zu glauben, und zu jeder Stunde zu fühlen, daß Gott unser Vater ist, und daß Er aus väterlicher Liebe und in der Weise eines Vaters gegen uns handelt.

Seht, welche Schmerzen Gott auf sich nehmen wollte, um diese lieblose Ansicht über Ihn von Seite seiner Kinder zu verhindern. Er hat das ganze Gericht dem Sohne übergeben; unser lieber Heiland wird uns am letzten Tage richten, und unsere letzte Berufung geht an sein heiliges Herz. Wenn Gott sein abtrünniges Volk durch den Mund des Jeremias einladet, zu Ihm zurückzukehren, so führt Er alle seine Sünden auf, und spricht dann so mitleidsvoll eher für sich selbst, als gegen dasselbe: „So ruf' mir doch wenigstens von nun an zu: Du bist mein Vater."[1] Der Apostel faßt das ganze Evangelium in dem einzigen Punkte zusammen, daß wir den Geist der Kindschaft empfangen haben, in welchem wir rufen: Abba, Vater; und wenn unser Herr uns beten lehrt, so fordert er uns auf, Gott mit dem Namen Vater anzurufen. Ja Er hat eine

---

[1] Jerem. 3, 4.

der sieben Gaben des heiligen Geistes, die Frömmigkeit, ausdrücklich zu dem Zwecke bestimmt, uns in den Stand zu setzen, selbst in einem hohen Grade eine wirklich kindliche Zärtlichkeit gegen Gott zu beweisen. Durch diese Gabe gießt der heilige Geist der Seele eine kindliche Neigung zu Gott ein, und der heilige Thomas sagt, daß die guten Werke, welche Gott als unserm Vater aufgeopfert werden, verdienstlicher sind, als die, welche wir ihm als unserm Schöpfer darbringen, weil der Beweggrund vortrefflicher ist. Welche Wichtigkeit fromme Männer diesem zarten kindlichen Gefühle gegen Gott beilegten, zeigt sich sehr deutlich durch eine Bemerkung, welche der Cardinal Bellarmin machte, als er Frankreich besuchte. Er sagte, die Frömmigkeit der Franzosen (das Wort Frömmigkeit im obigen Sinne genommen) sei ihm besonders aufgefallen, und daß dieselben ihm deßhalb bessere Katholiken zu sein schienen, als die Italiener; so erzählt wenigstens Lallemant.

Der heilige Paulus, nicht zufrieden mit der bereits aus dem Briefe an die Römer angeführten Stelle, wiederholt fast dieselben Worte an die Galater. Er spricht, wie wenn im alten Bunde es Gott so zu sagen nicht gelungen wäre, die Juden zu überreden, Ihn als ihren Vater zu betrachten. Deßhalb sagt er: „Als die Fülle der Zeit kam, sandte Gott seinen Sohn, gebildet aus einem Weibe, unterthänig dem Gesetze, damit Er die, welche unter dem Gesetze standen, erlösete, damit wir an Kindesstatt angenommen würden. Weil ihr aber Kinder seid, so sandte Gott den Geist seines Sohnes in eure Herzen, der da ruft: Abba, Vater! Und so seid ihr nun nicht mehr Knechte, sondern Söhne."[1] Doch selbst im alten Testamente, wer erinnert sich nicht an die ergrei-

---

[1] Röm. 8, 15.

fende Sprache Israels? „Du bist ja unser Vater; denn Abraham weiß nichts um uns, und Israel kennet uns nicht; Du Herr bist unser Vater, unser Erlöser ist dein Name von Alters her." [1])

Lancisius gibt in seiner Abhandlung über die Gegenwart Gottes eine Menge Liebesacte an, die man an Gott richten kann, z. B.: „Heiligster Herr und theuerster Vater," und am Ende seines Buches legt er einem Gegner folgende Frage in den Mund: Warum füget ihr bei diesen innern Liebesacten den Namen Vater bei? Er antwortet, daß dieß aus vier Gründen geschehe: 1) Weil es wünschenswerth ist, daß solche Liebesacte den Seelen entlockt werden, nicht blos durch die Gefühle der Demuth und religiösen Scheu, welche der Name Herr erweckt, sondern durch ein inniges, kindliches Gefühl gegen Ihn. 2) Wegen des größern Verdienstes, das man dadurch erlangt, nach der oben berührten Lehre des heiligen Thomas. Es ist vortrefflicher, sagt der englische Doktor, Gott als unsern Vater anzubeten, denn als unsern Schöpfer und Herrn. Und der heilige Leo sagt[2]): Groß ist das Geheimniß dieses Vorrechtes, und diese Gabe übertrifft alle übrigen, daß Gott den Menschen Sohn nennt, und daß der Mensch Gott Vater nennen darf. 3) Weil die Erinnerung, daß Gott unser Vater ist, das Vertrauen in uns erweckt, und deßhalb beginnt auch, wie Tertullian, der heilige Cyprian und der heilige Chrysostomus sagen, das Gebet des Herrn mit den Worten: Vater unser; denn, um den heiligen Thomas[3]) noch einmal anzuführen, das Vertrauen wird hauptsächlich in uns erweckt durch die Betrachtung der göttlichen Liebe gegen uns, wodurch Er uns alles Gute wünscht, und weßhalb wir Ihn Vater nennen. 4) Sagt der heilige Augustin, daß wir durch

---

[1]) Isai. 63, 16. [2]) Serm. VI. de Nativ. [3]) 2. 2dae. q. 83.

den zärtlichen Namen Vater seine Gunst gewinnen, und Ihn durch diese Benennung bewegen, uns zu gewähren, um was wir bitten.

Es findet sich eine sehr schöne Stelle in den Offenbarungen der heiligen Gertrud, welche beweist, wie angenehm Gott die Namen einer ehrerbietigen und doch traulichen Liebe sind. Unser Herr sagte ihr nämlich: So oft Jemand zu Gott sagt: meine Liebe, oder mein Süßester, oder mein Geliebtester u. dgl., so empfängt er ein Unterpfand des Heils, kraft dessen er, wenn er verharrt, im Himmel ein besonderes Vorrecht von derselben Art empfängt, wie die besondere Gnade war, die der heilige Johannes Evangelist, der geliebte Jünger auf Erden hatte.

Wenn wir nun wirklich fühlen, daß Gott unser Vater ist, wenn wir täglich lernen, Ihn als solchen zu betrachten, und uns Ihm mit dieser Gesinnung nähern, so wird die Zeit bald kommen, wo nichts auf der Welt uns halb so theuer sein wird, als seine Ehre und Majestät. Wir sollten, wenn es sich um dieselbe handelt, dasselbe fühlen, was wir empfinden, wenn es um unsere eigene Ehre geht, und wir sollten jede Beleidigung gegen dieselbe eben so innig fühlen, als wir eine Ungerechtigkeit gegen uns selbst aufnehmen würden. Nun ist es aber die Sünde, die Ihn beleidigt, und deßhalb sollten wir die Sünde als unsern einzigen Feind, als unsere einzige Sorge, als unser einziges Elend auf Erden ansehen, mag sie sich nun in uns selbst oder in Andern finden. Die Sünden Anderer sollten aufhören, uns gleichgiltig zu sein, weil sie Beleidigungen der Majestät Gottes sind. Wir sollten aus vollem Herzen in den beständigen Ausruf des heiligen Philipp einstimmen: Nur keine Sünde! nur keine Sünde!

Wenn wir von dieser Ansicht über Gott erfüllt sind, so geht kein Tag vorbei, ohne daß wir etwas Väterliches in Ihm entdecken, was wir früher nie bemerkten. Unser Gebet verändert sich, und die Sakramente wirken größere Dinge in uns als vorher. Die Pflichten verwandeln sich in Vorrechte, die Buße in Vergnügen, Leiden sänftigen das Herz durch eine köstliche Demuth, und die Schmerzen erscheinen als Geschenke des Himmels; die Arbeit wird zur Ruhe, und die Ermüdung des Körpers und des Geistes wird durch die süßen Freuden der Beschaulichkeit gehoben. Es ist als ob die Erde sich in den Himmel verwandelte, und bei den gewöhnlichsten Gegenständen, die sich unsern Augen darbieten, oder die unser Gehör berühren, tönt Etwas in unserm Herzen, als ob Gott gerade im Begriffe stünde, zu sprechen oder zu erscheinen. Wie ist doch das Leben so ganz anders, wenn wir unsern Vater gefunden haben; wenn wir arbeiten, so geschieht es unter seinen Augen, und wenn wir uns erholen, so ermuthigt sein väterliches Lächeln unsere Freude. Der Erde Sonnenlicht erscheint als Himmelsstrahlenglanz, und die Sterne der Nacht wie der Beginn der beseligenden Anschauung Gottes; so sanft, so süß, so lieblich, so voll Ruhe sind alle Dinge geworden, weil wir in Gott unsern Vater gefunden haben!

§. 2. Die Liebe des Wohlgefallens und Mitleidens.

Wenn wir Gott lieben, so freuen wir uns, daß Er Gott, daß Er so gut und vollkommen ist, wie Er ist. Wir nennen dieß Gefühl die Liebe des Wohlgefallens. Wir übertragen seine Freude auf uns selbst, wir freuen uns an ihr, als ob sie unser eigen wäre, blos weil wir Ihn lieben. Jakob wollte nicht an Josephs Herrlichkeit glauben, aber als er ihn sah, fiel er ihm um den Hals, umarmte ihn und sprach: „Nun will ich gerne sterben, denn ich habe dein Angesicht gesehen, und lasse dich am Leben zurück."[1]) Allein dieß ist nicht die einzige Pflicht der Liebe. Wenn es uns beglückt, weil der Gegenstand unserer Liebe glücklich ist, indem wir sein Glück in unser Herz aufnehmen, und so seine Interessen zu den unsrigen machen, so wird dieselbe Liebe uns gleichfalls betrüben, weil der Gegenstand unserer Liebe beleidigt und mißhandelt wird, indem wir seine Beleidigung auf uns selbst übertragen, und uns seine Unbilden zu Herzen nehmen, wie wenn sie vielmehr die unsrigen wären, als die seinigen. Ich will damit sagen, daß der Kummer über die Sünden Anderer kein so weithergeholtes oder übertriebenes religiöses Gefühl sei, sondern daß diese Gemüthsstimmung nothwendig aus der Liebe Gottes folge. Wo kein solcher Kummer über die Sünde ist, mag sie sich nun an sich selbst oder an Andern finden, da ist auch keine Liebe Gottes, und im Verhältniß zu der Höhe der Liebe wird auch der Grad des Kummers sein. Woher kam es, daß die Schmerzen unserer göttlichen Mutter unerträglicher waren, als alle Qualen der Martyrer, wenn nicht daher, daß ihre Liebe alle Liebe der Martyrer übertraf? Wenn daher Gott beleidigt wird, so nehmen wir das Unrecht zu Herzen, und es verwundet uns wegen der Liebe, die wir zu Ihm haben.

Da ferner Sympathie und Mitleid Gefühle sind, die sich in uns leichter erregen lassen, als die des Wohlgefallens, so scheint es, als ob Gott die Liebe des Mitleids, wie die Theologen sich ausdrücken, sogar mehr gepflegt haben wolle, als die Liebe des Wohlgefallens. Dieß ist ein Grund, warum die Andacht zu dem Leiden unsers Herrn in der ganzen Kirche so beliebt ist. Es mag dieß auch eine Ursache sein, warum es unserm Herrn gefiel, mehr zu leiden als nöthig war, und unter so rührenden Umständen, damit das Mitleiden mit Ihm in seinen Schmerzen

---

[1]) Gen. 46.

uns um so leichter, und damit Ihm von unserer schwachen Liebe um so mehr zu Theil würde. Es erfordert auch keinen seltenen Grad von Liebe, dieß heilige Mitleid zu empfinden. Die Frauen Jerusalems waren keine Heiligen, und doch weinten sie auf dem Kreuzwege über Ihn. Jobs Freunde waren die hartherzigsten Menschen, und doch wurde das Mitleid Herr über ihre selbstgefällige Kälte und ihre lieblose Schulweisheit. Was wir vor allen Dingen bedürfen, ist die Rührung unserer Herzen, und der Schmerz rührt dieselben bälder und wirksamer als die Freude.

Ich habe keine Hoffnung, daß wir die Liebe in einem höheren Grade in unser Herz aufnehmen, wenn wir nicht zuerst diese Liebe des Mitleids dort einheimisch machen. Wir finden keinen so großen Fehler an einem Menschen, welcher sich nicht über die Freude Anderer freut, als an dem, der sich nicht über den Kummer Anderer betrübt. Die Sympathie gehört zu unserer Stellung in der Welt, und es ist noch Hoffnung für das sündhafteste Herz, wenn es nur eine innige, liebevolle Sympathie bewahrt. Aus allem Uebel kommt Gutes hervor, und so strömt aus der Sünde und den Leiden unsers Herrn, wie aus zwei immer fließenden Quellen, diese beseligende Liebe des Mitleids in unsere Herzen. Sehet, was diese Liebe vermag! Maria's Mitleiden soll gewissermaßen mit den Leiden unsers Herrn mitgewirkt haben, die Welt zu erlösen. Wie viele Beispiele haben wir, wo Gott Sündern Gnade erzeigte, gerade deßhalb, weil sie im Grunde ihres Herzens noch ein zärtliches Andenken an sein liebevolles Leiden bewahrten! Wir müssen jetzt mit Ihm trauern, wenn wir uns nachher mit Ihm freuen wollen. Ich wünschte, daß ihr darüber nachdenken möchtet, und ich glaube nicht, daß ihr diesen Gedanken so erwäget, wie ihr solltet und wie er es verdient. Der heilige Franz von Sales sagt, daß das heftige

Verlangen unsers Erlösers, durch diese schmerzhafte Liebe in unsere Seelen einzugehen, unerklärbar ist. Hier zeigt sich also ein leichter Weg, Ihn zu lieben und Ihm größere Ehre zu erzeigen, und ihr werdet dieß Mittel nicht zurückweisen, da es so wenig kostet. Ich weiß gewiß, ihr liebet Ihn und wünschet Ihn noch mehr zu lieben. Ich will nicht glauben, daß dem nicht so sei. Lieber Gott! Wer sollte Dich nicht lieben? Gibt es ein Herz, das Dich nicht liebt? Doch es ist nicht unsere Sache, dieß zu untersuchen; wir lieben Ihn und gepriesen sei seine Gnade dafür! Achtzehn Jahrhunderte sind schon seit seinem schmerzhaften Leiden verflossen, aber es erneuert sich täglich und jede Nacht ist Zeuge seines neuen Todeskampfes wegen der Menge unserer Sünden. Grausame Sünde! Grausamer Sünder! Aber Er soll eine Zuflucht bei uns finden; horcht nur auf die Stimme eures Herzens und hört, was Er sagt: „Thu' mir auf, meine Schwester, meine Freundin, meine Taube, meine Unbefleckte! denn mein Kopf ist voll des Thaues, meine Locken voll nächtlicher Tropfen!"[1])

Aber ihr werdet sagen: sich über die Sünden Anderer kümmern, ist ganz wohl passend für die Heiligen; wir wissen, daß die Heiligen dieß thaten! aber dieß ist eher zu bewundern, als nachzuahmen, es übersteigt unsere Kräfte, und es wäre unverständig von uns, es zu versuchen. Wir bekümmern uns nicht halb genug um unsere eigenen Sünden, und sollten vor Allem uns damit beschäftigen. Ach, machet doch keinen solchen Einwurf! Ich will euch bei euren eigenen Worten nehmen. Ihr habt, wie ihr saget, nicht halb genug Schmerz über eure eigenen Sünden, und nichts macht euch so viel Kummer, als dieß, nichts entmuthigt euch so sehr, und setzt eurem Fortschritte im geist-

---

[1]) Hoh. L. 5, 2.

lichen Leben so viele Hindernisse in den Weg. Aber woher
kommt es, daß euer Schmerz so gering ist? Weil ihr mehr
auf die Sünde sehet, sofern sie eure eigene Seele betrifft,
als sofern sie die Interessen Gottes berührt. Ich will damit nicht sagen, daß ihr die Sünde nicht auch auf diese
Weise betrachten sollet — Gott bewahre! Ihr müßt das
Eine thun und das Andere nicht unterlassen. Wenn ihr
daher die Sünde blos betrachtet, sofern sie auf eure eigene
Belohnung oder Bestrafung Bezug hat, so werdet ihr offenbar nie den Haß gegen dieselbe fassen, welchen sie verdient; denn eure Strafe ist weit entfernt, das Hauptübel
der Sünde zu sein. Das Hauptübel derselben ist die Beleidigung der Majestät Gottes, und wenn ihr sie in diesem Lichte betrachten könntet, so würdet ihr einen viel leb-
hafteren Schmerz über eure Sünden haben, als jetzt. Aber
um sie in diesem Lichte sehen zu können, müßt ihr lernen,
die Sünden Anderer mit bekümmerten Augen zu betrachten, und dieß ist gerade die Uebung, welche ich euch empfehlen will, da sie im Geiste unserer Bruderschaft liegt:
ihr sollt Schmerz über die Sünden Anderer empfinden,
und die dadurch beleidigte Ehre Gottes wieder herzustellen
suchen.

Ich sage, diese Uebung liege in dem Geiste der Bruderschaft; denn die Gründe, die wir haben, uns über die
Sünden Anderer zu betrüben, sind dieselben, vermöge deren wir der Bruderschaft angehören. Wir betrüben uns
über die Sünden Anderer, weil Gottes Ehre dadurch beleidigt, die Frucht des Leidens unsers Herrn vernichtet
wird, und weil die Seelen dadurch Schaden leiden oder
verloren gehen. Ihr seht, dieselben drei Dinge kommen
immer wieder zum Vorschein, und ihr dürft darüber nicht
unwillig werden, daß ich sie so oft wiederhole. Wenn ich
aber das Wort Schmerz gebrauche, so dürft ihr mich nicht
mißverstehen, ich will euch nichts Trauriges oder Unange-

nehmes auflegen. Nein, der Schmerz, von dem ich spreche, ist eines der größten Vergnügen, welches mehr geeignet ist, ein schweres Herz zu erleichtern, als ein heiteres Gemüth zu betrüben. Vernehmet, wie der ewige Vater sich herabließ, dieß seiner geliebten Tochter Katharina von Siena zu erklären. Nachdem er mit ihr von den fünf Arten der Thränen gesprochen,[1]) welche die Menschen vergießen, spricht er von einem zugleich begnadigten und doch kummervollen Zustande der Seele. „Dieselbe ist allerdings glücklich durch ihre innige Vereinigung mit mir, worin sie die göttliche Liebe kostet. Ihr Schmerz entspringt aus dem Anblick der Beleidigungen, die gegen mich begangen werden, der ich die ewige Güte bin, und welchen diese Seele in ihrer Kenntniß von sich selbst und von mir sieht und kostet. Aber dieß hebt den Zustand ihrer Vereinigung mit mir nicht auf; denn die Thränen, die sie vergießt, sind voll Süßigkeit und kommen aus der Erkenntniß, die sie von sich selbst hat, und aus ihrer Liebe zum Nächsten. Denn sie findet die Klage der Liebe in meiner Barmherzigkeit, und den Schmerz der Liebe in dem Elend ihrer Nebenmenschen. Daher weint sie mit den Weinenden, und freut sich mit den Freudigen; denn die Seele freut sich, wenn meine Diener meinen Namen ehren und verherrlichen." Und ferner: „Dieser Schmerz, welcher nicht wehe thut, entspringt aus meiner Beleidigung und aus dem Unglück der Nebenmenschen, und gründet sich auf die wahrste Liebe, und die Seele findet darin eine kräftige Nahrung. Ja, der Mensch freut sich und frohlockt über diesen Schmerz, weil er der überzeugendste Beweis ist, daß ich durch eine ganz besondere Gnade in seiner Seele wohne."

So kam es, daß die Seelen, welche die Gabe der

---

[1]) Dial. 88.

Thränen im höchsten Grade empfingen, auch vor andern mit geistlichen Freuden überhäuft wurden. Der Biograph des heiligen Johannes Climacus erzählt uns, daß keine Worte die entzückenden Wirkungen ausdrücken können, welche die Gabe der Thränen in seiner Seele hervorbrachte, und der Heilige selbst sagt bei der siebenten Stufe seiner Leiter der Vollkommenheit, daß die, welche die Gaben der Thränen empfangen haben, jeden Tag ihres Lebens als ein geistliches Fest zubringen. Wahrhaftig, es ist keine Bitterkeit in den Thränen Derjenigen, die lieben, und was kann anders, als Friede und Freude in den Thränen sein, welche eine Gabe Desjenigen sind, der, wie der heilige Augustin sagt, die Liebe und Freude des Vaters und Sohnes ist?

§. 3. Beispiele von der Liebe des Mitleidens.

Ich werde mich euch deutlicher machen, indem ich euch Beispiele von diesem Schmerze über alle Sünden gegen die Ehre Gottes aus dem Leben der Heiligen selbst gebe, und ihr werdet so sehen, wie süß und leicht diese Uebung ist. Gott gab derselben heiligen Katharina folgende Offenbarung:[1] „Ich finde ein großes Wohlgefallen, meine theuerste Tochter, an deinem Verlangen, jeden Schmerz und jede Mühseligkeit, selbst den Tod zu erdulden, um Seelen zu retten. Denn je mehr Einer duldet, desto mehr zeigt er seine Liebe gegen mich, und indem er mich liebt, lernt er mehr von meiner Wahrheit kennen, und je mehr er von mir kennen lernt, desto mehr fühlt er den Schmerz und einen unerträglichen Kummer über jede Sünde gegen mich. Du verlangtest die Strafe für die Fehler Anderer auf dich zu nehmen, ohne zu bemerken, daß du, während du dieß verlangtest, zugleich um Liebe, Licht und Erkenntniß

---

[1] Dial. c. 5.

der Wahrheit batest; denn wie ich bereits gesagt habe, je größer die Liebe ist, um so größer ist auch der Schmerz; wie daher die Liebe zunimmt, so wird auch der Schmerz wachsen." Die heilige Maria Magdalena von Pazzis fiel eines Tages in Verzückung, als sie über die Worte der Schrift nachdachte: „Es floß Blut und Wasser hervor." Sie sah, wie ihr Beichtvater sagt, eine große Menge Seelen in der Seitenwunde Jesu, die wie Edelsteine in einer Königskrone glänzten, und sprach: „So werden unsere Seelen, durch das Blut verschönert, die Krone des Wortes; denn sie haben vor aller übrigen Schöpfung von dem Worte Zeugniß abgelegt, und Er rühmt sich ihrer wie ein König sich seiner Königskrone." Sie sah, wie die Seelen, welche in diese Wunde der heiligen Seite eingingen, zwei Gefühle ausdrückten. Zuerst verwandelten sie sich in Blut durch die Liebe und dann in Wasser durch den Schmerz. Allein Gott hat mehr Wohlgefallen an einer Seele, welche in diesem Leben wenigstens sich durch den Schmerz umwandelt, als an einer, die sich umwandelt durch die Liebe, wiewohl ich weiß, o göttliches Wort! daß der Schmerz, den eine Seele fühlt, wenn sie Dich beleidigt sieht, nur aus der Liebe entstehen kann, die sie gegen Dich trägt, und welche an sich selbst vollkommener ist, als der Schmerz. Allein durch den Schmerz wird die Seele besser in der Liebe zum Nächsten geübt, weil sich dabei der Eifer für seine Rettung lebhafter zeigt. Es gibt noch einen andern Grund, warum in diesem Leben die Uebung des Schmerzes Gott mehr gefällt, als die Uebung der Liebe, weil der erstere eine Art von Marterthum ist, wodurch die Seelen Ihm ähnlich werden, da Er am Kreuze hing; ihr Schmerz ist Mitleid über die grausamen Qualen, die unser Herr duldet, es sind gleichsam Thränen der Liebe, über sein Leiden vergossen. Wenn endlich der Schmerz den höchsten Grad erreicht, so reinigt er die

Seele von ihren Sünden. Die Liebe hat allerdings mehr Reize; aber da wir in dieser Welt gereinigt werden sollen, so ist es eher die Zeit, um aus Liebe zu unserm Gott zu dulden und zu trauern, und deßhalb hat auch Gott mehr Wohlgefallen am Schmerze, als an der Liebe. Bei einer andern Gelegenheit sagte unser Herr nach der Communion zu derselben Heiligen, sie solle seufzen, wie eine Taube, und Ihn bemitleiden, weil Er von seinen Geschöpfen so wenig erkannt und geliebt sei.

Dieß ist gerade die Aufgabe, welche die Klosterfrauen in der Kirche Gottes zu erfüllen haben. Es gibt keine einzige, so beschäftigt sie auch mit der Erziehung oder mit andern äußern Werken sein mag, die nicht gerade durch ihr klösterliches Gelübde diese Bürde auf sich genommen hätte. Eine Anzahl frommer und liebenswürdiger Frauenzimmer, die mit einander in Frieden und Eintracht leben, und täglich eine Reihe geistlicher Uebungen durchgehen, wie der Buchstabe ihrer Regel sie vorschreibt, oder die sich mit Erziehung der Jugend befassen, ohne Erkenntniß eines übernatürlichen Zweckes, oder eines innigen Gefühles, daß sie mehr als Andere Jesu geweiht sind — dieß sind keine Nonnen, so malerisch auch ihre Tracht scheinen mag, und so achtungswürdig die einzelnen sein mögen. Es ist allerdings erfreulich, wenn Frauenzimmer eine solche Zufluchtsstätte vor der Welt haben, wo so viele Eitelkeiten und Versuchungen ferngehalten werden. Allein solche Zufluchtsörter sind keine Klöster. Ein Kloster ist ein ganz anderer Ort, und ein Frauenzimmer, das sich aus der Welt zurückzieht, wird darum noch nicht eine mystische Braut Christi. Das Gelübde der Armuth, wenn auch sonst nichts Anderes, drückt den Klosterfrauen nothwendig einen Charakter der Büßung auf. Nicht so fast sie werden vor der Welt geschützt, als Jesus, welcher gegen die verkehrte Welt in dem Heiligthum ihres Herzens eine Zuflucht sucht.

Sie müssen einen Geist des Schmerzes und der Liebe athmen; ihr Leben soll unter heiligen Thränen und Genugthuungen für die Unbilden ihres himmlischen Bräutigams verfließen. Sie haben seine Interessen ergriffen; sie müssen mit Ihm trauern und mit Ihm sich freuen. Ihnen hat Er die Sorge für seine Ehre anvertraut. Die Welt ist ihr Kreuz und sie müssen es tragen. Sie dürfen nicht gleichgiltig sein gegen die Sünden derselben, sie haben sich in die Einsamkeit zurückgezogen, um dieselben zu beweinen. Wo diese Gesinnung fehlt, da findet man nicht das opferwillige Herz der Abtödtung, die gnadenvolle Höhe des innerlichen Gebetes, den Ehrfurcht einflößenden und dabei doch erheiternden und erfrischenden Athem des wirklich übernatürlichen Lebens. Weder Zeit, noch Land, noch Beschäftigung kann die Bräute Jesu Christi von ihrer Pflicht entbinden, liebende Tauben des heiligen Herzens zu sein. Sie müssen durch einen beständigen Geist der Genugthuung und Opferung die Gefühle in sich verwirklichen, welche dem gottseligen Paulus vom Kreuze eigen waren. Er jammerte und klagte unter bittern Thränen über die Undankbarkeit der Menschen, welche der unbegränzten Güte Gottes so kalt begegneten, und pflegte oft die Worte zu wiederholen: „Was! Ein Gott ist Mensch geworden! Ein Gott gekreuzigt! Ein Gott gestorben! Ein Gott unter den Gestalten der Sakramente verborgen! Wer? — Ein Gott!" Dann blieb er eine Zeit lang still, in einer Art von ekstatischer Erstarrung und brach darauf wieder in die Worte aus: „O brennende Liebe! O Uebermaß der Liebe! Wer ist Er und wer sind wir, für die Er so viel gethan? O undankbare Geschöpfe! Wie kann es sein, daß ihr Gott nicht liebet? Ich möchte, wenn es möglich wäre, die ganze Welt mit dem Feuer der Liebe entzünden. Ach, wenn ich nur ein wenig Kräfte hätte, um hinauszugehen in's freie Feld, meinen lieben gekreuzigten Jesus zu prebigen, unsern guten Vater, der für uns Sünder am Kreuze starb!"

Wenn dieß von den Nonnen gilt, dann ist es so wichtig, daß es immer alle ihre Gedanken beherrschen sollte. Sind sie dazu bestimmt, Gott für die Sünden Anderer bestimmte Sühnopfer darzubringen, so muß offenbar dieß der Hauptgegenstand ihrer Aufmerksamkeit sein. Der Erfolg ihrer Schulen muß für sie eine ganz untergeordnete Angelegenheit sein, und so auch die Zahl ihrer Novizen, die Bauart ihrer Klöster, oder ihre Befreiung von der bischöflichen Gerichtsbarkeit. Ihr einziges Absehen soll dahin gehen, ihrem himmlischen Bräutigam zu gefallen, und über seine beleidigte Majestät zu trauern. Die Selbstliebe ist an allen Menschen gehässig; an Religiosen ist sie beinahe ein Frevel am Göttlichen; der Geist heiliger, schüchterner Furcht, welcher immer seufzt, weil seiner Niedrigkeit die Höhen des wahren Berufes so entrückt scheinen — dieß ist der Geist der Klöster. Wenn eine fromme Seele mit Einem Male Alles sehen könnte, wozu sie sich sowol in Bezug auf die Vollkommenheit, als auf das Leiden durch ihr religiöses Gelübde verpflichtet hat, vielleicht könnte sie ohne ein Wunder den Anblick nicht aushalten und leben. So ist es in jenen wonnigen Häusern, wo Alles Gottesruhe athmet, wo schon die Luft stolze Gedanken ferne hält, und aus welchen wir eine köstliche Mißachtung unserer selbst mitnehmen, ohne die Bitterkeit der Vorwürfe des Gewissens empfinden zu müssen.

Wir lesen in dem Leben der heiligen Maria Magdalena von Pazzis einen noch merkwürdigern Beweis von dem Einfluß, den die fromme Uebung, sich über die Sünden Anderer zu betrüben, auf das heilige Herz Jesu ausübt. Wir finden darin eine Fülle des lieblichsten Trostes und der süßesten Ermuthigung; denn wie leicht ist es uns, verhältnißmäßig den Fußtapfen dieser Heiligen nachzufolgen, wenn wir auch weit hinter ihnen zurückbleiben! Als sie noch ein kleines Mädchen war, erst acht Jahre alt, hörte sie Jemand eine andere Person so lästern, daß dadurch eine schwere Sünde begangen wurde. Sie entsetzte sich über diese Beleidigung Gottes so sehr, daß sie die ganze folgende Nacht nicht schlafen konnte vor Weinen über die gegen die Majestät Gottes begangene Unbild. Sechzehn Jahre verflossen und die Heilige hatte wahrscheinlich den ganzen Vorfall vergessen; da sagte ihr Gott in einer Offenbarung, daß ihr durch diesen Act des Kummers über Anderer Sünden eine besondere Glorie bestimmt sei, die Er ihr unter der Gestalt eines glänzenden, feuerrothen Gewandes vorstellte. Derjenige, welcher den Becher kalten Wassers nicht vergißt, kann noch weniger dieser innern Acte liebenden Schmerzes vergessen. Was für ein Schatz liegt hier für uns, wenn unsere Liebe nur auf die Gelegenheiten wachsam sein wollte!

Der heilige Bonaventura sagt von dem heiligen Franziscus, daß er die Wälder mit seinen Seufzern erfüllte und überall Thränen vergoß und an seine Brust schlug, während er still mit Gott sprach, oder daß er zuweilen ein klägliches Geschrei ausstieß und für die Sünder um Gnade bat. „Wenn er," so sagt der seraphische Doctor, „durch das kostbare Blut Christi erkaufte Seelen mit irgend einer Sünde befleckt sah, so weinte er über sie mit so zärtlichem Mitleid, daß er, einer Mutter ähnlich, sie jeden Tag Jesu Christo neu zu gebären schien." Die Ehre Gottes, die Interessen Jesu und die Liebe zu den Seelen nahmen ganz das Herz des heiligen Patriarchen von Assisi ein. Die drei Motive lösen einander in seinem Herzen ab; er beginnt mit dem einen und endigt mit einem andern; denn in Wahrheit kann von ihnen gesagt werden: „Diese Drei sind Eins."

Der heilige Laurentius Justiniani, Patriarch von Venebig, sagt:¹) „Derjenige kann nicht umhin, sich über die Sünden Anderer zu betrüben, welcher wahrhaft über seine eigenen betrübt ist. Ein gesundes Glied am Leibe, das den andern nicht hilft, wenn sie krank sind, nimmt seinen Platz umsonst ein. Ebenso sind die Glieder der Kirche, die ihre Brüder sündigen sehen und nicht über sie weinen, oder mit dem Untergang ihrer Seelen Mitleid haben, unnütze Glieder. Als unser Erlöser über die Stadt weinte, die zu Grunde gehen sollte, erschien sie ihm doppelt des Mitleids würdig, weil sie ihren bejammernswerthen Zustand nicht kannte. Wer also von dem Feuer der Liebe entzündet ist, weint über Anderer Sünden, als ob sie seine eigenen wären. Doch kann Niemand über die Sünden Anderer einen wahrhaften Schmerz empfinden, wer durch freiwilligen Fall seine eigenen vernachläßigt. Wir müssen wenigstens aufhören, freiwillig zu sündigen, wenn wir über den Fall Anderer trauern wollen." Der heilige Augustin sagt:²) „Wir fühlen Kummer über die Sünden Anderer, wir werden beunruhigt und gequält in unserm Geiste." Der heilige Chrysostomus sagt, daß Moses über das Volk erhoben wurde, weil er die Sünden Anderer zu beweinen pflegte. Und derselbe heilige Kirchenlehrer sagt: „Wer sich über die Sünden Anderer kümmert, hat die Zärtlichkeit eines Apostels, und ahmt Dem nach, welcher sprach: Wer ist schwach, und ich fühle nicht auch seine Schwäche? Wer wird beleidigt, und ich werde nicht entflammt?" „Wer," sagt der heilige Augustin, „erzürnt sich nicht, wenn er Menschen sieht, die der Welt entsagen, nicht in Thaten, sondern in Worten? Wer erzürnt sich nicht, wenn er Brüder sieht, die sich gegen einander verschwören und einander die Treue brechen, die durch die Sacramente Gottes besiegelt worden ist? Wer kann all

---

¹) Fascic. Amor. c. 14. ²) Serm. 44.

die Uebel zählen, wodurch die Menschen den Leib Christi entehren, der wie das Korn auf der Dreschtenne seufzt? Wir begegnen kaum Einem Menschen, der so seufzt, der in einen so heiligen Zorn geräth beim Anblicke der Sünden Anderer; denn wir sehen nicht leicht ein Korn, wenn die Tenne gefegt wird. Weil er in Niemand diesen frommen Eifer fand, sagte er: „Der Eifer für dein Haus hat mich verzehrt;" und ein anderes Mal, als er die Menge der Sünder sah, sagte er: „Eine Schwäche hat mich ergriffen wegen der Gottlosen, die dein Gesetz verlassen," und ferner: „Ich sah die Thoren, und ich schwand dahin."

Eine ähnliche Sprache legt Lancisius dem heiligen Chromatius von Aquileja in den Mund, welchen der heilige Hieronymus einen höchst heiligen und gelehrten Mann nennt. „Wünschest du zu wissen, wem der fromme Schmerz der Heiligen gleicht, so höre, was von dem Propheten Samuel gesagt ist, welcher um den König Saul bis an seinen Tod trauerte." Auch Jeremias, wenn er die Sünden seines Volkes beweint, sagt: „Meine Augen haben Ströme Wassers vergossen über das Elend meines Volkes." Und ferner: „Wer wird meinem Haupte Wasser geben, und eine Thränenquelle meinen Augen?" Ebenso war Daniel mit Schmerz und Herzeleid erfüllt über die Sünden des Volkes, wie er selbst bezeugt in den Worten: „In jenen Tagen trauerte ich, Daniel, drei Wochen lang. Ich aß das Brod des Schmerzes, weder Fleisch noch Wein kam in meinen Mund und ich salbte mich nicht mit Oel." Der Apostel trauerte mit gleichem Schmerz über einige Korinther, indem er sagt: „Damit Gott, wenn ich komme, mich nicht unter euch bemüthige, weine ich über Viele aus euch, die früher gesündigt und keine Buße gethan haben." Dieß ist die Art des Kummers, welchen der Herr mit dem Troste ewiger Freude belohnt, wie Isaias sagt: „Er wird den Trauernden Sions eine Krone geben statt der

Asche, Freudenöl statt der Trauer, ein Festgewand statt der Betrübniß des Geistes.¹)

Haben wir nun genugsam an dieß gedacht? Wir leben in einem Lande, wo wir Gott jeden Tag und jede Stunde beleidigt sehen. Wir sehen Seelen untergehen aus Mangel an Glauben; wir hören Gotteslästerungen auf allen Seiten; die Wahrheit hat abgenommen unter den Menschenkindern. Schmerzt uns all dieß? Fühlen wir es als eine persönliche Beleidigung? Oder haben wir unser Herz selbstsüchtig verschlossen, indem wir Gott mit liebloser Dankbarkeit danken, daß wir wenigstens den wahren Glauben und die belebenden Sacramente haben, und indem wir auf alle Uebrigen als auf ein geächtetes Geschlecht herabsehen, das uns in keiner Weise angeht? Wenn euch kein Band an diese Seelen knüpft (und doch findet ein solches statt, denn Christus vergoß sein kostbares Blut für sie ebenso gut, als für euch), so muß euch wenigstens die Ehre Gottes angelegen sein; und könnt ihr fühlen, daß ihr wirklich Gott liebet, in dem Sinne des Wortes Liebe, wie ihr es nehmet, wenn ihr seine Verunehrung nicht tief empfindet? Aber nicht um euch Vorwürfe zu machen, schreibe ich — Gott bewahre! Denn ich sehe ja, wie eifrig ihr immer dem Geiste unserer Bruderschaft entsprochen habt; ich will euch nur die Uebungen erklären und einprägen, welche diesen Geist der Liebe immer mehr pflegen sollen. Höret also, was Gott zur heiligen Katharina von Siena sprach: „Mit Grund bist du, meine Auserlesene, mit bitterm Herzenskummer erfüllt über die Beleidigungen, die ich beständig von den Menschen erleide und bist voll Mitleid über ihre sündhafte Unwissenheit, wodurch sie sich schwer gegen mich versündigen zum Schaden, ja zur Verdammung ihrer eigenen Seelen. Ich nehme dieß dank-

---

¹) Isai. 61, 3.

bar von dir an, und es ist mein Wunsch, daß du so fortfahren sollst." Vernehmet auch, was die gottselige Angela von Foligno in dieser Hinsicht erfuhr. Vor ihrem Tode machte sie eine Art Testament, worin sie ihren geistlichen Kindern gewisse Ermahnungen vermachte, von welchen eine so lautet: „Ich versichere euch, daß meine Seele mehr von Gott empfing, wenn ich über die Sünden Anderer trauerte, als wenn ich Schmerz empfand über meine eigenen. Die Welt macht sich über das lustig, was ich sage, daß ein Mensch die Sünden seines Nächsten ebenso sehr beweinen kann, als seine eigenen, ja noch viel mehr, weil dieß der Natur entgegen zu sein scheint, aber die Liebe, die so handelt, ist nicht von dieser Welt."

Als der heilige Ignatius sich in dem Hause des Johannes Pascal zu Barcelona aufhielt, und die Nacht im Gebete zubrachte, wurde er hoch vom Boden erhoben und das ganze Zimmer von dem Glanze erhellt, welcher von seinem Gesichte ausging, während er immer die Worte wiederholte: „O mein Herr, mein Herz, mein Geliebter! O wenn nur die Menschen dich erkenneten, sie würden nie sündigen!" Ebenso wird von dem P. Peter Faber, dem Gefährten des heiligen Ignatius, erzählt, daß er in einer beständigen Trauer lebte, weil der Anblick sündiger Menschen ihn tief ergriff. „Dieß ist," wie der heilige Augustin sagt,[1]) „die Verfolgung, welche alle diejenigen leiden, die ein frommes Leben in Christo führen wollen, gemäß dem wahren Ausspruch des Apostels. Denn was verfolgt das Leben der Guten härter, als das Leben der Gottlosen, nicht weil es die Guten zwingt, nachzuahmen, was ihnen mißfällt, sondern weil es sie antreibt, über das Leben zu trauern, welches diese führen? Ein Mensch nämlich, welcher ein lasterhaftes Leben führt, kann eine

---

[1]) Dial. c. 28.

fromme Seele nicht nöthigen, seiner Sünde zuzustimmen, aber er quält sie durch den Anblick und Kummer darüber." Man erzählt auch von der gottseligen Clara von Montefalco, wenn sie von Jemand hörte, der im Stande der Todsünde lebte, so wandte sie sich sogleich zum Crucifixe und sprach, indem sie untröstlich weinte, und aus Herzensgrund seufzte: „Ach, so ist denn Alles verloren für diese Seele, was mein Herr für sie gelitten hat?" Unfähig, diesen Gedanken zu ertragen, warf sie sich dann auf die Kniee nieder, und betete inbrünstig für die Bekehrung des Sünders.

Ach, daß wir ein solches Herz in uns hätten, daß wir diese Gesinnungen uns zu eigen machen könnten! Ach, daß wir fühlten, daß die Sünde das einzige Uebel in der Welt ist! Daß der Hunger und Durst nach der Ehre unsers liebevollen Heilandes uns ganz verzehrte! Und doch, wie bald kommen diese Gefühle, wenn wir uns nur ernstlich bemühen, sie zu suchen und Gott darum zu bitten! Was will Er anders als geliebt werden — geliebt immer und überall; und wie kann Er es uns verweigern, wenn wir Ihn um diese Liebe bitten? Warum verwandeln wir nicht alle unsere Gebete in das einzige, und bitten früh und spät um mehr Liebe Gottes? Aber ihr werdet sagen, in welcher Weise sollen wir diesen Schmerz über die Sünden Anderer zeigen? — und davon sogleich.

§. 4. **Verschiedene Arten, die Liebe des Mitleids zu üben.**

1) Wir sollten bei unsern Betrachtungen einzusehen suchen, wie Gott von seinen Geschöpfen bedient und verherrlicht werden muß. Wir sollten uns seine unendlichen Vollkommenheiten und Eigenschaften vorstellen, seine Schönheit und Liebenswürdigkeit. Wir sollten uns den vollkommenen Gehorsam vor Augen stellen, womit sein

Wille im Himmel geschieht, und versuchen, uns mit den innern Gesinnungen des heiligsten Herzens Jesu, des unbefleckten Herzens Maria's und aller Heiligen und englischen Chöre zu vereinigen. Wir sollten die Wohlthaten und Segnungen aufzählen, die Er in seiner unendlichen Liebe seinen Geschöpfen verliehen hat, und besonders über die vier großen Wunder der Gnade nachdenken: über die Schöpfung, die Menschwerdung, die heilige Eucharistie und die beseligende Anschauung der göttlichen Majestät. Wenn wir dann dieß unserm Geiste wohl eingeprägt haben, so werden wir sehen, was die Sünde wirklich ist, wie furchtbar es ist, eine so große Majestät zu beleidigen, und wie unaussprechlich niederträchtig, ein so liebevolles Herz zu verwunden. Wir werden dann kaum das Haus verlassen und unsern weltlichen Geschäften nachgehen können, ohne für diesen Kummer über die Sünde Nahrung zu finden. Bei jedem Tritte werden wir uns aufgefordert fühlen, einen Akt der Genugthuung für die beleidigte Ehre Gottes zu verrichten. Die Größe der Gottvergessenheit, die in der Welt herrscht, wird uns täglich mehr mit Erstaunen erfüllen. Anstatt uns an ein solches Schauspiel zu gewöhnen, wird in dem Maße, als die Idee der Schönheit und Liebe Gottes in uns zunimmt, der Haß der Sünde sich gleichmäßig mit einer täglichen neuen Stärke entwickeln. Die gewöhnliche Art, wie die Menschen Gott, seine Rechte, seine Ansprüche und Interessen verkennen, wird uns fast häßlicher vorkommen, als offene Handlungen der Sünde. Das Leben wird uns eine Last werden, und die Welt wird uns als ein fremder, unheimlicher Ort erscheinen, und eine heilige Trauer wird über uns kommen, die keine Ruhe findet, als in dem süßen tröstlichen Gedanken an Gott.

2) Eine andere Art, diesen Schmerz über die Sünde zu üben, wird von dem heiligen Bernhard in seiner Schrift

an den Papst Eugen erwähnt:[1] „Betrachte die Welt mit
den Augen des Geistes und sieh die Felder an. Sind
sie nicht vielmehr dürr zum Verbrennen, als reif zur
Erndte? Wie Vieles sieht hier einer Frucht gleich, und
doch sind es bei näherer Ansicht nur wilde Schöß-
linge, ja nicht einmal dieß, sondern alte, knorrige Bäume,
die nur Eicheln tragen, wie die Schweine sie fressen."
Nehmet die Karte der Welt, und sehet zuerst Asien an,
wo unser Herr geboren wurde und gelitten hat! Betrachtet die Türkei, Persien, die Tartarei, China, Japan und
das unermeßliche Indien; wie wenige Christen finden sich
auf dieser ganzen Länderstrecke! Der Götzendienst unter
tausend häßlichen Gestalten, die falsche Religion Muha-
meds, Secten, welche den Namen Christi tragen, und
Ihn durch Schisma und Irrglauben verläugnen — dieß
sind die Culte, welche über diese herrlichen Länder ihre
Herrschaft ausdehnen, und nur hie und da findet man
einen Menschen, welcher den heiligen Namen Jesu anruft
und sein kostbares Blut verehrt. Und doch wurde hier
der Mensch geschaffen und das irdische Paradies gepflanzt;
hier war die Heimath des auserwählten Volkes; hier lehrte
und litt der Sohn Gottes; hier predigten die Apostel, und
Athanasius, Basilius, Gregorius und Chrysostomus hielten hier den Glauben aufrecht, und warfen den Irrglauben nieder. In Japan und China ist der Boden noch
mit dem Blute der Martyrer unsers Herrn befeuchtet;
aber wie gering ist hier die Erndte für seinen Ruhm!

Werfet einen Blick auf die Nordküste Afrika's, wo
einst über vierhundert Bischöfe ihre Throne hatten, und
blicket dann auf die unermeßlichen Länder der Mohren,
der Hottentotten und Kaffern. Wie viele Stunden Landes bescheint die Sonne, wo Niemand Jesus anruft, oder

---

[1] De Consid. 2, 6.

sein heiliges Kreuz kennt! Amerika ist glücklicher und auch Australien; denn Dank den Spaniern und den Irländern herrscht hier die Kenntniß der heiligen Schrift; aber wie viele Stämme sind noch unbekehrt, und wie viele Millionen Irrgläubige tragen den christlichen Namen umsonst! Sehet ferner, wie der Irrglaube sich in die schönen Gefilde Europa's eingefressen hat! Rußland, Schweden, Dänemark, Deutschland, Schottland, England sind alle mehr oder weniger die Beute desselben, und unzählige Schaaren von Menschen stürzen täglich in's Verderben, während sie das wahre Wort Gottes hören und die heiligen Sacramente erlangen könnten. Dieß war das Gemälde, welches der heilige Laurentius Justiniani betrachtete, als er seine Abhandlung über die Klage der christlichen Vollkommenheit schrieb. Dieß Bild hatte Gott selbst im Auge, als Er sich so bitterlich gegen die heilige Katharina von Siena beklagte, daß Priester und Prälaten sich um seinen Ruhm nichts kümmern, und in ihrer Trägheit und Selbstsucht seine theuern Interessen mit Füßen treten. Was für ein Feld öffnet sich hier für Akte der Liebe! Gedenket des Tages, da der mitleidsvolle Schöpfer auf seine wundervolle Schöpfung herabsah, wie sie jungfräulich und unbefleckt vor Ihm lag, und sie segnete, weil Alles so gut war. Gedenket des Tages, da Jesus, um jenes erste Glück zurückzubringen, oder vielmehr, um uns ein neues und besseres zu schenken, auf dem Kalvarienberge am Kreuze hing. Und dieß ist die Frucht davon, so lohnt der Sünder Gott dafür! Wenn unsere Gedanken umherschweifen, und unsere Augen auf den mannigfaltigen Provinzen der Muhamedaner, der Heiden und Irrgläubigen ruhen, fühlen wir uns nicht hingezogen, Gott alle Akte der Anbetung darzubringen, welche die Engel diesen Tag im Himmel darbrachten, um die Ehre zu ersetzen, welche diese armen Auswürflinge Ihm nicht erwiesen haben? Ein anderes Mal können wir zu den Verdiensten Jesu Christi selbst, zu den heldenmüthigen Tugenden seiner allerseligsten Mutter, zu den Aposteln, Martyrern, Jungfrauen, Kirchenlehrern und Bekennern unsere Zuflucht nehmen, um durch eine fromme Meinung, durch einen Liebesakt die Ehre zu ersetzen, welche die göttliche Majestät von allen diesen Stämmen und Völkern empfangen sollte.

3) Eine weitere Uebung wird von dem P. Balthasar Alvarez, dem Beichtvater der heiligen Theresia, angeführt. Wir sollen nämlich im Geiste die Welt durchreisen, und die vielen Kirchen und Tabernakel besuchen, wo das Allerheiligste aufbewahrt wird, und wohin so Wenige kommen, um den Gegenstand unserer Liebe zu betrachten. Die Straßen, sagt er, sind voll, aber die Kirchen sind leer. Schaaren von Menschen sind eifrig auf ihre eigenen Interessen bedacht, und so wenige kommen, um mit Jesus an den seinigen Theil zu nehmen. Auch der heilige Alphonsus erinnert uns mit seiner gewöhnlichen geistvollen Milde, wie viele Kirchen es gibt, wo Jesus sich in Schmutz, Unreinlichkeit und Vernachlässigung aufhalten muß, und wo von Woche zu Woche Niemand hinkommt, Ihn zu besuchen. Mit was für kindlichen Akten der Liebe, die immer abwechseln, und doch stets gleich zärtlich sind, können wir unser Herz in allen diesen verlassenen Kirchen vor Ihm ausschütten! Können wir nicht an Jesus denken, der so verlassen ist, bis unser Herz erglüht und uns die Thränen in die Augen strömen? O wie angenehm ist Ihm dieß kleine Opfer herzinnigen Schmerzes! Er liebt es, daß man an Ihn denkt, wie alle Liebenden, und nichts ist gering in seinen Augen, was aus Liebe zu Ihm geschieht; denn seine Liebe verwandelt und vergrößert es Alles.

Ich will damit nicht sagen, daß ihr ohnmächtig werben sollet schon bei dem Namen Sünde, wie es bei Heiligen der Fall war; solche Dinge erfordern eine besondere Gnade und einen hohen Grad der Liebe. Aber etwas Weniges könnet ihr thun, um die Sünden der Welt wieder gut zu machen, und den Schmerz zu bezeugen, den ihr darüber fühlet; und aus diesem Opfer, so gering es auch sein mag, wird Gott große Ehren ziehen, und unser Herz süßen Trost schöpfen.

§. 5. Es gibt keinen wahren Schmerz über die Sünden Anderer ohne wahre, herzliche Reue über unsere eigenen. Geistliche Früchte der Liebe des Mitleidens.

Indessen dürfen wir, wie ich vorhin sagte, nicht vergessen, unsere eigenen Sünden zu beweinen, und zwar hauptsächlich, weil dadurch der so unendlich gute und liebende Gott beleidigt wird. „Wenn wir uns wegen unserer Sünden betrüben," sagt der heilige Chrysostomus, „so vermindern wir die Größe derselben; was groß war, machen wir klein, ja oftmals löschen wir es ganz aus." Und der heilige Basilius drückt sich bei Erklärung der Worte: „Du hast meine Thränen in Freude verwandelt!" so aus: „Nicht in jede Seele gießt Gott seine Freude aus, sondern in diejenige, welche über ihre Sünde einen tiefen Schmerz empfunden und reichliche Thränen darüber vergossen hat, wie wenn sie auf ihrem eigenen Grabe weinte; denn solche Thränen verwandeln sich endlich in Freude." „Wir müssen unsere Sünden immer vor Augen haben," sagt ferner der heilige Chrysostomus, „denn dadurch löschen wir dieselben nicht nur aus, sondern wir werden auch sanftmüthiger und nachsichtiger gegen Andere, und dienen Gott mit größerer Zärtlichkeit, indem wir durch das Andenken an unsere Sünden eine bessere Einsicht in seine unendliche Güte erlangen." Die heilige

Schrift sagt uns: „Sei nicht ohne Furcht über die nachgelassenen Sünden!"¹) und in der That wird eine solche Furcht die beste Sicherheit gegen einen neuen Fall sein. Einige Heilige sagen, daß, wenn wir durch göttliche Offenbarung wüßten, daß unsere Sünden vergeben sind, wir dennoch darüber trauern sollten, wie David, als Gott ihm diese Gunst erwies, und der heilige Paulus, welcher in der Gnade bestärkt wurde. Denn ein solcher Schmerz nährt beständig unsere Liebe gegen Gott. Der heilige Ubo erwähnt einen sehr interessanten Zug aus dem Leben des heiligen Gerard, welcher nach seiner Bekehrung über die kleinsten Fehler die größte Reue fühlte, gerade wie der heilige Hieronymus uns von der heiligen Paula erzählt. Nun machte Gott dem heiligen Gerard kund, daß ihm die schweren Sünden seines vergangenen Lebens erlassen seien wegen seines heiligen Schmerzes über die läßlichen Sünden, die er seit seiner Bekehrung beging. Doch dürfen wir diesen Schmerz nicht übertreiben; wir müssen unsere Sünden mehr im Allgemeinen, als im Besondern betrachten, und vor Allem, wie es der heiligen Katharina geoffenbart wurde, soll unser Schmerz eine Erinnerung an die Verdienste des kostbaren Blutes, ein Akt der Bewunderung über das göttliche Mitleid und nicht eine trockene Betrachtung unserer Sünden sein, nach dem Rathe des heiligen Bernhard, welcher sagt: „Ich rathe euch, meine Freunde, manchmal von der betrübenden und ängstlichen Untersuchung eurer Wege abzustehen, und euch auf den weitern und freundlichern Pfaden der göttlichen Wohlthaten zu ergehen. Schmerz über die Sünde ist allerdings nothwendig, aber er darf nicht immerfort dauern; wir müssen ihn mit dem erfreulichen Gedanken an Gottes Mitleid unterbrechen. Wir müssen Honig in unsern

---

¹) Sir. 5, 5.

Wermuth mischen, sonst ist die Bitterkeit desselben nicht
gesund."

Das Leben ist nur eine ganz kurze Zeit im Vergleich
mit der Ewigkeit, und durch alle Ewigkeit werden wir
unendlich glücklich sein, und doch nur eine einzige Beschäftigung haben — Gott zu verherrlichen. Dieß ist buchstäblich wahr, und diese einzige Aufgabe wird solche Schätze
der Seligkeit in sich enthalten, daß uns nichts mehr zu
wünschen übrig bleibt. Warum wollen wir dieß Geschäft
nicht schon auf Erden beginnen, warum nicht schon jetzt
versuchen, die Ehre Gottes mit Liebe zu umfassen, die
der Gegenstand unserer Freude und Anbetung im künftigen Leben sein wird! Der besondere Charakter der Güte
Gottes besteht darin, daß Er es liebt, sich mitzutheilen,
und Er theilt sich seinen Geschöpfen unablässig mit in der
Natur, in der Gnade und in der Glorie. Wir müssen
dieß Beispiel nachahmen. Es gibt eine Art selbstsüchtiger
Tugend, wo man nur an sich selbst denkt und an seine
eigene Seele. Dieß scheint allerdings ein wichtiger Gegenstand, wenn wir so viele Tausende um uns erblicken,
welche kaum wissen, daß sie überhaupt eine Seele haben.
Aber es ist gefährlich, sich ausschließlich mit seiner eigenen
Seele zu beschäftigen. Wer kann das kostbare Blut besitzen, seinen Werth erkennen, die Wirkungen desselben
empfinden, und brennt nicht zugleich von dem Verlangen,
sein Glück auch Andern mitzutheilen? Ich wünschte, wir
könnten immer Alles blos zur Ehre Gottes thun, allein
dieß ist kaum möglich. Dennoch können wir ohne große
Anstrengung viel mehr thun, als bisher, wenn wir nur
versuchen wollen, über unsere Sünden und über die Sünden der ganzen Welt zu weinen, weil unser liebevoller
Erlöser dadurch so tief beleidigt wird.

Ueberdieß ist diese Andacht die Quelle einer Menge
Gnaden für unsere Seele. Was uns am meisten hindert,

wenn wir einmal angefangen haben, Gott in allem Ernste
zu bienen, ist nicht so sehr die Sünde, als der Weltgeist
und die Selbstliebe. Diese beiden Quellen unsers Elendes halten uns nieder, und verderben alles Gute, was
wir thun; aber durch diese Andacht werden sie beide ver-
stopft. Das charakteristische Merkmal der Welt ist, daß
sie von der Sünde nichts weiß. Die Dinge sind recht
oder unrecht, wie es ihr gefällt, und nach ihren eigenen
Gesetzen, aber von einer geheimen Befleckung der unsterblichen Seele, weil der unsichtbare Gott beleidigt wird, davon will sie keinen Augenblick etwas hören. Dieß wird
für eine Lehre für unmännliche Leute, für einen eitlen
Popanz und für einen Aberglauben der Priester gehalten.
Wer Alles vom Gesichtspunkte der Sünde aus betrachtet,
wer überall die geheime Ehre des verborgenen Schöpfers
sucht, wer nicht der Fahne der Welt folgt, und Maß und
Gewicht gebraucht, welche die Welt nicht kennt; wer die
gewöhnlichsten Handlungen aus übernatürlichen Beweggründen zu verrichten strebt, und das Unsichtbare lieben
kann, so daß er das Sichtbare wenigstens nicht mehr heftig liebt, kann nicht wohl von dem Geist der Welt oder
von Selbstliebe besessen sein. Sein Leben ist ein Protest
gegen die Welt und auch gegen sich selbst; und doch ist
dieß nur eine schwache Beschreibung dessen, was ein Mensch
bald werden würde, wenn er diese Andacht auf sich nähme.
Wer lange Zeit und mit Liebe Gott betrachtet, wird bald
aufhören, etwas Liebenswürdiges an sich selbst zu finden,
und so wird diese Uebung ihn von den zwei größten Feinden befreien, die sich seinen Fortschritten im geistlichen
Leben entgegenstellen.

Wir werden auch finden, daß diese Andacht uns große
Macht bei Gott verleiht, und unsere Gebete bald öfter
erhört sehen, als früher. Unsere Worte werden ein Gewicht erlangen, das unsere Talente, unseren Verstand oder

unsere Beredtsamkeit übersteigt. Was ist auch etwas werth, das Gott nicht gesegnet hat? Die geistige Macht ist die allein wahre Macht, und sie folgt Regeln, die von jeder andern Macht verschieden sind. Als der heilige Vincenz von Paula seine Kongregation der Mission gründete, sagte P. Condren, Superior des französischen Oratoriums, einer der Männer seiner Zeit, die im geistlichen Leben am weitesten vorangeschritten waren, zu ihm: „Ach, mein Vater! ich erkenne, daß dieß das Werk Gottes ist, und daß der Geist Jesu darauf ruht, und daß es gelingen wird; denn alle Männer, die du gewählt hast, sind von niederer Geburt, und keiner derselben besitzt Gelehrsamkeit. Dieß sind die Waffen, die Gott segnet." Sehet, wie sehr die Grundsätze, auf welchen dieses Urtheil beruht, dem Geist der Welt entgegenstehen! Der heilige Philipp hat gezeigt, daß alle Macht ihre Quelle in der Losschälung von der Welt hat, und das Werk des heiligen Ignatius läßt sich in dem einzigen Worte zusammenfassen, daß er der Welt gerade diese Wahrheit bewiesen hat, daß man ihrer Herr wird, indem man sich von ihr lossagt. Nehmet also diese Andacht für die beleidigte Ehre Gottes auf, und ihr werdet durch viele sichtbare Beweise einsehen, daß Gott mit euch ist, und seine Gnaden werden reichlicher auf euch herabkommen, als früher.

Wenn ihr endlich den Preis der christlichen Vollkommenheit zu erlangen und Heilige zu werden wünschet, so höret auf die Geschichte, die ich euch erzählen will, und die einem Menschen begegnete, welcher nichts weiter that, als daß er zwei Todsünden verhinderte. Der heilige Paphnutius hatte viele Jahre in der Wüste verweilt, und durch schwere Bußen an seiner Heiligung gearbeitet. Endlich kam ihm ein sonderbarer Gedanke in den Kopf, und er wagte es, denselben im Gebete Gott vorzutragen. Er wünschte nämlich zu wissen, wem auf Erden er an Hei=

ligkeit gleich sei. Er fragte in Einfalt und wahrer Demuth, und Gott ließ sich herab, mit ihm zu sprechen. Er sagte ihm, er sei jetzt einem gewissen Flötenspieler in einem ägyptischen Dorfe gleich, das er nannte. Sogleich machte sich der Heilige auf, denselben aufzusuchen. Als er in das Dorf kam, fragte er nach dem Flötenspieler, und man sagte ihm, er blase gerade in dem Wirthshause zur Belustigung der Zecher. Sonderbar, dachte der heilige Paphnutius; er ließ jedoch den Flötenspieler herauskommen, nahm ihn bei Seite, und sprach mit ihm von seinem geistlichen Zustande, was für gute Werke er schon gethan habe und dergleichen. „Gute Werke?" versetzte der Flötenspieler, „ich weiß nichts Gutes, das ich je gethan hätte; blos einmal, als ich noch ein Räuber war, rettete ich eine gottgeweihte Jungfrau vor Gewaltthat, und einmal gab ich auch einer armen Frau Geld, welche aus Armuth im Begriffe stand, sich der Sünde zu überantworten." Da erkannte Paphnutius, daß Gott diesem Flötenspieler Gnaden ertheilt hatte, welche den seinigen gleich standen, weil er zur Ehre seines Schöpfers während seines wilden Räuberlebens zwei Todsünden verhindert hatte.

Wir können nicht besser erklären, wie dieser Schmerz über die Sünden Anderer sich sowol in Thaten, als in Gefühlen ausdrücken kann, als wenn wir die Uebungen anführen, welche ein ascetischer Schriftsteller für die Tage der Fastnacht empfiehlt.

1) Sollen wir uns in dieser Zeit mit mehr als gewöhnlicher Sorgfalt von den Fehlern enthalten, in welche wir am öftesten fallen.

2) Sollen wir dem Gebete mehr Zeit widmen, indem wir demselben wenigstens eine halbe Stunde mehr als gewöhnlich bestimmen.

3) Sollen wir länger als gewöhnlich, etwa eine

Stunde, in einem geistlichen Buche lesen, nicht in einem, das die Neugierde befriedigt, sondern in einem, welches fromme Anmuthungen gegen Gott erweckt, z. B. in den Bekenntnissen des heiligen Augustin, in der Nachfolge Christi oder in dem Leben der Heiligen.

4) Sollen wir unserm Leib eine neue Abtödtung auflegen, oder unsere üblichen Bußen über die gewöhnliche Zeit verlängern.

5) Sollen wir das allerheiligste Sacrament in diesen Tagen häufiger besuchen, und wenn wir unsere gewöhnlichen Andachten vollendet haben, sollen wir in uns ein Gefühl des Mitleids gegen unsern beleidigten Gott erwecken, gerade wie wir in Zeiten der Trübsal unsere Freunde besuchen, um sie zu trösten und ihnen unsere Liebe zu bezeugen; auch sollen wir Thränen vergießen, oder wenigstens in unserm Herzen weinen über die Sünden dieser Zeit, namentlich über die Sünden derjenigen, die vermöge ihres Standes, oder der vielen Wohlthaten, die sie von Gott empfingen, sich sorgfältiger enthalten sollten, Ihn zu beleidigen.

6) So oft die Stunde schlägt, sollen wir einen kurzen, aber herzlichen Akt des Schmerzes über die Sünden dieser Zeit erwecken; dieß kann an allen Orten und zu allen Zeiten geschehen, beim Spaziergang oder bei der Mahlzeit u. s. w.

7) Wenigstens dreimal des Tages sollen wir mit einer tiefen Kniebeugung nach den vier Weltgegenden, in welchen Gott so schwer beleidigt wird, die göttliche Majestät anbeten, um gewissermaßen durch diese liebende Anbetung für die Sünden genug zu thun, welche nun in diesen Gegenden begangen werden, indem wir über dieselben Schmerz empfinden, und um ihre Nachlassung und um die Bekehrung der Sünder bitten. Zu diesem Ende sollen wir das kostbare Blut und die Verdienste Jesu Christi

aufopfern, welche Gott so theuer und den Sündern von so großem Nutzen sind. Auf diese Art erlangte die heilige Maria Magdalena von Pazzi die Bekehrung vieler Sünder.

8) Wir sollen unsere gewöhnlichen guten Werke an diesen Tagen mit mehr Vollkommenheit, Fleiß und Eifer verrichten, besonders jene, welche sich unmittelbar auf die Anbetung Gottes beziehen. Denn gleichwie zu dieser Zeit weltlich gesinnte Menschen und die Diener des Teufels sich eifriger und beflissener zeigen, Gott zu beleidigen, so ist es nicht mehr als billig, daß Gott liebende Seelen wenigstens in demselben Maße eifriger und fleißiger sind in der Verrichtung guter Werke und im Gottesdienste.

9) Sollen wir eine Kommunion mehr verrichten, um Gott zu besänftigen und genug zu thun.

10) Da Gott namentlich an diesen Tagen durch Ausschweifungen im Essen und Trinken beleidigt wird, so sollen wir unsere Eßlust etwas mehr als gewöhnlich sowol in Bezug auf die Menge, als auf die Güte der Speisen abtödten.

11) Da Gott auch besonders zu solchen Zeiten durch unanständige Unterhaltungen beleidigt wird, so sollen wir mit einem frommen Freunde zusammenkommen, und täglich in geistlichen Gesprächen eine kurze Zeit zubringen, blos um unserm guten Gotte Freude zu machen und Trost zu geben.

12) Da die Menschen in solchen Zeiten sich besonders sündhafter Trägheit schuldig machen, so sollen wir eine größere Sorgfalt als gewöhnlich darauf wenden, abgesehen von unschuldiger und geeigneter Erholung, keinen Theil unserer Zeit im Müssiggange unnütz zu verschwenden; wir sollen vielmehr arbeitsamer sein, als gewöhnlich.

13) Diejenigen, welche ein Gelübde gemacht haben, sollten in diesen Tagen dasselbe mit frischen Akten der Liebe gegen Gott erneuern, eine Andacht, die uns dadurch

zu Gemüthe geführt wird, daß unser Herr den Donnerstag vor Quinquagesimä festsetzte, um seine Vermählung mit der heiligen Katharina von Siena zu feiern.

Was in England die Fastnacht ersetzt, das sind die Tage, welche auf die drei Feste Weihnacht, Ostern und Pfingsten folgen. Es gibt Niemand, der sich mit den Seelen beschäftigt, welcher nicht aus schmerzlicher Erfahrung weiß, was für Verwüstungen diese drei Zeiten unter uns anrichten, und dabei ist es so schwer, mit Nachdruck gegen Lustparthien auf der Eisenbahn und dergleichen zu sprechen, daß kein Heilmittel übrig gelassen scheint, als Gebet und Genugthuung. An solchen Tagen um Regen zu bitten, scheint ein bösartiger Wunsch zu sein; und doch kann dadurch eine Menge Sünden verhindert werden. Mancher Untergang der Sittsamkeit und Unschuld schreibt sich von einer Lustparthie her, und viele Seelen haben schon auf dem harmlosen Flusse zwischen London-Bridge und Rosherville Schiffbruch gelitten.

Es gibt drei sehr schöne Offenbarungen, durch welche es Gott gefiel, kund zu thun, wie angenehm seiner göttlichen Majestät diese Genugthuung zur Zeit der Fastnacht ist. Eine derselben wurde dem gottseligen Dominikaner Heinrich Suso zu Theil, die beiden andern der heiligen Gertrud. Ich will eine dieser letztern anführen, da sie besonders jenen Geist athmet, welchen meine Abhandlung euch einflößen will. Sie ist dem vierten Buche ihrer Offenbarungen entnommen.

Zur Zeit der Fastnacht erschien ihr der Herr Jesus, auf dem Throne seiner Herrlichkeit sitzend, und der heilige Johannes Evangelist saß zu den Füßen unsers Herrn und schrieb. Die Heilige fragte ihn, was er da schreibe, und unser Herr gab für ihn folgende Antwort: „Ich lasse alle die Andachten, welche eure Kongregation mir gestern aufopferte, und ebenso alle diejenigen, welche sie mir in den nächsten zwei Tagen darbringen wird, sorgfältig auf diesem Papier anmerken. Wenn ich, welchem der Vater das ganze Gericht anvertraut hat, kommen werde, um einem Jeden nach seinem Tode das gerechte Maß für seine Mühen und guten Werke zu geben, so werde ich noch überdieß das Maß der Verdienste meines Leidens und Todes hinzufügen, welche den Verdiensten der Menschen einen wunderbaren Werth verleihen, und dann werde ich dieselben mit diesem Papier meinem Vater vorstellen, damit Er in seiner unendlichen Güte noch sein wohlgerütteltes, überfließendes Maß dareingebe für diese Tröstungen, die mir in diesen Tagen der Verfolgung so kindlich zu Theil werden. Denn da Niemand mir an Treue gleichkommt, so kann ich auch um so weniger unterlassen, meine Wohlthäter zu belohnen. Sogar der König David, welcher sein Leben lang nie unterließ, seine Wohlthäter mit Gnaden zu überhäufen, hat, als er dem Tode sich nahte, und sein Reich Salomo übergab, zu ihm gesagt: „Du sollst den Söhnen Berzellai's aus Galaad Gnade bezeugen, und sie sollen an deinem Tische essen, denn sie kamen mir entgegen, als ich vor dem Angesichte deines Bruders Absolon floh." Eine Freundlichkeit, die den Menschen zur Zeit des Unglücks erwiesen wird, ist angenehmer, als zur Zeit des Glücks; so nehme auch ich diese Treue, die man mir bezeugt, wenn die Welt mich besonders durch die Sünde verfolgt, desto dankbarer an."

Der heilige Johannes, welcher dasaß und schrieb, schien zuweilen seine Feder in ein Dintenzeug zu tauchen, das er in der Hand hielt, und damit schwarze Buchstaben zu schreiben; manchmal tauchte er die Feder in die heilige Seitenwunde Jesu, welche vor ihm offen stand, und schrieb dann mit rothen Buchstaben. Hierauf faßte er die rothen Buchstaben theils mit schwarzer, theils mit goldgelber Dinte ein. Die Heilige erfuhr, daß durch die schwarzen

Buchstaben die Werke angezeigt würden, welche die Klosterfrauen aus Gewohnheit verrichteten, wie z. B. das Fasten, das sie gewöhnlich am Montag in dieser Woche beginnen. Durch die rothen Buchstaben wurden die Werke angedeutet, welche man zum Andenken an das Leiden Jesu Christi verrichtete, mit einer besondern frommen Meinung für die Verbesserung der Kirche. Was die rothen Buchstaben betrifft, die theils schwarz, theils goldgelb eingefaßt waren, so erfuhr sie, daß die theilweise geschwärzten solche Werke bedeuteten, welche zum Andenken an das Leiden unsers Herrn verrichtet wurden, um für uns die Gnade Gottes und andere auf unser Heil bezügliche Gaben zu erlangen. Jene Werke dagegen, welche blos zur Ehre Gottes in Vereinigung mit Christi Leiden und zum Heile aller Menschen verrichtet wurden, wobei man auf alles Verdienst und auf jede Belohnung verzichtet, nur um Gott die Ehre zu geben und die Liebe gegen ihn zu zeigen, wurden durch die rothen, theilweise vergoldeten Buchstaben angedeutet. Denn obgleich die guten Werke, von welchen wir vorher gesprochen haben, von Gott reichliche Belohnung erlangen, so haben doch diejenigen, welche rein aus Liebe zu Gott geschehen, ein viel höheres Verdienst und einen größern Werth, und verschaffen dem Menschen ein unendlich größeres Maß von Glück in der Ewigkeit.

Gertrud bemerkte ferner, daß nach je zwei Paragraphen ein leerer Platz blieb, und sie fragte unsern Herrn, was dieß bedeute. Er gab zur Antwort: „Da es eure Sitte ist, mir in dieser Zeit mit frommen Begierden und Gebeten zum Andenken an mein Leiden zu dienen, so habe ich zuerst die Gedanken und dann die Worte, wodurch ihr mir dienet, genau aufschreiben lassen. Die leere Stelle bedeutet, daß ihr die Werke, die ihr thut, nicht wie die

Gedanken und die Worte zum Andenken an mein Leiden zu verrichten pfleget." Die Heilige versetzte: "Wie können wir, o liebster Gott! dieß auf eine verdienstliche Weise thun?" Und unser Herr erwiederte: "Indem ihr alle Fasten, Vigilien und andern Vorschriften der Regel in Vereinigung mit meinem Leiden beobachtet. So oft ihr eure Sinne abtödtet, indem ihr euch eines Blickes oder eines Wortes enthaltet, so bringet mir dieß Opfer mit der Liebe dar, womit ich während meines Leidens alle meine Sinne beherrschte. Mit einem einzigen Blicke hätte ich alle meine Feinde in Schrecken setzen, mit einem einzigen Worte alle meine Gegner zum Schweigen bringen können, und doch war ich wie ein Lamm, das man zur Schlachtbank führt, das Haupt demüthig geneigt, die Augen auf den Boden geheftet, und vor meinem Richter öffnete ich meinen Mund nicht, um nur ein einziges Wort zur Entschuldigung gegen die falschen Anklagen vorzubringen, welche man gegen mich richtete." Die Heilige antwortete: "Lehre mich, o bester Lehrer! wenigstens Etwas, was ich besonders zum Andenken an Dein Leiden thun kann." Unser Herr erwiederte: "Nimm die Uebung an, mit ausgespannten Armen zu beten und so die Gestalt meines Leidens Gott dem Vater darzustellen, zur Verbesserung der allgemeinen Kirche, in Vereinigung mit jener Liebe, womit ich meine Hände am Kreuze ausstreckte." Und sie sprach: "Da dieß nicht eine gewöhnliche Andacht ist, soll ich nicht einen geheimen Platz aussuchen, um sie zu üben?" Und unser Herr antwortete: "Die Gewohnheit, einen geheimen Ort aufzusuchen, gefällt mir wohl, und es gereicht dieß dem Werke zu neuem Schmucke, wie der Edelstein das Halsband ziert; dennoch," setzte er hinzu, "wenn Jemand diese fromme Sitte, mit ausgespannten Armen zu beten, allgemein üblich machen würde, so brauchte er keinen Widerspruch zu fürchten, und er wird mir dieselbe Ehre erweisen, wie wenn Einer einen König feierlich auf den Thron setzt."

Was ist es denn, wofür ich hier spreche? Ich will nichts weiter, als daß ihr keine solche Gleichgiltigkeit gegen die Ehre Gottes zeigen sollet, als ob dieß eine Sache wäre, die euch nichts angeht. Dieß ist wirklich Alles. Gott will euch seine Glorie im Himmel durch alle Ewigkeit zum Antheil geben, und ihr könnt gewiß jetzt auf Erden die Verbindung mit ihr nicht in Abrede ziehen, im Gegentheil gehen ihre Interessen euch sehr nahe an, ihr Sieg wie ihre Niederlage muß die eurige sein. Ihr könnt der Sache Jesu auf Erden nicht ferne stehen, oder eine Art bewaffneter Neutralität gegen Gott beobachten, während ihr, sobald ihr sterbet, ohne im geringsten die Qualen des Fegfeuers zu fühlen, für immer in die Arme seiner unaussprechlichen Liebe aufgenommen zu werden verlanget. Und doch ist dieß die Lebensgeschichte der meisten Katholiken. Kann es aber etwas Unvernünftigeres, Selbstsüchtigeres und Gemeineres geben? Und ihr wundert euch, daß wir unser Land noch nicht bekehrt haben? Wahrlich, wir sehen nicht Leuten gleich, die gekommen sind, Feuer auf der Erde zu entzünden, oder die es reut, weil es noch nicht entzündet ist. Ach, Jesus! dieß sind Deine schlimmsten Wunden. Was sind die rothen Male Deiner Hände und Füße, was Deine zerfallenen Kniee und die zerrissene Schulter, was das tausendfach verwundete Haupt und das weit geöffnete Herz gegen diese Wunden — gegen die Wunden der Kälte, der Vernachlässigung, der Selbstsucht, die nicht zu beten weiß! — Gegen die Wunden der Wenigen, die einst eifrig waren und jetzt lau sind, und der Vielen, die nie eifrig waren und nicht einmal die traurige Ehre der Lauheit ansprechen können! — Gegen die Wunden, womit Du in dem Hause Deiner Freunde verwundet wurdest? Dieß sind die Wunben, die mit unsern Thränen beweint und mit dem Balsam unsers innigen Mitleids gemildert werden sollten. Liebevoller Erlöser! ich kann kaum glauben, daß Du wirklich bist, was ich weiß, daß Du bist, wenn ich Dein Volk Dich so grausam verwunden sehe. Und mein eigenes, elendes Herz! es zeigt mir selbst das traurige Geheimniß, wie weit der Mensch der Kälte und Undankbarkeit fähig sein kann. Ach, die letzten Kapitel der vier Evangelien — man liest sie wie einen bittern Hohn auf die Gläubigen! Wir leben, wie wenn wir trotzig sagten: Nun, wir können da nicht helfen; wenn Jesus all dieß thun wollte, so ist dieß seine Sache; wir brauchten nur die Absolution, wir brauchten nur eine Maschine, um dadurch gerettet zu werden, eine Lokomotive in den Himmel, die wohlfeilste und einfachste, welche diesen Zweck erfüllen und uns an's Ziel unserer Reise bringen konnte. Ihr frommen Leute steht in Wirklichkeit der Religion im Wege. Es mag vielleicht für uns schwer sein, zu sagen, was Enthusiasmus ist, aber ihr seid gewiß Enthusiasten! Was wir meinen, ist das: Ihr seid lauter Herz ohne Kopf. Die Hitze allein vertritt noch nicht die Stelle des Talentes, der Eifer ist noch nicht Gottesgelehrtheit. Es gibt andere Dinge zu thun im Leben, als in die Messe und zur Beichte zu gehen. Wie können wir Vertrauen auf Leute setzen, die sich durch ihren religiösen Eifer hinreißen lassen? Alle diese Menschwerdung eines Gottes, dieser Roman von einem Evangelium, diese unnöthigen Leiden, dieß verschwenderische Blutvergießen, dieß Uebermaß von Demüthigungen, dieser Dienst der Liebe, dieß Mitleid liebenden Schmerzens — all dieß ist für uns, um die Wahrheit zu sagen, ein Gegenstand der Langweile; wir sind hier gar nicht zu Hause, das Ding hätte auch anders gethan werden können; es war das Verhältniß eines Schuldners zu seinem Gläubiger; nicht Jedermann ist ein Poet und nicht Jeder hat

Geschmack am Romantischen. Es muß wirklich ein Irrthum in der Sache sein. Gott ist sehr gut, und die Liebe gegen Ihn ist in ihrer Art auch ganz recht. Er liebt uns, und natürlich lieben wir Ihn auch; aber könnten wir nicht mit ein wenig praktischem Verstande, einigen heilsamen, vernünftigen Vorschriften und einer streng gewissenhaften Erfüllung unserer Pflichten gegen die Gesellschaft diese fürchterliche Mythologie christlicher Liebe mit allem möglichen Respekte ein wenig bei Seite legen und auf einem ebenen, gut gepflasterten Wege und auf eine nüchterne, unserm Charakter als Menschen und unserer Würde als eine civilisirte Nation angemessene Weise in den Himmel kommen? Wenn das Menschengeschlecht in der Person Adam's wirklich gesündigt hat, so müssen wir natürlich die Folgen davon tragen; aber könnte man das Uebel nicht in aller Ruhe, ohne Geräusch, und nur mit Hilfe des gesunden Menschenverstandes wieder gut machen, welcher uns so natürlich ist?

Nun denn, wenn es so sein muß, so kann ich nur an die kühnen Worte der heiligen Maria Magdalena von Pazzi denken: „O Jesus! Du hast Dich aus Liebe selbst zum Thoren gemacht."

O arme, verlassene Ehre Gottes! du bist ein Findling auf Erden! Niemand mag Etwas von dir wissen, oder will eine Verwandtschaft mit dir anerkennen und dir eine Heimath geben. Die Welt ist kalt, die Sünde versetzt dir unablässig neue Schläge, du liegst weinend vor unsern Thüren, und die Menschen kümmern sich nichts um dich! Arme Ehre Gottes ohne Heimath! die Erde war für dich einst ebenso bestimmt, wie der Himmel, aber es waren Räuber auf dem Wege, und es ist für dich jetzt nicht mehr sicher, auf unsern Straßen zu wandern; doch es gibt noch Einige unter uns, die sich dem Dienst des Himmels geweiht haben, und wir wollen dich von nun an in unser

Haus aufnehmen, wie Johannes Maria zu sich nahm. Hinfort ist unsere Nahrung deine Nahrung, und Alles, was wir haben, ist dein.

VI. Kapitel.
Gebet der Fürbitte.

Was es braucht, um eine Seele zu retten, und was die Rettung einer Seele in sich schließt. — Das Geheimniß des Gebets. — Die Vision der heiligen Gertrud über das Ave Maria. — Die drei Merkmale des gottseligen Lebens, angewandt auf die Fürbitte. — Für wen wir beten sollen — 1) für die im Stande der Todsünde — 2) für die Lauen — 3) für die Heiligen auf Erden — 4) für die in der Trübsal — 5) für unsere Wohlthäter — 6) für die nach Vollkommenheit Strebenden — 7) für den Zuwachs der Glorie der Seligen — 8) für die Reichen und Großen der Erde. — Die Zeit, der Ort und die Art der Fürbitte. — Freude und Freiheit von eitlem Ruhme sind die Früchte der Fürbitte.

§. 1. Die Rettung einer Seele.

Wir wollen nun betrachten, was es braucht, um eine Seele zu retten, und welche hohe Bedeutung in der Rettung derselben liegt. Zuerst war es durchaus nothwendig, daß Gott Mensch wurde, damit diese Seele nach den Rathschlüssen Gottes gerettet würde. Ebenso war es durchaus nothwendig, daß Jesus geboren wurde, daß Er lehrte, handelte, betete, Verdienste erwarb, genugthat, litt, blutete und starb, um diese einzige Seele zu retten. Es mußte eine katholische Kirche, einen katholischen Glauben, Sacramente, Heilige, den Papst und das Meßopfer geben, um dieser einzigen Seele willen. Es war nothwendig, daß es ein übernatürliches Geschenk, eine wunderbare Mittheilung der göttlichen Natur, die sogenannte heiligmachende Gnade gebe, und auf diese mußten liebende Akte und Einsprechungen des göttlichen Willens in der Gestalt mannigfaltig thätiger und wirksamer Gnaden gehäuft werden, sonst war diese Seele nicht zu retten. Die Martyrer mußten sterben, die Kirchenlehrer schreiben, Päpste und Concilien die Irrlehre darstellen und verdammen, Missionäre reisen und Priester geweiht werden zum Heile dieser einzigen Seele. Wenn alle diese Vorbereitungen vollendet sind, und durch einen Akt erbarmungsvoller Allmacht diese Seele aus dem Nichts geschaffen ist, dann muß ein Schutzengel über sie bestimmt werden, ihr ganzes Leben lang muß Jesus sich mit ihr beschäftigen, Maria hat einen großen Theil mit ihr zu thun, und alle Engel und Heiligen müssen für sie beten und sich um sie bekümmern. Zu jedem guten Gedanken, zu jedem frommen Worte, zu jeder tugendhaften Handlung (und natürlich wächst ihre Zahl bald in's Unendliche an) muß eine Mittheilung der göttlichen Natur, die Gnade, mitwirken. Unsichtbare böse Geister müssen von ihr fern gehalten und ihre Angriffe auf sie vereitelt werden. Stündliche Versuchungen erregen mehr oder weniger Unruhe unter ihren Fürsprechern im Himmel. Diese Seele weiß den Antheil, welchen alle göttlichen Eigenschaften an ihrem Heile nehmen müssen, so daß jede derselben ihrem Rufe entspricht, wie die Tasten des Klaviers den Fingern des Künstlers antworten. Das kostbare Blut muß ihr durch außerordentliche Sacramente mitgetheilt werden, welche sowol der Gestalt als dem Inhalte nach von unserm Herrn selbst erfunden wurden. Alle Arten von Dingen, Wasser, Oel, Kerzen, Asche, Rosenkränze, Medaillen, Skapuliere, sind ihretwegen durch kirchliche Segnungen mit einer unerklärlichen Macht zu erfüllen. Der Leib, die Seele, die Gottheit des menschgewordenen Wortes muß sich ihr immer wieder mittheilen, bis diese Mittheilungen endlich für sie ein gewöhnlicher Umstand werden, und doch ist es jedesmal in Wirklichkeit ein erstaunlicheres Wunder, als die Schöpfung der Welt. Diese Seele kann zum Himmel sprechen, und wird dort gehört. Sie kann die Genugthuungen Jesu verwenden, wie wenn es ihre eigenen wären; sie vermag die Riegel des Fegfeuers aufzuschließen, und nach ihrem Willen zu wählen, wen sie befreien will und wen nicht. Allzeit ist sie Gott so nahe, und ihr Herz ist ein so geheiligter und bevorzugter Ort, daß Niemand, als Gott selbst, ihr die Gnade mittheilen kann, nicht einmal die Engel oder die Mutter Gottes, die gebenedeit ist durch alle Zeiten.

All dieß ist zur Rettung einer Seele erforderlich. Um zur ewigen Seligkeit zu gelangen, muß sie Gottes Kind, Gottes Bruder werden, und an der Natur Gottes Theil nehmen. Wir wollen nun sehen, welche Bedeutung die Rettung einer Seele in sich schließt. Betrachtet jene Seele dort, die soeben gerichtet worden ist; Jesus hat in diesem Augenblick gesprochen, der Ton seiner süßen Worte ist kaum verklungen; diejenigen, welche trauern, haben soeben erst die Augen des verlassenen Leibes geschlossen. Das Urtheil ist gefällt, Alles ist vorüber; es war kurz, aber gnädig, mehr als gnädig; es gibt kein Wort, um zu sagen, was es war. Eines Tages, so Gott will, werden wir es erfahren. Diese Seele muß sehr stark sein, um ertragen zu können, was sie nun fühlt. Gott muß sie unterstützen, oder sie fällt in ihr Nichts zurück. Das Leben ist vorbei — wie kurz ist es gewesen! Der Tod ist gekommen — wie leicht ging er vorüber! Wie geringfügig erscheinen die Prüfungen, wie unbedeutend die Schmerzen, wie kindisch die Trübsale! Und nun hat sie ein Glück erlangt, das nie endigen wird. Jesus hat gesprochen, es ist kein Zweifel mehr möglich. Was ist dieß für ein Glück! Kein Auge hat es gesehen, und kein Ohr hat es vernommen. Die Seele schaut nun Gott und eine Ewigkeit ohne Gränzen dehnt sich vor ihr aus. Die Finsterniß ist vergangen, die Schwäche hat sie verlassen, und die

Zeit ist verschwunden, die so schwer auf ihr lag. Sie lebt nicht mehr in Unwissenheit, sie schaut Gott. Ihr Geist ist mit unaussprechlichen Wonnen erfüllt; er schöpft neue Kräfte aus dieser Glorie, die keine Einbildungskraft sich vorstellen kann; er ersättigt sich an jener Anschauung, gegen welche jede Wissenschaft der Welt nur Finsterniß und Unwissenheit ist. Ihr Wille schwimmt in einem Strome von Liebe, ein Uebermaß von Seligkeit durchbringt alle ihre Gefühle. Wie ein Schwamm sich mit dem Wasser des Meeres füllt, so ist sie voll Licht, Schönheit, Entzückung und Unsterblichkeit. Es sind dieß nur schwache Worte, leichter als eine Feder, schwächer als das Wasser. Sie sind nur ein Schatten dessen, was sie fühlt. Kein Auge hat es gesehen, kein Ohr hat es vernommen, und es ist in keines Menschen Herz gekommen, und all dieß Glück, all diese Herrlichkeit ist der Antheil dieser Seele, die noch kaum vor einer Stunde unter Schmerzen seufzte, so schwach wie das schwächste Kind.

Noch mehr. Sie hat nicht den Verlust ihres Glückes zu fürchten, es ist ihr gesichert, es ist ihr eigen auf ewig. Die Sünde kann ihr nicht mehr nahen, keine Unvollkommenheit kann sie mehr beflecken. Mitten unter einer unendlichen Mannigfaltigkeit kennt sie keinen Wechsel, sie weiß nichts von einer Ungleichheit, obgleich ihrer Freuden und Genüsse unzählige sind. Sie ist zum König gekrönt für immer. Und der Besitz all dieser Herrlichkeit, wie wohlfeil ist er erkauft! Was sind dagegen jene vorübergehenden Mühsale und Sorgen des Lebens, welche die Gnade erleichterte und die Liebe in wirkliches Vergnügen umschuf! Und nun hat sie zur Belohnung das Licht der Herrlichkeit erlangt und die Schönheit der ewig dauernden Anschauung Gottes. Es würde nur ein Traum scheinen, wenn nicht die wunderbare Ruhe der Seele von der Macht und Tiefe ihres neuen Lebens Zeugniß gäbe. Das Bewußtsein, das sie von sich selbst hat, ist das Unterpfand ihrer Erneuerung und ihrer Unsterblichkeit. Und all dieß enthält die Rettung einer Seele! Wie wundervoll ist die Welt, wenn wir bedenken, wie viele ihrer Bewohner in jedem Augenblick des Tages und der Nacht dahinsterben, und es ist wahrscheinlich nie ein Moment, wo nicht eine Seele gerade gerichtet wird, ihren erfreulichen Urtheilsspruch vernimmt, und ihre Augen der unaussprechlichen Schönheit und Güte Gottes geöffnet werden. O Einfalt und Thorheit! Dieß ist Alles, was wir sagen können, wenn wir unsere Gedanken auf unsere armseligen Sorgen richten, auf die Versuchungen, die uns bestürmen, auf die Eigenliebe, die uns quält, auf unsere Gemeinheit und unsern Mangel an Edelmuth gegen Gott. Dieser Mensch ist hingegangen, er ist gerichtet, es ist ihm wohl — und wir sind noch hier und haben noch die Hauptgefahr zu bestehen!

Vor wenigen Minuten war diese Seele ihres Heiles noch nicht versichert; es war ein verzweifelter Kampf, eine förmliche Schlacht zwischen Himmel und Hölle, und der Himmel schien zu unterliegen. Der Sterbende zeigte Geduld genug, um Alles zu verdienen, was verdient werden konnte, aber Gott stellte die letzte Gabe, die letzte Gnade, die endliche Beharrlichkeit außer den Bereich des Verdienstes, und so schien der Sieg beinahe in die Hände des Feindes zu fallen. Es war ein fürchterlicher Augenblick, Alles stand auf dem Spiele. Alles, was von Ewigkeit an bis auf diese Stunde auf die Rettung dieser Seele abgezielt hatte, war auf dem Punkte, auf ewig verloren zu gehen — und es geht fast in jeder Minute, in jedem Theile der Welt auf ewig verloren. Diese Seele lief Gefahr, alle Frucht, die von ihrer Rettung abhing, nie zu erreichen. Kann man sich eine größere Gefahr denken, als diese? Und Jesus stand dabei und beobachtete die

Wendungen des Kampfes, wie es gehen würde. In der Stille des Augenblicks hätte man die Schläge seines heiligsten Herzens hören können. Er hatte sein liebevolles Gesetz aufgehoben, wodurch wir wegen seiner Verdienste auch Verdienste erwerben können. Obwol Er selbst für uns die Gabe der endlichen Beharrlichkeit verdient hatte, und obgleich Jeder, der diese Gnade empfängt, dieselbe blos wegen der Verdienste unsers Herrn erhält, so schien es doch, als ob er diesen Augenblick ganz der höchsten Entscheidung der göttlichen Majestät anheimgestellt hätte. Nur ein einziges Gesetz blieb ungebunden in seiner Wirksamkeit und zwar mit Absicht — das Gesetz des Gebetes der Fürbitte. Du bist mit diesem sterbenden Manne verwandt und sein Freund, oder du bist sein Feind; du bist sein Priester oder sein Wohlthäter; du bist sein Nachbar oder du bist tausend Meilen weit von ihm entfernt; du kennst ihn gut, oder hast nie von seiner Existenz gehört, oder von seinem Todeskampfe geträumt — gleichviel, der Sieg ist dir anheim gestellt, die Sache liegt in deinen Händen, seine Seele hängt von deinen Gebeten ab. Jesus hat beschlossen, daß du, nicht Er, wenn ich so sagen darf, diese Seele retten sollst. Du sollst Allem, was zu seiner Rettung abzielte, die Krone aufsetzen, und ebenso Allem, was von seiner Rettung abhängt. Du erfährst es vielleicht nie, oder wenigstens nicht, bis du selbst gerichtet wirst; doch in der Gemeinschaft der Heiligen und in der Vereinigung mit Jesus sollst du der Retter dieser Seele, der Sieger in diesem unentschiedenen Kampfe sein!

§. 2. Das Geheimniß des Gebetes.

Was ist das Gebet und worin besteht das Geheimniß desselben? Wir müssen diese Frage aufstellen, wenn das Gebet ein so wichtiges Werk und wenn es in Wahrheit ein Gebot ist, daß wir für Andere ebenso beten sollen, als für uns selbst. Um einen richtigen Begriff vom Gebete zu erhalten, müssen wir viele Dinge erwägen. Zuerst müssen wir betrachten, wer wir sind, die da beten. Niemand hätte einen niedrigeren Ursprung haben können. Wir wurden aus Nichts geschaffen, und kamen in die Welt mit der Schuld und Schande der Sünde, die bereits an unsern Seelen haftete, und mit der Last einer schrecklichen Verdammung, welcher eine ewige Reue uns nicht hätte entziehen können; zu dieser unserer ursprünglichen Entartung haben wir selbst alle Arten von Schuld gefügt. Es gibt keine Worte, die unsere Bosheit ausdrücken könnten, keine Beschreibung, die einen richtigen Begriff von unserer natürlichen Ohnmacht geben würde, das Gute zu thun. Alles in uns war schon vom Anfange an gering, und wir haben es noch unendlich geringer gemacht. Wir können uns kaum schlechter vorstellen, als wir wirklich sind. Sodann müssen wir erwägen, zu wem wir beten. Es ist die unendliche Majestät Gottes, das beste, heiligste, reinste, erhabenste, anbetungswürdigste Wesen, das wir uns denken können. Es ist ein Gott in drei lebendigen Personen. Wir leben, wir bewegen uns und athmen in Ihm. Er kann mit uns thun, was Er will. Er ist nicht weiter an uns gebunden, als Er in seiner Gnade und Barmherzigkeit sich selbst binden wollte. Er weiß Alles, ohne daß wir es Ihm sagen, oder Ihn darum bitten. Ferner müssen wir bedenken, wo wir beten. Mag es ein geweihter Ort sein oder nicht, wir beten in Gott selbst, wir sind mitten in Ihm, wie die Fische im Meere. Seine Unermeßlichkeit ist unser Tempel. Sein Ohr liegt nahe an unsern Lippen, es berührt dieselben, ohne daß wir es fühlen; wenn wir es fühlten, so würden wir sterben. Es horcht immer auf uns. Gedanken sprechen ebenso laut zu Ihm, als Worte, Leiden sogar noch lauter als Worte.

Sein Ohr ist uns nie ferne, unsere Seufzer erreichen es sogar, während wir schlafen und träumen.

Wir müssen uns sodann fragen, woher der Werth unserer Gebete kommt. Es sind verfließende Worte, flüchtige Bitten. Es ist nichts in uns, was uns ein Recht geben könnte, erhört zu werden, als das Uebermaß unserer Unwürdigkeit und unsere äußerste Noth. Warum sollten sonst unsere Gebete im Ohre des Schöpfers mehr werth sein, als das Brüllen des Löwen, oder der klagende Ton des Eisvogels, oder der Schrei des verwundeten Wildes, das vor dem Jäger flieht? Ihr Werth kommt hauptsächlich davon, daß Gott sich herabließ, Mensch zu werden, daß er sich auf dem Berge auf die Kniee niederwarf und die Nacht im Gebete zubrachte. Er macht unsere Sachen zu der seinigen, seine Interessen zu den unsrigen, und wir werden Eins mit Ihm. So vermischt sich durch eine geheimnißvolle Bereinigung das Verdienst seiner Gebete mit den unsrigen, der Ueberfluß der seinigen bereichert die Armuth der unsrigen, so daß, wenn wir beten, nicht wir es sind, die beten, sondern Er. Wir sprechen in das Ohr unsers himmlischen Baters, und es ist nicht unsere Stimme, sondern die Stimme Jesu, wie die Stimme seiner Mutter, die Gott gnädig erhört, oder vielmehr, der Ewige läßt sich herab, dem Isaak in seinen blinden, alten Tagen zu gleichen. Sein jüngerer Sohn kniet vor ihm um seinen Segen, mit der Erlaubniß, die Stelle seines ältern Bruders einzunehmen. „Die Stimme ist allerdings Jakob's Stimme," und ihn will ich nicht segnen, „aber die Hände sind Esau's Hände," rauh geworden durch die mühsame Arbeit der Welterlösung. Und er spricht mit Isaak: „Komm mir näher und gib mir einen Kuß, mein Sohn!" Und sobald er den Wohlgeruch seines Kleides riecht, denn es ist in Wahrheit das Gewand Christi, so segnet er ihn und spricht: „Der Geruch meines Sohnes ist wie der Wohlgeruch eines fruchtbaren Feldes," und so erfüllt er ihn mit Segen. Damit haben die Erfindungen seiner väterlichen Liebe noch kein Ende. Wir müssen zunächst untersuchen, mit wem wir beten. Nie allein, davon dürfen wir versichert sein, wenn wir je recht beten. Es wohnt ein Wesen in uns, welches Gott gleich ist, ewig, wie Er, und welches aus dem Vater und dem Sohne hervorgeht. Es bildet das Wort in unserm Herzen, und legt den Wohlklang in unsere Stimme, wenn wir ausrufen: Abba, Vater! Es ist unser Zutritt zum Vater, er stärkt uns mächtig in unsern Herzen; es macht, daß wir in Psalmen und Hymnen, in geistlichen Liedern sprechen, und ladet uns ein, dem Herrn in unserm Herzen zu lobsingen und Dank zu sagen Gott dem Vater im Namen unsers Herrn Jesu Christi. Es ist der Geist, in welchem wir zu allen Zeiten, bei allen unsern Bitten beten. Es ist der Geist, welcher unserer Schwachheit hilft; denn wir wissen nicht, um was wir beten sollen, sondern der Geist selbst bittet für uns mit unaussprechbaren Seufzern, und Er, der die Herzen durchsucht, weiß, was der Geist verlangt. Ach, wenn dem so ist, wird dann das Geheimniß des Gebetes nicht immer tiefer und tiefer vor unsern Augen?

Betrachten wir sodann die unglaubliche Leichtigkeit des Gebetes. Jede Zeit, jeder Ort, jede Stellung ist passend; denn es gibt keine Zeit, keinen Ort, keine Stellung, in und durch welche wir nicht mit Ehrfurcht die Gegenwart Gottes zu bekennen vermöchten. Ein Talent ist nicht nöthig, Beredtsamkeit nicht erforderlich. Die Würde ist keine Empfehlung, unsere Noth ist unsere Beredtsamkeit, unser Elend unsere Empfehlung. Der Gedanke ist schnell wie der Blitz, und ebenso schnell kann er das Gebet vervielfältigen. Handlungen können beten, eben so gut als Leiden. Man braucht keine Ceremonien dabei zu beobachten. Das Ganze drückt sich einfach in dem Bilde aus: Ein Kind zu den Füßen seines Vaters, seine Worte voll Inbrunst stammelnd, während sein nachdenkendes Gesicht besser spricht, als seine kaum verständliche Bitte.

Betrachten wir ferner die Wirksamkeit des Gebets. Wir dürfen nur um rechtmäßige Dinge bitten, oft und beharrlich darum bitten, und glauben, daß wir sie empfangen werden, nicht gemäß der Armuth unserer thörichten Wünsche, sondern nach dem Reichthum und der Weisheit und Freigebigkeit Gottes, und es ist eine unfehlbare Wahrheit, daß wir sie erhalten werden. Gott stellt sich ganz zu unserer Verfügung, Er gestattet uns diesen fast unbegränzten Einfluß auf Ihn, nicht einmal oder zweimal, nicht blos an Festen oder bei wichtigen Veranlassungen, sondern unser ganzes Leben lang. Gibt es ein tröstlicheres Geheimniß der Gnade, als dieses? Wir lesen von einer Heiligen, daß man ihre Gebete für so kräftig hielt, daß von allen Seiten Leute zu ihr kamen, um ihr ihre Nöthen zu empfehlen. Sie hörte dieselben an und vergaß sie wieder, so sehr war sie in die Betrachtung vertieft, wo sie nur die göttlichen Eigenschaften erblickte, und keinen andern Gedanken hatte, als an den Vielgeliebten ihrer Seele. Wie erstaunte sie dann, wenn die Leute in Menge kamen, und ihr immer für die Erhörung ihres Gebetes dankten! In einer Verzückung sprach sie ihre Verwunderung darüber gegen Jesus aus. „Meine Tochter," versetzte unser liebevoller Erlöser, „dein Wille ist allzeit und einzig, meinen Willen zu thun, und ich will mich nicht von dir an Liebe übertreffen lassen. Deßhalb ist es mein Wille, auch deinen Willen zu thun, selbst wenn du vergessen hast, was du wolltest." Sehet, was für ein Herr es ist, mit welchem wir zu thun haben!

Endlich läßt Er uns nicht blos für uns selbst bitten, sondern auch für Andere, ja Er befiehlt uns ausdrücklich,

Fürbitte einzulegen. Durch seinen Apostel spricht Er dieß in den bestimmten Worten aus: „Darum ermahne ich vor allen Dingen, daß Bitten, Gebete, Fürbitten, Danksagungen geschehen für alle Menschen."[1]) Und in der oben aus dem achten Kapitel des Briefes an die Römer angeführten Stelle sagt der Apostel: „Derjenige, welcher die Herzen durchforschet, weiß, was der Geist begehrt; denn nach Gottes Wohlgefallen begehrt er für die Heiligen." So ist das unschätzbare Vorrecht, die geheimnißvolle Gabe des Gebetes, uns nicht blos für unsere eigenen Bedürfnisse gegeben, sondern damit wir sie auch für das zeitliche und geistige Wohl Anderer gebrauchen. Welche strenge Rechenschaft werden wir für eine so große Vergünstigung zu geben haben, und wie besorgt sollten wir sein, daß uns dieß Vermögen nicht vergeblich anvertraut ist! Was immer für andere Talente Gott uns nicht gegeben haben mag, dieß einzige hat er uns gewiß verliehen. Da gibt es keinen Unterschied der Person! Jung und Alt, Reich und Arm, Gelehrt und Ungebildet, Priester und Laie — wir Alle sind zur Uebung der Fürbitte verpflichtet. Wehe uns, wenn wir unser Talent vergraben, oder es unserm Richter unbenützt zurückgeben! Jeglicher prüfe sich selbst und sehe, was für Zeit er bisher dieser Andacht gewidmet hat, und ob seine Vergangenheit in dieser Beziehung ist, was sie gewesen sein sollte. Beten ohne Unterlaß ist ein hartes Gebot, zu dessen Erfüllung wir nur mit der Zeit und Gewohnheit gelangen, sowie mit Hilfe der Gaben Gottes und seiner Gnade. Aber dahin müssen wir streben, daß wir, je älter wir werden, um so mehr beten, und daß, je mehr wir beten, unser Gebet zur Fürbitte für die Seelen Anderer wird.

Vielleicht werden wir nie, so lange wir auf Erden

---

[1]) 1. Tim. 2, 1.

weilen, die himmlische Macht des Gebetes verwirklichen, oder den Reichthum jener Schätze erschöpfen, die wir jetzt leider so gering anschlagen, indem wir nicht einsehen, wie dadurch Gottes Ehre so sehr in unsern Händen liegt! Ach, was könnten wir ausrichten durch das Gebet! Was könnten wir nicht thun in den entferntesten Winkeln der Erde, in den Kerkern des Fegfeuers, in den offenen Vorhöfen des Himmels! Doch die Zeiten sind gegen das Gebet, der Zeitgeist ist dagegen, die Gewohnheiten unserer Landsleute sind dagegen. Ach nur Glauben an das Gebet, und die Interessen Jesu würden wie eine wohlthätige Eroberung sich über die ganze Welt verbreiten, und die Ehre Gottes würde sich in Fülle über der Erde lagern, wie die Wasser den Abgrund des Meeres bedecken; die Chöre der erlösten Seelen würden sich fort und fort vervielfältigen, bis der gute Hirte gleichsam überladen wäre von den Früchten seines heiligen Leidens! Der Himmel öffnet sich zuweilen, und läßt uns einen Blick in diese Macht des Gebetes thun. So erhielt die heilige Gertrud eine göttliche Offenbarung, daß, so oft der englische Gruß von den Gläubigen auf Erden mit Andacht gebetet wird, drei Gnadenströme vom Vater, vom Sohne und vom heiligen Geiste ausgehen, und das Herz der allerseligsten Jungfrau durchdringen. Dann suchen sie von ihrem Herzen aus ihre Quellen wieder auf, und brechen sich am Fuße des göttlichen Thrones. Vom Vater geht die Macht aus, vom Sohne die Weisheit und vom heiligen Geiste die Liebe. Diese Gnadenbäche fließen nun, während das Ave Maria gesprochen wird, in Fülle von der heiligsten Jungfrau aus, und wieder zu ihrem heiligsten Herzen zurück. So suchen sie, um die Worte der heiligen Gertrud zu gebrauchen, mit wunderbarem Vergnügen ihre erste Quelle auf, und gießen dann, glänzenden Thautropfen gleich, wie ein befruchtender Regen Freude und Seligkeit über die Engel, über die Heiligen und über alle Jene aus, welche auf Erden diesen nämlichen Gruß beten, wodurch Jeder die Gnaden in sich erneuert fühlt, die er durch die Menschwerdung des Wortes empfangen hat. Und was ist leichter als ein andächtiges Ave Maria beten? Wenn dieß von dem Ave Maria wahr ist, was soll ich von dem Vaterunser, dem Credo und den Meßgebeten sagen? Wissen wir, was wir thun, wo wir leben, was uns umgibt, wie weit unser Einfluß geht, und wo unsere Verantwortlichkeit endigt? Haben wir unsere Vorrechte und die Höhe unserer Würde ermessen, und die Tiefen der Gnade ergründet? Wir wirken Wunder und wissen es nicht. Wir bewegen die Himmel, während wir, ohne daran zu denken, auf Erden verweilen. Das Geheimniß ist zu groß für uns, das Räthsel zu schwer, das Uebernatürliche zu überwältigend; aber Ein Trost ist uns gelassen: wir werden Alles recht thun, alle Gaben gebrauchen, alle Pflichten erfüllen, alle Segnungen erschöpfen, wenn wir nur Jesu mit reiner Absicht und aus Liebe dienen. Wenn, so lange wir auf Erden weilen, unser Leben, unser Athem, unsere Worte, Gedanken und Handlungen, unsere Freuden und Leiden, unsere Arbeit und unsere Ruhe — wenn alles dieß für Jesus ist, so haben wir keinen andern Gedanken nöthig, und bedürfen keiner andern Regel. Kein Atom dessen, was wir sind, oder was wir empfangen haben, oder was wir wirken können, wird dann verloren sein.

§. 3. Die drei Merkmale des gottseligen Lebens, angewendet auf das Gebet der Fürbitte.

Wir wollen nun die drei Merkmale des gottseligen Lebens auf die Uebung der Fürbitte anwenden. Wenn wir unsern himmlischen Vater lieben, so fühlen wir uns sanft hingezogen, nach seiner Ehre zu hungern, und die

Rettung der Seelen ist seine Ehre, durch die Sünde dagegen wird Er verunehret. Wir sind nun vielleicht nicht im Stande, zu predigen oder Bücher zu schreiben, oder ferne Länder als Missionäre zu durchwandern, oder Geld herzugeben, um Andere dorthin zu senden. Was wir selbst und durch unsere Handlungen zur Ehre Gottes oder zur Bekehrung der Seelen thun können, mag allerdings gering sein, aber die Fürbitte reicht überall hin; sie ist weder an Zeit noch Ort gebunden. Die Unwissenheit schließt sie nicht aus, der Aberglaube bringt sie nicht zum Schweigen und die Sünde kann sich ihrem Einfluß nicht entziehen. Wohin immer die Gnade gelangen kann, dahin reicht auch das Gebet, d. h. überall hin, so weit Gottes Allmacht sich erstreckt, jenen einzigen Ort ausgenommen, von wo die Hoffnung verbannt ist. Nicht als ob Gott nicht auch dort verherrlicht würde, aber es ist eine Herrlichkeit, die wir mit Stillschweigen, mit Furcht und zitterndem Herzen anbeten; es ist nicht jene Ehre, welche zu fördern wir mitarbeiten. Wir hören von einem Lande, wo Gottes Ehre Gefahr läuft; es gibt vielleicht eine Gegend, wo die Staatsgewalt mit dem heiligen Stuhle im Streite liegt, und nichts ist mehr der Ehre Gottes entgegen, nichts schadet mehr den Interessen Jesu oder dem Heile der Seelen. Oder wir lesen mit thränenden Augen und glühenden Herzen von der geistlichen Verlassenheit der Sklaven und Ureinwohner in gewissen Ländern; oder wir hören von den Verfolgungen und Plackereien des katholischen Klerus unter der Botmäßigkeit der Irrgläubigen, oder von katholischen Städten, wo entsetzliche Sittenverderbniß herrscht, oder von den treulosen Complotten antichristlicher Diplomaten, oder von der Unterdrückung religiöser Orden, oder von nicht sehr erbaulichen Streitigkeiten, welche der Parteigeist erregt. Es läßt sich nicht sagen, in welchem Grade Gottes Ehre durch alle diese Dinge gefährdet wird. Wir sind vielleicht die schwächsten und geringsten unter den Kindern der Kirche, und dennoch können wir auf alle diese Uebelstände durch die Fürbitte einen mächtigen, heilsamen Einfluß üben. Wir können ohne Unterlaß dafür wirken, unsere gewöhnlichen Handlungen können darauf abzielen, und mehr thun, als alle Gesandten je ausgerichtet haben, ohne auch nur eine Stunde die Pflichten unsers Standes zu vernachlässigen. Wir werden erst am letzten Gerichte erfahren, wie viel Ehre wir so für Gott gewonnen haben, ohne Kosten, ohne Mühe, fast ohne daß wir es merkten, und doch ist uns dadurch ein ewiger, unendlicher Lohn hinterlegt.

Auf gleiche Weise werden wir auch durch die Fürbitte die Interessen Jesu befördern. Es ist etwas sehr Rührendes für unsere Gefühle, zu sehen, wie unser Herr sein Werk so zu sagen unvollendet lassen wollte, damit unsere Liebe zu ihm die Freude haben möchte, es zu vollenden. Der heilige Paulus mochte wohl sagen, „daß er sich in seinen Leiden für die Colosser freue, weil er das an seinem Fleische ersetze, was an den Leiden Christi für seinen Leib, welcher die Kirche ist, mangele."[1] Die erfinderische Liebe unsers Erlösers wollte uns die Sorge überlassen, Ihm die Früchte der Erndte sammeln zu helfen, die Er mit seinem kostbaren Blute begossen hat, und wir müssen in der That kalte Herzen haben, wenn dieß uns nicht bewegt. Nehmet irgend eine Versuchung, von welcher ihr leidet. Wie schwer verfolgt sie euch, wie ist sie immer wachsam, und heftet sich stets an jedes gute Werk, an jede Andachtsübung, an jede Buße, an jedes Gebet! Wie müde werdet ihr des Widerstandes, wie oft willigt ihr leider ein, und wie werdet ihr noch öfter beunruhigt, weil ihr nicht darüber in's Reine kommen könnt, ob ihr

---

[1] Coloss. 1, 24.

eingewilligt habt oder nicht! Und doch ist jeder Moment des Widerstandes ein übernatürlicher Akt, ein Sieg der Gnade, ein Interesse Jesu. Ebenso ist es mit jedem Seufzer des Schmerzens über einen Gefallenen, mit jedem Schußgebetlein, das wie ein Pfeil zum Himmel fliegt, mit jeder Anrufung des Namens Jesu oder Mariens in der Gefahr der Sünde. Wie viele Tausende gibt es aber in der ganzen Welt, die gerade mit derselben Versuchung zu kämpfen haben, und vielleicht unter viel ungünstigeren Umständen als ihr? Sehet also, wie vielen Interessen Jesu ihr durch die Fürbitte in dieser einzigen Hinsicht dienen könnt, und ich habe absichtlich ein so unbedeutendes Beispiel gewählt, unbedeutend im Vergleich mit andern Dingen, wo unser Herr mehr dabei betheiligt ist. Thut wenigstens so viel: betet für diejenigen, welche von derselben Versuchung angegriffen sind, wie ihr! Die Fürbitte kann Casino's schließen, Wirthschaftsgerechtigkeiten entziehen, machen, daß es in der Oster- und Pfingstwoche regnet, und tausenderlei Anlässe zur Sünde abschneiden. Wenn wir so viel für Jesus thun können, mit fast gar keiner Mühe für uns, können wir glauben, daß wir Ihn lieben, wenn wir es nicht thun? Das Fleisch mag zittern vor den Knoten der Peitsche und den Stacheln des Bußhemdes, und die ermatteten Glieder mögen sich empören, wenn wir eine Nacht in unsern Kleidern schlafen; all dieß läßt sich begreifen, und es kann bei all dem eine Liebe Jesu stattfinden. Es ist nur die alte Geschichte von der Schläfrigkeit des heiligen Petrus: Der Geist ist zwar willig, aber das Fleisch ist schwach. Aber wie wir Jesum lieben können, ohne die Fürbitte zu üben, läßt sich nicht einsehen. Es ist zu verwundern, wie diejenigen, welche wahrhaft glauben, je das Gebet unterlassen und sonst Etwas thun können, als beten.

Wenn uns ferner das Heil der Seelen am Herzen

liegt, wie können wir in der Fürbitte lau sein? Auch hier kann so viel geschehen, und Alles mit so geringer Mühe. Wie wenige Prediger sind heilige Männer, und was sind ihre Reden werth ohne Salbung? Und wenn die Welt, wie der heilige Paulus sagt, durch die Thorheit der Predigt Christo unterworfen werden soll, was soll geschehen, wenn wir nicht durch die Fürbitte entweder Eifer für den Prediger, oder eine Salbung seiner Worte für die Zuhörer erlangen? Die Beredtsamkeit an sich selbst hat keinen Segen an sich, nur der Prediger wird gepriesen, und die Zeit geht für die Zuhörer verloren. Gottes Segen ist die Hauptsache. Erinnert ihr euch an die Geschichte von jenem Ordensmanne, einem Jesuiten glaube ich, welcher ein berühmter Prediger war, und dessen Reden viele Menschen bekehrten? Es wurde ihm geoffenbart, daß er nicht eine einzige Bekehrung seinen Talenten oder seiner Beredtsamkeit verdanke, sondern alle den Gebeten eines unstudirten Laienbruders, welcher auf der Kanzeltreppe saß, und die ganze Zeit über für den guten Erfolg der Predigt Ave Maria betete. Es gibt noch eine andere Geschichte, deren Wahrheit ich zwar nicht verbürgen will, sondern ich führe sie blos an wegen der weisen Lehre, die sie enthält. Ein gewisser Ordensmann, ein sehr beliebter Prediger, wurde einst in einem Kloster seines Ordens erwartet, wo er unbekannt war. Am Nachmittag kam er an, oder vielmehr ein böser Geist, der ihn vorstellte, erschien, um zu sehen, was er für Unheil anrichten könnte. An jenem Tage sollte gerade eine Predigt über die Hölle von einem der Mönche gehalten werden, aber derselbe war unwohl und konnte nicht predigen. Man forderte daher diesen Teufel auf, über die Hölle zu predigen, was er auch that, und da er aus Erfahrung sprach, so kann man sich denken, daß er eine höchst wundervolle Predigt hielt. Indessen bei der Ankunft des wahren Predigers wurde der Böse entdeckt und durch das Zeichen des Kreuzes genöthigt, sich und seine boshaften Absichten zu enthüllen. Man fragte ihn unter Anderm, ob es nicht gegen seine Interessen gewesen sei, eine so abschreckende Predigt über die Hölle zu halten, da dieß die Leute vom Sündigen abhalten könne. „Durchaus nicht," gab er zur Antwort; „es war keine Salbung darin, so konnte es auch nicht schaden." Allein die Predigt ist nur eines von den Mitteln, die sich der Fürbitte darbieten, um auf die Seelen einzuwirken. Ich führe es hier blos als ein Beispiel an. Wenn Jesus kommen wird, Jedem nach seinen Werken zu vergelten, so wird es sich herausstellen, daß in manchem Kloster unter den Pförtnern und Laienbrüdern mehr als Ein Franz Xaver sich befand, mehr als Ein Pater Claver, mehr als Ein heiliger Karl, um den Klerus zu reformiren, mehr als Ein heiliger Thomas, um geistvolle Bücher zu schreiben, und mehr als Ein Vincenz von Paula, um für die Interessen Jesu in den Städten und unter dem armen Landvolke zu wirken.

Eines der auffallendsten Merkmale von der Göttlichkeit der katholischen Religion ist die Gemeinschaft der Heiligen, kraft welcher Alles Allen gehört, und Niemand ein geistliches Eigenthum für sich allein hat; die Verdienste und Genugthuungen unsers Herrn, die Freuden und Schmerzen Mariens, die Geduld der Martyrer, die Beharrlichkeit der Bekenner und die Reinheit der Jungfrauen — alle diese Schätze gehören Jedem aus uns. Gerade wie das Blut durch den ganzen Körper von und zu dem Herzen sich ergießt, so gibt es in der Kirche keine Trennung oder Scheidung. Der Himmel, das Fegfeuer und die Erde ist Alles nur Ein Körper. Wir tauschen unsere Verdienste aus, wir setzen unsere Gebete in Umlauf, wir theilen unsere Freude mit, wie unsere Leiden, wir be-

dienen uns gegenseitig unserer Genugthuungen, wie sie
sich unsern Bedürfnissen darbieten. Wir haben alle mög=
lichen Beziehungen zum Himmel, und wir wissen genau,
wie wir sie unterhalten können. Was das Fegfeuer be=
trifft, so besitzen wir eine wahrhafte Wissenschaft davon
und eine Menge praktischer Anweisungen, um mit ihm
zu verkehren. Und auf der Erde bilden Verwandte und
Freunde, Juden, Griechen und Scythen, Sklaven und
Freie, alle nur eine einzige Familie. Dieß ist es, was
den Irrgläubigen an uns besonders so ungeheuerlich vor=
kommt; ich weiß kein anderes Wort dafür als dieses. Wir
sprechen von der andern Welt, als wenn es eine Stadt
wäre, wo wir durch langen Aufenthalt ganz vertraut sind,
gerade wie wir von Paris, Brüssel oder Berlin reden
könnten. Wir werden durch den Tod nicht aufgehalten,
das Grab ist uns kein Hinderniß, wir gehen so ruhig als
möglich darüber hin. Wir sind von unsern Todten nicht
geschieden. Wir kennen die Heiligen viel besser, als wenn
wir mit ihnen auf Erden gelebt hätten. Wir sprechen zu
den Engeln in ihren verschiedenen Chören, als ob sie, wie
sie es auch wirklich sind, unsere Brüder in Christo wären.
Zu all diesem bedienen wir uns der Rosenkränze, Me=
daillen, Crucifixe, des Weihwassers, der Abläsfe, der
Sakramente und der Opfer gerade so wie der Feder, der
Tinte und des Papiers, der Axt und der Säge oder des
Spatens und Rechens zu unsern irdischen Geschäften. Wir
haben volles Vertrauen auf den Erfolg. Wir bilden Alle
nur Eine Haushaltung. Gott ist unser Vater, Jesus, wel=
cher unsere Natur annahm, ist unser Bruder geworden,
Maria ist unsere Mutter, die Engel und Heiligen sind
alle die liebreichsten und vertrautesten Brüder; so gehen
wir ein und aus, und besuchen einander, wie es uns ge=
fällt; die Luft, die man an diesem Orte athmet, ist eine
innige, kindliche Liebe zum Vater, den wir Alle anbeten,

so daß unsere Ehrfurcht eine kindliche Ehrfurcht ist, und unsere Furcht eine kindliche Furcht. Wie können die, welche außerhalb des Hauses leben, dieß verstehen? Muß es ihnen nicht nothwendig ein System menschlicher Geheimnisse, eine menschliche Erfindung scheinen, wovon die heilige Schrift nichts erwähnt? Sie sind Fremdlinge und Auswärtige, wie können sie die Gewohnheiten, die Gefühle, die Sympathien der Mitbürger der Heiligen und der Hausgenossen Gottes ahnen? Sie können die Worte lesen, aber sie verstehen nichts von der Wärme und dem Leben, von der Kraft und von dem Lichte, von dem Heile und von der Liebe, welche sie enthalten, so daß ein Schleier über ihrem Herzen liegt, wahrhaftig eher über ihrem Herzen, als über ihrem Verstande, wenn sie den heiligen Paulus lesen; denn diejenigen, welche den Bau des Leibes Christi verstehen wollen, "müssen zuerst Alle sich in der Einheit des Glaubens begegnen," und so nothwendig ist dieser rechte Glaube, "daß wir die Wahrheit üben müssen in Liebe, um zuzunehmen in allen Stücken in Ihm, der das Haupt ist, Christus; durch welchen der ganze Leib zusammengefügt und verbunden wird, und mittelst aller Gelenke der Hilfeleistung, nach der einem jeden Gliede zugemessenen Wirksamkeit, Wachsthum erhält zu seiner Erbauung in Liebe." [1]) So ist die Fürbitte, als ein System geübt und befolgt, zu welchem man durch eine Art von Instinkt seine Zuflucht nimmt, fast immer ein Merkmal der wahren Kirche gewesen, und es wird ihr sogar von ihren Gegnern als ein Stück pharisäischen Proselytismus angerechnet. Die Kirche Unserer Lieben Frau vom Siege zu Paris ist wenigstens ein Phänomen, welches die Geschichte der Häresie und des Schisma bis auf diesen Tag nicht gezeigt hat. Diejenigen, welche Chri-

---

[1]) Ephes. 4.

stum nicht besitzen, können die Idee des stellvertretenden Amtes seiner Kirche nicht begreifen. Wo kein Opfer ist, da ist schwerlich viel Fürbitte, und dieß ist ein anderer Beweggrund, warum wir dieß unschätzbare Vorrecht der Liebe fleißig und von Herzen üben sollen.

Orlandini sagt von P. Peter Faber, daß er in seinem liebevollen Herzen das ganze Menschengeschlecht umfaßte, ohne irgend eine Ausnahme, und daß er bei Gott für Jedermann die Hände voll zu thun hatte. Je mehr ein Mensch in Laster versunken war, um so mehr entflammte sich sein Mitleid gegen ihn, und um mehr Inbrunst in seine Gebete zu bringen, erhob er seine Gedanken durch die tiefsten Betrachtungen. Wenn er für Jemand betete, so stellte er ihn sich vor als erlöst durch das kostbare Blut Christi, als Christi Erben, als Christi Reich, so daß er seinen liebevollen Eifer durch das lebhafte Bild seiner Würde anfeuerte, während er zugleich Gott die Verdienste Jesu Christi und seiner Heiligen mit den innigsten Gefühlen des Glaubens und der Liebe darbrachte. Endlich gewöhnte er sich durch diese einfache Uebung, von Jedermann eine hohe Meinung zu haben. Die heilige Katharina von Siena erzählt uns, daß Gott zu ihr sprach: „Du mußt mir mit der größten Sorgfalt Gebete darbringen für alle vernünftigen Geschöpfe, für den mystischen Leib der heiligen Mutter Kirche, und für diejenigen, welche ich dir anvertraut habe, um sie mit einer besondern Zärtlichkeit zu lieben." Die heilige Gertrud empfing eine ähnliche Mittheilung: „Wenn Jemand ein Vaterunser und ein Ave Maria, oder eine Collecte, oder einen Psalm wegen und im Namen der allgemeinen Kirche betet, so nimmt dieß der Sohn Gottes mit der tiefsten Dankbarkeit an, als eine Frucht der Leiden seiner göttlichen Menschheit, und indem er Gott dem Vater dafür dankt, segnet er diese Gebete, vervielfältigt sie durch diesen Segen und vertheilt sie über die ganze Kirche, damit sie ihr zum ewigen Heile dienen.

Wir wollen nun sehen, für wen besonders diese Fürbitten dargebracht werden sollen. Ascetische Schriftsteller geben uns verschiedene Empfehlungen in dieser Hinsicht; ich will hier, wie schon öfters, dem Jesuiten Lancisius folgen.

§. 4. Für wen wir beten sollen.

1) Für diejenigen, welche im Stande der Todsünde oder außerhalb der wahren Kirche sind. So sagte der ewige Vater zu der heiligen Katharina von Siena: „Ich empfehle dir inständig, anhaltend für die Rettung der Sünder zu beten, und bitte dich, durch deine Gebete und Thränen mir gleichsam Gewalt anzuthun, damit ich mein Verlangen befriedigen kann, ihnen Gnade und Barmherzigkeit zu erzeigen." Als sie diese Worte hörte, wurde sie mächtig von göttlicher Liebe entflammt, und wie trunken und nicht im Stande, sich zu halten, rief sie aus: „O göttliche Barmherzigkeit und ewige Güte! Ich wundere mich nicht, daß du zu den bekehrten Sündern, die zu dir zurückkehren, sprichst: Ich will nimmer der Beleidigungen gedenken, die ihr mir gethan habt; aber daß du den Hartnäckigen, die dich täglich mit ihren Unbilden verfolgen, sagst: Ich will, daß ihr inbrünstig für die Sünder bitten sollt, denn ich verlange, ihnen Barmherzigkeit zu erzeigen — dieß ist wahrhaft ein Wunder." Ein anderes Mal sprach Gott zu ihr: „Du sollst dich freuen im Kreuze; hier wirst du dich mit der Nahrung der Seelen ersättigen zur Ehre und zum Lobe meines heiligen Namens, indem du beständig mit bekümmertem Herzen über den Tod des menschlichen Geschlechtes seufzest: denn wie du siehst, ist es in solches Elend gesunken, daß deine Zunge es nicht aussprechen kann. Durch dieß Seufzen und Klagen meiner Freunde fühle ich mich geneigt, der

Welt Barmherzigkeit zu erzeigen. Dieß ist es, um was ich dich und meine übrigen Freunde beständig bitte, und dieß wird das Zeichen sein, daß du mich wahrhaft liebst, und ich meinerseits verspreche dir, deine heiligen Wünsche nie unberücksichtigt zu lassen." Wiederum beklagte sich Gott gegen sie in folgenden Worten: „Siehe, meine Tochter, mit was für Sünden sie mich plagen, besonders mit der Selbstliebe, woraus alles Uebel hervorgeht. Die Selbstliebe hat die Welt angesteckt, als ob sie Gift getrunken hätte, dieselbe entstammt dem Stolze und enthält alle möglichen Uebel in sich. Seid also ihr, meine treuen Diener, bereit, meine Barmherzigkeit durch eure Bitten und frommen Wünsche anzuflehen; seufzet über die mir zugefügten Beleidigungen und auch über die Verdammung der Sünder selbst, und so werdet ihr meinen Zorn entwaffnen und mein göttliches Gericht mildern." Hier seht ihr eine andere Uebung, die uns dargeboten wird — das Gebet gegen die Selbstliebe, welche sich in alle Seelen einzuschleichen weiß. Wenn ihr selbst daran leidet, so bittet um die Befreiung Anderer davon; dieß ist ein Kunstgriff im geistlichen Leben, welcher nie fehlschlägt.

Wir lesen im Leben der heiligen Klara von Montefalco, daß sie einmal für eine gewisse Person betete, welche mit der Schuld schwerer Verbrechen beladen war und ihre Bekehrung nun auf die letzten Jahre ihres Lebens hinausgeschoben hatte. Als sie zu beten begann, fühlte sie sich ein paar Mal durch eine verborgene Gewalt vom Gebete zurückgestoßen, und hörte eine innere Stimme, die zu ihr sprach, sie solle nicht für jenen Elenden beten, da sie nicht erhört werden würde. Sie kehrte jedoch zum dritten Mal zu ihrem Gebet zurück und erlangte die Bekehrung des Sünders in folgender Weise. Sie stellte sich vor Christus den Richter, als ob sie selbst mit allen Sünden dieses Menschen beladen wäre, und verpflichtete sich, für ihn

Genugthuung zu leisten und alle Strafen zu tragen, welche die Ordnung der göttlichen Gerechtigkeit erfordern würde, bis die göttliche Güte sich herablasse, diese Seele zu bekehren. Diese Handlung gefiel unserm Herrn so wohl, daß der hartnäckige Sünder plötzlich bekehrt wurde und fortan ein gutes Leben führte. Die heilige Theresia gibt Folgendes als einen Grund für die Stiftung ihrer Klöster an: Da es so Viele gebe, welche Gott beleidigen, so sollten die Klosterfrauen für ihre Bekehrung beten, mit besonderm Eifer aber für die Vertheidiger der Kirche, welche ihre Wahrheit aufrecht halten. Yepes erzählt uns im Leben dieser Heiligen, daß sie ganze Nächte mit Beten und Weinen für die Bekehrung der Seelen zubrachte, insbesondere für diejenigen, welche mit der Irrlehre angesteckt waren, und daß sie tausend Leben hingegeben hätte, um eine einzige Seele zu bekehren. Die ganzen vierzig Jahre, während welcher sie sich so im Gebete übte, bat sie um nichts so sehr, als um die Ausbreitung seiner Ehre und die Erhöhung seiner Kirche, und sie wollte gerne auch noch so lange im Fegfeuer bleiben, wenn sie nur Gott von den Menschen besser erkannt und geliebt machen könnte. Im gleichen Geiste empfahl die heilige Maria Magdalena von Pazzi ihren Nonnen, eifrig für das Heil der Seelen und die Bekehrung der Sünder zu beten. Sie sagte, diese Uebung sei Gott sehr wohlgefällig und auch für ihr eigenes Seelenheil von sehr großem Nutzen. Als die allerseligste Jungfrau den heiligen Ignatius zu derselben heiligen Maria Magdalena sandte, um sie in der Uebung der Demuth zu unterrichten, endigte er seinen Unterricht mit den Worten: „Wie das menschgewordene Wort seine Apostel zu Menschenfischern bestimmte, so hat Er seine Bräute, d. h. die Nonnen, dazu bestimmt, den Seelen nachzujagen." Wir erfahren auch an dem Beispiele des P. Mancinelli, eines Jesuiten, daß Gott in diesem Falle keine Engherzigkeit will; denn da Er sehr oft für die Bekehrung der Heiden und Irrgläubigen zu beten pflegte, hatte er eine Vision von Engeln, die ihm zu erkennen gaben, daß Gott haben wolle, er solle auch für die Bekehrung der Juden beten.

2) Sollen wir für die beten, welche lau und kaltsinnig sind; denn diese stehen am Abgrund großer Sünden, und doch sind sie noch im Stande der Gnade. Ihre Noth ist groß, und sie haben daher Anspruch auf unsere fürsprechende Liebe. Ihre Rückkehr zur Gnade, wenn sie fallen, ist sehr schwierig; schwieriger als die Bekehrung der Sünder, und daher gereicht dieß sehr zur Ehre Gottes. Jesus hat ihnen die erste Gnade gegeben, Er hat sie bekehrt, und nun steht Er auf dem Punkte, sie zu verlieren. Da es Gott gefallen hat, uns einen besondern Ekel an den Lauen zu offenbaren, so würde es Ihm überaus angenehm sein, wenn wir das Gebet und die Buße für die Lauen zu einer unserer besondern Andachtsübungen machten. Diese Andacht für die geistige Erneuerung der Lauen möchte ich gleich nach der Andacht für die Seelen im Fegfeuer setzen. Wie sehr scheint unser Herr wegen ihnen zu leiden! Und wenn sie verloren gehen, was für Gnaden sind vergebens gewesen, was für Sacramente sind verschwendet, was für ein Triumph ist es für den Feind unsers Herrn! Ich bitte euch, an dieß zu denken, und wenn ihr daran denket, meiner nicht zu vergessen. Es ist eine Andacht voll Liebe, und fruchtbar an vielen Gnaden, und vielleicht habt ihr früher nie daran gedacht.

3) Sollen wir bitten um die Vermehrung der Heiligen und ihre endliche Beharrlichkeit. Die Ehre Gottes, das Heil der Seelen und die Interessen Jesu, Alles ist hier enthalten. Ein einziger Heiliger wiegt eine Million gewöhnlicher Katholiken auf. Unser Herr sagte sogar zu

der heiligen Theresia noch etwas Auffallenderes: Eine einzige Seele, nicht eine heilige, sondern nur eine solche, die nach Vollkommenheit strebt, sei Ihm kostbarer, als Tausende, die ein gewöhnliches laues Leben führen. Es ist erstaunlich, wie schwer es für uns ist, selbst in unsern Andachtsübungen uns über die Natur zu erheben, indem wir uns selbst in geistlichen Dingen, und wenn wir am Werke Gottes arbeiten, von ihren Eingebungen hinreißen lassen. Ein frommer Ordensmann erzählte mir vor einigen Jahren Folgendes: In einer Stadt im östlichen England hatte er und seine Leute gewisse einflußreiche Protestanten sich ausersehen, und Gott eifrigst für ihre Bekehrung angefleht. Dieß war natürlich ganz recht, allein es kam keine Erhörung. Endlich fiel es ihm ein, ob dieß nicht zu sehr den Willen des Menschen Gott aufdrängen hieße, und er nahm sich deßhalb vor, ihre Gebete zu ändern und für diejenigen zu beten, die Gott für die Gnade am geeignetsten sehe, und sogleich zeigte sich in der Stadt die glücklichste Wirkung davon. Es war der Wille unsers Herrn, hier, wo man es am wenigsten erwartet hätte, die Zahl der Gläubigen in der Mission auffallend zu vermehren. Wer kann demnach zweifeln, daß das innige Mitleid für England, welches Einige fühlen, von Gott kommt? Und wenn der großartige Gegenstand ihrer Fürbitte und der Anblick der häßlichen Masse von Irrglauben, Unsittlichkeit und Aberglauben sie versucht, in ihrer lieben Fürbitte nachzulassen, warum sollten wir Gott nicht bitten, England oder Irland einen wahrhaft Heiligen zu senden? und dann wäre die Schlacht mehr als halb gewonnen. Ich meine damit, daß Gebete oft am schnellsten ihre Erhörung zu erlangen scheinen, wenn sie irgend einen übernatürlichen Beweggrund in sich schließen. Es scheint, als ob Gott dann und wann für solche Akte der christlichen Liebe besondere Gnadenschätze aufbewahre.

4) Sollen wir für alle diejenigen in der Welt bitten, welche in mancherlei Nöthen und Trübsalen sind, seien es nun geistliche oder zeitliche. Vernehmet, was Orlandini von dem P. Peter Faber sagt, welchen der heilige Franz Xaver in die Litanei der Heiligen zu setzen, und Franz von Sales zu verehren pflegte, als ob er heilig gesprochen wäre. Es vermehrte den Schmerz und Kummer dieses zartfühlenden Mannes, daß die meisten Menschen nicht verstehen, ihre Angelegenheiten und ihre Noth Gott anheimzustellen, sondern sich auf menschliche Hilfe verlassen, während sie die göttliche vernachlässigen. Dieß trieb sein Mitleid heftig an, so daß er selbst die Sorgen und Mühsale aller Menschen Gott vorlegte, und in allen ihren Verlegenheiten, Bedrängnissen und Nöthen ihr Fürsprecher wurde, bis er endlich sehnlichst verlangte, wie ein zweiter Moses, die Hände immer zum Himmel erhoben zu haben, und für so Manche, welche mit Schmerz und Kummer zu kämpfen hatten, Hilfe und Trost zu bringen, mochten sie schon gestorben sein, oder noch leben. Er hatte sich die mannigfaltigen Plagen, Unglücksfälle, Krankheiten, Schmerzen, Hunger, Verzweiflung und Noth, und alle die zahllosen Uebel, welchen die Menschen unterworfen sind, lebhaft vorgestellt, und um ein Gleichniß von dem heiligen Chrysostomus zu entlehnen, führte er als ein guter, eifriger Priester alle ihre Angelegenheiten vor Gott, wie wenn er als der gemeinschaftliche Vater der ganzen Welt besonders dazu aufgestellt wäre. Es ist ganz unglaublich, von welchem Eifer er entbrannte, der Diener unsers Erlösers zu sein, und durch Ihn allen Betrübten zu helfen; ja er wünschte sogar, wenn man so sagen darf, trotz seiner Demuth Wunder wirken zu können, um die Uebel zu erleichtern, deren Heilung die Kräfte der Natur übersteigt.

5) Sollen wir für die Bedürfnisse unserer Wohlthäter bitten, unter welche auch unsere Feinde zu rechnen

sind, weil sie uns Gelegenheit geben, Verdienste zu erwerben, und uns auf dem Wege zum Himmel behilflich sind. Die heilige Agnes sagte zur heiligen Brigitta: „Nichts ist Gott theurer und angenehmer, als diejenigen zu lieben, welche uns beleidigen, und für unsere Verfolger zu beten." Indem der heilige Chrysostomus von David und Saul spricht, sagt er uns, daß es uns als ein Marterthum angerechnet werde, wenn wir unsern Feind für unsern Wohlthäter halten, und nicht aufhören, für ihn zu beten. Es wurde dem P. Julius Mancinelli, welcher dem Gebete der Fürbitte besonders ergeben war, geoffenbart, daß er einer von den sieben Gerechten in der streitenden Kirche sei, welche damals (es war gegen das Jahr 1603) sich in den Augen Gottes durch ihre Fürbitte für alle Menschen besonders auszeichneten. Einst hatte er in einer Vision das Glück, Zeuge von der Glorie des heiligen Martyrers Laurentius zu sein, und unter andern Erleuchtungen, die er damals empfing, war diese: Wir sollten ernstlich für unsere Wohlthäter beten, nicht blos wegen der zeitlichen Gaben und Güter, die man uns mittheile, sondern wegen der liebevollen Gesinnung, womit sie ertheilt werden, was von größerm Werthe ist, als die Gaben selbst. Beides soll man vergelten, die Gaben durch anhaltendes Gebet, die liebevolle Gesinnung, indem wir unsere Wohlthäter wieder lieben, und ihnen von Gott Gnade erlangen. Wir müssen auch in unserer Dankbarkeit ihrer frommen Meinung für die Ehre Gottes zu entsprechen suchen; denn unsere Wohlthäter theilten uns ihre Gaben mit im Hinblick auf Gott. Auf gleiche Weise müssen wir, um diese ihre Ehrerbietigkeit, Liebe und Zärtlichkeit gegen Gott bei Spendung von Almosen zu belohnen, ihnen Gutes wünschen und Gott bitten, daß Er es ihnen möglich mache, Ihm immer mehr durch Werke der Liebe zu dienen.

6) Sollen wir für alle diejenigen bitten, welche ernstlich mit dem Streben nach christlicher Vollkommenheit beschäftigt sind, und für Alles, was sie zu diesem Ende wünschen, wenn es auch Schmerz und Leiden sein mag. Denn es ist dieß die allgemeine Begierde der Heiligen, und es ist erlaubt, für sie darum zu bitten, wenn sie selbst gehörig darum bitten, weil es zur Ehre Gottes, für die Interessen Jesu und dazu dient, eine Menge Seelen zur Buße zu bringen. So rief der heilige Franz Xaver, als der heilige Hieronymus ihm in einer Vision zu Bologna zeigte, was er Alles zu leiden haben werde, aus: „Noch mehr, o Herr, noch mehr!" So sprach die heilige Theresia: „Entweder Leiden oder Sterben!" und die heilige Maria Magdalena von Pazzi: „Nicht leiden, wie ich leide, auch noch nicht sterben, sondern mehr leiden!" So rief David aus: „Prüfe mich, Herr, und versuche mich; erforsche mit Feuer meine Nieren und mein Herz;" und Jeremias [1]) betet mit natürlicher Furcht, aber mit übernatürlichem Vertrauen: „Züchtige mich, Herr, mit Schonung, und nicht in deinem Grimm, auf daß du mich nicht etwa vernichtest!" Und der heilige Paulus: [2]) „Darum habe ich Wohlgefallen an meinen Schwachheiten, an Schmähungen, an Nöthen, an Verfolgungen, an Bedrängnissen um Christi willen." Und wie unvergleichlich schön ist, was Job sagt: [3]) „Mag man Unschmackhaftes essen, das nicht mit Salz gewürzet ist? Oder mag Einer kosten, was gekostet den Tod bringet? Wovor mir sonst ekelte, es anzurühren, das ist nun vor Trübsal meine Speise. Wer machet, daß meine Bitte erfüllt werde, und daß mir Gott gebe, was ich erwarte? Der angefangen, Er möge mich zermalmen; Er strecke aus seine Hand und haue mich um! Und das sei mein Trost, daß Er mich plaget

---

[1]) Jerem. 10, 24. — [2]) 2. Cor. 12, 10. — [3]) Job 6, 6.

mit Schmerzen ohne Verschonen, und ich nicht widerspreche den Worten des Heiligen. Aber, was ist meine Kraft, daß ich ausharre? Oder was mein Ende, daß ich geduldig bleibe? Meine Kraft ist nicht Felsenkraft, mein Fleisch nicht von Erz."

7) Wir können hier auch noch anführen, daß einige Schriftsteller das Gebet um die Vermehrung der Herrlichkeit der Seligen im Himmel empfehlen. Wenn z. B. ein Religiose bittet, daß die Mitglieder seines Ordens heiligmäßig leben, oder daß einige von ihnen zur Heiligsprechung gelangen möchten, so erhält der Stifter, welchem Gott es bekannt macht, einen Zuwachs seiner Glorie; in diesem Sinne beten die Priester in der Messe, daß das Opfer zur Ehre der Heiligen dienen möge. So sagt auch Innocenz III.: „Viele oder die Meisten halten es nicht für unwahrscheinlich, daß die Glorie der Heiligen bis auf den Tag des Gerichtes der Zunahme fähig sein solle, und deßhalb könne die Kirche mit Recht für sie diese Zunahme ihrer Verherrlichung wünschen." Bellarmin, Suarez, Vasquez und Joh. Sanchez lehren dasselbe. Scotus gibt die Freude der Engel im Himmel über den Sünder, der Buße thut, als ein Beispiel davon an. Die seligste Jungfrau soll dem heiligen Thomas von Canterbury geoffenbart haben, daß ihre Glorie immer neuen Zuwachs im Himmel erlange durch die guten Werke ihrer Diener! So kann man auch für die Vermehrung der Andacht zu besondern Heiligen bitten, und es wurde der heiligen Gertrud geoffenbart, daß die Seligen immer eine neue Ehre empfangen, so oft die heilige Communion auf Erden gespendet wird. Ich führe diese Uebung blos an, um zu zeigen, wie weit sich die Macht des Gebetes der Fürbitte erstreckt.

Es gibt auch noch eine andere Art der Fürbitte von solcher Schönheit, daß schon die Anführung derselben hinreicht, sie zu empfehlen. Wir finden dieselbe im Leben der Maria Dionysia von Martignat, welche eine der ersten Nonnen von der Heimsuchung war. Sie brachte fast die ersten fünfzig Jahre ihres Lebens an den Höfen von Frankreich und Savoyen zu; aber der Geist der Welt berührte ihr Herz so wenig, als die Flamme das Gewand der drei Jünglinge im Feuerofen. Die Art, wie sie den Weltgeist von sich ferne hielt, war folgende: Sie nahm einen Text der heiligen Schrift für jeden der sieben Wochentage, um ihren Geist beständig mit den Worten der Wahrheit zu beschäftigen. Die Wahl ihrer Texte war merkwürdig. Am Sonntag nahm sie die Worte: „Ich bin in die Welt gekommen, um das Licht zu bringen, daß wer an mich glaubt, nicht in der Finsterniß bleibe." Am Montag: „Er war in der Welt, und die Welt wurde von Ihm geschaffen, und erkannte Ihn nicht." Am Dienstag: „Es ist ebenso schwer für einen Reichen in das Himmelreich einzugehen, als für ein Kameel durch ein Nadelöhr; doch bei Gott ist nichts unmöglich." Am Mittwoch: „Mein Reich ist nicht von dieser Welt, und der Teufel wird von Jesus der Fürst dieser Welt genannt. Am Donnerstag: „Ich bete nicht für die Welt, sondern für Jene, die Du mir gegeben hast." Am Freitag: „Nun ist das Gericht der Welt, und wenn ich erhöht sein werde, will ich Alles an mich ziehen." Am Samstag: „Wenn ihr mich liebet, so wird mein Vater euch einen andern Tröster geben, um ewig bei euch zu wohnen, den Geist der Wahrheit, welchen die Welt nicht empfangen kann, weil sie ihn nicht sieht und erkennt." Aus diesen sieben Quellen der Wahrheit floß für ihre Seele eine solche Erleuchtung über das Elend dieser Welt, und über das Unbefriedigende ihrer Ehren und Freuden, daß sie beständig die Worte Salomo's im Munde führte: „O Eitelkeit der Eitelkeiten, Alles unter der Sonne ist eitel!"

Sie pflegte zu sagen, daß, wenn ein Eremite diese Worte ausgesprochen hätte, sie für eine Uebertreibung eines beschaulichen Mannes gehalten worden wären; da aber Gott dieselben einem der größten, reichsten und friedfertigsten Könige in den Mund legte, so flößten sie ihr ein so tiefes Mitleid für die Großen der Erde wegen der Gefahr ihres Seelenheiles ein, daß sie die Reichen, Hochgebornen und Glücklichen zum Gegenstand einer besondern Andacht machte, und dieselbe Jedermann, dem sie begegnete, mitzutheilen wünschte. „Ach!" rief sie aus, „sie sind von keinem gewöhnlichen Elend umgeben; sie gehen zur Hölle, ohne daran zu denken, weil ihre Treppe dorthin von Gold und Porphyr ist. Die Großen dieser Welt nehmen sich keine Zeit, darüber nachzudenken, daß sie bald sehr klein sein werden, und die Gewohnheit, Andern zu befehlen, flößt ihnen ein solches Vertrauen auf sich selbst ein, daß sie dahinleben, als ob Gott, der Himmel und die Engel unter ihrer Botmäßigkeit ständen, ebenso, wie die Erde und die Menschen. Wie werden sie sich enttäuscht fühlen, wenn sie plötzlich entdecken, daß sie die Sklaven des Teufels gewesen sind, und nun für immer sein sollen; oder wenn ihnen Gott Barmherzigkeit erzeigt, wie groß wird ihr Erstaunen sein, wenn sie sich im Himmelreiche weit unter jenen Armen und Geringen erblicken, welchen sie auf Erden den Zutritt nicht gestatten wollten."

Daher fühlte sie ihr ganzes Leben lang dieß Mitleid für die Reichen, und machte sie zum Gegenstand einer besondern Fürbitte. Sie sagte, es sei eine größere Wohlthat, für sie zu beten, als für Jene, die in den Spitälern und Gefängnissen schmachten. Die Feste der heiliggesprochenen Könige, Königinnen, Prinzen und Prinzessinnen feierte sie mit besonderer Ehrfurcht und ungewöhnlicher Andacht, und erklärte, daß nichts die Christen zugleich mehr bemüthigen und ermuthigen müsse, als die heldenmüthige Heiligkeit der Großen, welche inmitten irdischer Ehren demüthig blieben, und sich vor ihrer Ansteckung zu bewahren wußten. Sie pflegte an den Vigilien dieser Feste zu fasten, und alle ihre Gebete an diesen Tagen für das Seelenheil der Großen aufzuopfern. Ich weiß nicht, ob Andere ebenso denken, aber für mich liegt in dieser Andacht etwas außerordentlich Rührendes, wahrhaft Religiöses und Himmlisches.

In Uebereinstimmung mit dieser ihrer besondern Andacht lesen wir, daß sie einst gegen das Ende ihres Lebens, als die Oberin sie fragte, ob es sich auch verlohne, eine gewisse Gunst von einer sehr hochgestellten Person zu erbitten, zur Antwort gab: „Ja, meine theure Mutter, ich versichere euch, es ist ein sehr großer Liebesdienst, welchen man den Fürsten und Großen dieser Welt erweist, wenn man sie veranlaßt, gute Werke zu thun. Die Welt, das Fleisch und der Teufel machen, daß sie so viele schlechte Handlungen begehen, daß sie einst uns, die wir sie veranlaßt haben, Almosen zu geben, größern Dank dafür erstatten werden, als wir ihnen für das Almosen erstatteten, welches wir von ihnen erhielten." Ein anderes Mal, als sie die Oberin an eine Prinzessin schreiben sah, sagte sie: „Meine theure Mutter, setzet euren Briefen an die Großen immer etwas von der heiligen Furcht Gottes, von der Allmacht der göttlichen Majestät, oder von der Größe der Ewigkeit, oder von der Kürze dieses Lebens bei. Denn es gibt immer so viele Schmeichler für diese armen Großen, und eines Tages werden sie wünschen, daß es nicht so gewesen wäre." Als sie von dem Tode Ludwig's XIII. hörte, rief sie aus: „Ach, ich sah diesen Monarchen geboren werden, ich sah ihn taufen, krönen, sich vermählen, ich sah ihn regieren, und nun ist er nicht mehr!" Als Jemand sie fragte, ob sie viel für ihn beten werde, sagte sie: „Ja, mehr als man glauben möchte; denn obgleich er ein gutes Leben führte, und eines guten Todes starb, so ist er doch noch vielleicht der unendlichen Gerechtigkeit des Königs der Könige eine Genugthuung schuldig. Er ist nach einem Königreich gezogen, das nur von Jenen erobert wird, die demüthigen Herzens sind. Niemand geht hier ein mit dem Scepter in der Hand." Sie verrichtete auch die Todtengebete jeden Montag für die Seelen der Fürsten und Fürstinnen, und alle Freitage für die Malteserritter und diejenigen, welche im Kampfe für die Kirche starben. Auch betete sie oft die Gradualpsalmen für diejenigen, welche im Heere dienten, damit sie nicht lasterhafte Gewohnheiten annehmen möchten in einer Schule, die nicht die beste für das heilige Leben ist, obwohl sie auch schon Heilige hervorgebracht hat.

§. 5. Die Verborgenheit und Freude der Fürbitte.

Nun ein Wort über die Zeit, den Ort und die Art und Weise, die Fürbitte zu verrichten. Diese drei Stücke können der Wahl eines Jeden überlassen bleiben; das Folgende sind nur Rathschläge. 1) Kann man gewisse Tage in der Woche bestimmten Gegenständen widmen. So z. B. könnte man am Sonntag für den Papst beten; am Montag für die Geistlichkeit und die religiösen Orden; am Dienstag für alle die, welche im Stande der Todsünde sind; am Mittwoch für die Sterbenden; am Donnerstag für die Lauen; am Freitag für die Leidenden, und endlich am Samstag für diejenigen, für welche wir nach dem Willen Gottes besonders bitten sollen. 2) Man könnte sich auch für die Tage des Monats ein Schema von dreißig Gegenständen entwerfen. 3) Man kann auch die Personen anmerken, für welche man Fürbitte einlegen will, und dieß Papier in seinem Gebetbuch aufbewahren. Wenn man dann das Allerheiligste besucht, so durchgeht man diese Liste und erweckt in sich die Gefühle des Eifers für die

Ehre Gottes und eine liebevolle Sorgfalt für die Interessen Jesu. 4) Wir können uns auch ein Schußgebetlein für alle diejenigen auswählen, für welche wir bitten wollen, und uns desselben bei der Messe, bei der Communion, bei der Danksagung, vor und nach der Betrachtung, dem Rosenkranze, der Gewissenserforschung u. s. w. bedienen. 5) Wenn wir bei Nacht schlaflos sind, oder aus irgend einer Ursache kurze Zwischenräume einer unerwarteten Muße in unsern gewöhnlichen Geschäften haben, so können wir zur Fürbitte unsere Zuflucht nehmen, und so lassen sich diese Uebungen fast in's Unendliche vervielfältigen. Die besten werden diejenigen sein, welche am einfachsten sind und sich naturgemäß aus unsern gewöhnlichen Andachtsübungen ergeben; nur dürfen wir nicht vergessen, daß einer der Hauptzwecke, weßhalb wir in diese Welt gekommen sind, darin besteht, für Andere Fürbitte einzulegen.

Wie unaussprechlich süß ist dieses Geheimniß des Gebetes! Ich sage es noch einmal, einer der Hauptzwecke, weßhalb wir in diese Welt kamen, ist die Fürbitte; einer der Hauptzwecke, weßhalb unser göttlicher Erlöser sein kostbares Blut vergoß, war, unsere Fürbitte Gott angenehm und wirksam zu machen. Eines von den Dingen, die Gott von uns hienieden erwartet, ist die Fürbitte. Aber wie viel Zeit verwenden wir gewöhnlich dazu, dieß kostbare Vorrecht zu üben! Wie viel plaudern wir von Päpsten und Cardinälen, von Bischöfen, Priestern und religiösen Orden! Wie viel schwatzen wir von kirchlichen Andachten! Wir wissen über das Betragen eines Jeden in Allem etwas auszusetzen; wir könnten sie besser belehren und ihnen den rechten Weg zeigen. Wir erkaufen uns wohlfeil den Ruf der Frömmigkeit, indem wir viel und geläufig über Gott sprechen, und machen uns Andern durch unsere Declamationen über kirchliche Plane und über die

Interessen des Katholizismus langweilig. Bei leerem Geschwätze bleiben wir stehen, und wenn es sich davon handelt, zum Werk zu schreiten, weichen wir zurück. Die Corinther könnten uns nicht in der Mannigfaltigkeit unseres Wissens und unserer Gaben nahe kommen, wir würden sie aus dem Felde schlagen, und selbst der heilige Paulus müßte über uns staunen, so orakelmäßig wissen wir über den Papst und seine Kirche zu sprechen. Aber wie viel beten wir, in welchem Verhältnisse steht unsere geheime Fürbitte zu unserer offenen Tadelsucht? Ich fürchte fast, es wird sehr gering sein, und ich kann nicht umhin, zu denken, daß, wenn wir mehr beteten, wir fühlen würden, wie wenig wir beten, und uns schämten, davon überhaupt zu sprechen. Ich bin überzeugt, daß diejenigen, welche beten, unter denen verborgen sind, die uns nicht unaufhörlich sagen, was für ein Interesse sie an den katholischen Angelegenheiten nehmen. Das Auge, welches so schnell einen Fehler sieht, das Ohr, das so begierig auf die Stimme des Tadels lauscht, und die Zunge, die immerfort plaudert — dieß werden Merkmale einer dem Gebete ergebenen Seele sein — wenn der Regenbogen das Sinnbild der Verzweiflung wird, und früher nicht.

Wenn wir die Pflicht der Fürbitte im Allgemeinen sorgfältig erfüllen, so kann dieß uns manchmal eine jener Offenbarungen verschaffen, die für unsere Seelen so nützlich sind. Unser geistliches Leben scheint ganz sicher und ruhig dahin zu fließen. Wir bilden uns nicht ein, Heilige zu sein, aber wir fühlen, daß wir uns Mühe geben, und wissen uns im Stande der Gnade zu erhalten. Noch mehr, wir haben für Gott bestimmte Opfer gebracht, sei es, daß wir uns zum Glauben bekehrten, oder in einen religiösen Orden, oder in den geistlichen Stand traten u. dgl., und wiewohl wir uns eigentlich nicht auf das Verdienstliche dieser Opfer verlassen, als ob dadurch unser ewiges Heil gesichert wäre, so vergessen wir dieselben doch nie, und der Gedanke daran ist uns ein beständiger Trost. Dieß ist der Anfang von etwas sehr Schlimmem; allein unser Herr kommt uns zu Hilfe und gießt uns, ohne scheinbaren Grund, ein übernatürliches Licht in die Seele, welches jeden Winkel und jede Falte derselben erleuchtet, und uns mit einem Male offenbart, wie wenig wir im Ganzen genommen für Gott gethan haben. Es ist gleich dem Lichte des besondern Gerichtes, welches in einem Augenblicke unser ganzes Leben mit seinen Handlungen und Beweggründen uns klar vor Augen stellt, so daß Gott gerechtfertigt wird, und wir ein richtiges Urtheil über uns selbst fällen. O wie kostbar sind diese kleinen Offenbarungen! Denn aus ihnen geht die Demuth hervor, die Stärke und Frische des Geistes, die Freude in Jesus und die Selbsthingabe in die Arme Gottes. Wir könnten nicht glauben, daß wir so wenig für Gott thun, wenn dieß gnadenvolle Licht nicht so stark auf uns eindringen würde, daß wir nicht umhin können, es zu sehen, oder zweifeln, daß wir es gesehen haben. Denket an die Fürbitte und sehet, ob sie euch nun nicht eine andere von diesen liebevollen Offenbarungen verschaffen kann.

Es ist schwer, unsern Herrn in diesem Wettkampfe des Edelmuthes und der Liebe zu überwinden. Von allen Früchten des heiligen Geistes scheint keine wünschenswerther, weil keine weniger irdisch, oder mehr himmlisch ist, als die Freude, und gerade diese Frucht verleiht unser liebevoller Heiland Jenen, die sich der Fürbitte ergeben. Dieß läßt sich sehr leicht bemerken. Wir beobachten in solchen Menschen eine gewisse Heiterkeit und Herzensfreudigkeit, die aus keiner gewöhnlichen Ursache zu entspringen scheint, und der süßen Ruhe gleicht, die sich nach einer uneigennützigen, menschenfreundlichen Handlung über das Gemüth verbreitet. Dieß mag zum Theil der Grund sein, aber es gibt auch noch einen andern. Wir sehen die Frucht unserer Fürbitte nicht; der Geist des Gebetes dehnt sich über die ganze Erde aus und ist überall, wie die verborgene Allgegenwart Gottes, ohne daß wir es gewahr werden. Wir erinnern uns kaum, wie viele Fürbitten wir gethan haben. Wer kann die Seufzer zählen, die er zum Himmel sandte, oder die Wünsche ohne Worte, welche die Zunge seines Herzens Jesu in's Ohr flüsterte? Da nun die Frucht verborgen ist, so heftet sich die Eitelkeit weniger daran, als an jede andere Andacht. Wie dem indeß sein mag, die süßen Tröstungen, welche wir in Demuth ersehnen, sind ohne allen Zweifel große Hilfsmittel zur Heiligkeit, und wer immer wünscht, sich in Gott zu erfreuen, reichliche Tröstungen in unserm Herrn zu empfangen, munter und bereit zu sein, Jesu zu dienen, das Leben in Geduld zu ertragen im Hinblick auf den Tod, und in allen Dingen gleichmüthig zu sein; der muß sich und seine eigenen Endzwecke bei Seite legen, die Interessen Jesu und der Seelen innig umfassen, und sich der Fürbitte widmen, als ob es gleichsam sein Geschäft wäre, oder als ob er so viel damit zu thun hätte, wie sein Schutzengel mit ihm. Die Freude ist die besondere Belohnung der Fürbitte. Es ist ein Theil von der Freude Desjenigen, welcher sich über die Früchte seines Leidens freut. Was dann unsere Herzen bewegt, das kommt aus dem seinigen, es war zuerst in dem seinigen, ehe es in die unsrigen kam, und die Gegenwart eines Engels würde weniger wünschenswerth sein, als es jener geringe Vorgeschmack von der Freude des Erlösers ist.

V. Kapitel.
Der Reichthum unserer Armuth.

Unser Elend, weil wir Gott so wenig lieben. — Die Arten, wie Er uns beisteht, Ihn zu lieben, besonders durch die Fürbitte. — Die Schätze, die Er uns gibt, zur Aufopferung an Ihn. — Die heilige Menschheit Jesu. — Die Anwendung des Leidens Christi auf das Gebet der Fürbitte. — Verschiedene Beispiele der Heiligen. — Das Wesen der Andacht zur seligsten Jungfrau. — Die Andacht zu ihren sieben Freuden. — Die Engel. — Die irdischen Dinge. — Gottes Vollkommenheiten — Angemessenheit dieser Andacht für kränkliche Personen.

§. 1. Wie Gott uns beisteht, Ihn zu lieben.

Wenn wir ernstlich an das Heil unserer Seele denken, und jene Pflichten und Andachtsübungen, welche der Gehorsam uns auflegt, getreu erfüllen, so nimmt unsere Liebe zu Gott zu, ohne daß wir es merken oder fühlen. Nur hie und da in gewissen Versuchungen oder an großen Festen, oder zuweilen sogar ohne scheinbare Ursache, läßt uns Gott wahrnehmen, daß wir wirklich einen Fortschritt gemacht haben, und daß wir uns mehr um Ihn bekümmern und weniger um sonst etwas außer Ihm, als früher. Ein Zeichen von dieser Zunahme der Liebe ist für uns das wachsende Gefühl unserer eigenen Unwürdigkeit und der Geringfügigkeit alles dessen, was wir thun. Es thut uns leid, daß wir Gott so wenig darzubringen haben, und daß unser Dienst für Ihn nach Allem so armselig und unedelmüthig ist. Je mehr wir Ihn kennen und je mehr wir uns zu Gedanken erheben, welche seiner göttlichen Majestät auch nur ein wenig würdiger sind, um so drückender, und ich möchte sagen peinlicher, wird uns dieß Gefühl. Dieß ist es, was die Heiligen drängt, sich nach Leiden zu sehnen und um Kreuz zu bitten. Die gewöhnlichen Sorgen und Mühsale des Lebens reichen nicht hin, sie zu befriedigen, weil sie ihnen keinen Raum lassen für ihre aufopfernde Liebe. Sie möchten gerne — ein eitles, aber liebendes Verlangen — mit dem Edelmuthe Jesu gleichen Schritten halten. Warum sollten sie auch so wenig für Ihn thun, warum sich durch die Niedrigkeit alles dessen, was sie umgibt, zurückhalten lassen? Wenn die Sünde für sie ehemals ein Elend war, so ist nun ihre Unfähigkeit, Gott wahrhaft königlich zu lieben und sich für Ihn in rühmlichen Opfern hinzugeben, ein größeres Elend für sie geworden. Wie Areuna möchten sie gern ihrem König wie ein König mit vollen Händen und verschwenderisch geben. Wenn Gott selbst ihnen ruhige Zeiten verleiht und ihre Freude und ihren Frieden vermehrt, dann kehren sie sich, so zu sagen, mit liebender Klage gegen Ihn und sprechen: „Kaufen will ich es von Dir nach seinem Werthe; denn ich will dem Herrn meinen Gott nicht Brandopfer bringen unentgeltlich."[1]) Dann führen sie Reden, die uns sonderbar vorkommen, wie sie bereit wären, alle Peinen der Hölle in alle Ewigkeit auszuhalten, wenn sie dadurch Gottes Ehre nur um ein Weniges befördern könnten. Diese Gedanken sind nicht für uns, in uns wären sie nicht wahr, wiewol auch wir in unserer Sphäre diesen Schmerz empfinden. Wir möchten gern mehr für Jesus thun, und unsere Feigheit in diesem Punkte ist für uns ein bitteres Leiden, eine Schmach, die uns niederdrückt. „Bei Gott ist überreiche Erlösung," sagt der Psalmist, und gerade dieser Reichthum unserer Erlösung regt sogleich unsere Liebe an und macht sie mit sich selbst unzufrieden. Alles, was Jesus für uns gethan, geschah mit einer solchen Fülle, mit einer so übernatürlichen Verschwendung von Barmherzigkeit und Mitleid, daß es bei jedem Schritte,

---

[1]) 2. Kön. 24, 24.

bei jedem besondern Geheimniß der Menschwerdung offenbar ist, daß, was Er will, nicht nur unsere Rettung ist, sondern auch unsere Liebe. Es genügt Ihm nicht, uns zu verzeihen, Er nimmt uns auch zu seinen Söhnen an. Er kann uns nicht von Sünde reinigen, ohne uns zu Erben des Himmels zu machen; Er kann uns nicht von der Vergangenheit freisprechen, ohne zugleich Schätze der Gnade für die Zukunft für uns aufzuhäufen. Jede seiner Gaben ist doppelt, dreifach oder hundertfältig. Ein einziger Tropfen Blutes hätte hingereicht, und Er vergoß jeden Tropfen. Die Gnade hätte für sein Sakrament der Liebe genügt, aber Er gibt sich selbst, mit Leib, Seele und Gottheit. Das allerheiligste Sakrament ist ein Uebermaß von Barmherzigkeit, eine verschwenderische Liebe, und Er wollte so viele Liebe nur darum zeigen, um die größtmögliche Liebe dafür zu empfangen. Dieß ist seine gewöhnliche Weise, und in dem Maße, als wir Ihn mehr kennen und lieben lernen, möchten wir, daß diese Gewohnheit auch die unsrige werde. Und das Wenige, was wir thun können, scheint so gering, so gar gering!

Nach dem, was wir von Ihm kennen, dürfen wir überzeugt sein, daß Er uns nicht in dieser traurigen Lage läßt. Er wünscht nichts so sehr, als unsere Liebe, und wird uns auch nie ohne angemessene Mittel lassen, Ihn zu lieben. Wenn ein irdischer Vater wüßte, daß sein Kind ihm gern ein Geschenk machen wollte, aber die Mittel nicht dazu hätte, mit welcher bereitwilligen Hand, mit welchem überfließenden Herzen würde er ihm die Mittel dazu geben! Wird Jesus weniger thun? Dieß ist wenigstens nicht seine Weise. Betrachtet, was Er für seine Mutter am Tage seiner Darstellung im Tempel that. Kein Geschöpf, auch nicht alle Geschöpfe mit einander, liebten Gott jemals so, wie sie es that in dieser Stunde. Noch nie vorher war der göttlichen Majestät ein gleicher

Akt der Anbetung dargebracht worden. Die Engel in ihren neun Chören, mit allen ihren mannigfaltigen Kräften und Fähigkeiten hatten schon seit Jahrtausenden mit feuriger Liebe und unter Lobgesängen ihre Gaben vor dem Throne Gottes niedergelegt, und die göttliche Barmherzigkeit ließ sich herab, sie anzunehmen. Maria selbst, die Keusche und Demüthige, war für sie allein ein lieblicher Akt der Anbetung für den Allerhöchsten, und alle Lobgesänge der himmlischen Heerschaaren würden nur einen geringen Platz des unbefleckten Herzens erfüllen, das sie Ihm anbot. Und doch war sie in diesem Augenblicke zu arm an Liebe. Die süße Mutter! Sie wußte dieß wohl, Niemand besser als sie. Aber Jesus kam ihrer Liebe zu Hilfe, Er legte sich ihr in die Arme und sprach zu ihr: „Opfere mich, ich bin meinem Vater gleich. Ich bin nicht nur eine würdige Gabe, sondern von demselben unendlichen Werthe, wie Er selbst!" Nun zum ersten Male empfängt die allerheiligste Dreifaltigkeit einen Akt der Anbetung, wie er ihr gebührt! jede ihrer Eigenschaften wird verherrlicht, jede Vollkommenheit mit einer Krone der Liebe und Anbetung gekrönt, jede Barmherzigkeit vergütet, jede Schuld aller Geschöpfe getilgt; ja die Liebe und Anbetung aller Creaturen wird durch diesen einzigen Akt für immer übertroffen. O Freude, o Uebermaß der Freude für diejenigen, welche Gott wahrhaft lieben! Der Himmel schwieg und die Engel mit liebeglühenden Herzen schauten anbetend nieder auf diese Erde in Sion's Tempel. Maria nahm ihren Säugling in die Arme, hielt ihn empor und gab ihn mit aller Macht ihrer Selbstaufopferung dem ewigen Vater hin. So brachte sie zuerst unter allen Geschöpfen Gott die Ihm gebührende Anbetung und Huldigung dar. Wer bewundert nun nicht dieß Geheimniß der Liebe, wodurch unser Herr immer unter uns weilt? Es vergeht kein Augenblick des Tages und der Nacht auf diesem Erdenrunde, ohne daß das nämliche Kind als lebendiges Opfer von sterblichen Händen zwischen Erde und Himmel erhoben wird.

Ebenso kommt Er auch unserer Liebe zu Hilfe und kann es auf zweifache Weise thun: 1) indem Er unsern geringen Handlungen dadurch einen unermeßlichen Werth verleiht, daß Er sie mit den seinigen vereinigt und ihnen alle seine Verdienste mittheilt. Davon später. 2) Kann Er uns helfen, indem Er uns so behandelt, wie Er Maria behandelte. Er gibt sich nämlich uns selbst mit Allem, was Ihm gehört, um damit zu thun, was wir wollen, und es Gott zu opfern, wie und wann es uns gefällt. Von diesem Reichthum unserer Armuth will ich nun mit euch sprechen.

Es ist wirklich sehr schwierig, an unsere eigene Größe und an unsern Adel in Christo zu glauben. Das Verzeichniß unserer Vorrechte scheint immer nur eine Art frommer Uebertreibungen zu sein. Betrachtet euch in jeder Lage eures Lebens, und ihr werdet sehen, wie schwer es ist, nicht zu fast zu hoffen, als zu glauben, daß ihr eines Tages wirklich selig und im Himmel für immer gekrönt sein werdet. Ihr fürchtet nicht so sehr das Gegentheil, sondern die Größe der Belohnung, die Unendlichkeit der Seligkeit, und der Contrast mit eurem gegenwärtigen Elend und eurer Niedrigkeit ist mehr, als ihr fassen könnt. Ihr betrachtet den Himmel und denket dann: Wird wohl eine Stunde kommen, wo ich, während die Menschen auf Erden ihren gewöhnlichen Geschäften nachgehen, so im festen Besitze und Genusse aller dieser Güter sein werde? Und ihr lächelt nicht gerade ungläubig, sondern wie Sara lächelte, als sie den Engel sagen hörte, daß sie einen Sohn gebären sollte. So ist es auch in seiner Art mit dem Erbtheil, das wir in Christo haben, schon während wir auf Erden sind. Es scheint zu viel, und doch sagt der heilige

Paulus zu den Korinthern:¹) "Alles ist euer, sei es die Welt oder das Leben, oder der Tod, oder Gegenwärtiges, oder Zukünftiges; denn Alles ist Euer. Ihr aber seid Christi, Christus aber ist Gottes." Und ferner sagt er zu den Hebräern²) nicht, ihr werdet später hintreten, sondern: "Ihr seid schon hingetreten zum Berge Sion, zur Stadt des lebendigen Gottes, zum himmlischen Jerusalem, zu der Menge vieler Tausend Engel, zur Gemeinde der Erstlinge, welche in den Himmeln aufgezeichnet sind, zu Gott, dem Richter Aller, zu den Geistern der vollendeten Gerechten und zu Jesus, dem Mittler des Neuen Bundes, und zu dem Blute der Reinigung, welches besser redet als das des Abel." Wenn Maria mit dem sanften Scepter ihres stets erhörten Gebetes das heiligste Herz Jesu beherrscht, so ist es unser Reich, deren Königin sie ist. Alles, was dieß anbetungswürdige Herz ist und was es in sich schließt, gehört uns, denn Alles ist unser, und wir sind Christi und Christus ist Gottes. Denn dieß sind die Schätze, die Er uns gegeben hat, indem Er sie für uns mit seinem Blute erwarb: seine heilige Menschheit mit Leib und Seele, seine Klugheit, sein verborgenes Leben, sein Lehramt, sein Leiden, sein allerheiligstes Sakrament und seine Herrlichkeit, da Er nun sitzt zur Rechten seines Vaters; seine Mutter mit Allem, was sie ist oder hat; seine zahllosen Engel in ihrer Stärke und Schönheit; alle guten Werke und Bußübungen auf Erden; alle Messen, welche gelesen werden; die unerhörten Leiden derjenigen, welche im Fegfeuer seufzen; die Gnaden, welche die Verlornen hatten, und welchen sie nicht entsprachen; die Heiligkeit der Heiligen, des heiligen Joseph, des heiligen Baptist, der Apostel und aller übrigen; alle Lobgesänge, welche die Vögel und die übrigen Thiere, sowie die Ele-

---

¹) 1. Cor. 3. — ²) Hebr. 12, 22.

mente in ihrer Sprache zur Ehre Gottes singen; alle Barmherzigkeit, die Gott seit den ältesten Zeiten erwiesen hat; die gegenseitige Liebe der drei göttlichen Personen zu einander, und jene unmittheilbare Liebe, womit sich Gott selbst in alle Ewigkeit liebt.

Dieß sind die Schätze, die wir in Jesus Christus besitzen. Wahrlich, ein schönes und herrliches Besitzthum! Diesen Reichthum legt Er in unsere Hand, gerade wie Er sich am Tage seiner Darstellung in Maria's Hände legte, damit wir unsere Liebe befriedigen können. Was für eine gesegnete Beschäftigung für uns! Wie beginnt da schon der Himmel auf Erden! Jedes dieser Güter können wir so frei gebrauchen, als ob es unser eigen wäre, und zwar zu drei verschiedenen Zwecken. Auch können wir durch sie alle Verdienste erwerben, wie durch unsere eigenen Handlungen; denn die Aufopferung derselben ist unser eigen. Er gibt uns dieselben zu diesem Zwecke: 1) können wir dieselben zu Akten der Liebe verwenden, und 2) zu Akten der Danksagung. Von diesen zwei Anwendungen werde ich später sprechen. 3) Können wir sie zur Fürbitte gebrauchen, und davon wollen wir jetzt handeln.

Wenn wir die Lehren im vorigen Kapitel wohl zu Herzen genommen haben, werden wir uns zu der beseligenden Uebung der Fürbitte so hingezogen fühlen, daß die Mittel der Fürbitte, die wir in uns selbst finden, uns nicht mehr genügen. Wir werden fühlen, daß unsere vielen trockenen Bitten, unsere kalten Worte und unsere armseligen Andachten, woran theils die Zerstreuung durch unsere Geschäfte, theils unsere Herzenshärtigkeit schuld ist, das liebende Verlangen nicht ersättigen können, welches wir fühlen, durch die Fürbitte die Ehre Gottes, die Interessen Jesu und das Heil der Seelen zu befördern. Sehet also, Jesus legt uns alle diese Schätze in die Hände, um gleichsam als Waffen unserer Fürbitte zu dienen. Er füllt unsern Köcher mit diesen, in mächtigen Balsam getauchten Pfeilen, um sein heiliges Herz zu verwunden, welches Er uns dazu entblößt. Wenn wir mit frommer Meinung darauf zielen, so müssen sie das Ziel erreichen und unfehlbar verwunden. Wie seine Liebe gegen uns keine Gränzen hat, so scheint Er auch den Mitteln, die Er uns gibt, Ihn zu lieben, keine Gränzen setzen zu wollen.

Die Liebe wäre keine Liebe, wenn sie diese Schätze besitzen und nicht gebrauchen würde. Wenn wir also bei Gott für etwas, was zu seiner größern Ehre dient, Fürbitte einlegen wollen, so können wir Ihm jedes dieser Güter aufopfern, indem wir Ihm die Handlungen selbst darbringen, damit sie seinen Zorn besänftigen und sein Mitleid gegen uns erwecken. Schon die Aufopferung mit einer frommen Meinung ist etwas Großes und vermag viel, gerade wie im Himmel die heiligen fünf Wunden, welche unser Herr nach seiner Auferstehung beibehalten wollte, nach der Ansicht der Theologen beständig eine stumme Fürbitte unsers Herrn bei dem Vater sind, obgleich unser Herr nicht mehr für uns betet, wie Er es auf Erden that. Allein wir dürfen hier nicht blos bei den Handlungen stehen bleiben, wir müssen uns mit den Gesinnungen zu vereinigen suchen, in welchen Jesus, Maria, die Engel oder die Heiligen jede besondere Handlung verrichteten. Dieß wird unsere Fürbitte noch wirksamer und verdienstlicher machen. Wir können auch, wenn wir wollen, wünschen, die Handlung möchte tausend Mal vervielfältigt werden, so daß Gott dadurch immer mehr und mehr Ruhm erlangen möchte. Wir können es nicht glauben, wie sehr die Bekehrungen der Sünder sich vermehren werden, wie schnell das Aergerniß verschwinden, wie der Thau der Gnade sich in einen reichlichen Regen verwandeln wird, um in der Kirche Früchte zu tragen, wenn wir uns dieser

Uebung ergeben, und wir werden nicht, wie es so oft in vergangenen Jahren der Fall war, dem Vließe Gideon's gleichen, das fast wunderbarlich trocken blieb, während Alles ringsum von Thau befeuchtet war.

§. 2. Die heilige Menschheit Jesu.

1. Nehmen wir die heilige Menschheit unsers Erlösers. Wir können Gott die Vollkommenheiten und Kräfte seiner menschlichen Seele aufopfern, den Abgrund der Gnade, der Wissenschaft und der Glorie, die sie in sich schließt; die Liebe, womit sie Gott in diesem Augenblicke liebt, und alle Liebe, womit sie Ihn immer lieben wird in alle Ewigkeit. Wir können für die Bekehrung einer sündenbefleckten Seele bitten durch die Schönheit seiner Seele, welche jetzt das himmlische Jerusalem so erleuchtet, daß es weder Sonne noch Mond bedarf, um es zu erleuchten, denn das Lamm ist hier das Licht. Wir können auch um Stärke und Gesundheit für die Prediger und Missionäre unsers Herrn bitten durch alle Vollkommenheiten seines jetzt verherrlichten Leibes. Verlassen wir den Himmel und kommen auf die Erde herab, so können wir dem Vater die unaussprechliche Anbetung aufopfern, welche das mystische Leben unsers Herrn im allerheiligsten Sakramente Ihm aus tausend und aber tausend Tabernakeln darbringt, ferner die Armuth, die Demuth, den Gehorsam, den Eifer für die Seelen, die Abtödtung der Sinne, die geduldige Liebe, die wunderbaren Offenbarungen dieses verborgenen Lebens. Wenn wir uns zur Vergangenheit wenden, so finden wir den Akt der Liebe im Augenblicke der Menschwerdung, die neun Monate lange Gefangenschaft im Leibe Maria's, von wo aus Er die Welt regierte; ferner die Geburt und die Geheimnisse der ersten zwölf Jahre in Bethlehem, Aegypten, Nazareth und Jerusalem, mit jener ganzen Reihe von Demüthigungen,

welche der menschgewordene Sohn Gottes erduldete, und mit seiner unaussprechlichen Liebe zu Maria und den Menschen. Wir können aufopfern das verborgene Leben zu Nazareth, die Verborgenheit des Allgegenwärtigen, den Gehorsam des Allmächtigen, die Armuth des Allreichen, die Liebe für Joseph, die Heiligung Maria's, die Verdienste und Genugthuungen und das Wohlgefallen der Engel, Maria's und Gottes an den Wundern und Tugenden dieser achtzehn Jahre; ferner sein dreijähriges Lehramt, die Taufe durch Johannes, das Fasten in der Wüste, seine Art, wie Er seine Schüler unterrichtete, und wie Er mit den Sündern umging, die Widersprüche, denen Er begegnete, die Reden, die Er hielt, die Wunder, die Er wirkte, und die Mühsale, die Er erduldete. Und dann erst jenes unbegränzte Meer der Liebe — sein heiligstes Leiden, seinen Kreuzweg bis zu den sieben Worten am Kreuze! Wir haben ferner die Auferstehung; die verschiedenen Erscheinungen, besonders jene erste, wo Er seiner Mutter erschien, die vierzig Tage, während welcher Er die heiligen Sakramente in seiner Kirche einsetzte, mit aller Schönheit und Liebe jener Tage, mit den Worten, die Er gesprochen, mit den Wundern, die Er gethan, mit den Gnaden und Segnungen, die Er mittheilte, und endlich die Herrlichkeit seiner Himmelfahrt. Wann wird diese Quelle austrocknen? Wann werden wir diese wundervollen Akte erschöpft haben, die unendlich sind, nicht an sich selbst, sondern durch ihre Vereinigung mit seiner göttlichen Person, und welche auf Gott einen so unbegränzten Einfluß ausüben? Alle diese Gnadenschätze können wir zur Fürbitte anwenden, und wir dürfen wohl glauben, daß sie eine besondere Wirksamkeit haben, wenn wir sie nach den Zeiten des Kirchenjahres austheilen, das heilige Leiden ausgenommen, welches zu allen Zeiten angewendet werden kann.

§. 3. **Das heilige Leiden unsers Herrn.**

2. Wir wollen nun von den Leiden unsers Herrn sprechen, und von seiner Anwendung auf die Fürbitte. Da das Werk unserer Erlösung hauptsächlich durch die Geheimnisse des Leidens unsers Herrn vollendet worden ist, so müssen wir natürlich erwarten, daß es sein Wille ist, diese Geheimnisse namentlich im Gedächtnisse zu bewahren, und daß Er denselben vor allen übrigen eine besondere Macht auf sein heiliges Herz einräumt, wenn wir sie Ihm im Geiste der Liebe, Danksagung oder Fürbitte aufopfern. Der heilige Bernhard erklärt, daß schon der Gedanke an das Leiden unsers Herrn eine geistliche Communion ist. Der P. Balthasar Alvarez machte dasselbe nicht nur zum gewöhnlichen Gegenstande seiner Betrachtungen, sondern pflegte auch seinen Novizen zu sagen: „Wir dürfen nicht glauben, daß wir etwas gethan haben, bis wir so weit gekommen sind, daß wir in unserm Herzen nie den gekreuzigten Christus vergessen." Der P. Benedikt von Canfield sagt, daß die Seelen in ihrer innigsten mystischen Vereinigung mit Gott noch die Betrachtung über das Leiden beibehalten, wiewohl P. Baker und Andere dieß verneinen, wenn man die Betrachtung im strengsten Sinne des Wortes nimmt. Unser Herr selber sprach zur heiligen Maria Magdalena von Pazzi: „Wenn du jeden Freitag auf die Stunde Acht haben wirst, wo ich am Kreuze starb, so wirst du sogleich besondere Gnaden von mir empfangen; und wenn du auch diese Gnaden nicht empfindest, so werden sie doch allezeit auf dir ruhen." Die große Glocke im Dome zu Florenz fordert noch die Gläubigen zu dieser heiligen Erinnerung auf. Die gottselige Clara von Montefalco hatte das heilige Leiden beständig so in ihren Gedanken, daß sie Alles, was sie sah, sogleich mit dem Leiden unsers göttlichen Erlösers in Verbindung

setzen konnte. Unser Herr sprach zu der gottseligen Veronika, aus dem Orden des heiligen Augustin: „Ich wünschte, alle Menschen möchten so viel als möglich mein heiliges Leiden verehren und mich bemitleiden. Wenn sie eine einzige Thräne darüber vergießen, so dürfen sie überzeugt sein, daß sie etwas Großes gethan haben; denn die menschliche Zunge kann nicht aussprechen, was für eine Freude und Genugthuung diese einzige Thräne mir gewährt." Die Engel offenbarten dem gottseligen Johannes vom Kreuz, daß die göttliche Majestät an dem Schmerze über das Leiden Christi ein solches Wohlgefallen habe, und daß ein solcher Schmerz ein so angenehmes Opfer sei, daß es dem Vergießen unsers Blutes, oder der Erduldung großer Trübsale gleich gerechnet werde. Der heilige Theodor Studita ermahnt uns, daß, wenn gleich Ostern gekommen ist, wir dennoch das Andenken an das Leiden nicht verschwinden lassen dürfen, sondern die heilsamen Wunden, das Kreuz und Begräbniß uns beständig vor Augen stellen müssen. Der P. Peter Faber pflegte, wie uns Orlandini erzählt, zu sagen: „Wenn das Leiden der Weg ist, welcher Christum zur Herrlichkeit führte, so ist das Mitleid mit seinem Leiden der Weg, welcher uns dahin führt." Unser Herr sprach zur heiligen Gertrud: „Jeder, wenn er sich gleich von großer Sündenlast niedergedrückt fühlt, darf frei aufathmen in der Hoffnung auf Verzeihung, wenn er nur Gott dem Vater mein unschuldiges Leiden und meinen Tod aufopfert, er darf sicher sein, dadurch die heilsame Frucht des Nachlasses zu erlangen; denn es gibt auf Erden kein so wirksames Heilmittel gegen die Sünde, als eine andächtige Erwägung meines Leidens, verbunden mit wahrer Reue und lebendigem Glauben." Der gottselige Albertus Magnus pflegte zu sagen, daß eine einzige Zähre, welche über das Leiden unsers Herrn vergossen wird, besser sei, als jahrelanges Fasten bei Wasser und Brod, mit

Nachtwachen und Geißelungen. Die heilige Maria Magdalena offenbarte einem frommen Dominikaner, daß, als sie nach der Auffahrt unsers Herrn sich in die Wüste zurückzog, um Buße zu thun, sie von Jesus zu wissen wünschte, wie sie sich beschäftigen sollte. Unser Herr schickte ihr den heiligen Michael mit einem wunderschönen Kreuze, das er an der Thüre ihrer Zelle aufpflanzte, damit sie ihre Tage in ununterbrochener Betrachtung seines Leidens zubringen möchte. Als einst die heilige Gertrud über das Leiden nachdachte, erfuhr sie durch eine himmlische Erleuchtung, daß die Betrachtung des Leidens Christi eine Uebung von unendlich größerer Wirksamkeit ist, als alle übrigen. Endlich sagt der heilige Augustin:[1] „Was mich entflammt und antreibt, Dich mehr zu lieben, als alles Uebrige, und was Dich mit vor allen Dingen liebenswürdig macht, ist der höchst schmähliche und bittere Tod, den Du, guter Jesus, zu unserer Erlösung erlitten hast. Dieß allein nimmt schon unser ganzes Leben, alle unsere Arbeit, unsere ganze Andacht und Liebe in Anspruch." — Die süße Belohnung, welche unser Herr für diese Andacht bestimmt, zeigt sich sehr schön im Leben der heiligen Gertrud. An einem Freitag, als schon der Abend hereinbrach, heftete sie ihre Augen auf ein Kruzifix und rief von innigster Rührung bewegt aus: „Ach, mein süßer Erlöser! Mein Vielgeliebter! Was für grausame Leiden hast Du an diesem Tage zu meinem Heile erduldet, und ich Ungetreue habe nicht darauf geachtet, und der Tag ist vorbeigegangen, während ich mit andern Dingen beschäftigt war. Ach, ich habe mich nicht mit frommem Sinne in jeder Stunde daran erinnert, daß Du, o Quell des Lebens, aus Liebe zu mir gestorben bist." Der Herr gab ihr vom Kruzifixe herab die Antwort: „Was du ver-

---

[1] Conf. 2, 16.

nachlässigtest, das habe ich für dich ersetzt; denn in jeder Stunde sammelte ich in mein Herz, was du in das deinige hättest sammeln sollen, und davon schwoll es so sehr an, daß ich mit großem Verlangen auf die Stunde wartete, daß du mir diese deine Meinung mittheilen möchtest. Mit dieser Meinung nun, die du soeben ausgesprochen hast, will ich Gott, meinem Vater, Alles darbringen, was ich den Tag über für dich ersetzt habe, weil es ohne diese deine Meinung für dich nicht so heilbringend wäre." Darin können wir, wie die heilige Gertrud sagt, die höchst getreue Liebe Jesu für den Menschen bemerken, welche blos wegen jener Gesinnung, womit Ihn das schmerzt, was er vernachläßigt hat, dieß Alles bei Gott dem Vater ersetzt. Ein anderes Mal, als die Heilige ein Krucifix in der Hand hielt, und es mit frommer Andacht betrachtete, erfuhr sie durch übernatürliche Erleuchtung, daß, wenn Einer ein Krucifix mit Andacht betrachte, er von Gott mit solchen Gnaden angesehen werde, daß seine Seele wie ein glänzender Spiegel, von der göttlichen Liebe ein so höchst liebliches Bild in sich aufnehme, daß alle himmlischen Schaaren sich daran freuen, und so oft er diesen frommen Akt auf Erden erneuere, empfange er von Gott dieselbe Gnade, welche der Herrlichkeit, die ihn im Himmel erwarte, einen neuen Grad hinzufüge.

Es ist dieß indeß nicht blos eine Andacht des Gefühls. „Ach," sagte einst die heilige Gertrud, „ach, Du meine einzige Hoffnung, Du Heil meiner Seele! Sage mir, wie ich Dir für dieß Dein Leiden, das für Dich so bitter, und für mich so heilsam war, wenigstens etwas Gutes thun kann?" Unser Herr gab zur Antwort: „Wenn ein Mensch die Interessen Anderer seinen eigenen vorzieht, so vergilt er mir die Gefangenschaft, die ich an dem Morgen erduldete, als ich ergriffen, mit Stricken gebunden und zum Heile der Welt schmerzlich gemartert wurde. Wenn er sich bemüthig irgend eines Fehlers schuldig erkennt, so belohnt er mich für das Urtheil, das in der ersten Stunde über mich erging, als ich von falschen Zeugen angeklagt und zum Tode verurtheilt wurde. Wenn er seine Sinne von Dingen zurückhält, die ihn ergötzen, so vergilt er mir für die Geißelung, die ich in der dritten Stunde erlitt. Wenn er einem bösartigen Obern gehorcht, so erleichtert er die Pein meiner Dornenkrone. Wenn er der beleidigte Theil ist, aber zuerst um Verzeihung bittet, so belohnt er mich für mein Kreuztragen. Wenn er in der Wohlthätigkeit gegen Andere fast mehr thut, als er kann, so belohnt er mich für jene Ausspannung, die ich so qualvoll erduldete, als ich in der sechsten Stunde am Kreuze ausgespannt war. Wenn er, um eine Sünde zu verhindern, Schmerz oder Vorwürfe nicht anschlägt, so vergilt er mir für meinen Tod, den ich zum Heile der Welt in der neunten Stunde erlitt. Wenn man ihm Vorwürfe macht, und er gibt voll Demuth Antwort, so nimmt er mich gleichsam vom Kreuze ab. Wenn er seinen Nächsten sich selbst vorzieht, und ihn einer Ehre oder eines anderen Gutes für würdiger hält, als sich selbst, so belohnt er mich für mein Begräbniß."

Bei einer andern Gelegenheit wurde derselben Heiligen eine ähnliche Offenbarung zu Theil. Sie sprach zu unserm Herrn: "Ach, Herr! sage mir, wie ich Dein Leiden lobwürdig verehren kann?" Und der Herr erwiederte: "Dadurch, daß du in deiner Seele häufig jene Angst erwägest, womit ich, dein Schöpfer und Herr, in meiner Todesangst betete, und durch die Heftigkeit meines Kummers, meiner Sehnsucht und Liebe den Boden mit meinem blutigen Schweiß befeuchtete. Dann mußt du mir Alles empfehlen, was du thust, und was mit dir geschehen soll, in Vereinigung mit jener Unterwürfigkeit, womit ich aus demselben Grunde zu dem Vater sprach: Nicht mein Wille geschehe, sondern der Deinige. So mußt du alles Glück oder Unglück mit derselben Liebe annehmen, womit ich es dir zu deinem Heile sende. Du mußt das Glück mit Dankbarkeit empfangen, in Vereinigung mit jener Liebe, womit ich dein Geliebter bin; denn indem ich mich zu deiner Gebrechlichkeit herablasse, schicke ich es dir, damit du dadurch lernen mögest, auf ewiges Glück zu hoffen. Das Unglück mußt du annehmen in Vereinigung mit jener Liebe, womit ich, wie ein guter Vater, es dir zuschicke, damit du dadurch für dich ein ewig dauerndes Gut ernbten mögest."

Unser Herr sprach zur heiligen Brigitta: „Ich rathe dir, allzeit in deinem Herzen zwei Gedanken zu haben: 1) Die Erinnerung daran, was ich für dich durch mein Leiden und Sterben gethan; dieser Gedanke wird die Liebe zu Gott erwecken; 2) die Betrachtung meiner Gerechtigkeit und des künftigen Gerichtes, dieß wird deine Seele mit Furcht erfüllen." Wenn Er mit ihr von dem Lobe guter Christen spricht, so hebt Er besonders den Umstand hervor, daß alle ihre Gedanken auf sein Leiden abzielen. Dieß war auch die Lieblingsandacht der seligsten Jungfrau, wie sie es selbst der heiligen Brigitta offenbarte: „Meine Gedanken und mein Herz waren allzeit im Grabe meines Sohnes." Die heilige Brigitta leitete ihre Tochter Katharina mit so gutem Erfolge zu dieser Andacht an, daß sie, wie wir im Leben der heiligen Katharina lesen, jede Nacht, ehe sie in's Bett ging, vier Stunden damit zubrachte, Kniebeugungen zu machen, und unter vielen Thränen auf ihre Brust zu schlagen, in der Erinnerung an Christi Leiden, und dabei sich immer Gott als Opfer darbot. Als die gottselige Angela von Foligno Gott fragte, was sie thun könne, um Ihm mehr zu gefallen, so erschien Er ihr verschiedene Male, sowol im Schlafen, als im Wachen, aber allzeit am Kreuze hängend. Dabei sprach Er zu ihr, sie solle seine Wunden betrachten, und zeigte ihr dann auf eine wunderbare Weise, wie Er alle diese Martern für sie erduldet habe, und sagte endlich zu ihr: „Wie wirst du jemals dafür genugthun können?" Ein anderes Mal erschien Er ihr, wie die Bollandisten berichten, und sprach: „Wer Gnade zu finden wünscht, wende sein Auge nie vom Kreuze ab, mag ihn meine Vorsehung mit Leiden heimsuchen oder mit Freuden."

Es ist daher kein Wunder, daß dieselbe Angela von unserm Herrn gehört haben sollte, daß dieß die Segnungen seien, die er über diejenigen ausgießen wolle, welche der Betrachtung seines Leidens ergeben wären, es nachahmen und bemitleiden würden: „Gesegnet seid ihr von meinem Vater, die ihr mich bemitleidet, und euch über mich betrübet, die ihr, meinen Weg wandelnd, es verdient habt, eure Kleider in meinem Blute zu waschen. Gesegnet seid ihr, die ihr über mein Kreuz und über die grausamen Leiden weinet, die ich erdulden mußte, um für euch genugzuthun, um euch von unendlich ewigen Peinen zu erlösen; denn dadurch, daß ihr mit mir Mitleid hattet, in meiner Armuth, in meinen Schmerzen und in meiner Verachtung, seid ihr gerechtfertigt worden. Gesegnet seid ihr, die ihr mit zartem Mitleid das Andenken an mein Leiden bewahret, welches ein Wunder für alle Zeiten ist, das Heil und Leben der Verlorenen, und die einzige Zuflucht der Sünder. Denn ihr werdet in Wahrheit mit mir das Reich und die Herrlichkeit theilen, und die Auferstehung, die ich dadurch erworben habe, und Miterben mit mir sein für immer und ewig. Gesegnet seid ihr von meinem Vater und dem heiligen Geiste mit dem Segen, den ich euch am letzten Tage geben werde, weil ihr, als ich in das Meinige kam, mich nicht zurückgewiesen habt, wie meine Verfolger, sondern durch euer Mitleid habt ihr mich, gleich einem heimatlosen Fremdling, in die Herberge eures Herzens aufgenommen. Ihr habt mich bemitleidet, da ich nackt am Kreuze ausgestreckt war, hungernd, dürstend, schwach, von Nägeln durchbohrt, des grausamsten Todes sterbend. Ihr wolltet meine Begleiter sein, und darin habt ihr die Werke der Barmherzigkeit treulich erfüllt. Deßhalb werdet ihr in jener furchtbaren Stunde die Worte hören: Kommet, ihr Gesegneten meines Vaters, und nehmet das Reich in Besitz, das euch vor der Gründung der Welt bereitet ward. Denn ich war hungrig am Kreuze und ihr gabt mir, wenigstens durch euer Mitleid, zu essen. O ihr wahrhaft Glücklichen und Gesegneten! Denn wenn ich am Kreuze unter Thränen zu meinem Vater für meine Henker betete, und sie mit den Worten entschuldigte: Vater, vergib ihnen, denn sie wissen nicht, was sie thun! was werde ich für euch sagen, die ihr mich in frommer Andacht bemitleidet habt, wenn ich nicht am Kreuze, sondern in meiner glänzenden Herrlichkeit kommen werde, die Welt zu richten?"

Was zeigen nun alle diese Beispiele und Offenbarungen anders, als daß es unserm Herrn gefiel, uns sein Leiden zu übergeben, um damit zu thun, was wir wollen, wie wenn es wirklich vollkommener unser eigen wäre, als die Leiden, die wir selbst erduldeten, oder die Mühsale, die wir zu ertragen haben? Um aber zur Anwendung des Leidens auf die Fürbitte zu kommen, was eigentlich unser Gegenstand ist, so sagt uns Lancisius darüber, daß die Aufopferung des Blutes Christi oder seines Leidens und Todes, an den ewigen Vater oder an Christus selbst, um Ihn wegen der Sünden der Welt zu besänftigen, von unendlicher Wirkung ist. Diese Uebung wurde von Gott der heiligen Maria Magdalena von Pazzi gelehrt, als Er sich gegen sie beklagte, daß es so Wenige auf der Welt gebe, die seinen Zorn über die Sünder zu besänftigen suchten. Deßhalb opferte sie untertags vielmal das Blut

Christi für die Sünder aller Stände auf, und ihre gewöhnliche Uebung bestand darin, es täglich fünfzig Mal für die Lebendigen und die Todten aufzuopfern. Sie that dieß mit solcher Inbrunst, daß ihr Gott öfters die Schaaren der Seelen zeigte, deren Bekehrung sie auf diese Weise erlangt hatte, und ebenso auch die große Anzahl der aus dem Fegfeuer Erlösten. Einst rief sie in einer Verzückung aus: „So oft das Geschöpf dieß Blut aufopfert, wodurch es erlöst ist, so bringt es eine Gabe dar von unendlichem Werthe, die durch nichts vergolten werden kann."

„Diese Andacht," sagt Lancisius, „verherrlicht und erfreut Gott durch das ausgezeichnetste und edelste aller Opfer. Sie erlangt Nachlaß für unsere vergangenen Sünden, bewahrt vor den künftigen, bekehrt Sünder und Irrgläubige, und befreit von den zeitlichen Strafen für die Sünde. Sie gilt auch als eine Danksagung für alle öffentlichen und persönlichen Segnungen, für die Erlangung des göttlichen Beistandes, und für den Trost in den zahllosen Nöthen der Lebendigen und der Todten."

§. 4. Die Andacht zur allerseligsten Jungfrau.

3. Manche möchten oft gern wissen, wie weit ihre Verehrung der seligsten Jungfrau gehen darf und wo die Gränze ist, welche ihre Liebe nicht überschreiten soll. Sie sind nicht damit zufrieden, wenn man ihnen sagt, daß sie nie genug Verehrung gegen sie zeigen können, und daß es keine Gränze gebe, wo ihre Liebe stehen bleiben dürfe. So wahr dieß ist, so befriedigt es sie doch nicht. Sie halten es für eine Art frommer Uebertreibung, die in einem Sinne wahr, aber keine eigentliche Antwort auf ihre Frage oder eine Lösung derselben sei. Allein sie könnten schwerlich einen Einwurf machen, wenn man ihnen sagte: Ihr sollt Maria ebenso lieben, als Jesus sie liebte, und ihr eine so große Verehrung bezeigen, als Jesus wünscht, daß

ihr haben sollt; auch dürft ihr keinen Skrupel hegen, Jesum um diese Verehrung zu bitten, gemäß seinem Willen. Es ist unmöglich, Jesum zu kennen oder Ihn zu lieben, wenn wir keine innige Andacht zu seiner allerseligsten Mutter haben. Wir können uns aber keine Andacht denken, die sicherer das Herz Jesu bewegte, auf unsere Fürbitten zu hören, als wenn wir Ihm jene Gnaden aufopfern, die Er selbst über sie ausgoß, jene Liebesakte, womit die drei Personen der heiligsten Dreifaltigkeit sie schmückten, um sie zu einem lebendigen Siegeszeichen ihrer Erbarmung zu machen, und jene Geheimnisse, in welchen sie diesen Gnaden entsprach, und sich so unaussprechliche Verdienste erwarb. Sie ist mit der Ehre Gottes so innig verbunden, daß jeder Akt der Huldigung gegen sie ein offenbarer Liebesakt gegen Gott ist. Sie selbst ist so sehr der auserwählte Gegenstand des Interesse Jesu, daß ihm auf Erden nichts theurer ist, als die Vertheidigung und Verbreitung ihrer Ehre. Denn wenn gleich sein heiliges Herz voll Erbarmung nach der Rettung der Seelen seufzt, so hat er doch Maria zur Zuflucht der Sünder und Fürsprecherin der Seelen erkoren. Wenn alle Werke Gottes Ihn lobpreisen und wenn Er, auf die Erde hinabblickend, die Er gemacht hatte, sie segnete und sprach, daß Alles sehr gut sei, während die Sterne des Himmels zusammensangen und die Engel vor Freuden jauchzten, wie viel mehr loben ihn die Werke, die er in Maria erfüllte, und die Gaben, die Er über sie ausgoß, während die Engel und die Menschen darin eine unversiegbare Quelle der Freuden finden! Um Jesu willen müssen wir Maria noch mehr lieben lernen. Die Andacht zu ihr muß in uns wachsen wie die Gnade, stark werden wie eine tugendhafte Gewohnheit und immer inniger und zarter werden, bis zu der Stunde, wo sie kommen und uns helfen wird, gut zu sterben und ohne Furcht das schreckliche Gericht zu bestehen.

Wir dürfen uns nicht einbilden, daß es sich mit der Andacht zur heiligen Jungfrau verhält wie mit dem Besitze eines Buches oder eines Rosenkranzes, und daß man sie ein für alle Mal ganz und vollständig erwerben könne. Es wäre ebenso unrichtig, zu behaupten, daß, wenn wir von Gott die Gnade der Demuth erhalten haben, wir blos festzuhalten brauchen, was wir erlangt haben, ohne uns zu bekümmern, mehr zu erlangen, als zu sagen, die Andacht zu Maria sei des Wachsthums nicht fähig. Ich wiederhole es, sie muß zunehmen wie eine Tugend und stark werden wie eine Gewohnheit, oder sie ist gar nichts werth, wie euch eine kleine Erwägung zeigen wird. Die Liebe zu Maria ist nur eine andere und zwar von Gott bestimmte Form der Liebe zu Jesus, und wenn deßhalb die Liebe zu Ihm wachsen muß, so auch die Liebe zu ihr. Wenn Jemand sagen würde: „Du mußt dieß Gebet zu Maria nicht mit dem Gebet zu Jesus vermischen," so würde er zeigen, daß er keinen wahren Begriff von dieser Andacht habe, und daß er bereits am Rande eines sehr gefährlichen Irrthums stehe. Und doch sprechen die Leute manchmal gedankenlos so, wie wenn die Andacht zur Mutter etwas Anderes wäre, als die Andacht zum Sohne, und wie wenn die Andacht zu Beiden zwischen ihnen gemäß ihrer Würde getheilt werden müßte, etwa für Jesus ein Pfund und für Maria ein Quintlein. Wenn solche Personen wirklich einsehen würden, was sie sagen (was aber nicht der Fall ist), so würden sie bald bemerken, daß sie gottlos sprechen. Die Liebe zu Maria ist ein wesentlicher Theil der Liebe zu Jesus, und sich einbilden, daß die Interessen Beider sich entgegenstehen können, heißt an den Tag legen, daß wir Jesum oder die ihm gebührende Andacht nicht verstehen. Wenn die Andacht zu Maria nicht schon an sich selbst eine Andacht zu Jesus ist, dann entziehen wir Ihm, während wir ihr Andacht bezeigen, mit Wissen Etwas, und berauben so wörtlich Gott, so daß, wenn Manche uns sagen, wir sollen unsere Andacht mäßigen und nicht zu weit gehen, sie nicht, wie sie meinen, Jesu seine rechtmäßige Ehre sichern, sondern das entsetzliche Bekenntniß ablegen, daß sie selbst Jesu Etwas entziehen, um es Maria zu geben, wiewol sie sorgfältig darüber wachen, daß es nicht zu viel sein möchte. Man kann sich in der Art, Maria zu verehren, täuschen, aber in dem Grade der Huldigungen nicht irren, die sie verdient.

Wir wollen nun betrachten, welche Schätze wir im Leben der heiligen Jungfrau finden können, um sie hinwiederum Gott als Opfer darzubringen. Gibt es irgend eine Offenbarung seiner Liebe gegen ein einfaches Geschöpf oder gegen alle Geschöpfe mit einander, welche der Gnade ihrer unbefleckten Empfängniß oder ihrer Wahl zur göttlichen Mutter gleich käme? Mögen wir ihr Leben mit den dreiundsechzig Geheimnissen durchgehen, aus welchen es besteht oder es in ihren drei Heiligungen zusammenfassen, wie die Theologen sagen, nämlich in ihrer unbefleckten Empfängniß, in dem Augenblicke der Menschwerdung und in der Herabkunft des heiligen Geistes am Pfingstfeste — es bietet uns unzählige Züge dar, welche dem Herzen Jesu höchst theuer sind. Jeder ihrer Akte ist voll von seiner Gnade und von ihrer aufopfernden Liebe; jeder gefällt Ihm mehr, als aller Heroismus seiner Heiligen, und aus jedem derselben gewinnt Gott wegen der höchsten Liebe, die in ihrer Seele wohnte, mehr Ehre, als aus allen Huldigungen der neun himmlischen Chöre.

Die zwei Andachten zu ihren Schmerzen und Freuden können dieß beleuchten. Ich übergehe die Andacht zu ihren Schmerzen als besser bekannt, in der Hoffnung, davon in einem andern Werke zu handeln, und will nur von der Andacht zu ihren Freuden sprechen, welche man die Andacht des heiligen Franziskus nennen kann. Der heilige Thomas von Canterbury pflegte täglich siebenmal den englischen Gruß zu beten zu Ehren der sieben Freuden der allerseligsten Jungfrau auf Erden, nämlich: zu Ehren der Verkündigung, der Heimsuchung, der Geburt, der Erscheinung der Weisen aus dem Morgenlande, der Auffindung Jesu im Tempel, der Auferstehung und der Himmelfahrt. Eines Tages erschien ihm die seligste Jungfrau und sprach: „Thomas, deine Andacht ist mir höchst angenehm; aber warum erinnerst du dich nur an die Freuden, die ich auf Erden hatte? Gedenke auch fortan derjenigen, die ich jetzt im Himmel genieße; denn wer diese beiden ehrt, den will ich trösten, erheitern und in der Todesstunde meinem theuersten Sohne vorstellen." Thomas fühlte sein Herz mit einer außerordentlichen Wonne erfüllt, und rief aus: „Wie kann ich dieß thun, meine süßeste Mutter, wenn ich nicht weiß, was dieß für Freuden sind? Die seligste Jungfrau sprach zu ihm, daß er die folgenden Freuden mit sieben Ave Maria ehren sollte: ihre Freude 1) weil die allerheiligste Dreifaltigkeit sie vor allen Geschöpfen ehrt; 2) weil ihre Jungfrauschaft sie über alle Engel und Heiligen gesetzt hat; 3) weil das große Licht ihrer Glorie die Himmel erleuchtet; 4) weil alle Seligen sie als die Mutter Gottes verehren; 5) weil ihr Sohn ihr Alles gewährt, um was sie bittet; 6) wegen der Gnaden, die sie auf Erden empfangen hat, und wegen der ihren Dienern im Himmel bereiteten Herrlichkeit, und endlich 7) wegen ihrer Glorie, die noch immer bis zum Tage des Gerichtes zunimmt. Der heilige Thomas soll über diese Freuden eine Hymne verfaßt haben (Gaude, flore Virginali), welche in einigen Kirchen gesungen wurde und in dem Parnassus Marianus angeführt ist.[1]) Im Leben der heiligen Katharina von Bologna

---

[1]) p. 207, ap. Lancis. II. 51.

lesen wir, daß sie den heiligen Thomas besonders verehrte und diese Andacht zu üben pflegte. Der gottselige Franz vom Kreuze berichtet vom heiligen Ranulph, daß die seligste Jungfrau ihm erschien, während er ihre sieben irdischen Freuden fromm betrachtete und ihm auch ihre himmlischen Freuden offenbarte, wie dem heiligen Thomas.

Es gibt auch noch eine andere Offenbarung an den gottseligen Joseph Herrmann aus dem Orden der Prämonstratenser, welche beweist, wie theuer diese Andacht zu ihren Freuden der seligsten Jungfrau ist. Es kamen damals häufig diebische Einbrüche in die Kirchen vor, und den gottseligen Joseph traf oft das Loos, in der Kirche Wache zu halten. Dieß war die Ursache, warum er manchmal seine gewöhnlichen Andachten unterließ, welche darin bestanden, eine gewisse Anzahl Ave Maria zu Ehren der Freuden Maria's zu beten. Und sie erschien ihm, aber nicht wie sonst, in jugendlicher Schönheit, sondern vom Alter gebeugt und mit Runzeln bedeckt. Er wagte, um den Grund dieser Veränderung zu fragen, und sie erwiederte: „Ich bin deinetwegen alt geworden; was wurde aus der Erinnerung meiner Freuden, was aus deinen Ave Maria, was aus jenen Uebungen der Frömmigkeit? Unterlaß doch meinen Dienst nicht unter dem Vorwande, das Kloster zu bewachen, denn ich bin die beste Wächterin desselben." Darauf kehrte der gottselige Joseph zu seinen gewöhnlichen Uebungen zurück, höchlich getröstet, da er sah, wie lieb der göttlichen Mutter diese Andacht zu ihren Freuden war. Der heilige Damian erwähnt in seinen Briefen auch einen ähnlichen Fall. Es war ein gewisser Mönch, welcher täglich, so oft er vor dem Altar Unserer Lieben Frau vorbeiging, sie mit dem folgenden Antiphon zu begrüßen pflegte: „Freue dich, o Mutter Gottes, unbefleckte Jungfrau! freue dich über die Freudenbotschaft, die der Engel dir gebracht hat; freue dich, die du den

Glanz des ewigen Lichtes hervorbrachtest; freue dich, du Jungfrau, Mutter Gottes; die ganze Schöpfung preiset dich; o Mutter des Lichtes, bitt' für uns!" Als er einst durch die Kirche ging, hörte er eine Stimme vom Altare her, welche sprach: „Du verkündest mir Freude, und Freude soll dir selbst zu Theil werden."

Aber nicht nur unserm Herrn können wir die Schmerzen und die Freuden, die Gaben und die Gnaden seiner Mutter darbringen, sondern auch ihr selbst. Als einst die heilige Gertrud sie mit den Worten der Kirche im Salve Regina anrief: „O du unsere Fürsprecherin!" sah sie unsere theuere Mutter wie von Stricken gezogen, sich gegen sie verneigen. Dadurch erkannte sie, daß, so oft Jemand Maria mit Andacht seine Fürsprecherin nennt, ihre mütterliche Zärtlichkeit durch diesen Namen so bewegt wird, daß es ihr gleichsam unmöglich ist, ihm seine Bitte nicht zu gewähren. Bei den Worten: „Diese deine barmherzigen Augen" rührte die seligste Jungfrau ihren Sohn sanft an, so daß er sich gegen die Erde herabwandte, und sagte zur heiligen Gertrud: „Dieß sind die barmherzigen Augen von mir (sie meinte die Augen Jesu), welche ich zum Heile Aller neigen kann, die mich anrufen, und von welchen sie die reichlichste Frucht des ewigen Heiles empfangen." Unser Herr theilte ihr sodann mit, sie solle wenigstens einmal des Tages diese zärtliche Mutter mit den Worten anrufen: „Eja! Unsere Fürsprecherin! Kehre deine barmherzigen Augen zu uns!" und sie wurde von Ihm versichert, daß sie dadurch keinen geringen Trost in der Todesstunde erlangen werde.

Der heilige Bernhard ermahnt uns, alle unsere Opfer Gott durch die Hände Maria's darzubringen, und obgleich die Stelle sehr wohl bekannt ist, darf ich sie hier doch nicht übergehen.[1] „Was ihr immer aufopfern wollet,

---

[1] De Aquaeductu.

vergesset nicht, es Maria zu empfehlen, damit die Gnade zu dem Geber der Gnade durch denselben Kanal zurückkehre, durch welchen sie euch zufloß. Nicht als ob Gott seine Gnade nicht eingießen könnte, wie Er will, ohne dieses Mittel, sondern Er wollte euch diesen Kanal geben. Denn eure Hände sind vielleicht mit Blut bedeckt und nicht ganz gereinigt; traget daher Sorge, wenn Ihr nicht abgewiesen werden wollet, Maria das Wenige zu geben, das ihr anbieten könnt, damit sie es mit ihren reinen und Gott angenehmen Händen darbiete. Denn ihre Hände gleichen den weißesten Lilien, und der Liebhaber der Lilien wird nicht verschmähen, was in Maria's Händen gefunden wird." Lancisius sagt, wir sollen dieß aus zwei Gründen thun: 1) weil Gott will, daß gleichwie wir seine Gaben durch Maria empfangen, wir Ihm auch durch sie unsere Gaben darbringen; und 2) weil eine von ihren Händen dargebrachte Opfergabe die hohe Achtung bezeugt, die Gott für sie hegt, welche zugleich die Quelle unserer innern Verehrung für sie und der Ursprung des Cultus ist, welchen wir ihr öffentlich erweisen.

§. 5. Die heiligen Engel.

Das Leben der Engel, dieser Erstgebornen Gottes, kann uns auch den reichlichsten Stoff zur Fürbitte darbieten, und unser Herr scheint unsere Aufmerksamkeit darauf zu lenken, wenn Er uns beten heißt: „Dein Wille geschehe auf Erden, wie im Himmel." Die heilige Schrift lehrt uns Vieles von den Engeln, von ihrer Anbetung Gottes, von ihren Diensten gegen andere Geschöpfe, von ihrem besondern Charakter, wie z. B. von Michael, Gabriel und Raphael, von ihrer Menge und ihren neun Chören, die sie namentlich aufführt. Einige Theologen haben gelehrt, daß jeder Engel für sich selbst eine besondere Gattung bilde, was allerdings einen überwältigenden Blick in die Herrlichkeit Gottes eröffnen würde. Andere nehmen mit mehr Wahrscheinlichkeit siebenundzwanzig Gattungen an, drei in jedem Chor, wie es drei Chöre in jeder Hierarchie gibt, und selbst dieß gibt uns einen erstaunlichen Begriff von dem himmlischen Hofe, wenn wir bedenken, wie schwer es für uns ist, irgend eine weitere specifische Eintheilung vernünftiger Geschöpfe zu begreifen, als in solche mit Leibern und in solche, die rein geistig sind. Andere, ohne sich in die Frage über die Gattungen einzulassen, sagen uns, daß die Gnade eines jeden Engels etwas an Schönheit und Vortrefflichkeit von der Gnade seiner Genossen ganz Verschiedenes sei, und wenn wir diesen Gedanken verfolgen, so wird es für uns eine Freude sein, an all die Vollkommenheiten der Anbetung zu denken, die Gott im Himmel empfängt, während wir ihm auf Erden so niedrig' dienen. So pflegte die Schwester Minima, eine Karmeliterin aus Betralla, welche zur Zeit der französischen Invasion in Italien lebte und ihr ganzes Leben der Fürbitte widmete, der göttlichen Majestät beständig die Liebe des ersten Chores der Seraphim aufzuopfern zur Sühne für alle Beleidigungen Gottes auf Erden. So bieten uns auch die mannigfaltigen Arten von Anbetung, welche die verschiedenen Classen der Heiligen Gott zu jeder Stunde im Himmel darbringen, immer neuen Stoff zur Fürbitte dar; denn diese Anbetung nimmt beständig in dem Maße zu, als neue Seelen die Erde oder das Fegfeuer verlassen, um in den Schooß der ewigen Seligkeit einzugehen. Und in all diesem befriedigen wir unsere Liebe, während wir auf das heilige Herz Jesu einen wirksamen Einfluß ausüben, daß Er unsere Gebete erhört.

§. 6. Die irdischen Dinge.

Wenn wir auf die Erde hinabsteigen, so finden wir auch hier einen Ueberfluß jenes köstlichen Weihrauchs, womit wir den gerechten Zorn Gottes besänftigen und die Erhörung unserer Bitten erlangen können. Alles, was die Heiligen in den vergangenen Jahrhunderten gethan haben, die Wunder der verborgenen Heiligkeit Joseph's, die Abtödtungen des heiligen Johann Baptist in der Wüste, jeden mühsamen Schritt, den die Apostel auf den Römerstraßen machten, jede Pein, welche die Martyrer erduldeten; oder wenn wir weiter zurückgehen in die alttestamentlichen Zeiten, die Entzückungen der Propheten, die Treue der Makkabäer, die Kämpfe Josua's, die Sanftmuth Mosis, die Reinheit Joseph's, die Einfalt Jacob's, den Glauben Abraham's, die Priesterschaft Melchisedech's, das Blut Abel's und die langen Nächte und mühsamen Tage jenes neunhundertjährigen Bußlebens Adams — all dieß können wir in Demuth und mit Vertrauen aufopfern, als ob es noch so lieblich und frisch wäre, wie von gestern her. Ueberdieß gibt es keine Art des Gebetes, die mehr im Einklang stünde mit dem Geiste der Kirche; denn es ist fast die gewöhnlichste Form ihrer Gebete, Gott um Gnaden zu bitten, im Hinblick auf die vergangenen Gnaden, die Er seinen Heiligen und seinem Volke erwiesen hat. Allein es steht uns sowol die Gegenwart, als Vergangenheit zur Verfügung. Die Erde bringt zu jeder Stunde ihre erfreuliche Aerndte für die Ehre Gottes hervor. Auf den Hügeln, in den Ebenen und Thälern, in den Klöstern und in der Welt, von dem Papste in seinem Palaste bis zu dem bekehrten Indianer in seiner Hütte — wie viele übernatürliche Akte erheben sich zu Gott, wie viele Akte des Glaubens, wie viele Seufzer der Hoffnung, der Liebe und des heiligen Schmerzes, wie viele Bußen, wie viel Ergebung in seinen heiligen Willen im Unglück! Wie viele Messen werden gelesen, wie viele Communionen empfangen, wie viele Absolutionen und letzte Oelungen ertheilt, und wie viele Siege werden in der Stille durch das heilige Wasser der Taufe in jeder Stunde für die Ehre Gottes gewonnen! All dieß gehört uns, all dieß können wir sammeln, wenn wir wollen, und es auf die glühenden Kohlen unserer Andacht in die Rauchfässer unserer Herzen legen, und dem Allerhöchsten als Weihrauch darbringen. Ja sogar die niedern Creaturen preisen alle Gott, indem sie dem Zwecke ihrer Schöpfung entsprechen; die Thiere des Feldes, die Vögel der Luft, die Fische des Meeres, die Wälder und Blumen, die Winde und den Thau, und jeden dieser Gegenstände, wie er uns in die Sinne fällt, können wir in dankbarer Liebe der Majestät Gottes darbringen. Wir besitzen ferner alle Werke Gottes selbst von der Schöpfung der Welt an bis auf diese Stunde: seine Langmuth gegen die Sünde, oder seine Gerichte über dieselbe; seine Stimmen, Erscheinungen und Offenbarungen, den sichtbaren Schutz seiner Arche in den alten Zeiten, und des heiligen Stuhles in den unsrigen. Durch all dieß ist Er bereit, uns zu erhören, all dieß gibt Er uns als Waffen für unser Gebet. Die erfinderische Liebe der heiligen und frommen Männer ist sogar noch weiter gegangen. Sie haben Gott in der Inbrunst ihres Herzens alle Huldigungen dargebracht, welche alle möglichen Geschöpfe Ihm darbringen könnten, um so seiner Unendlichkeit so nahe als möglich zu kommen. Sie gingen so weit, sich die drei Abgründe der Macht des Vaters, der Weisheit des Sohnes und der Liebe des heiligen Geistes als immerfort neue Welten schaffend zu denken, und opferten diese zahllosen Weltsysteme als einen Akt der Liebe und Fürbitte auf.

§. 7. Die göttlichen Eigenschaften.

Fromme Menschen gingen sogar noch weiter. Alle Dinge sind Christi, und Christus ist Gottes. Sie fühlten, wie unangemessen der Majestät Gottes alles Lob der Creaturen sei, und deßhalb opferten sie, wenn sie von Gott eine mehr als gewöhnliche Gnade zu erflehen wünschten, Ihm seine eigenen unendlichen Vollkommenheiten auf, und den Ruhm, welchen Er durch diese Eigenschaften erlangt. Sie opferten Gott die Kenntniß und Liebe auf, wodurch Er sich selbst erkennt und liebt, und das Wohlgefallen der drei göttlichen Personen an einander, und sie fanden nicht nur Erhörung ihrer Gebete, sondern auch eine Zunahme der göttlichen Liebe in ihrer Seele, welche sie kaum für möglich hielten. Sie fanden, daß die technischen Ausdrücke für die Dogmen und Definitionen nicht blos Worte und Töne sind, sondern Flammen vom Himmel selbst.

Es ist schwer, bei unserm Gegenstande der Fürbitte stehen zu bleiben, wenn wir so viele Dinge anführen, die uns mit sich fortreißen, um von der Liebe zu sprechen; aber betrachten wir alle diese Reichthümer unserer Armuth, alle diese Besitzthümer in Christo, und sehen wir, ob wir nicht in der That einen Ueberfluß an Opfern haben, womit wir in beständiger, eifriger Fürbitte uns Gott nähern könnten. Durch welche Gefilde köstlicher Betrachtung führen sie uns! Welche Freiheit des Geistes theilen sie uns mit! Wie leicht ist es, dieß zu einem Dienst der Liebe zu machen, wo Alles so sehr Liebe athmet, daß wir dabei beinahe unsere Fürbitte vergessen!

Betrachten wir die Lage, worin sich kränkliche Personen befinden, die nicht so sehr an den Schmerzen einer ernsthaften Krankheit leiden, als unter dem beständigen Drucke einer schwankenden Gesundheit. Auch sie wünschen sich der Ehre Gottes, den Interessen Jesu und der Rettung der Seelen zu widmen; aber sie können nichts thun, soweit es äußere Thätigkeit betrifft, und haben vielleicht auch nicht die Mittel, gute Werke durch Almosen zu unterstützen; die unmittelbare Fürbitte bei Gott um eine Gnade für diese oder jene Person ist bald erschöpft. Es liegt nichts darin, was den Geist bei den Mühsalen einer schwächlichen Gesundheit erheitern könnte; aber diese Schatzkammern heiliger Opfergaben in ihrer Schönheit und Mannigfaltigkeit zu durchwandern, ist eine süße Beschäftigung des Geistes, welche die wankende Andacht neu belebt, und macht, daß wir beständig einen liebevollen Verkehr mit Gott unterhalten können, während wir in Wirklichkeit etwas Großes für seine Ehre und die Erhöhung seiner Kirche thun. Aber nicht blos für kränkliche Personen, sondern für Alle ist es eine leichte Uebung, sich in die Gegenwart Gottes zu versetzen, weil sie das Gemüth ebenso anspricht, als den Geist. Je mehr wir die Gedanken und die Bilder der Dinge in uns zunehmen sehen, die in uns die Idee Gottes erwecken, um so mehr wird unser Geist und unser Herz von Ihm erfüllt, und es wird uns so leichter, immerfort in seiner fühlbaren Gegenwart zu leben. Und ist nicht die Uebung der Gegenwart Gottes der halbe Weg zur Heiligkeit? Auch dürfen wir nicht vergessen, daß ein anderer Vortheil dieser Art der Fürbitte darin besteht, daß der Weltgeist in uns dadurch vermindert wird. Ein Hauptcharakterzug der Welt ist ihre Mannigfaltigkeit; ihre Gegenstände von Interesse sind so zahlreich, sie wendet sich an so viele Seiten unserer Natur und fesselt uns auf so mancherlei Art. Die Religion dagegen ist für so viele Menschen in geistiger Hinsicht so uninteressant, so trocken, unfruchtbar und einförmig. Sie wissen so wenig davon, und können sich nicht immer mit Einem Dinge beschäftigen. Auf diese Art geräth das geistliche Leben in Nachtheil. Allerdings ist der Zustand der Seele in der Beschaulichkeit, wo schon der Gedanke an Gott ihre Vollkommenheit ausmacht, ein sehr hoher und erhabener; aber diese Dinge sind nicht für uns. Wir und unsers Gleichen haben alles Interesse nöthig, das Schönheit und Mannigfaltigkeit der Andacht verleihen kann, und selbst dann werden wir derselben bald müde. Je interessanter daher und mannigfaltiger unsere religiösen Kenntnisse sind, um so leichter wird es uns, aus unserer Seele jenen erbärmlichen Weltgeist auszutreiben, und mit Eifer die Interessen Jesu zu umfassen.

Welchen Trost schöpfen wir ferner nicht aus allen diesen Schätzen unserer Armuth, wenn Niedergeschlagenheit uns befällt, oder ein niederdrückendes Gefühl der Sünde, oder wenn die Menschen uns verfolgen, wenn unsere guten Werke fehlschlagen, oder wenn das Leben und die Welt uns mit Ekel erfüllt? So niedergeschlagen wir sein mögen, wir wünschen nichts so sehr, als daß Gott geliebt werden und Jesus in den Besitz dessen kommen möchte, was sein eigen ist. Wenn wir müde sind von der Arbeit, oder betrübt über fehlgeschlagene Hoffnung, und die dunkle Nacht bricht herein, und erfüllt unsere kranke Seele mit einem Gefühle der Gefangenschaft, und wir sehnen uns in's Weite und nach Freiheit — da findet die Seele gerade darin die Freiheit eines Fürsten, daß sie dieß gränzenlose Reich Gottes und Jesu mit Miriaden von Engeln und Heiligen durchwandern, und sich an dem unaufhörlichen Opfer des Lobes freuen kann, das sich von allen Seiten der Schöpfung zu der Majestät Desjenigen erhebt, welchen wir zugleich als unsern Gott und unsern Vater lieben.

VI. Kapitel.
Gott, der Mittelpunkt von Allem.

Gott der Mittelpunkt von Allem. — Sogenannte Säulen der Kirche. — Natur und Gnade. — Die Aufopferung unserer Handlungen in Vereinigung mit jenen Christi. — Die Aufopferung unserer gewöhnlichen Handlungen. — Methoden und Uebungen. — Unterschied zwischen heiliggesprochenen und nicht heiliggesprochenen Schriftstellern. — Die Aufopferungen der heiligen Gertrud. — Die Aufopferung von Erholungen. — Winke für kränkliche Personen. — Die Schachparthie des heiligen Carl. — Noe's Arche. — Die Aufopferung der Einsamkeit. — Die Erhebung zu Gott durch den Anblick der Geschöpfe. — Beispiele und Uebungen. — Pater Faber's drei Gebetsweisen. — Mannigfaltigkeit der innerlichen Andachten. — Das mündliche Gebet. — Die Schußgebetlein. — Wie man das Brevier beten soll. — Aufopferung der Leiden. — Gott bittet um Ehre bei seinen eigenen Geschöpfen.

§. 1. Die Hilflosigkeit der weltlichen Weisheit.

Gott ist der Mittelpunkt von Allem, und nichts hat Werth, als durch Ihn. Wie Alles von Ihm kommt, so kehrt auch Alles zu Ihm zurück. Selbst das Geschöpf, das sich empört, und nicht in den Armen seiner Liebe ruhen will, fällt in die Hände seiner Gerechtigkeit. Nichts hat Werth, als sofern Gott einen damit verbindet. Der erleuchtete Geist, oder das liebende Herz kann nichts hochachten, als in seinen wahren oder angenommenen Beziehungen zum allmächtigen Gott. Es gibt nur Eine wahre Ansicht von den Dingen, und das ist die Ansicht Gottes von ihnen. Es scheint kaum der Mühe werth, so augenfällige Dinge zu sagen; aber das ist gerade das Elend, daß es sogar Katholiken schwer finden, diese Wahrheiten ihrem Geiste einzuprägen, und noch schwerer, darnach zu handeln. Manche erschrecken bei den äußern Zeichen der Gottesvergessenheit, die in einem Lande, wo der Irrglaube herrscht, leider so häufig sind; aber sie selbst in ihren eigenen Angelegenheiten geben wirklich Gott nicht, was Ihm gebührt. Betrachtet einmal, wie Katholiken handeln, wenn sie mit einer politischen Partei, oder einer wissenschaftlichen Gesellschaft verbunden sind, und ihr werdet sogleich ein Betragen sehen, das wenigstens stillschweigend voraussetzt, daß Gott sehr wohl an seinem Platze ist, aber daß Alles seine Gränzen habe, und daß es eine Ungereimtheit, oder ein Beweis von einem beschränkten Geiste sei, Ihn und religiöse Erwägungen, die sich auf Ihn beziehen, in gewisse Discussionen oder Interessen einzudrängen. Viele wahrhaft gute Menschen fallen aus den besten Beweggründen in diesen Fehler, und glauben Gottes Ehre und das Heil seiner Kirche zu fördern, wenn sie so gegen die Welt und ihre Grundsätze den Höflichen spielen. Ach! sie werden einst erwachen und finden, daß sie, während ihre eigene Andacht träge, ihre Frömmigkeit bloß äußerlich, ihre Gebete zerstreut geworden sind, und ihre Grundsätze sich unvermerkt nach ihrer Umgebung richteten, nicht eine einzige Seele zu Gott hingezogen, oder in irgend einem Orte der Welt die Liebe zu unserm Erlöser vermehrt haben. Bei wie Vielen ist dieß der Fall, welche man für unschätzbare Säulen der Kirche hält, nicht weil sie übernatürliche Menschen und in Gottes Geheimnisse eingeweiht sind, sondern weil sie bei der Welt in Ansehen stehen, und die einflußreiche Klasse derselben repräsentiren. Erreicht ihre Klugheit Erfolge, und in was? Liebt irgend Jemand Jesus mehr, oder wird dadurch irgendwo eine arme Seele gerettet? Wir müssen unsere eigene Klugheit prüfen, es wird am besten mit ihr stehen, wenn sie eine übernatürliche ist, sonst nicht. In dem Lande und in der Zeit, in welcher wir leben, muß Jeder einen ganz klaren

Begriff von Gott haben, sonst ist gewiß, daß man Ihm in hundert Fällen nicht gibt, was Ihm gebührt.

Man hört sehr oft sagen, daß, wenn wir immer wüßten, was Gott wünscht, dieß für uns ein großes Hilfsmittel wäre, Ihm recht zu dienen. Wir würden uns gewiß nicht in eine offene Empörung gegen den ausdrücklichen Willen Gottes einlassen. Allein bei den meisten unserer Handlungen wissen wir dieß, und bei allen denjenigen, wo wir nicht wissen, was Er von uns haben will, kennen wir wenigstens den Beweggrund, aus welchem wir handeln sollen. „Was ihr immer thut, ihr möget essen oder trinken, oder sonst etwas thun, thut Alles zur Ehre Gottes." Der heilige Johannes sagt uns, daß Gott die Liebe ist. Gott hat daher in dem so verwickelten und fast unendlichen System dieser Welt, in welcher wir leben, alle Dinge wunderbar zu folgenden zwei Endzwecken eingerichtet, wenn wir sie nicht besser einen einzigen nennen können: 1) daß Er geliebt werde, und 2) daß Er uns in den Stand setze, Ihn zu lieben. Wenn wir so von dem Allmächtigen sprechen dürfen, scheint Er bei Allem keinen andern Zweck im Auge gehabt zu haben, und durch seine unendliche Allmacht ordnet Er Alles so an, daß dieser Zweck erreicht wird. Dieß ist die Regel, welche alle seine Handlungen bestimmt. Die Herzen seiner Geschöpfe sind die einzigen Schätze, welche Er von seiner Schöpfung annehmen will.

Es ist auffallend, wenn wir unsere Gedanken darauf richten, daß weder Engel, noch Menschen in einem Stande der Natur, sondern im Stande der Gnade geschaffen wurden, und so Gott zugleich lieben und das ewige Leben verdienen konnten, was nichts anderes ist, als die ewige Gemeinschaft mit Ihm. Die Gnade war ein besserer Zustand, Gott zu lieben, als die Natur; durch die Gnade konnte Er sich uns mittheilen, durch sie erlangte Er zugleich mehr Liebe für uns, und befähigte uns besser, Ihn zu lieben. Dann kam die Erlösung, und derselbe Zweck ist auch hier sichtbar. Er hätte uns die Sünde vergeben können, ohne Mensch zu werden, aber es war dieß das Mittel, welches Ihm seine Liebe eingab, und am geeignetsten, uns Gegenliebe einzuflößen. Als unser Herr auf die Welt kam, hätte eine einzige Thräne genügt, um zahllose Welten zu erlösen, aber sein Blut zu vergießen war ein größerer Beweis der Liebe. Ein einziger Tropfen Blutes hätte hingereicht, aber es ganz und auf mannigfaltige Art zu vergießen im Oelgarten, an der Säule, auf dem Kreuzwege und auf dem Calvarienberge zeigte mehr seine Liebe, und forderte den Menschen dringender zur Gegenliebe auf. Als Jesus zu seinem Vater zurückkehrte, und das Werk der Erlösung durch alle Zeiten fortdauern sollte, hätte die gewöhnliche Gnade hingereicht; aber daß Jesus unsichtbar in dem Wunder des allerheiligsten Sakramentes des Altars zu uns zurückkam, war ein stärkerer Beweis von Liebe, und zwang uns mehr zur Gegenliebe. Wir hätten in sündloser Unsterblichkeit ewig glücklich sein können im Schooße einer ewig schönen Natur; aber es ist seine Freude, bei den Menschenkindern zu wohnen, daß sie in alle Ewigkeit bei Ihm seien, daß nichts Geringeres, als sein eigenes, anbetungswürdiges Wesen ihr Genuß sein sollte. Ihr sehet, Alles, was unser himmlischer Vater thut, geschieht aus Liebe; Er läßt sich herab, nach unserer Liebe zu seufzen; Er hat uns so geschaffen, daß wir nur glücklich sein können, wenn wir Ihn lieben, und dann blickt Er voll Mitleid auf unser inniges Verlangen, Ihn mehr zu lieben, und thut Alles, was wir Ihn thun lassen, damit wir Ihn immer würdiger und inbrünstiger lieben können. So ist Alles vom Anfang bis zum Ende lautere Liebe; es gibt kein anderes Maß, keinen andern Beweggrund des göttlichen Handelns.

Ach, daß wir ein Herz hätten, dieß zu fassen und Alles, was darin liegt! Wenn wir Maß und Gewicht brauchen wollen gegen die unendliche Güte, so sollte wenigstens seine Liebe gegen uns unser Maß der Liebe gegen Ihn sein, ein Maß, wornach wir immerfort streben müssen, obgleich wir es nie erreichen werden. Wenn unser Herz nicht sogleich schon bei dem Gedanken und bei dem Namen Gottes innigst gerührt wird, so muß das Nachdenken wenigstens uns überzeugen, daß alle Religion eine Sache der Liebe ist, und daß wir ohne Liebe Gott nie schauen können. Ueberall nimmt Gott den untersten Platz ein in seiner eigenen Welt; Er läßt sich herab, zu bitten, wo wir erwarten sollten, daß Er befehle; Er, der uns aus Nichts erschuf, und von welchem allein Alles, was gut ist, hervorkommt, thut, als ob wir Ihn gleichsam verpflichteten, ja er wirbt so zu sagen mit zarten Liebkosungen um unsere Seelen, und keine Kälte von unserer Seite scheint Ihn zurückzustoßen. Die Menschwerdung ist selbst ein Bild des ganzen Verhaltens des Schöpfers gegen seine unwürdigen Geschöpfe. Das Geheimniß des Altarssakramentes ist ganz im Einklange mit der Art und dem Betragen des Allmächtigen in seiner eigenen Welt. Und ach! wir werden nicht gerührt, wir sind so hart, so trocken, so gemein, wie immer! Als ob es für uns ein großer Ruhm wäre, mit der Macht unsers freien Willens zu prangen, und während Gott durch alle möglichen Mittel sich anstrengt, unsere Liebe zu gewinnen, Ihm Widerstand zu leisten! So lange wir unsere Herzen nicht erkannt haben, mochte die Hölle uns eine strenge Strafe scheinen; aber wahrlich, ein wenig Selbstkenntniß zeigt, daß sie beinahe die erste, weil nothwendigste, der göttlichen Erbarmungen ist.

Wohl mochte der heilige Franziscus die Wälder im Thale von Spoleto durchwandern und ausrufen: „Ach,

Gott nicht kennen und Ihn nicht lieben!" Wohl mochte der heilige Bruno die einsamen Berghöhen mit dem Rufe erfüllen: "O Güte! Güte!" Wohl mochte unser theuerster Herr und Heiland der heiligen Gertrud blaß, ermüdet, blutend und mit Schmutz bedeckt erscheinen und sprechen: "Oeffne dein Herz, meine Tochter, denn ich muß eingehen und ausruhen; ich bin dieses Sündenlebens müde."

§. 2. Die Lehre von der frommen Meinung näher betrachtet.

In dem Maße endlich, als die Kenntniß Gottes in uns zunimmt, nehmen wir auch in seiner Liebe zu. Wir fühlen zuletzt einen lebhaften Schmerz darüber, daß wir Gott nicht mehr lieben, und daß Andere ihn auch nicht lieben. Auch hier ist Er bereit, uns entgegen zu kommen. Er ordnete nicht blos alle Dinge so an, unsere Liebe zu gewinnen, sondern Er gibt uns auch die Mittel an die Hand, um für Ihn eine übernatürliche Liebe zu unterhalten. Ich sagte im vorigen Kapitel, daß Er dieß besonders auf zwei Arten thue: 1) gibt Er uns Alles, was sein ist, und läßt es uns Ihm wieder darbringen, als ob es ganz unser eigen wäre; dieß ist der Reichthum unserer Armuth, welchen wir damals betrachteten; 2) vergrößert Er unsere eigenen, geringen Handlungen, und gibt ihnen dadurch einen unermeßlichen Werth, daß Er sie mit den seinigen vereinigt, und uns in den Stand setzt, sie aus übernatürlichen Beweggründen und in Vereinigung mit Ihm zu verrichten. Diese letztere Art, wie Er es in unsere Macht legt, Ihn würdiger zu lieben, wollen wir nun erwägen. Wir wollen den Schatz unserer gewöhnlichen Handlungen und die katholische Andacht betrachten, dieselbe beständig in Vereinigung mit den Handlungen Jesu Gott aufzuopfern. Dieß ist die zweite Art, wie Gott in seiner Barmherzigkeit unserer Schwäche und Unwürdigkeit zu Hilfe kommt. Unter allen Dingen, die wir im Verlaufe eines Tages thun, ist nicht ein einziges, das nicht beitragen könnte, die Ehre Gottes, die Interessen Jesu und das Heil der Seelen zu fördern. Mag die Handlung auch ganz das Siegel der Welt an sich tragen, oder mag sie eine durchaus weltliche Angelegenheit, oder einen Umstand betreffen, welcher sich lediglich auf das Elend des menschlichen Lebens bezieht; sobald ein himmlisches Motiv diese Handlung beseelt, wird sie vom göttlichen Geiste erfüllt, und gleicht einem Juwele fast von unendlichem Werthe, woran Gott sein Wohlgefallen hat. Die Stunden gehen vorüber, eine folgt auf die andere, jede ist mit Handlungen angefüllt, die unserm Stande angemessen sind. Wir schreiben, oder lesen, oder führen Rechnungen, wir kaufen oder verkaufen, wir sprechen, oder denken, oder leiden, und während dieser ganzen Zeit können wir, wenn wir wollen, eine himmlische Münze prägen, womit wir uns das ewige Leben erkaufen. Es braucht nur den Akt oder die Meinung der Aufopferung, wodurch unsere Handlungen sich mit denen des menschgewordenen Gottes vereinigen, um diesen Werth jeder einzelnen Handlung zu verleihen, die wir verrichten.

Diese Andacht, alle unsere Handlungen Gott aufzuopfern, ist durchaus katholisch. Ich glaube, daß diese Uebung den Convertiten mindestens ebenso auffällt, als jede andere in dem System der kirchlichen Andachten, und sie ist gewiß ein anderer höchst rührender Beweis von der Art, wie Gott Alles anwendet, um uns zu seiner Liebe zu führen. Fromme Personen beklagen sich oft über die Zerstreuungen der weltlichen Geschäfte; sie glauben, es werde das besondere Geschäft des Himmels sein, Gott mit ununterbrochener Andacht anzubeten; kurz, sie klagen, daß die Erde nicht der Himmel ist. Und doch dürfte sie in dieser Hinsicht wenigstens demselben nicht so ganz unähnlich sein. Wenn unser Dienst ein Dienst aus Liebe ist, so ist jede dieser sogenannten Zerstreuungen in Wahrheit ein köstliches Opfer, wenn wir es nur selbst wollen. Wenn uns daher wirklich Gottes Ehre, die Interessen Jesu und das Heil der Seelen am Herzen liegen, wenn wir zu jeder Stunde des Tages daran arbeiten wollen, so dürfen wir nicht vergessen, aus diesem Schatze unserer gewöhnlichen Handlungen Nutzen zu ziehen.

Der Geist des Opfers ist, wie gesagt, ein wesentlich katholischer. Er entspringt aus der Lehre von der Messe, welche den Mittelpunkt und die Quelle aller wahren Andacht bildet, und gehört zu einer Religion des Opfers, wie das Evangelium in jeder Hinsicht eine ist. Unser Herr erlöste uns durch die Hingabe und das Opfer seiner selbst, und daher durchdringt dieses Opfer unsere ganze Religion in allen ihren Theilen. Kein Wunder also, daß dadurch die katholische Andacht ihre Gestalt und ihre Form, ihren Geist und ihren Charakter erhält. Dieß fällt so sehr in die Augen, daß wir nicht dabei verweilen dürfen. Was ich euch aber besonders bemerklich machen will, ist der Umstand, daß auch hier dieselbe Sehnsucht nach Liebe, derselbe freundliche, väterliche Geist sich zeigt, welchen Gott uns überall offenbart. Es möchte scheinen, als ob das Gebet ein Vorrecht wäre, das nicht einmal von dem unendlichen Mitleid übertroffen werden könnte; welches Recht könnte auch einem Geschöpfe theurer sein, als das, seine Bedürfnisse seinem Schöpfer bekannt zu machen? Und doch ist die Aufopferung über das Gebet erhaben. Im Gebete empfangen wir von Gott, in der Aufopferung ist Er es, welcher sich herabläßt, zu empfangen, und wir dürfen Ihm geben. Geschenke machen, ist nicht blos ein Zeichen von Liebe, sondern auch von einer Art Gleichheit; daher entspringt aus der Aufopferung eine zärtlichere, innigere Vertraulichkeit mit Gott, welche durch das

Gebet nicht allein entstehen würde. Das kindliche, freie Gebahren der Heiligen kommt größtentheils von diesem Geiste der Aufopferung her.

§. 3. Die Uebungen der Heiligen.

Wir wollen nun sehen, worin die Uebungen der Heiligen in Betreff der Aufopferung ihrer täglichen Handlungen bestanden. Wir dürfen dabei unsere Stellung durchaus nicht vergessen. Wir seufzen nach Gottes Ehre, nach den Interessen Jesu und nach dem Heil der Seelen. Wir sehen, daß unendlich Vieles zu thun ist, daß wir wenig Zeit haben, es zu thun, und geringe Mittel dazu. Wir müssen mit Allem geizig sein, was wir besitzen, geizig mit der Gnade und mit Allem, worüber die Gnade verfügen kann. Es ist unser liebenswürdiger Erlöser, für welchen wir arbeiten; an's Werk also mit Muth und Beharrlichkeit! Wir haben etwas zu thun, wir thun es, und damit hat unsere Handlung ein Ende: aber wenn wir dasselbe mit einer frommen Meinung thun, indem wir es Jesu aufopfern in Vereinigung mit etwas Aehnlichem, das Er auf Erden verrichtete, so wird es ein angenehmes Opfer von unendlichem Werthe bei Gott. Welcher Geizhals würde nicht den ganzen Tag Geld schlagen, wenn er könnte? Und doch ist dieß gerade das, was wir thun können, und durch das erhabene Geheimniß der Menschwerdung auf eine höchst wirksame Weise, um das ewige Leben zu erlangen.

Der heilige Thomas lehrt uns, daß das Werk eines Gerechten in dem Maße um so verdienstlicher wird, je vortrefflicher das übernatürliche Motiv ist, aus welchem das Werk gethan wird, und da die Liebe des Wohlwollens vorzüglicher ist, als jede andere, so sind auch die Werke, welche aus diesem Motive verrichtet werden, die vorzüglichsten von allen. Ferner lehrt er uns, wie ich in einem frühern Kapitel erwähnte, daß die Werke, welche für Gott als unsern Vater gethan werden, verdienstlicher sind, als diejenigen, die wir für ihn als unsern Schöpfer verrichten, weil der Beweggrund vorzüglicher ist. Rodriguez erzählt uns, Gott habe der heiligen Mechtilde geoffenbart, daß es Ihm höchst wohlgefällig sei, wenn wir Ihm alle unsere Handlungen in Vereinigung mit denen Christi aufopfern würden, und unser Herr selbst sagte dasselbe der heiligen Gertrud und auch der heiligen Maria Magdalena von Pazzi. Ebenso sagt der heilige Thomas: „Christus bedeutet den Brandopfer- und den Weihrauchaltar; denn durch Ihn sollen wir Gott alle tugendhaften Werke aufopfern, womit wir unser Fleisch züchtigen, und diese werden auf dem Brandopferaltare dargebracht; wir sollen Ihm aber auch alle die Akte aufopfern, welche wir durch unsere geistlichen Wünsche nach Vollkommenheit verrichten, und diese werden auf dem Weihrauchaltare dargebracht." Ebenso sagt der heilige Ignatius in seiner Regel, daß alle seine Kinder eine fromme Meinung haben sollen nicht nur in ihrem Lebensberufe, sondern auch in den geringsten Kleinigkeiten, indem sie allzeit nur so handeln sollen, um der Güte Gottes zu gefallen; und die heilige Theresia sagt: „Jeder wird das gewünschte Ziel seiner Gebete wirksamer erreichen, wenn er nur seine Handlungen dem ewigen Vater in Vereinigung mit den Verdiensten unsers Herrn aufopfert." Orlandini erzählt uns von dem P. Peter Faber, er habe die Verstorbenen so sehr in seinen Schutz genommen, daß er wünschte, alle seine Brüder möchten ihre täglichen Handlungen so aufopfern, daß, wenn sie, durch äußere Beschäftigungen zerstreut, nicht mündlich beten könnten, ihre Handlungen selbst als stumme Fürbitte für die armen Seelen zum Himmel aufsteigen möchten. Um Ermüdung und Anstrengung des Geistes zu vermeiden, empfiehlt Lancisius, diese Aufopferung mit ein paar

Worten zu machen, z. B.: ich will, oder ich opfere auf, oder ich thue oder sage dieses — um Deinetwillen, mein himmlischer Vater! Wir können uns entweder an die nämlichen Worte halten, oder damit abwechseln, je nachdem wir unsere Andacht mehr dadurch angeregt fühlen. Dieß Gebet der Aufopferung ist, wie er sagt, an sich selbst vorzüglicher und verdienstlicher, als die Beschaulichkeit des stillen Gebets, und zwar aus dem Grunde: sowol bei der Aufopferung, als bei der Beschauung ist der Hauptzweck derselbe, nämlich Gott einfach um seiner selbst willen geliebt; aber bei der Aufopferung kommt noch etwas Weiteres hinzu, das Werk oder Wort, welches für Gott gethan oder gesprochen wird. Daher lehren auch die Theologen, daß das gemischte Leben vollkommener ist, als das rein beschauliche.

Derselbe ascetische Schriftsteller empfiehlt auch, daß wir Gott die besondern Umstände unserer Handlungen ebenso aufopfern sollen, als die Handlungen selbst. Wenn wir z. B. Morgens aufstehen, könnten wir sagen: „O heiligster und geliebtester Vater! ich will nun ohne Verzug um Deinetwillen in Vereinigung mit den Verdiensten und allen Werken meines theuern Erlösers aufstehen, um schnell dem Rufe des heiligen Gehorsams zu gehorchen, und ich will mich so schleunig als möglich mit aller Sittsamkeit ankleiden, damit ich desto bälder zu Deiner Ehre meine Arbeit beginnen kann." Diese Mannigfaltigkeit der äußern Umstände bei unsern Handlungen vermehrt, wie er sagt, zugleich das Verdienst des Opfers und verhütet die Ermüdung und Niedergeschlagenheit des Geistes. Indessen kann diese Uebung nicht immer denselben Einfluß auf alle Personen haben, oder auf dieselbe Person zu verschiedenen Zeiten.

Er empfiehlt auch als einen Akt größerer Liebe und größern Verdienstes, die Aufopferung unserer Handlungen zu gewissen übernatürlichen Endzwecken zu machen, welche dem Hauptzwecke — Gott — untergeordnet sind, und er führt folgende Beispiele an, nicht als ob wir nothwendig an alle bei unsern Handlungen denken müßten, sondern um für den verschiedenen Geschmack der Andächtigen mannigfaltigen Stoff zu liefern. Wir können z. B. unsere Handlungen 1) aufopfern für die übernatürliche Güte, die im Tugendakte selbst liegt; 2) um die Vorschriften Gottes oder der Kirche zu erfüllen; 3) um unsern Obern zu gehorchen; 4) um sich selbst abzutödten; 5) um für die Sünden dieser oder jener Person genugzuthun; denn um für unsere eigenen Sünden genugzuthun, ist es nicht nothwendig, eine besondere Aufopferung unserer Handlungen zu machen, da jedes übernatürliche Werk eines Gerechten schon an sich selbst für seine Sünden genugthut, wenn es nicht für Andere aufgeopfert wird; 6) damit wir für dieß Werk Gott im höchsten Grade anbeten und verherrlichen mögen; 7) um Ihm unsere Dankbarkeit für alle Gaben zu bezeugen, die Er über uns und über Andere, über die heilige Menschheit unsers Herrn, über die seligste Jungfrau, die Engel, die Heiligen, und selbst über jene Unglückseligen ausgegossen hat, die jetzt auf ewig verloren sind; 8) damit wir ein gutes, erbauliches Beispiel geben; 9) um durch diese Handlung oder dieses Wort die tugendhaften Gewohnheiten zu vermehren, die uns Gott theuer machen; 10) damit wir Gott ähnlicher werden; 11) damit wir dadurch unsere Seele schmücken und sie zu einem passendern Tempel für den heiligen Geist und zu einem keuscheren Gliede Jesu Christi machen; 12) daß wir so die Ehre Christi, die Wirksamkeit seines kostbaren Blutes weiter verbreiten, indem wir dadurch in uns selbst die übernatürlichen Akte vermehren; 13) daß wir die triumphirende Kirche erfreuen; 14) die streitende Kirche zieren, und 15) die bösen Geister beschämen mögen; 16) um auf den ganzen Leib Christi größere Gnaden herabzuziehen; 17) um so vor den Menschen, Engeln und Teufeln die Wirksamkeit der heiligen Eucharistie zu zeigen; 18) damit wir dadurch unsere Gelübde, Wünsche und Entschließungen erfüllen; 19) um den göttlichen Eingebungen getreu zu sein; 20) um Christus und die Heiligen nachzuahmen; 21) um dadurch die allerseligste Jungfrau, unsere Schutzengel oder Schutzpatrone zu ehren. Alle diese Meinungen können ebenso auf das Uebel angewendet werden, das wir dulden, als auf das Gute, das wir thun.

So verwandeln sich in der geheimen Werkstätte der frommen Meinung die Schlacken unserer gewöhnlichsten Handlungen täglich in das feinste Gold, und wir können aus einer Offenbarung, welche der Herr der heiligen Gertrud zu Theil werden ließ, zu unserm großen Troste abnehmen, welchen Werth unsere Handlungen in den Augen unsers Herrn erhalten. „Wie ein geiziger Wucherer," sprach Er zu ihr, „nicht gerne die Gelegenheit versäumt, einen einzigen Pfenning zu profitiren, eben so wenig möchte ich einen einzigen Gedanken oder eine einzige Bewegung deines kleinen Fingers, die du um meinetwillen machst, verloren gehen lassen, ohne dieß zu meiner größern Ehre und zu deinem ewigen Heile zu verwenden." Bei einer andern Gelegenheit, als sie einst in der Nacht an großer Schwäche litt, aß sie etliche Trauben mit der innern Meinung, dadurch unsern Herrn zu erfrischen. Er seinerseits nahm dieß als ein königliches Geschenk an, und sprach zu ihr: „Du hast mich dadurch für den bittern Trank belohnt, den ich um deinetwillen am Kreuze nahm; denn jetzt ziehe ich aus deinem Herzen unaussprechliche Süßigkeit. Mit je größerer Reinheit der Absicht du deinen Leib zu meiner Ehre erquickest, mit um so größerer Süßigkeit fühle ich mich selbst in deiner Seele erquickt." Ein anderes Mal sprach unser Herr zu ihr: „Meine Zärt-

lichkeit wird einen einzigen Schritt, einen vom Boden
aufgehobenen Strohhalm, einen Gruß, ein einziges Memento für die Verstorbenen, ein einziges Wort der Fürbitte für die Sünder gnädig aufnehmen, wenn es nur
mit einer frommen Meinung begleitet ist."

§. 4. Ascetische Schriftsteller.

Es ist tröstlich und vielleicht, wenn man Alles wohl
erwägt, nicht erstaunlich, daß die geistlichen Schriften der
Heiligen sich viel mehr zu unserer geringen Fassungskraft
und zu unsern schwachen Herzen herabließen, als die
Schriften frommer Männer, welche keine Heiligen sind.
Wie oft wird der arme, schüchterne, und doch nach dem
Höhern strebende Geist durch das harte, trockene, theoretische System mancher geistlichen Bücher ermüdet und zurückgestoßen! Wie voll sind sie von jenen Höhen, die kaum
ein Engel ersteigen könnte! Sie stellen uns immer eine
fast unmögliche Losschälung von den Geschöpfen vor Augen, eine beständige Anstrengung des Geistes und eine
vollständige Ertödtung aller natürlichen Thätigkeit, sonst
sind wir, wie sie sagen, nicht auf dem rechten Wege, nicht
blos fern von dem Gipfel der Vollkommenheit, sondern
ganz außerhalb des Weges, welcher dahin führt. Sie
stürzen uns ferner fast in Verzweiflung dadurch, daß sie
uns zeigen, wie überall eine fast unvermeidliche Täuschung
ist, so daß wir das Streben nach Vollkommenheit aufgeben als einen Stand, wo uns Gott nur Hindernisse
in den Weg zu legen sucht. Wie ganz anders sind die Schriften der Heiligen! Selbst der heilige Johann vom Kreuze,
wie lieblich, wie ermuthigend und milde zeigt er sich gegen
den niedrigsten aus uns! Wie schreitet er in seinem Unterrichte allmählig fort! Von dem heiligen Philipp pflegte
man bei seinen Lebzeiten im Scherze zu sagen, daß er die
Menschen in einem vierspännigen Wagen zum Himmel

führe. Der heilige Ignatius sagte: „Wenn die Ordens-
leute nicht wohl genährt würden, so könnten sie auch nicht
recht beten," und in dem Werke, das von einem guten
Obern handelt, sehen wir, wie derselbe immer dem P.
Schaffner anlag, bessere Speise herzugeben. Er brachte
einen beinahe außer sich, weil er darauf bestand, daß die
ganze Gemeinde an einem Freitage Lampreten erhalten
solle, da sie so theuer waren, daß nur Kardinäle und Ge-
sandte sie kaufen konnten. Der heilige Franz von Sales
beklagte sich bei dem Bischofe von Belley, daß er ihm
schlechtes Essen gebe, und doch war er der Heilige der
reinen Liebe. Würde der heilige Alphons, jener reine
Geist, halb so nachsichtig gewesen sein, wenn er nur halb
so heilig gewesen wäre? Manche geistliche Bücher sagen
uns z. B., wenn wir unserm Geruchsinn in etwas nachgeben, so sei dieß eine entsetzliche Sünde gegen die Abtödtung, und doch eilt die heilige Maria Magdalena von
Pazzi in den Garten, pflückt die Blume, athmet den
Wohlgeruch mit Entzücken ein, und ruft aus: „O gütigster
Gott, der du von Ewigkeit diese Blume bestimmtest, mir,
einer Sünderin, diesen Genuß zu verschaffen!" Ich weiß
nicht, wie es der heiligen Gertrud und ihren Trauben bei
einigen ascetischen Schriftstellern ergangen wäre; sie hätten
ihr wahrscheinlich gesagt, sie solle sich an den Durst unsers
Herrn am Kreuze erinnern und ihrem Verlangen nicht
nachgeben, wenn sie nicht wirklich fühle, daß es ihr an
Gnade fehle, die Höhen der Vollkommenheit zu erreichen.
All dieß wäre ganz wahr und für manche Seelen der
rechte Rath gewesen, allein die Offenbarung der Heiligen
lehrt uns, daß die Regel nicht ohne Ausnahme ist. So
sagt auch die heilige Theresia in ihrem Briefe an den
Bischof Alonzo Velasquez von Osma, indem sie von sich
in der dritten Person spricht: „Abgesehen davon, was ich
soeben erwähnte, so glaube ich, sie sorgt mehr für ihren

Leib und ihre Gesundheit, und ist im Essen weniger abgetödtet, auch hat sie kein solches Verlangen, Buße zu thun, wie früher; allein in ihrer Meinung zielt Alles dahin, Gott desto mehr in andern Dingen dienen zu können; denn sie bringt Ihm oft diese Sorgfalt für ihren Leib als ein angenehmes Opfer dar." Ich will damit nicht sagen, daß es leicht sei, ein Heiliger zu sein, sondern daß die Heiligen sich mehr zu denjenigen herablassen, welche es versuchen, heilig zu werden, als Schriftsteller, welche nicht heilig gesprochen sind. Die Heiligen sind die nachsichtigsten Lehrer. Es kommt dieß daher, weil sie mehr Jesu gleichen, als die übrigen Menschen, und weil sie mehr in den Charakter und in die Umstände, in die Ansichten und Gefühle Anderer eingehen. Wer es versucht, die christliche Vollkommenheit zu erreichen, der befolge die Regel des heiligen Philipp und halte sich an die Bücher von Verfassern, deren Namen mit einem St. beginnen, d. h. von Heiligen. Wenn er sich zu sehr in die Hand von andern Schriftstellern gibt, so ist 10 gegen 1 zu wetten, daß Andere, die jetzt weit hinter ihm sind, ihm einst begegnen werden, wenn er ganz betrübt und entmuthigt den Hügel herabkommt, weil die Bücher, denen er folgte, ihn einen Weg von Dornen und Felsen führten; Andere dagegen haben einen bescheidenen Aufschwung genommen und verfolgen ihren Weg auf den Fußstapfen der Heiligen, wie Kinder, welche dem sandigen Strande des Meeres entlang gehen, ihre zarten Füße in die Fußstapfen setzen, die ein starker Mann hinter sich gelassen hat, und wenigstens den Flugsand vermeiden, wenn auch die Schritte, die sie machen müssen, etwas lang und komisch anzusehen sind.

Ich muß mich übrigens gegen ein Mißverständniß verwahren. Ich will damit nicht sagen, daß ascetische Schriftsteller, welche nicht heilig gesprochen sind, gefährliche Führer seien, oder daß ihre Werke nicht höchst werthvoll sein können; viele derselben wurden von der Kirche mit Beifall aufgenommen. Ich meine nur, daß es im allgemeinen ein sehr großer Unterschied ist zwischen dem Tone der Schriftsteller, welche Heilige sind, und derjenigen, die keine sind, und daß der Unterschied darin bestehe, daß die Heiligen sich mehr zu uns herablassen und mit größerer Nachsicht zu uns sprechen, und daß ferner ebenfalls im allgemeinen jene Personen (und ihrer sind nicht wenige), welche sich nur an ein einziges Buch halten und sich ganz auf dasselbe verlassen, am sichersten gehen, wenn dieß Buch das Werk eines Heiligen ist. Ich weiß wohl, daß Thomas von Kempis kein Heiliger ist, und daß der heilige Franz von Sales sich an ein einziges Buch hielt, dessen Verfasser, Scupoli, aus dem Orden der Theatiner, von der Kirche nicht heilig gesprochen ist. Ihr müßt meine Worte nur als eine allgemeine Behauptung ansehen; gewiß ist, daß geistliche Bücher eine furchtbare Macht sind und eben so gut schaden, als nützen können, und wenn sie schaden, so geschieht es, wie bei einer Dampfexplosion, in einem schrecklichen Grade.

Nicht blos deßhalb, weil Gertrud eine Heilige war, hatte unser Herr ein so großes Wohlgefallen an dieser Aufopferung ihrer täglichen Handlungen. Als einst die ganze Gemeinde sich bei den Worten: „Das Wort ist Fleisch geworden," verneigte aus Ehrfurcht vor der Menschwerdung unsers Herrn, hörte sie unsern Erlöser in ihrem Innern sagen: „So oft Jemand bei diesen Worten mit frommer Gesinnung sich verneigt und mir dankt, weil ich aus Liebe zu ihm mich herabließ, Mensch zu werden, eben so oft verneige ich mich, von meiner Zärtlichkeit getrieben, voll Gnade gegen ihn, und bringe mit der innigsten Liebe meines Herzens Gott dem Vater ein doppeltes Opfer mit allen Früchten meiner heiligen Menschheit zur Vermehrung der ewigen Seligkeit dieses Menschen." Vernehmet auch, wie Er sich über die Genüsse des Lebens äußert. „Wer," sagt Er zur heiligen Gertrud, „alle seine Erholungen und Bedürfnisse, z. B. Essen, Trinken, Schlafen u. dgl. mit dieser Meinung genießt: Herr! ich nehme diese Nahrung (oder was es sein mag) in Vereinigung mit jener Liebe, womit Du Dich selbst heiligtest, als Du in Deiner heiligen Menschheit solche Bedürfnisse befriedigtest, zur Ehre Deines Vaters und zum Heil des ganzen Menschengeschlechtes, damit es in Vereinigung mit Deiner göttlichen Liebe den Trost derjenigen, die im Himmel, auf Erden und im Fegfeuer sind, vermehre — ein Solcher wird, so oft er es thut, für mich gleichsam der festeste Schild gegen die vielen Unbilden, womit weltliche Menschen mich verfolgen, und ich sehe ihn als meinen Beschützer und Vertheidiger an." Einst an dem Donnerstage vor der Fastnacht hörte Gertrud nach der Matutin einige Diener in einem Nachbarhause ein Geräusch in der Küche machen, weil sie ihr Frühstück bereiteten. Seufzend rief sie aus: „Ach, mein Herr! wie frühe stehen die Leute morgens auf, um Dich mit ihrem Schmausen zu verfolgen!" Allein unser Herr erwiederte ihr lächelnd: „Theuerste Tochter: hier brauchst du nicht zu seufzen; diejenigen, welche das Geräusch machen, gehören nicht unter Jene, welche mich mit ihrer Schlemmerei beleidigen; denn durch dieß Frühstück werden sie zu ihrer täglichen Arbeit gekräftigt. Deßhalb freue ich mich an ihrem Mahle, wie ein Mann sich freut, wenn er sieht, daß sein Lastthier es sich tüchtig schmecken läßt, weil es ihm um so besser dient."

O liebenswürdiger Erlöser, warum schmilzt die eisige Rinde nicht an unsern Herzen, wenn wir solches von Dir lesen? Wir haben es mit keinem Zuchtmeister zu thun. So geringe Arbeit und so großen Lohn! Wenn der Hund seinen Herrn liebt und zeigt, daß er seine

Freundlichkeit schätzt, wie viel mehr sollten wir ganz aus Liebe einem solchen Herrn dienen, wie unser liebenswürdiger Erlöser ist? Aber leider stellen wir uns diesen liebevollen Gott ganz anders vor; wir ahmen stets das undankbare Betragen des Dieners nach, welcher sein einziges Talent aus Furcht vor der Strenge seines Herrn vergrub, und wir wollen Gott nicht als das anerkennen, was Er ist — als unsern nachsichtigsten Vater. Wie tief empfindet Er diese rohe Verkehrtheit! „Höret, ihr Himmel, und nimm es zu Ohren, Erde; Söhne habe ich aufgezogen und emporgebracht, aber sie haben mich verachtet. Es kennet der Ochs seinen Eigenthümer, und der Esel die Krippe seines Herrn; Israel aber kennet mich nicht, und mein Volk versteht es nicht."[1]) Während wir indeß Ihm nicht die Dankbarkeit der Thiere bezeigen wollen, will Er dennoch uns mehr sein, als eine Mutter ihrem Kinde. Als Sion sprach: „Der Herr hat mich verlassen, vergessen hat meiner der Herr," so antwortete Er dem Rufe: „Kann denn ein Weib ihres Kindes vergessen, daß sie sich nicht erbarmte des Sohnes ihres Leibes? Und wenn sie es vergäße, so wollte doch ich dich nicht vergessen."[2])

Was ist für wahre Anbetung nothwendiger, als eine tiefe, stille Ehrfurcht? Ja, was ist für ein liebeglühendes Herz süßer, als in der Vorstellung der herrlichen Eigenschaften Gottes von heiliger Scheu ergriffen zu schweigen? Vertraulichkeit wäre in der Religion etwas Ungebührliches, wenn sie sich nicht mit Ehrfurcht verbinden würde. Was gibt es für ein vertraulicheres Verhältniß, als zwischen Vater und Sohn? und doch, welche Liebe ist ehrerbietiger, als die kindliche! Es war aber keine wahre Ehrfurcht, welche Petrus antrieb, zu seinem Herrn zu sagen: „Gehe

---

[1]) Isai. 1, 3. [2]) Ebend. 49, 14.

von mir weg, ich bin ein sündiger Mensch," oder was die Einwohner von Gabara bewog, Ihn zu bitten, sich aus ihrer Gegend zu entfernen. Aber es war Ehrfurcht, was Magdalena trieb, den auferstandenen Jesus bei den Füßen zu halten, obgleich Er es nicht dulden wollte. Leider nehmen wir zu oft Kälte für Ehrerbietigkeit. Wie mild tadelt Jesus diese Gesinnung, als die heilige Gertrud sich bei Ihm über eine ihrer Nonnen beklagte, welche, wie sie dachte, aus frommer Scheu sich von einer Kommunion der ganzen Gemeinde ferne hielt. „Was kann ich hier thun?" sprach unser Herr, „diese guten Leute legen die Binde ihrer eigenen Unwürdigkeit so dicht über ihre Augen, daß sie die Zärtlichkeit meines väterlichen Herzens nicht gewahr werden können." [1]

§. 5. Der Geist der heiligen Gertrud.

Der Geist der heiligen Gertrud war in so hohem Grade ein Geist der Aufopferung und Vertraulichkeit, daß Lancisius, als er seine Abhandlung über die Gegenwart Gottes schrieb, ein ganzes Kapitel den verschiedenen Arten widmete, welche sie bei der Aufopferung ihrer täglichen Handlungen befolgte. Eusebius Amort tadelt bei der Untersuchung ihrer Offenbarungen die Sprache einiger dieser Arten als neu in der Kirche, und nicht mit der Sprache der Schulen übereinstimmend, wiewol andere gewichtige Schriftsteller dieselben mit Lob erwähnen. Um mich nicht bei diesem Punkte aufzuhalten, will ich mich darauf beschränken, einige ihrer Uebungen anzuführen. Manchmal opferte sie ihre Handlungen in Vereinigung mit der gegenseitigen Liebe der drei göttlichen Personen der heiligsten Dreifaltigkeit auf; zuweilen die Schmerzen und Thränen Jesu für die Nachlässigkeiten in ihren Handlungen. Manch-

---

[1] Rev. III. X. sub fine.

mal machte sie ihre Aufopferung in Vereinigung mit dem
wirksamen Gebete Jesu und in der Kraft des heiligen
Geistes, zur Sühne für ihre Sünden, und als Ersatz für
ihre Unterlassungen. Ein anderes ihrer Opfer war das
ganze Leiden des göttlichen Sohnes, von der Stunde, wo
Er zuerst weinte, als Er auf Stroh in der Krippe lag,
bis zur Stunde, da Er am Kreuze sein Haupt neigte
und mit einem lauten Rufe den Geist aufgab. Dieß that
sie für ihre Sünden. Ferner opferte sie zur Genugthuung für ihre Nachlässigkeiten dem Vater den ganzen
heiligsten Wandel seines Sohnes auf, welcher vollkommen
war, ohne Fehler in allen Gedanken, Worten und Werken
von der Stunde an, wo Er in die Welt gesendet ward,
bis zur Stunde, da Er seinem Vater die Glorie seines
siegreichen Fleisches vorstellte. In Vereinigung mit ihrer
Danksagung opferte sie Gott von neuem auf, was Er
ihr gegeben hatte, und sang das Lob Gottes im Namen
aller Creaturen im Himmel, auf Erden und unter der Erde.
Zuweilen brachte sie ihre Opfer in Vereinigung mit den
göttlichen Vollkommenheiten dar, und unser Herr selbst
lehrte ihr, manche Handlungen Ihm in Vereinigung mit
der Liebe aufzuopfern, wodurch Gott Mensch geworden
ist. Als sie einst dem Vater den ganzen heiligen Wandel
seines Eingebornen aufopferte, kam es ihr vor, als ob
alle Edelsteine, womit das Gewand unsers Herrn geziert
war, sich bewegten, und zum Preise des ewigen Vaters
eine entzückende Melodie hervorbrächten; dadurch erkannte
sie, wie angenehm Gott diese besondere Art von Aufopferung sei.

Manchmal machte sie ihre Aufopferung in folgender
Weise: „O Herr! ich opfere Dir dieß Werk auf durch
Deinen einzigen Sohn, in der Kraft des heiligen Geistes
zu Deinem ewigen Preise." Es wurde ihr da vergönnt,
zu sehen, daß durch diese fromme Meinung ihre Werke

über allen menschlichen Begriff veredelt wurden; denn gerade, wie etwas grün aussieht, was man durch ein grünes Glas anblickt, oder roth, was durch ein rothes Glas angesehen wird, ebenso ist Alles Gott dem Vater höchst wohlgefällig, was durch seinen eingebornen Sohn dargebracht wird. Zuweilen betete sie, unser Herr möchte sich herablassen, für sie alle Vollkommenheiten darzubringen, welche Er am Tage seiner Auferstehung an sich hatte. Ein anderes Mal opferte sie ihr Herz ganz Gott auf zu seinem ewigen Preise, um an ihrem Leibe und an ihrer Seele zu erfüllen, was Ihm wohlgefällig sei. Ueber dieses Opfer wurde Jesus so gerührt, daß Er mit großer Freude sich vom Kreuze herabneigte, sie umarmte und sie sanft an die Wunde seiner heiligen Seite drückte, mit den Worten: „Willkommen, meine theuerste Tochter! du bist der sanfteste Balsam für meine Wunden, und die lieblichste Linderung meiner Schmerzen." Unser Herr lehrte ihr auch durch den Gesang des Alleluja, Gott in Vereinigung mit allen Himmelsbürgern zu loben, welche Ihn unaufhörlich mit diesem Worte preisen. Zuweilen opferte sie Gott den heiligen Wandel Jesu auf, zum Ersatz für die Fehler, die sie seit der Stunde ihrer Taufe begangen, weil sie einem solchen Gaste keine würdige Wohnung in ihrer Seele bereitete, oder sie erneuerte bei der Erhebung der heiligen Hostie dasselbe Opfer, und bat den heiligen Geist um Verzeihung, daß sie seinen Einsprechungen nicht besser mitgewirkt habe. Oder sie empfahl, in Vereinigung mit den makellosen Gliedern unsers Herrn, demselben, wie Er es ihr selbst gelehrt hatte, alle Glieder ihres Leibes mit allen ihren Bewegungen, daß sie sich von dieser Zeit an nimmer bewegen sollten, als zu seiner Liebe, zu seinem Preise und zu seiner Ehre. Als sie dieß that, sah sie einen goldenen Gürtel vom Herzen Gottes ausgehen, und ihre Seele umschlingen, welcher sie durch ein unauflösliches Band der Liebe mit unserm Herrn verknüpfte.

Wir geben dieß als Beispiele der Methode, welche die heilige Gertrud befolgte, und des Geistes, der sie beseelte, damit sie uns eine ähnliche Andacht einflößen mögen, ohne irgend eines derselben insbesondere als für Jeden von uns passend empfehlen zu wollen. Was für einen ganz andern Begriff würden wir von unserm liebenswürdigen Erlöser haben, wenn wir irgend etwas dieser Art übten! Wie würden wir uns beeilen, alle unsere Gedanken, Neigungen und Wünsche Ihm zu Füßen zu legen! Zeigen uns diese Beispiele wenigstens nicht, wie die trockenste und weltlichste Beschäftigung leicht und angenehm in einen beständigen Dienst der göttlichen Liebe sich verwandeln läßt?

§. 6. Die Aufopferung unserer Vergnügen und Erholungen.

Außer diesen gewöhnlichen Handlungen, die zu unserm Stande und Berufe gehören, kann auch die Zeit unserer Erholung und Muße mit verdienstlichen Handlungen ausgefüllt werden, so daß Jesus beständig in unserm Herzen eine reichliche Aerndte an Ehre und Liebe einsammeln kann. Ach, wie Viele verlieren im Kloster bei der Erholung Alles, was sie bei Beobachtung der Regel und im Gebete gewonnen haben, so daß die Abtödtung im Ordensleben eine leichtere Pflicht ist, als die Erholung. Mariano Sozzini, ein Mitglied des Oratoriums zu Rom, erwähnt, daß einer der Väter zu seiner Zeit, wenn er täglich vom Refectorium nach dem Recreationszimmer ging, um die vier ersten Früchte des heiligen Geistes zu beten pflegte, um die Liebe, die Freude, den Frieden und die Geduld, weil diese vier Gaben erforderlich sind, um eine Erholung zugleich allgemein und nützlich zu machen. Einige haben es in der Uebung, sich in die Gegenwart Gottes zu stellen, so weit gebracht, daß sie beim Spaziergang oder bei der Unterhaltung in ihrem Herzen fast bei jedem Schritte, den sie machten, zu Gott sprachen: Um Deinetwillen, um Deinetwillen; propter te, propter te; dasselbe thaten sie auch während der Mahlzeit bei jeder Bewegung, die sie machten. Die heilige Maria Magdalena von Pazzi empfahl ihren Novizen zur Ehre Gottes, wenn es möglich wäre, sogar jeden Wink ihrer Augen und die geringste Bewegung ihrer Glieder aufzuopfern, und sie versprach ihnen, wenn sie in dieser Weise handelten, würden sie nach ihrem Tode geraden Weges in den Himmel kommen, ohne die Peinen des Fegfeuers erdulden zu müssen. Um diese Uebung ihnen tiefer einzupflanzen, fragte sie oft bald diese, bald jene ganz unerwartet mitten unter ihren Geschäften, mit welcher Meinung sie arbeiteten. Gab ihr eine nicht sogleich Antwort, so schloß sie daraus, daß sie ihre Arbeit ohne vorhergehende Meinung begonnen habe, und tadelte sie, weil sie eine Gelegenheit zu einem Verdienste verlor, und Gott ein Vergnügen entzog. In dem Leben des Gregorius Lopez wird (natürlich als ein Wunder) erzählt, daß er drei ganze Jahre bei jedem Athemzuge in seinem Herzen sprach: „Dein Wille geschehe auf Erden, wie im Himmel;" und diese Gewohnheit hatte eine solche Stärke bei ihm angenommen, daß er, wenn er zufällig bei Nacht aufwachte, die nämliche Uebung wieder anfing. Wir können ein solches Beispiel nicht nachahmen; aber wir werden Gott mehr lieben, wenn wir wissen, daß Er Menschen erweckte, welche es vermochten. Gepriesen sei die heiligste Dreifaltigkeit für alle Gnaden, die sie von jeher in den Geist der Engel und die Herzen der Menschen ausgegossen hat!

Es gibt Viele, welche wünschen, sich ganz Gott zu widmen, und welche gerne einige von jenen körperlichen Abtödtungen üben möchten, die sie im Leben der Heiligen lesen; allein entweder ist ihre Gesundheit leidend und schwach, oder sie haben nicht den Muth, Buße zu thun, oder was am gewöhnlichsten ist, es fehlt ihnen sowol die Gesundheit, als der Muth. Wir brauchen eine Anleitung zur Vollkommenheit für kränkliche Personen. Menschen, welche eine leidende Gesundheit besitzen, sind zugleich mehr oder weniger fähig, an der Ehre Gottes zu arbeiten, als Jene, die eine gefährliche Krankheit an's Bett fesselt. Diese Behauptung erfordert eine nähere Erklärung. Ueber kränkliche Personen schweigen die geistlichen Schriften fast immer, wiewol in dem dritten Abschnitte der Sancta Sophia des P. Baker Manches in dieser Hinsicht gesagt ist. Der heilige Bernhard soll absichtlich ungesunde Lagen für seine Klöster gewählt haben, weil er eine schwache Gesundheit als ein großes Hilfsmittel zur Betrachtung und zu innern Uebungen ansah. Aber heutzutage ersetzen reizbare Nerven, Rheumatismen und eine weichliche Erziehung in dieser Hinsicht die ungesunde Luft eines sumpfigen Waldes hinlänglich. Gibt es aber eine von jenen Schwächen, welche eine kränkliche Person hindern könnte, heilig zu werden, oder eine heldenmüthige Tugend zu üben? Nein, gewiß nicht. Wenn solche Personen ihre Pflichten gegen sich selbst ehrlich erfüllen wollen, so müssen sie sich nach Bußübungen umschauen, welche ihnen weder einen körperlichen Schmerz verursachen, den sie nicht ertragen können, noch einen schädlichen Einfluß auf ihre Gesundheit ausüben. Es ist offenbar, daß eine gewissenhafte Anwendung unserer Zeit gerade eine solche Buße ist. Wir können Gott versprechen, daß wir nie mit Willen unsere Zeit in Beschäftigungen vergeuden wollen, wodurch wir kein Verdienst erwerben können. Dieser Entschluß aber ist in unsern Tagen keineswegs leicht festzuhalten; er wird oft wie ein unbequemes Joch auf unserer natürlichen Freiheit lasten. Wenn wir ihn indeß festhalten, so werden wir wirklich Buße thun, und zugleich für die Ehre Gottes, für die Interessen Jesu und das Heil der Seelen eine unermeßliche Aernbte davontragen. Dieß schließt Erholungen keineswegs aus. Jedermann erinnert sich an die Geschichte des heiligen Karl Borromäus mit seiner Schachparthie. Während Andere davon sprachen, was sie sofort anfangen wollten, wenn sie wüßten, daß sie inner einer Stunde sterben müßten, sagte der Heilige, er würde sein Schachspiel fortsetzen; denn er habe es blos zur Ehre Gottes begonnen, und er wünsche nichts Besseres, als mitten in einer Handlung abgerufen zu werden, die er zur Ehre Gottes angefangen habe. Es ist leicht, beim Spiel ein Verdienst zu gewinnen; denn fast alle Zeitvertreibe bieten Gelegenheit genug, Tugenden zu üben. Es ist ganz leicht möglich, durch das Lesen eines abgedroschenen Romans ein Verdienst zu erwerben, vorausgesetzt, daß dieß der einzige und schlimmste Fehler desselben ist, einmal weil es gewissermaßen eine Pflicht ist, den Geist zu zerstreuen, was nur durch eine interessante Beschäftigung geschehen kann, und auch weil der frappante Gezensatz zwischen der Dichtung einer solchen Erzählung und jenen ernsten Wahrheiten des Glaubens, die uns gewöhnlich beschäftigen, uns zu manchem Act der Liebe und der Danksagung für den Glauben und für die Gnade veranlaßt. Allein es ist nicht leicht, ein Verdienst zu erlangen, wenn man seine kostbare Zeit unnützer Weise verschleudert, wenn man ohne bestimmte Absicht da- und dorthin läuft, und sich allerlei frivolen, lieblosen Schwätzereien hingibt. Die frommen Personen sind größtentheils auch nicht so bedenklich über die Anwendung ihrer Zeit, wie sie sein sollten; wenn übrigens, wie wir es glauben, der heilige Karl um eine Stufe höher im Himmel ist, wegen seiner Schachparthie, so ist es gewiß zu bedauern, daß man so viele Gelegenheiten verliert, ein Verdienst zu erwerben, und die Interessen Jesu zu befördern. In der That könnte die pünktlichste Verwendung unserer Zeit als ein wahrhafter Thermometer der Kälte oder der Wärme unserer Liebe gelten. Wenn ein starker und thätiger Arbeiter die Erlaubniß erhielte, einige Stunden lang in einer Goldgrube zu arbeiten, welche von Unrath gesäubert, und wo nichts zu thun wäre, als das reine Gold aufzusammeln, so würde er einen Mann für unsinnig halten, der ihm zumuthen wollte, seine Arbeit aufzugeben, wenn nicht wirkliche Ermüdung ihn dazu nöthigte. So verhält es sich gerade mit den gewöhnlichen Handlungen unsers Lebens, und sogar mit unsern Erholungen. Die eigentlich mühsame Arbeit wurde von unserm göttlichen Erlöser gethan; die Steine und der Schmutz waren sein Antheil; für uns ist, wenn wir wollen, nichts übrig gelassen, als das kostbare Gold; aber die Stunden für unser Goldgraben sind gezählt, und wir wissen nicht, wie nahe wir dem Ende sind. Ach, wir werden den Werth der Zeit nie erkennen, bis sie uns entflohen ist, und uns für immer verlassen hat.

Die heilige Gertrud sprach einst zu unserm Herrn, sie wünsche Ihm eine geistliche Arche zu bauen, und fragte Ihn, wie sie es angehen solle. Er gab ihr zur Antwort: „Es ist eine unter euch allgemein verbreitete Meinung, daß die Arche Noa's drei Stockwerke hatte, und daß die Vögel in dem obern waren, die Menschen in der Mitte und die Thiere unten. Nimm nun dieß zu deinem Vorbild, und theile alle Tage nach diesem Plane ein. Vom frühen Morgen bis zur Mittagsstunde sollst du mir Lob und Dank darbringen mit der innigsten Liebe für alle Wohlthaten, die ich seit der Schöpfung den Menschen erwiesen habe, und besonders für jenes Mitleid, daß ich mich in der heiligen Messe von der Morgendämmerung an bis zum Mittag dem ewigen Vater zum Heil der Menschen auf dem Altare opfern lasse. Während die Menschen sich um all dieß wenig kümmern, und sich Freuden und Vergnügungen hingeben, undankbar meiner vergessend, bringe du an ihrer Stelle mir beständiges Lob dar; so wirst du die flüchtigen Vögel fangen und sie in den obern Stock der Arche einschließen. Vom Mittag bis zum Abend sei täglich eifrig bedacht, dich in guten Werken zu üben, in Vereinigung mit der heiligsten Meinung, womit alle Werke meiner heiligen Menschheit gethan wurden, um für die Nachläßigkeiten der übrigen Welt genugzuthun; dadurch wirst du die Menschen in dem mittleren Stocke der Arche vereinigen. Vom Abend bis zur Morgendämmerung klage in der Bitterkeit deines Herzens über die Gottlosigkeit der Menschen, wodurch sie nicht blos mir die Dankbarkeit dafür verweigern, was ich gethan, sondern mich auch durch alle möglichen Sünden zum Zorne reizen; opfere mir, um ihre Reue zu erlangen, die Pein und Bitterkeit meines unschuldigen Todes auf; so wirst du die Thiere in das untere Stockwerk der Arche versammeln." Während aber unser Herr der heiligen Gertrud so den Weg vorzeichnete, wie sie ihren Tag zubringen sollte, kannte Er alle ihre mühsamen Arbeiten und Sorgen, und wußte wohl, daß sie aus Gehorsam gegen ihre Regel mit ihren geistlichen Töchtern täglich eine Erholung genießen und zugleich jene mannigfachen Pflichten erfüllen müsse, welche der Oberin eines Klosters obliegen.

Eine andere gleichfalls nützliche Uebung besteht darin, mit der Einsamkeit zu thun, was ihr mit euren Beschäftigungen machet. Wenn ihr allein seid oder in der Nacht aufwachet, so opfert eure Einsamkeit auf in Vereinigung mit der Einsamkeit Jesu im Grabe und im Tabernakel; thut dieß, um für euch und für Jene, die ihr liebet, die Gnade eines guten Todes zu erlangen: 1) daß ihr sterben möget in der Gnade Gottes, 2) mit großem Verdienste, um so Gott desto mehr im Himmel zu verherrlichen, 3) nachdem ihr zum Heile vieler Seelen beigetragen habt, für welche Jesus starb und begraben wurde, 4) daß ihr ohne großen Namen und Ruhm sterben möget, wie Jesus schimpflich zwischen zwei Räubern starb, 5) um nicht durch die Flammen des Fegfeuers gehen zu müssen, sondern 6) einen großen Schatz von Genugthuungen zu hinterlassen, welchen ihr selbst nicht bedürfet, und welcher daher den Schätzen zugefügt werden kann, woraus die Kirche ihre Ablässe schöpft, und 7) endlich, daß ihr Gott auf Erden selbst nach eurem Tode verherrlichen könnet durch das Andenken an eure guten Werke, durch die heilsamen Rathschläge, die ihr gegeben, oder durch die erbaulichen Bücher, die ihr geschrieben habt, oder durch die Frucht eurer Gebete.

Durch die Uebung der Aufopferung können wir uns aus den gewöhnlichsten Dingen ein Verdienst erwerben, wenn wir uns im Stande der Gnade befinden. Jedes unserer Verdienste ist für Gott ein Zuwachs an Ruhm, ein wahrhafter Fortschritt der Interessen Jesu, und für die Seelen der Menschen die Quelle mannigfacher Gnaden durch die Gemeinschaft der Heiligen. Nun gibt es aber noch ein anderes Mittel, durch gewöhnliche Dinge ein Verdienst zu erlangen, indem man sich durch den Anblick der Geschöpfe zu Gott erhebt. Dieß war, wie ihr wißt, eine der gewöhnlichsten und eifrigsten Uebungen der Heiligen. Lancisius sagt: „Wenn ihr aus dem Hause geht und ihr sehet Leute, welche auf den Straßen stehen bleiben, um mit einander zu sprechen, so bittet, daß sie keine unnützen Worte sagen mögen, worüber sie einst Rechenschaft zu geben hätten. Ihr höret den Wind heulen — betet für die, welche auf der See sind. Ihr geht an einem

Wirthshause vorbei und vernehmet den Lärm derjenigen, welche darin sind — betet, daß sie Gott nicht beleidigen mögen, und daß die, welche es gethan haben, zur Beichte gehen." Als der heilige Athanasius nach dem heiligen Pambo schickte, er solle die Wüste verlassen und nach Alexandria kommen, sah der heilige Abt eine üppig gekleidete Schauspielerin auf der Straße, worüber er zu weinen anfing. Da man ihn fragte, warum er weine, gab er zur Antwort: „Zwei Dinge bewegen mich dazu: 1) die ewige Verdammung dieses Weibes, und 2) daß ich mir nicht so viele Mühe gebe, Gott zu gefallen, als sie, um das Wohlgefallen schlechter Menschen auf sich zu ziehen." Ihr seht, sogar sündhafte Dinge waren für den Heiligen Staffeln, die ihn zu Gott führten. Wenn ihr das Plätschern des Regens höret, so danket Gott dafür und wünschet Ihm ebenso viele gute Akte des Glaubens, der Hoffnung, der Liebe, der Reue, der Danksagung, der Demuth, der Anbetung, der Bitte darzubringen, als es Tropfen in diesem Regenschauer gibt; bittet um die beständige Ergießung der Gnade in eure Herzen, wodurch ihr und Andere stets in der vollkommensten Weise handeln und Gott so viel als möglich verherrlichen könnet.

Wenn ihr spazieren geht, oder eine Reise macht, und ihr kommet an einem Weiler, einem Dorfe oder einer Stadt vorbei, so bittet 1) Gott durch die Verdienste derjenigen, welche hier wohnen, Barmherzigkeit mit euch zu haben, 2) danket Ihm für allen seinen vergangenen, gegenwärtigen und künftigen Segen über die Einwohner, 3) empfehlet Ihm alle ihre Nöthen und bittet Ihn, ihre Gebete zu erhören, 4) beweinet alle hier begangenen Sünden, 5) bittet um den Nachlaß derselben, 6) empfehlet Gott die Seelen der hier Verstorbenen. Surius erzählt uns im Leben des heiligen Fulgentius: „Als dieser Heilige einst zu Rom war und alle die Paläste des Adels erblickte, rief er aus: „Wie schön muß das himmlische Jerusalem sein, wenn das irdische Rom in solchem Glanze strahlt; und wenn eine solche Würde in dieser Welt denjenigen gegeben wird, welche die Eitelkeit lieben, was muß erst die Herrlichkeit der Heiligen sein, welche die Wahrheit schauen!" Wir lesen von dem heiligen Martin von Tours, daß er auf einer Visitationsreise seiner Diöcese sich tief betrübt fühlte bei dem Anblick einiger Wasserraben, welche Fische fingen, weil sie ihm so lebhaft die Mittel Satans vorstellten, um Seelen zu fangen. Der heilige Bonaventura erzählt uns, daß der heilige Franziscus sich der nämlichen Uebung besonders hingab, und Ribadeneyra sagt von dem heiligen Ignatius: „Wir sahen ihn oft durch die unbedeutendsten Dinge zu Gott emporsteigen, welcher im Kleinsten mächtig ist; der Anblick eines Pflänzleins, eines einzelnen Laubes oder einer Frucht, eines Wurmes oder Insectes pflegte ihn im Augenblicke bis zum Himmel zu erheben."

Strambi erzählt von dem gottseligen Paul vom Kreuze, dem Stifter der Passionisten, Folgendes: „Seine frommen Absichten und Begierden wurden von dem Herrn mit großen Tröstungen belohnt, und auf seinen Reisen, um die Häuser seines Ordens zu besuchen, war seine Geistessammlung die süßeste Nahrung seiner Seele. Als er einst in die Einsiedelei von St. Euticio kam, wandte er sich an seinen Begleiter und sagte: „Wem gehören diese Ländereien?" Sein Gefährte erwiederte: „Dem Gallese." Aber Paul fragte mit stärkerer Stimme: „Wem gehören diese Ländereien, sag' ich?" Da sein Begleiter den Sinn dieser Frage nicht verstand, so wandte sich der fromme Vater nach einigen Schritten noch einmal zu ihm, während sein Angesicht wie die Sonne leuchtete, und rief aus: „Wem gehören diese Ländereien? Ach! Du verstehst mich nicht, sie gehören dem großen Gotte." Und sogleich erhob ihn das Ungestüm seiner Liebe und führte ihn eine kleine Strecke weit auf der Straße fort. Ein anderes Mal kam er auf seinem Wege von Terracina nach Ceccano durch den Wald von Fossanova, und nachdem er das Kloster besucht hatte, wo der heilige Thomas von Aquin starb, und in ein Dickicht kam, wandte er sich auf einmal an seinen Begleiter und rief aus: „Hörst du nicht, wie diese Bäume und ihre Blätter von allen Seiten rufen: Liebet Gott! liebet Gott!" Immer mehr von göttlicher Liebe entflammt, fing sein Angesicht zu strahlen an, und er rief in Einem fort: „Wie kann es sein, daß ihr Gott nicht liebet?" Als sie auf der römischen Straße zurückkehrten, sagte er zu Jedermann, der ihm begegnete: „Mein Bruder, liebe Gott, der es so sehr verdient! Hörst du nicht sogar die Blätter dieser Bäume uns zurufen, Gott zu lieben?" Und er sprach mit solcher Salbung, daß die Vorbeigehenden in Thränen ausbrachen. Wir lesen von ihm an einer andern Stelle, daß ihm Alles dazu diente, sich an Gott zu erinnern, und daß er sich einbildete, alle Geschöpfe hätten nur Eine Stimme, um dem Menschen zuzurufen: „Liebe Den, welcher dich geschaffen hat." Wenn er besonders im Frühling durch die Felder ging, so sah man ihn oft auf seinem Wege die Blumen aufmerksam betrachten, und sie mit seinem Stocke berühren, mit den Worten: „Schweiget still! schweiget still!" Auch pflegte er seinen Ordensbrüdern zu sagen, daß die Blumen sie beständig aufforderten, ihre Herzen in Liebe und Anbetung zu ihrem himmlischen Schöpfer zu erheben.

Da der Geschmack in den Andachten so verschieden ist, so werden mir meine Leser den folgenden langen Auszug aus dem Leben des P. Peter Faber, eines Gefährten des heiligen Ignatius, verzeihen. Er besaß im höchsten Grade die Gabe, Alles in ein Gebet zu verwandeln. Kam er einer Stadt oder einem Flecken nahe, so betete er gewöhnlich für die Einwohner und rief die Barmherzigkeit Gottes an, daß der Engel des Ortes, und die Schutzengel der Einwohner dieselben besonders behüten möchten. Er flehte auch zu den Schutzheiligen des Ortes, für die Einwohner Dank zu erstatten, um Verzeihung zu bitten oder Gnade zu erlangen, und alle ihre Nachläßigkeiten und Unterlassungen in dieser Hinsicht zu ersetzen, damit Gott nichts von seiner Ehre entzogen werden möchte. Wenn er ein neues Haus miethete oder seine Wohnung änderte, so pflegte er zuerst im ganzen Hause herumzugehen und in allen Zimmern niederzuknieen und Gott zu bitten, daß er die bösen Geister und alle Gefahren von diesem Orte vertreiben möge. In sein Gebet schloß er alle die ein, welche jemals da gelebt hatten, oder in der Folge hier leben würden, und flehte mit Inbrunst, daß ihrer Seele kein Leid begegnen möge. So eifrig suchte er in Allem einen Stoff zum Gebete, daß er, als er einmal nach dem Palaste eines gewissen Fürsten ging, um in der Kapelle eine Predigt anzuhören, und von dem Pförtner, welcher ihn nicht kannte, zurückgewiesen wurde, in diesem rohen Betragen nur einen neuen Anlaß zum Gebete fand. Ist es zu verwundern, daß ein Mann, welchem in gesunden Tagen das Gebet so sehr am Herzen lag, demselben, wenn er krank war, ebenso eifrig oblag? Als er zu Löwen krank lag, und nicht schlafen konnte, so gaben ihm seine schmerzlichen Nachtwachen nur Stoff zum Gebete. Wenn er es vor heftigen Kopfschmerzen kaum aushalten konnte, so nahm er die Dornenkrone unsers Herrn zum Gegenstande seines beständigen Gebetes, bis er endlich so sehr von Liebe entflammt wurde, daß er in süße Thränen zerschmolz. Dieß beständige Gebet unterhielt er durch Abwechselung in den Andachten. Das Leben Christi war besonders die Nahrung seiner täglichen Betrachtung; wo könnte auch die Seele einen größern Ueberfluß und eine lieblichere Süßigkeit schöpfen? Um indeß seine Frömmigkeit zu beleben, hatte er mancherlei Arten des Gebetes erfunden, die ihm entweder heilige Lektüre oder die Einsprechungen des heiligen Geistes eingaben. Besonders drei derselben fand er so nützlich, lieblich und dabei so leicht, daß er den Beichtvätern gewöhnlich empfahl, dieselben ihren Beichtkindern zu lehren.

Zuerst setzte er ein großes Vertrauen auf die Litaneien, welche er unablässig wiederholte und bei jeder Gelegenheit anwandte. Er gebrauchte dieselben nicht blos, um eine Gnade zu erflehen, was der gewöhnliche Zweck der Litaneien ist, sondern auch um Gott zu loben, ihm Dank zu sagen, oder zu andern religiösen Tugendübungen. Eine seiner Uebungen bestand ferner darin, in den himmlischen Hof einzugehen, und hier am Throne der heiligsten Dreifaltigkeit den Vater anzuflehen, daß er sich am Sohne und am heiligen Geiste erfreue, und daß der Sohn am Vater und dem heiligen Geiste und der heilige Geist am Vater und Sohne dieselbe Freude kosten möge. Damit wollte er die Seligkeit ausdrücken, welche die drei göttlichen Personen an einander genießen, was in der Sprache der Theologie das Wohlgefallen genannt wird. Hierauf flehte er die Himmelskönigin an, in seinem Namen oder im Namen einer andern noch lebenden oder schon verstorbenen Person die heiligste Dreifaltigkeit anzubeten und bat sodann die heiligste Dreifaltigkeit, die seligste Jungfrau für alle Gaben zu segnen, welche durch sie der Erde zufließen. Dann ging er zu jedem Chor der Engel und der seligen Geister, und bat sie, für ihn oder für Andere Gott, der seligsten Jungfrau oder einzelnen Engeln und Heiligen Lob und Dank darzubringen.

Die zweite Art seines Gebetes bestand darin, alle Geheimnisse des Lebens und des Todes unsers Herrn durchzugehen, dieselben der Zeit und Gelegenheit geschickt anzupaſſen und dann durch jedes derſelben beſonders die Perſonen der heiligſten Dreifaltigkeit und die Bewohner des Himmels anzurufen.

Zu der dritten Art ſeines Gebetes boten ihm den Stoff die Gebote Gottes und der Kirche, die Glaubens= lehren, die ſieben Todſünden und die entgegengeſetzten Tugenden, die Werke der Barmherzigkeit, die fünf Sinne des Menſchen und die drei Seelenkräfte. Eben die Man= nigfaltigkeit der Gegenſtände gab ihm verſchiedene Andach= ten ein: z. B. Bitten um Verzeihung oder um Gaben, manchmal Dankſagungen, nicht blos für ſich ſelbſt oder die Lebendigen, ſondern auch für die Verſtorbenen, indem er Gott bat, Er möchte ihnen verzeihen, was ſie gegen das erſte Gebot geſündigt hätten, oder gegen das zweite ꝛc. Daſſelbe that er auch hinſichtlich der übrigen Sünden, der Werke der Barmherzigkeit, der Sinne und der Gei= ſteskräfte.

§. 7. Von der Abwechſelung in den Andachten.

Dieſe drei Arten des Gebetes waren ihm ganz ver= traut. Wir dürfen indeß nicht vergeſſen, zu bemerken, wie ſehr ihm die Kenntniß der chriſtlichen Lehre dabei half. Es fiel ihm auch ein Buch der heiligen Gertrud in die Hände, aus welchem er, wie er anerkannte, zu ſei= nem großen Nutzen reichlichen Stoff zum Gebete nahm. Die Mannigfaltigkeit der kirchlichen Zeiten und Feſte gab ihm auch Gelegenheit zu mancherlei Andachten, und dieſe Abwechſelung der Andachten unterhielt ſeine Liebe zum Gebete ſo ſehr, daß er nie aus Gewohnheit oder blos um der Regel zu gehorchen zu irgend einer religiöſen Hand= lung ſchritt, mochte es nun die Betrachtung oder die hei= lige Meſſe ſein; ſondern er kam täglich geiſtig erneut und erfriſcht zu ſeinen gewöhnlichen Andachtsübungen, gerade wie der gottſelige Paul vom Kreuze bekannte, daß er ſich nie erinnerte, ein einziges Mal die heilige Messe aus bloßer Gewohnheit gelesen zu haben, was wenige Priester von so hohem Alter von sich sagen konnten.

Es gibt dagegen andere Personen, deren Eifer eine solche Mannigfaltigkeit der Andachten schädlich scheint; so verschieden gefällt es Gott, die Seelen zu führen, welche Ihm theuer sind; aber alle seine Wege sind gut, weil sie von Ihm ausgehen. Allerdings gleichen Wenige der Maria Dionysia aus dem Orden der Heimsuchung Mariä, welche Gott auf dem Wege mannigfaltiger Andachten zu sich führte. Als einst eine Nonne aus der Gemeinde ihr Buch sah, mit allen ihren Andachten und frommen Meinungen, die sie darin angemerkt hatte, und zu ihr sagte: „Liebe Schwester Maria, warum sagst du eine solche Menge Gebete her?" so gab ihr die Schwester zur Antwort: „Weil Gott mir offenbarte, daß Er mich zu diesem Ende erschaffen hat."

Es ist ein großer Unterschied mit seinen innerlichen Gebeten abwechseln und sich mit einer Menge mündlicher Gebete überladen, und was ascetische Schriftsteller von dem einen Falle sagen, läßt sich nicht immer ebenso auf den andern anwenden, und doch ist kein Irrthum gewöhnlicher, als die beiden zu verwechseln. Wenn wir uns eine Unzahl mündlicher Gebete aufladen, so ist es nicht immer, aber fast immer ein Nachtheil. Wie Viele gibt es, die ihren Flug gut begannen, aber bald an den Flügeln schwach und müde wurden, und endlich zu Boden fielen, überladen mit Litaneien, mit Gebeten und Rosenkränzen, oder durch die Pflichten, welche eine Menge Bruderschaften ihnen auflegten, niedergedrückt, ohne sich helfen zu können! Sie haben sich selbst mit ihren Andachten zu Grunde gerichtet und zwar in neun Fällen unter zehn, ohne daß Jemand es wußte oder ihnen die Erlaubniß zu solchen Andachten gab.

Wenn man eine große Abwechselung in den innerli-

chen Gebeten hat, so mag dieß oft ein Uebel sein; aber
der Fall ist ganz verschieden von dem vorigen, und der
rücksichtslose Tadel, womit einige Rigoristen eine solche
Mannigfaltigkeit belegen, stimmt gewiß nicht, weder mit
der Praxis der Heiligen, noch mit der mildern Lehre ihrer
Schriften überein. Es gibt nichts, woran ein Mensch sich
so bald gewöhnt, als an ein System geistlicher Leitung,
und der Weg, welchen er verfolgt, scheint ihm so ausschließlich der einzige zu sein, der zum Heile führt, daß
er kaum an die Verschiedenheit der Wege Gottes glauben
kann, auf welchen Er die Herzen der Seinigen zu sich
führt. Wir wissen ganz wohl, daß wahre Abtödtung und
beharrliche Selbstverläugnung die eigentlichen Wege zu
der höchsten Heiligkeit sind; muß man aber deßhalb weinend am Wege sitzen bleiben, weil man nur eine gewöhnliche Tugend hat, und den Muth nicht in sich fühlt, sich
auf die steilen Höhen zu erschwingen? Gibt es denn keine
andere Pfade der Liebe, welche höher liegen am Abhang
des Berges, über der Ebene, wiewol niedriger als jene
hohen Gipfel? Ach! wie Viele sind zu Boden gefallen,
weil man unkluger Weise sie genöthigt hat, zu hoch zu
fliegen! „Eine gute Oberin,“ sagte die heilige Johanna
Franzisca von Chantal, „muß ebenso gut niedrig, als
hoch fliegen lernen, und das Erstere ist eine härtere
Aufgabe, als das Andere;“ denn merket wohl ihre Worte:
„Es heißt nicht, niedrig auf dem Boden liegen bleiben,
sondern niedrig fliegen.“ Nun mag es ganz wahr sein,
daß der kürzeste und geradeste Weg zu hoher Heiligkeit
dann gefunden wird, wenn man sich an einen einzigen Gegenstand der Betrachtung, an eine einzige Art der Gewissenserforschung, an eine einzige Andachtsübung hält, und daß
dieser lästige Weg Jahre lang ohne irgend eine Veränderung
verfolgt werden müsse, wie ein berühmter Schriftsteller empfiehlt; allein wer kann solchen Forderungen genügen?

Etwa Leute, welche in der Welt leben ohne die Hilfsmittel, die ein Kloster bietet, ohne ein Noviziat, ohne durch die Regel festgesetzte Bußübungen, während sie au der andern Seite durch den gesellschaftlichen Verkehr tausenderlei Zerstreuungen nothwendig ausgesetzt sind? Und doch haben auch sie einen Beruf zur Liebe und wollen denselben nicht verfehlen. Man muß entweder ein Verfahren erfinden, um ihre Seelen auszutrocknen, oder sie mit dem Thau des Himmels erfüllen. Daher kommt es, daß wir so oft jene geistigen Anomalien bei frommen Personen antreffen, deren Leben sich zwischen die klösterlichen Uebungen und die Freuden der Welt theilt; aber was sind die Folgen dieser seltsamen Vermischung? Daß sie sich unglücklich fühlen, mißmuthig werden, oder sich ganz den weltlichen Vergnügungen hingeben, wie um sich für frühere Einschränkungen zu entschädigen, woraus dann oft eine Erschlaffung des christlichen Lebens entspringt, an die ich nicht denken mag. Alles kommt aus diesen Versuchen hervor, nur kein hoher oder niederer Grad von Heiligkeit; die Folge davon ist überhaupt keine Heiligkeit.

Es gibt nicht Wenige, welche glauben, daß die Andacht, um wahr zu sein, streng sein müsse; aber entspricht dieses System der Strenge ihrer Erwartung? Man hört oft Leute ihr Verdammungsurtheil aussprechen über die sogenannten Frommen, weil sie eine Freude haben an kirchlichen Verrichtungen und Segnungen, an verschiedenen Andachten und Festen. Nun frage ich aber, folgt daraus, daß manche Personen diese äußerlichen Dinge lieben, daß ihre Frömmigkeit deßhalb gar nichts werth ist? Weil sie Ein Merkmal eines guten Katholiken haben, müssen sie deßhalb aller übrigen ermangeln? Weil sie die Blumen lieben, verwerfen sie deßhalb die Früchte? Aber sagt man, die Abtödtung ist die Hauptsache und die gewissenhafte Erfüllung unserer Standespflichten. Ganz wahr; allein was für Abtödtungen übst denn du, ehrsamer Jünger der trockenen Andacht? Sind es etwa äußere, das härene Hemd und der Bußgürtel? oder innerliche? Liebst du, daß man schlecht von dir spricht und dich gering schätzt? Wie erfüllst du deine obliegenden Pflichten? Almosengeben ist z. B. eine, und sich unbefleckt von der Welt erhalten eine andere. Wie steht es in dieser Beziehung mit dir? Sei ehrlich gegen dich selbst, oder vielmehr gegen Gott. Mögen wir nun Abtödtungen nöthig haben, oder getreue Erfüllung unserer Standespflichten, um uns zu erbauen, ich fürchte fast, wir müssen dieselben bei den Betbrüdern suchen, und nicht bei dir. Wenn ihr anstatt der Definition der unbefleckten Empfängniß den Enthusiasmus der Zahl der Todsünden beifügen wolltet, zu welchem Ehrenposten müßten wir dann die Lauigkeit erheben? Es ist recht wohl möglich, daß der Enthusiasmus nicht gerade das Hauptübel der Welt ist, wenigstens haben wir hier in England von seinen Verheerungen nicht viel gelitten. Wie dem sein mag, was wir in geistlichen Dingen am meisten zu fürchten haben, ist das Uebel, in das wir am leichtesten fallen könnten, und ich versichere euch, ihr wenigstens habt keine Gefahr zu fürchten von überspanntem Enthusiasmus oder übertriebener Frömmigkeit.

Auf der andern Seite mag es nicht selten vorkommen, daß Seelen noch etwas Weiteres bedürfen, als diese trockene Pflichterfüllung. Wenn man gleich im Anfang ihrem religiösen Eifer freien Spielraum läßt, um mannigfaltige Andachten zu üben und damit abzuwechseln, so steigen sie endlich zu höhern Dingen auf, und erklimmen mit einem männlicheren Muthe die rauhern und steilern Pfade zur Heiligkeit. Seht, wie Gott die Seelen an sich lockt, und sie auf den angenehmsten und freundlichsten Wegen leitet, wenn ihr Beruf sie nicht offenbar zu harten und rauhem Wegen bestimmt. Viele gehen verloren, weil sie gezwungen werden, zu hoch zu steigen, und noch Mehrere, weil man sie anleitet, sich vor gefühlvollen Andachten zu hüten, und diese Trockenheit für die ächte Andacht zu halten. Ach, thut lieber, ich bitte euch, Alles, als daß ihr den Menschen Gleichgiltigkeit gegen ihren guten, erbarmungsvollen Gott einflößet! Bringet ihnen vielmehr, wenn ihr könnt, und so viel als möglich Interesse für Ihn bei! Es wird den Seelen ohne Rücksicht auf Zeit, Ort, Person oder Stand bringend empfohlen, die süßen Gefühle und die Inbrunst der Andacht zu vermeiden, während die Gefahr für sie mehr in ihrer Anhänglichkeit an ihre Equipagen, ihre feine Hauseinrichtung, an die Parke und die Opern, mit Einem Worte an den Glanz der Welt liegt. Wenn solche arme Reiche nur eine kleine Freude an einem heiligen Bild z. B. haben könnten, es wäre ein kostbares Wunder der Gnade, wenn man Alles betrachtet, was sie haben, um sie von Gott fern zu halten; denn sie bewegen sich in einer Sphäre, welche fast außerhalb seiner Allgegenwart zu liegen scheint. Nein, nein! Die Warnungen der heiligen Theresia an die barfüßigen Carmeliterinnen lassen sich nicht wohl auf die Gattung dieser Leute anwenden. Ach, es ist weit besser, wie eine Motte um die zu einem feierlichen Segen angezündeten Kerzen zu flattern, als ohne Liebe in den Banden sinnlicher Behaglichkeit und weltlicher Genüsse zu liegen, welche ohne wirkliche Sünde zu sein scheinen, aber es vielleicht nicht sind.

§. 8. Von den Schußgebeten.

Eine andere Art, Gott durch unbedeutende und gewöhnliche Dinge zu verherrlichen, besteht in der Uebung der Schußgebetlein. Es ist hier nicht der Ort, tiefer in diesen Gegenstand einzugehen, obgleich der Zusammenhang desselben mit der jetzt vor uns liegenden Materie in die Augen fällt. Es war dieß die Hauptübung der Väter der

Wüste, wodurch sie sich zu solchen Höhen der Heiligkeit erschwangen. Der heilige Franz von Sales sagt, daß das ganze Gebäude der Andacht auf dieser Uebung beruht, daß sie die Fehler aller übrigen Gebete ersetze, daß aber alle andern Gebete den Mangel derselben nicht ersetzen können. Der Abt Isaak, von welchem im Cassianus Erwähnung geschieht, erzählt uns wundervolle Dinge von dem einzigen Ausrufe: Deus in adjutorium etc. (Gott, merk' auf meine Hilfe!) Als der P. Brandano im Begriff stand, nach Portugal zu reisen, fragte er den heiligen Ignatius, in welchen Andachten die Novizen der Gesellschaft sich üben sollten. Der Heilige versetzte: „Außer den gewöhnlichen vorgeschriebenen Andachten sollen sie sich üben, in allen Dingen die Gegenwart unsers Herrn zu suchen: bei ihren Unterhaltungen, auf dem Spaziergange, bei den Reden, die sie hören, in ihren Gedanken, kurz, in Allem, da es gewiß ist, daß die göttliche Majestät in allen Dingen enthalten ist, wenigstens auf drei verschiedene Weisen: durch die Wesenheit, durch die Gegenwart und durch die Wirksamkeit. Er sagte ferner, diese Uebung, Gott in Allem zu finden, sei weniger mühsam, als Betrachtungen über abstrakte Gegenstände, und Gott besuche uns dafür auf eine wunderbare Weise, sogar für einen einzigen kleinen Stoßseufzer. Wir können so nach der Ehre Gottes seufzen, auf der Straße ein Wort über die Interessen Jesu wie einen Pfeil zum Himmel senden, oder überall, wo wir sind, für die armen Seelen ein Gebetlein in der Stille sprechen. Den Tag über können wir ohne Mühe eine Menge solcher Gebete verrichten, und jedes einzelne hat in den Augen Gottes mehr Werth, als eine gewonnene Schlacht, oder eine wissenschaftliche Entdeckung, oder ein Ministerwechsel, oder eine politische Revolution. Viele dieser Schußgebetlein sind mit Abläßen versehen, und so kann ein und derselbe kleine Ausruf 1) ein Verdienst erwerben, 2) Gnade erlangen, 3) für die Sünde genug thun, 4) Gott verherrlichen, 5) Jesus und seine Mutter ehren, 6) die Sünder bekehren, und 7) die Leiden der armen Seelen im Fegfeuer durch Ablässe lindern. Können wir in dieser Hinsicht nichts weiter für Jesus thun, als wir bisher gethan haben? O Liebe, du selbst mußt uns lehren, was wir thun sollen, und uns erinnern, wenn wir es vergessen!

Um aber alle diese Endzwecke zu erreichen, ist es nicht genug, daß unsere mündlichen Schußgebete nachläßig oder ohne innere Aufmerksamkeit gesprochen werden. Es ist heutzutage oft Mode, mit Geringschätzung von dem mündlichen Gebete zu reden, und doch sollte man nicht vergessen, daß durch Hilfe des mündlichen Gebetes die Väter der Wüste sich zu solcher Heiligkeit erhoben, und P. Baker erzählt uns, daß selbst noch jetzt Gott manchmal dadurch Seelen zu den Höhen der Beschaulichkeit hinanleitet. Er gibt folgende Gründe dafür an, daß die Wirkung des mündlichen Gebetes auf die Alten ganz anders war, als sie sich bei uns zeigt. Ein Grund war ihre viel größere Abgezogenheit von der Welt, ihre strengere Einsamkeit und ihr fast beständiges Stillschweigen, wozu wir, wie man glaubt, in unsern Tagen nicht mehr fähig sind. Ein zweiter Grund war ihr Fasten, ihre Enthaltsamkeit und ihre Abtödtungen, welche die Kräfte unserer schwachen körperlichen Beschaffenheit übersteigen. Ein dritter Grund waren ihre Beschäftigungen außer der für das Gebet festgesetzten Zeit, welche die Seelen zur innern Sammlung, zum Aufmerken auf die göttlichen Einsprechungen weit besser geneigt machten, als diejenigen, die man in unsern Tagen gewöhnlich treibt.

Da das Werk des P. Baker so selten ist, so werden mir meine Leser vielleicht für die Schlußsätze Dank wissen, in welche er seine Lehre über das mündliche Gebet zusammenfaßt: „Während für jede Art des Gebetes nothwendig eine Aufmerksamkeit des Geistes erfordert wird, ohne welche es überhaupt kein Gebet ist, ist es gut, zu wissen, daß es verschiedene Arten und Grade der Aufmerksamkeit gibt; alle sind an sich gut, aber die eine ist vollkommener und nützlicher, als die andere. Es gibt nämlich erstens eine Aufmerksamkeit, welche darin besteht, seine Gedanken auf die Worte und den Sinn des Satzes zu richten, welcher von der Zunge ausgesprochen, oder im Herzen erwogen wird. Da nun diese Aufmerksamkeit beim mündlichen Gebete nothwendig sich verändern muß, je nachdem die Verse in den Psalmen auf einander folgen, so kann sie den Geist oder die Gefühle nicht so kräftig oder wirksam auf Gott gerichtet halten, weil denselben immer wieder etwas Neues vorgestellt wird. Dieß ist der niedrigste und unvollkommenste Grad der Aufmerksamkeit, dessen alle Seelen im gewissen Maße fähig sind, und je unvollkommener sie sind, desto geringer ist die Schwierigkeit, diese Aufmerksamkeit rege zu halten; denn die Seelen, welche für Gott eine ebenso zarte, als innige Liebe fühlen, werden nicht gerne das Band lösen, das sie an Gott knüpft, und das sie ebenso lieblich, als vortheilhaft finden, um es durch ein neues zu ersetzen, und wenn sie es thun würden, so wäre es zu ihrem Nachtheile."

„Den zweiten Grad der Aufmerksamkeit besitzen jene Seelen, welche im innerlichen Gebete ziemlich wohl erfahren sind, und entweder zur Lesung des Breviers eine wirksame Andacht zu Gott mitbringen, oder durch die Lesung erst in sich eine solche erwecken. Solche Seelen wünschen ohne Veränderung in einer so tiefen Geistessammlung als möglich zu verharren, ohne sich dabei im Geringsten darum zu bekümmern, ob diese Andacht dem Sinne der gegenwärtigen Stelle, welche sie lesen, angemessen ist oder nicht. Dieß ist eine Aufmerksamkeit auf

Gott, obgleich nicht auf die Worte, und von viel größerem Werthe, als die frühere. Wenn man daher eine Seele nöthigen wollte, eine solche Aufmerksamkeit gegen die frühere aufzugeben, so würde dieß ebenso nachtheilig, als unvernünftig sein. Da nämlich alle mündlichen Gebete, mögen sie nun aus der Schrift, oder anderswoher genommen sein, nur zu dem Zwecke bestimmt wurden, den Seelen, die es nöthig haben, guten Stoff zur Andacht zu bieten, wodurch sie sich mit Gott vereinigen können, so darf eine Seele, welche diesen Zweck, nämlich die Vereinigung, bereits erreicht hat, so lange als diese Andacht dauert, nicht davon getrennt und genöthigt werden, ein neues Mittel zu suchen, ehe die Kraft des erstern erschöpft ist."

„Der dritte und höchste Grad von Aufmerksamkeit bei Lesung des Breviers ist derjenige, wodurch das mündliche Gebet zu einem innerlichen wird, d. h. wodurch die Seelen, wenn sie gleich auf's Innigste mit Gott vereinigt sind, dennoch ohne Nachtheil für eine solche Vereinigung auch auf den Sinn und Geist jeder Stelle aufmerken können, die sie lesen; ja sie fühlen dadurch ihre Liebe und Vereinigung noch erhöht. Diese Aufmerksamkeit tritt erst dann ein, wenn eine Seele die Stufe der vollkommenen Contemplation erreicht hat, wodurch der Geist beständig so mit Gott vereinigt und außerdem die Einbildungskraft so sehr dem Geiste unterworfen ist, daß Nichts ihn zerstreuen kann."

Glücklich jene Seelen, deren Zahl, Gott weiß es! sehr gering ist, welche diesen Grad erreicht haben, der jedoch durch eine sorgfältige Uebung jener beiden früheren Stufen, namentlich der zweiten, erstiegen werden muß. Deßhalb thun selbst die unvollkommeneren Seelen bei Lesung des Breviers wohl daran, so oft sie sich hinreichend geistig gesammelt fühlen, so lange als möglich in diesem

Zustand zu verharren, und ihre Einbildungskraft möglichst nur auf einen Punkt zu richten, und das beste Mittel, eine solche Geistessammlung bei Lesung des Breviers zu erlangen und zu erhöhen, ist die Uebung des innerlichen Gebetes entweder in der Betrachtung, oder in unmittelbaren Akten des Willens, deren einziges Ziel und Ende darin besteht, die Aufmerksamkeit des Geistes beständig auf Gott gerichtet zu haben."

Es wird nicht unnütz sein, hier noch einmal zu wiederholen, daß wir auf diese Art in Vereinigung mit den Verdiensten unsers göttlichen Erlösers und aller übernatürlichen Schätze, die wir im vorigen Kapitel betrachteten, nicht nur unsere täglichen Handlungen aufopfern können, sondern auch Alles, was uns begegnet. Unsere kleinen Leiden und Widerwärtigkeiten können so alle gewissermassen zu Missionären werden zur Verbreitung des Glaubens, Apostel zur Bekehrung der Sünder und Engel zum Preise der Majestät Gottes. Auch unsere Abtödtungen, so selten und geringfügig sie sein mögen, können mit der Dornenkrone, mit der Lanze und den Nägeln verbunden, das Herz Jesu mächtig zu uns und Andern hinziehen. Die Gnaden, die wir unter Tags empfangen haben, lassen sich dadurch verdoppeln, daß sie Nachts in Vereinigung mit den Gnaden Desjenigen aufgeopfert werden, von welchem die unsrigen kamen. So hilft uns Jesus Ihn lieben, so macht Er uns zu Königen und Priestern. Wenn wir aufrichtig trauern, weil er beleidigt wird, wenn wir wirklich nach der Ehre unsers erbarmungsreichen Vaters dürsten, wenn wir von Mitleid gerührt werden gegen arme, der Gnade beraubte, oder von Versuchungen gequälte Seelen — sehet, was für Wunder wir thun können, ohne uns unsern Geschäften im Geringsten zu entziehen, ja sogar, ohne unsere Zeitvertreibe und Erholungen aufgeben zu müssen. Wahrlich alle Dinge sind für

Jesus bestimmt, und wenn wir sehen, was wir thun können, und leider nicht gethan haben, dann wird uns wohl der Gedanke kommen, daß es keinen Winkel auf Erden gibt, wo die Aerndte der Ehre Gottes dürftiger oder unbedeutender ist, als in unserm eigenen armen Herzen.

Gibt es nicht ein Ammenmährchen von Einem, welcher Alles in Gold verwandelte, was er berührte, und durch diese Wundergabe bald in Verlegenheit gerieth? In eine ähnliche Lage bringt uns das Evangelium, das Gesetz der Gnade. Alles, was wir berühren, wird durch die fromme Meinung und Aufopferung zu Gold; aber unsere Gabe kann uns nie in Verlegenheit bringen. Wir werden niemals Gott mit Ehre erfüllen, noch den Himmel mit Verdiensten; aber es wird betrübend für uns sein, am Ende des Lebens auf die Millionen versäumter Gelegenheiten zurückzuschauen. Aber wie, kann Einer sagen, sollen wir diese Gelegenheiten bemerken, da sie in solcher Menge und so unaufhörlich sich uns darbieten? Ich antworte: Nicht durch eine Regel, welche gegeben, noch durch eine Methode, die gelehrt werden kann. **Ihr müßt lieben**, es gibt keinen andern Weg. Die Liebe wird euch Alles lehren, und euch die Geheimnisse Jesu enthüllen. Die Liebe wird euch zu einer andern Natur werden. Was auch eure Bedürfnisse sein mögen, die Liebe wird sie befriedigen, und die Liebe allein vermag es. Und ist es schwer, Jesum lieben? Ach! gewiß besteht die Schwierigkeit nicht darin, Ihn zu lieben, sondern vielmehr darin, Ihn wenig zu lieben, wenn wir überhaupt Ihn lieben.

Ich wünschte, wir könnten wirklich sehen und fühlen, was es heißt, Gott gefallen zu dürfen. Wenn wir dem Kinde der Königin das Leben retteten, würden wir nicht leicht den dankbaren Blick aus den Augen der königlichen Mutter vergessen, und noch lange würden die Worte ihres glühenden Dankes in unsern Ohren wiederhallen. Die Freudenthränen eines Fürsten lassen sich nicht leicht vergessen. Aber wie unbedeutend ist dieß im Vergleich damit, daß wir Gott einen Gefallen erweisen dürfen, wäre es auch nur Einmal in unserm Leben! Schon der Gedanke daran überwältigt unsern Geist. Denket, was wir sind, denket an unsern Ursprung, an unsere Empörung, an die Schwächen unserer Natur, an unsere persönliche Schlechtigkeit, an unsere furchtbare Schuld, an unsere verächtliche Lieblosigkeit, und stellet euch dann Gott vor, den Unsichtbaren, Allheiligen, den unbegreiflichen Gott; und Er läßt sich herab, Gefallen an uns zu haben, Er verlangt, daß wir versuchen sollen, Ihm zu gefallen, Er richtet Alles so ein, daß wir mit Hilfe der Gnade Ihm mehr gefallen können, und gibt uns unzählige, übernatürliche Mittel, dieß Ziel zu erreichen! Diese Herablassung läßt sich nicht mit Worten ausdrücken. Ach! daß unser liebevoller Erlöser unsere Herzen erweitern möchte, um dieß zu fassen! Aber Er macht ja unsere Herzen weit genug, um Ihn selbst zu fassen mit Leib, Seele und Gottheit; seiner Barmherzigkeit ist kein Ende, und Alles, was Er thut, ist Liebe. Ach, warum lieben wir nicht!

Wenn wir an die drei Dinge denken, an Gott, an uns selbst, und an das übernatürliche System, worin wir uns bewegen, so werden wir gewiß endlich einsehen, daß die Fähigkeiten, welche wir, die weder Heilige sind, noch Heiligen gleichen, noch die Aussicht haben, Heilige zu werden, besitzen, Jesum zu verherrlichen, wahrhaft erstaunlich sind. Wenn wir erstens unsere Handlungen mit denen Jesu vereinigen, so erlangen sie einen fast unendlichen Werth. Ja wir können Jesum selbst aufopfern, welcher unendlich ist; wir können Gott sein Gleiches darbieten, und zwar in Allem, was wir thun oder sagen, denken oder leiden. Betrachtet sodann die Mannigfaltigkeit unserer

Handlungen; sie lassen sich nicht zählen. Zwei Menschen werden eingeladen, früh am Morgen aufzustehen und eine halbstündige Betrachtung anzustellen. Der Eine thut es, der Andere nicht; derjenige, welcher es thut, erwirbt Verdienste und verherrlicht so Gott unaussprechlich mehr, als alle Gesellschaften der Naturwissenschaften oder Künste Ihn seit der Sündfluth verherrlicht haben, und zwar 1) durch die Abtödtung, früh aufzustehen; 2) durch seine Sittsamkeit beim Ankleiden; 3) durch den Act, womit er sich in die Gegenwart Gottes stellt; 4) durch die Bezeichnung mit dem heiligen Kreuze; 5) durch seine vorbereitenden Gebete; 6) durch seine Betrachtung; 7) durch die Buße, welche ihm seine Stellung oder weltliche Zerstreuung auflegt; 8) durch die Entschließungen am Ende der Betrachtung; 9) durch die Stoßseufzer, die er im Verlaufe seines Gebetes zum Himmel schickt; und 10) endlich durch den Gehorsam, wovon er durch Erfüllung dieser Pflicht einen Beweis abgelegt hat. Es wäre richtiger, zu sagen, daß jedes dieser zehn Verdienste ein Inbegriff von vielen Verdiensten sei. Aber nehmen wir nur zehn an, so würde diese einzige kleine Uebung folgende Resultate geben: in jedem Jahre würde ein solcher Mensch Gott dreitausendsechshundertfünfzig Mal durch diese einzige Handlung verherrlichen, und jedesmal Gott gefällig sein, und jedesmal würde er Gott gefallen (eine Gunst, die nur Einmal in der ganzen Ewigkeit bewilligt, schon eine unaussprechliche Herablassung wäre) und er würde Ihn mehr verherrlichen, als alle Wissenschaft der Welt es je gethan; denn er würde Ihn auf übernatürliche Weise verherrlichen.

Nach der Mannigfaltigkeit unserer Handlungen wollen wir die Leichtigkeit dieser Andacht betrachten, dieselben Gott in Vereinigung mit den Verdiensten seines Sohnes aufzuopfern. Ein Blick auf Jesus, und es ist gethan. Es braucht da keine Worte, keine Seufzer, keine langen Erwägungen. Die Liebe blickt Jesus an, und Alles ist vollbracht. Erinnert euch sodann, daß jedes Verdienst einen neuen Grad der Gnade in sich schließt, und jeder Grad der Gnade einen entsprechenden Grad der ewigen Glorie, wenn wir mit der Gabe der Beharrlichkeit sterben.

Kein Auge hat es gesehen, kein Ohr gehört, kein Herz einen einzigen Grad der Herrlichkeit begriffen, welche die Seligen erwartet, und wenn wir dann in eine Todsünde fallen, und die Gnade haben, mit reumüthigem Herzen das kostbare Blut unsers Herrn anzurufen, so begnügt sich Jesus nicht, uns zu verzeihen, sondern Er rechnet uns auch diese unendliche Summe von Verdiensten an, so sehr verlangt Er, uns für immer bei sich im Himmel zu haben. Und doch gibt es laue Katholiken! Mein Jesus! und wie geduldig trägst Du sie! Du hast die ganze Erde mit einem Liebesnetz bedeckt, das Du von Ewigkeit her emsig anlegtest. Wir aber durchbrechen es an allen Orten, und was thust Du, liebevollster, freundlichster Vater? Mit unüberwindlicher Liebe gehst Du an's Werk, ein neues auszuspannen, um darin durch heilsame Vorschriften und kindliche Furcht jene thörichten Seelen zu fangen, die sich durch Liebe nicht fangen ließen!

Ach, wie süß ist es, von Jesus gerettet zu werden! Es scheint mehr werth zu sein, als wenn wir gar nie gefallen wären. Es ist eine solche Freude, Jesu Alles zu verdanken, nichts ohne Ihn thun zu können, ihn überall und immer zu finden, wie Er uns neue Verpflichtungen auflegt, und uns mit neuen Liebesketten bindet! Ach, daß wir so fest an Ihn gebunden wären, daß wir nie mehr von Ihm loskommen könnten! Wird das Fegfeuer nicht zum Himmel, wenn man daran denkt, daß man von nun an Jesu gehört, daß man sein eigen ist für immer? Die neunhundert Jahre, in welchen Adam unter den Dornen und Disteln der einsamen Erde Buße that, wären nicht zu mühselig, wenn wir um diesen Preis erlangen könnten, daß ein einziges Herz Jesum mehr liebte! Und doch sind wir hier im Schooße seiner gesegneten Kirche, wo der Anfang, die Mitte und das Ende unserer ganzen Religion darin besteht, daß alle Dinge unser sind, und wir Christi, und Christus Gottes!

Wenn es ein über jeden Ausdruck rührendes Schauspiel gibt, so ist es der Anblick Gottes, des Allheiligen, wie Er seine Geschöpfe auf dieser Erde, die das Werk seiner Hände ist, um Ehre bittet. Er gleicht einem Vater, welcher für sein schuldiges Kind den Martertod erleidet. Und dann Ihm, dem bittenden Schöpfer, dem Allmächtigen das Almosen versagt zu sehen, um das Er bittet! Und wer versagt es ihm so oft, als wir selbst? Ach, wer wird unsern Augen Thränenbäche geben, um Tag und Nacht deßhalb zu weinen? Wahrlich, es ist unbegreiflicher, daß die Menschen Gott nicht lieben sollten, als das Geheimniß der drei Personen in einem einzigen Gotte. Und doch, was kann liebenswürdiger sein, als Gott? Ist ein Vater zärtlicher? Er bittet uns um Ehre, uns — armselige Sünder! Warum lieben wir Ihn nicht? Was kann Er mehr thun? Ach, sehet, Kinder Gottes, und betrachtet! Er ist in seiner eigenen Welt, und ordnet alle Dinge so, als ob wir, nicht Er, die Endursache der ganzen Schöpfung wären.

VII. Kapitel.
Danksagung.

Die Vernachläſſigung der Danksagung. — Der Geiſt der Euchariſtie. — Die Fehler frommer Leute. — Die väterliche Fürſorge Gottes. — Der Geiſt der Dankſagung, das Merkmal der Heiligen. — Die Andacht zu dem ewigen Wort. — Eine jüdiſche Sage aus Philo. — Beweggründe zur Dankſagung: 1) Für die allgemeinen Wohlthaten, 2) für die perſönlichen Wohlthaten, 3) für die Trübſale, 4) für ſcheinbar unbedeutende Wohlthaten, 5) für die unvernünftigen Geſchöpfe, 6) für die unſern Feinden erwieſenen Wohlthaten, 7) für die Engel und Heiligen, 8) für die Gabe des Glaubens (die heilige Johanna Franciſca von Chantal), 9) für das heilige Meßopfer. — Stoff zur Dankſagung nach der heiligen Meſſe und Communion. — Was haben wir ſelbſt bisher gethan? — Geiſtliche Früchte der Dankſagung. — Anwendung dieſer Andacht auf die drei Mittel, die Heiligkeit zu erlangen.

§. 1. Die Vernachläſſigung der Dankſagung.

Alle Materien, welche wir in den vorigen Kapiteln behandelt haben, laſſen ſich auf Folgendes zurückführen: Da das Evangelium ein Geſetz der Liebe iſt, ſo iſt es nicht genug, blos unſere Seele zu retten, oder genauer geſprochen, wir ſetzen unſer eigenes Heil der Gefahr aus, wenn wir nicht verſuchen, Etwas für die Seelen Anderer zu thun, ſei es durch die That, oder durch das Gebet. Da ferner das Evangelium ein Geſetz der Liebe iſt, ſo muß unſere Religion ſo viel als möglich ein Dienſt der Liebe ſein, und wir laufen folglich große Gefahr, verloren zu gehen, wenn wir dieß Leben blos als eine Gelegenheit anſehen, unter den leichteſten Bedingungen und durch die einfachſte Beobachtung nothwendiger Vorſchriften den Himmel zu erwerben, während wir die Ehre Gottes, die Intereſſen Jeſu und das Heil der Seelen bei Seite ſetzen, als Dinge, die uns nichts angehen. Ich habe nicht viel von euch verlangt; ich habe weder körperliche Abtödtungen, noch Zurückgezogenheit von der Welt euch als Aufgabe vorgestellt; ich sage nicht, ihr sollt nach den Höhen des übernatürlichen Gebetes, oder nach der Liebe zu den Leiden, oder nach fortdauernder innerer Sammlung und nach der fühlbaren Gegenwart Gottes streben. Ich that nichts weiter, als daß ich euch die Uebungen und den Rath der Heiligen vor Augen stellte, wodurch ihr euch mehr und auf leichte Weise mit Gott beschäftigen könnt. Ich sagte nicht einmal: Ihr sollt wenigstens Dieß thun, oder Jenes nicht unterlassen; ich habe Alles euch selbst und eurer Liebe freigestellt. Ich gebe keine Regeln, ich suche nur Diesen oder Jenen dahinzubringen, daß er Gott um seiner selbst willen mehr liebt. Die Ordnung meines Gegenstandes führt mich jetzt naturgemäß zur Danksagung. Wir haben gesehen, daß, um die Fürbitte zu üben, unser Herr uns zuerst alle seine Schätze gibt, um sie Ihm wieder darzubringen; und zweitens erlaubt Er uns außerdem, unsern alltäglichsten Handlungen dadurch fast einen unendlichen Werth zu verleihen, daß wir sie mit seinen Verdiensten vereinigen. Allein diese zwei Dinge sind nicht blos für die Fürbitte nützlich, sie dienen auch für die Danksagung, und für das Lob und das Verlangen. In diesem Kapitel will ich von der Danksagung sprechen, und im nächsten dann von dem Lobe und dem Verlangen.

Wenn es etwas gibt, dessen gänzliche Abwesenheit in der praktischen Religion der meisten Menschen man sich nicht erklären kann, so ist es die Danksagung. Es wäre nicht leicht die gewöhnliche Vernachlässigung dieser Pflicht zu übertreiben. Gebet gibt es wenig genug, aber noch viel weniger Danksagung. Wenn Tausende von Vaterunser und Ave Maria sich von der Erde zum Himmel erheben, um Uebel abzuwenden, oder Gnaden zu erbitten, wie viele, glaubt ihr wohl, folgen nach zur Danksagung für die abgewandten Uebel, oder die ertheilten Gnaden? Es ist leider nicht schwer, den Grund davon zu finden. Unsere eigenen Interessen treiben uns offenbar zum Gebete an, aber die Liebe allein führt uns zur Danksagung. Ein Mensch, welcher blos die Hölle zu vermeiden wünscht, weiß, daß er beten muß, aber kein so mächtiges Gefühl treibt ihn zur Danksagung. Es ist die alte Geschichte. Niemals kam ein Gebet mehr aus dem Herzen, als der Hilferuf jener zehn Aussätzigen, welche Jesum in eine Stadt einziehen sahen. Ihr sehnsüchtiger Wunsch, gehört zu werden, machte sie klug und unterwürfig. Sie standen von ferne, damit Er nicht zornig würde, wenn sie Ihm mit ihrer abscheulichen Krankheit zu nahe kämen; ach, sie kannten jenen liebenswürdigen Herrn nicht recht, und wußten nicht, wie sehr er sich selbst erniedrigt hatte, um unter den Menschenkindern als ein Aussätziger zu gelten. Sie erhoben ihre Stimme, und sprachen: Jesu, Herr, erbarme Dich unser! Als das Wunder vollbracht war, gingen die Neun in selbstsüchtiger Freude fort, um sich dem Priester zu zeigen, nur ein Einziger, und zwar ein verworfener Samariter, kehrte, als er sich gereinigt sah, zurück, und mit lauter Stimme Gott verherrlichend, fiel er zu den Füßen unsers Erlösers auf sein Angesicht nieder, und brachte seinen Dank dar. Selbst das heilige Herz Jesu ward betrübt, und gleichsam erstaunt fragte er: „Sind nicht Zehn rein geworden, wo sind denn die Neun? Hat sich Niemand gefunden, zurückzukehren und dem Herrn die Ehre zu geben, als dieser Ausländer?" Wie vielmal haben wir nicht dem heiligen Herzen Jesu dasselbe traurige Erstaunen verursacht!

Wenn die Versäumung keiner Pflicht die Seele in dem Grade empört, als dieser Mangel an Dankbarkeit, so wird es nicht unzweckmäßig sein, auf die wichtigen Verpflichtungen hinzuweisen, welche uns in dieser Hinsicht obliegen, und dieß kann am besten durch Texte aus der heiligen Schrift geschehen. Der heilige Paulus schreibt an die Epheser: „Danket allezeit für Alles Gott und dem Vater im Namen unsers Herrn Jesu Christi." Und ferner „sollen wir Ueberfluß haben zu aller Gutmüthigkeit, welche durch uns Dank gegen Gott bewirket."¹) Die Philipper ermahnt er mit den Worten: „Seid nicht ängstlich besorgt, sondern in allen Dingen lasset euer Anliegen im Gebete und Flehen mit Danksagung vor Gott kund werden."²) Zu den Colossern sagt der Apostel: „Wie ihr Christum, den Herrn angenommen habet, so wandelt in Ihm, eingewurzelt und gegründet in Ihm, und fest im Glauben, so wie ihr auch gelehrt worden, und wachset in Ihm mit Danksagung."³) — Und ferner: „Seid beharrlich im Gebete, und seid wachsam darin mit Danksagung."⁴) Die Speisen sollen mit Danksagung genossen werden von den Gläubigen und von denen, welche die Wahrheit erkannt haben; „denn Alles, was Gott geschaffen hat, ist gut, und nichts verwerflich, was mit Danksagung genossen wird." Es war endlich ein besonderes Merkmal der Heiden⁵), daß sie, nachdem sie Gott erkannt hatten, Ihn nicht als Gott verherrlicht, noch Ihm gedankt haben.

Was ist unser Leben auf Erden anders, als eine Vorbereitung auf unser wahres Leben im Himmel? Und doch sind Lob und Danksagung gerade die Beschäftigungen unsers himmlischen Lebens. Die ganze Sprache der Engel, der Aeltesten und der lebendigen Geschöpfe in der Offenbarung läßt sich auf die Worte zurückführen: „Amen! Preis und Ehre, Danksagung, Macht und Stärke unserm Gott in alle Ewigkeit! Amen." Wir rufen beständig die seligste Jungfrau, die Engel und Heiligen an, und wir

---

¹) 2. Cor. 9, 11. ²) Phil. 4, 6. ³) Col. 2, 7. ⁴) Ebend. 4, 2. ⁵) Röm. 1, 21.

wissen und sind überzeugt, daß sie allzeit für uns im Himmel bitten; habe ich aber nicht Recht, wenn ich behaupte, daß, wenn wir uns ein Bild vom Himmel entwerfen, wir uns nicht so oft dabei das Gebet vorstellen, als das Lob und die Danksagung? Manchmal sogar hat, wenn der Tod in der Nähe war, das Leben des Himmels sein Licht über einige Diener Gottes ausgegossen; sie schienen fast das Gebet zu vergessen, und als ob sie schon die Gesänge der Engel hörten, beschäftigten sie sich in jenen schrecklichen Stunden, welche mehr als das übrige Leben bringende Gebete zu erfordern scheinen, mit Danksagung. Als z. B. der gottselige Paul vom Kreuze gefährlich krank darniederlag, brachte er seine Tage mit Aeußerungen des Lobes und des Dankes zu, und wiederholte oft mit besonderer Andacht die Worte aus dem Gloria in excelsis: „Wir danken Dir für Deine große Herrlichkeit." Dieß war immer sein liebstes Schußgebet gewesen, und er hatte seine Ordensbrüder häufig ermahnt, dasselbe, so oft sie ein besonderes Anliegen hätten, zu gebrauchen, und mit Inbrunst zu sprechen: „Alles zur größern Ehre Gottes!" Manchmal warf er sich im Geiste vor dem Throne der heiligsten Dreieinigkeit nieder, und rief voll feuriger Liebe aus: Sanctus! Sanctus! oder: Benedictio et claritas! und dieß pflegte er den Gesang des Paradieses zu nennen!

Nun spiegelt aber die Kirche auf Erden die Kirche im Himmel ab; die Anbetung der einen ist das Echo von der Anbetung der andern. Wenn das Leben im Himmel ein Leben des Lobes und Dankes ist, so muß es das Leben auf Erden in ähnlichem Maße sein. Der Mittelpunkt aber von aller unserer Anbetung ist die Eucharistie, d. h. wie das Wort besagt, ein Opfer des Dankes. Alles in der Kirche geht von dem heiligen Sakramente aus: der Geist der Eucharistie muß sich überall finden. Selbst die Juden fühlten, daß alles Gebet einst aufhören müsse, nur nicht das Gebet der Danksagung, wie es Wetzstein aus dem Talmud beweist. Aber jetzt macht es einen Theil unsers Liebesdienstes aus. Nehmen wir an, daß die wahre Idee der Anbetung diejenige sei, welche sich in der gewöhnlichen Uebung der meisten Menschen ausspricht, und daß es sich blos um ein an ein höheres Wesen gerichtetes Gebet handle: in was für ein Verhältniß setzt uns dieß zu Gott? Er ist unser König, unser Herr, der Bewahrer von Schätzen, und selbst ein unendlicher Schatz. Wir gehen zu Ihm, und bitten um Etwas. Er ist für uns, was ein Reicher für einen Bettler. Unser eigenes Interesse spielt die Hauptrolle in der Sache. Oder wir fürchten uns vor seiner Gerechtigkeit, und wünschen unsere Strafen und unsere Sünden erlassen. Er ist voll Mitleid, und wird uns erhören, wenn wir beharrlich bitten. Wenn wir nur das Gebet für den ganzen Inbegriff der Andacht nehmen, so können wir nicht höher steigen. Es ist dieß Alles ganz wahr, und außerdem sehr nothwendig. Das Gebet kann uns lehren, unsere Hoffnungen auf Gott zu setzen, und ein erhörtes Gebet, Ihm unser Zutrauen zu schenken. Aber die unendliche Güte will nicht, daß wir Ihm gegenüber in einer solchen Stellung bleiben; wir sollen in alle Ewigkeit bei Ihm sein, wo Er unsere beständige Freude ist. Ihn zu kennen und zu lieben ist das wahre Leben, und wenn man Ihn liebt, so freut man sich, Ihn für immer zu lieben. Wie der Geist der Aufopferung, und die Erlaubniß, Gott Geschenke darzubringen, uns sogleich in ein vertraulicheres Verhältniß zu Gott bringt, so auch der Geist der Danksagung. Wenn man einem Wohlthäter blos dankt, um mehr von ihm zu bekommen, so ist dieß keine Danksagung, sondern eine schmeichelhafte Form der Bitte. Wir danken Gott, weil wir Ihn lieben, weil seine Liebe zu uns uns rührt und uns für ihn einnimmt. Wahrlich, so sehr ist die Danksagung eine Sache der Liebe, daß wir Ihm am meisten im Himmel danken werden, wenn Er uns die Krone der ewigen Seligkeit gegeben, wenn Er uns Alles von sich mitgetheilt hat, was wir fassen können. Die Danksagung ist daher ein wesentlicher Theil des katholischen Gottesdienstes, und wie die Uebung derselben unsere Liebe erhöht, so ist die Vernachlässigung dieser Pflicht ein Beweis, wie wenig Liebe wir haben.

Ach, wir haben Grund, Gott zu bemitleiden, wenn wir so mit dem heiligen Alphons sprechen dürfen, weil die Menschen sich gegen die göttliche Majestät versündigen; noch mehr Ursache haben wir dazu, wenn wir sehen, wie dürftig und wie kalt die Danksagungen sind, die wir Ihm darbringen. Nichts ist so verhaßt unter den Menschen, als Undankbarkeit, und doch ist dieß täglich und stündlich der Antheil des allmächtigen Gottes. Es läßt sich nicht sagen, was Er für die Menschen gethan; die Schätze seiner Barmherzigkeit lassen sich nicht erschöpfen, welche in jedem dieser Namen enthalten sind: Schöpfer, König, Erlöser, Vater, Hirt. Er liebt es, daß wir Ihm danken, weil Alles, was Er von uns will, die Liebe ist, und daß Er dieß will, ist selbst ein unendlicher Liebesakt. Er wollte seine Ehre in unsere Dankbarkeit setzen, aber wir wollen sie Ihm nicht geben, und was das Schlimmste von Allem ist, diese Beleidigung kommt nicht wie eine offenbare Sünde von Jenen, die seine Feinde sind, und durch deren Bekehrung Er einst unter den Menschen verherrlicht werden kann, sondern sie kommt von seinem eigenen Volke, von Jenen, welche die Sakramente besuchen und ein frommes Leben führen, von Jenen, die Er täglich mit den kostbaren Gaben seines heiligen Geistes überhäuft. Manche von uns erschrecken vor der Sünde und vor dem Frevel am Göttlichen; wir gehen betrübt und niedergeschlagen einher in den Tagen, wo die Welt ihren Karneval feiert.

Es ist dieß ganz gut, aber auch wir fahren fort, durch die Vernachläſſigung unſerer Dankespflicht Gott ſeine Ehre zu verweigern. Wir könnten Ihn ſo leicht verherrlichen, aber dieß kommt uns kaum in den Sinn. Kann man da von uns ſagen, daß wir Ihn wahr und aufrichtig lieben? Was haben wir zu thun, wie oft ſoll ich es ſagen? Wir müſſen Gott lieben und Ihn zu verherrlichen ſuchen. Laßt uns alſo die Welt durchwandern, um dieſe vernachläſſigten Perlen der Ehre unſers himmliſchen Vaters zu ſuchen und ſie Ihm darzubringen. Wie ſollten wir auch etwas Anderes wünſchen, als dieſes? Einige ſeiner Diener wünſchten ſogar nicht zu ſterben und auf der Erde zu bleiben, um Ihn durch größere Leiden zu verherrlichen. Solche Wünſche ſind nicht für uns, aber ſie können uns zeigen, wie wenig Liebe wir haben, und eine ſolche Entdeckung iſt von der höchſten Wichtigkeit. Ich kann glauben, daß manche Menſchen ſich täuſchen und meinen, ſie lieben Gott, während ſie Ihn nicht lieben, und daß ſie wünſchen, Ihn zu lieben, und wiſſen nicht, wie. Aber kann Jemand wiſſen, wie wenig er Gott liebt, und wie leicht er Ihn mehr lieben kann, ohne zu wünſchen, es zu thun? Jeſus ſtarb, um dieſe Möglichkeit zu verhindern, und ſollte Er umſonſt geſtorben ſein?

Ihr müßt mir verzeihen, wenn ich noch einmal wiederhole, was ich ſchon ſo oft geſagt habe. Wir werfen den Sündern, welche außer der Gnade Gottes und fern von den Sakramenten leben, nicht vor, daß ſie keine Dankſagungen darbringen. Sie haben zuerſt andere Pflichten zu erfüllen. Sie müſſen Buße thun und ſich mit Gott verſöhnen, und ihre Seelen neu in dem koſtbaren Blute Jeſu waſchen. Die Verſäumung der Dankespflicht iſt eine Undankbarkeit, welche unſer Herr ſeinen eigenen Kindern vorwerfen muß, die in ſeinem Frieden und in dem Genuſſe aller ſeiner Gnaden leben. Dieß müſſen wir besonders in's Auge fassen. Ich weiß nicht, ob ihr mit mir übereinstimmen werdet, aber nach meiner Ansicht haben die Fehler mancher frommen Leute (ich meine nicht geringe Fehltritte und Schwächen, sondern freiwillige, mit kaltem Herzen begangene Fehler) etwas besonders Gehässiges an sich, und dieß mag der Grund sein, warum Gott in der Apokalypse sich in so ungewöhnlicher und lebhafter Sprache über die Lauigkeit ausspricht. Als die Engel unsern Herrn fragten, da Er zum Himmel auffuhr: „Was sind dieß für Wunden in Deinen Händen?" wie viel liegt in seiner Antwort: „Es sind die Wunden, welche ich in dem Hause meiner Freunde empfangen habe!" Es wäre wohl der Mühe werth, eine Abhandlung zu schreiben mit dem Titel: „Ueber die Sünden frommer Leute;" denn es gibt deren viele und mannigfaltige, welche eine besondere Gehässigkeit an sich tragen. Die Undankbarkeit ist eine der ersten davon. Verliert wenigstens dieß nicht aus den Augen, während wir von der Danksagung sprechen. Es ist dieß ein Gegenstand, welcher einzig die guten Katholiken angeht, Männer und Frauen, welche beten und die Sakramente häufig besuchen, und den frommen Theil unserer Gemeinden bilden. Wenn man in dieser Hinsicht einen Vorwurf zu machen hat, so trifft derselbe nur sie. Es ist wirklich fast ein Trost, dieß sagen zu können. Solche Leute sind gewöhnlich so selbstgerecht, daß es, ich wiederhole es, ein eigentlicher Trost ist, sie in die Enge zu treiben und ihnen sagen zu können: Wir haben jetzt nichts mit Sündern zu thun, ihr seid die Schuldigen, der Vorwurf trifft euch allein; es handelt sich hier von einer Pflicht, die ihr erfüllen müßt, und wenn ihr sie schlecht erfüllt, so seid ihr Elende; das Wort „ein Elender" ist, ihr wißt es, gerade der rechte Ausdruck für den Undankbaren; mit allen euren Gebeten und Sakramenten erfüllt ihr die Pflicht nicht. Es ist eine traurige Folgerung, welche ihr daraus ziehen müßt; aber warum faſſet ihr nicht guten Muth, warum leget ihr kein ehrliches Bekenntniß ab und bittet Gott um ein wenig mehr Gnade? Dann wird Er ſehen, wie ganz anders unſer künftiges Verhalten ſein ſoll. Von den gewöhnlichen Fehlern frommer Leute befreie uns, o Herr! Es gibt Sakramente für die Sünde, für die Lauigkeit gibt es keine. Wer hat ſich jemals mit dem Dienſt der Seelen befaßt und weiß nicht, wie ſo gar häufige Communionen laue Herzen verhärten? Habt ihr jemals zehn Perſonen gekannt, die in Lauigkeit verſunken waren und geheilt wurden? Und was war es, das neun von den zehn heilte? Die Scham, welche auf den Fall in die Todſünde folgte. Ach, dieß iſt ein verzweifeltes Spiel, wo man der Hölle die Sorge überläßt, das zu bewirken, was der Gedanke an den Himmel und an die ewige Seligkeit nicht bewirken konnte!

Die Bibel iſt eine Offenbarung der Liebe, aber es iſt nicht die einzige. Jeder aus uns hat eine beſondere perſönliche Offenbarung der göttlichen Liebe im Rückblick auf jene väterliche Vorſehung, die unſer Leben lang über uns wachte. Wer kann auf die lange Reihe der Gnaden zurückſehen, aus welchen ſein Leben ſeit der Taufe beſteht, ohne ein Gefühl des Erſtaunens über die unermüdliche Liebe Gottes, wenn er ſieht, wie Alles zu ſeinem Glücke oder zu ſeiner Wohlfahrt angeordnet wurde, wie die Hinderniſſe verſchwanden, als er ihnen näher kam, und gerade, wenn ſie am unüberwindlichſten ſchienen, wie die Verſuchungen ſich zu ſeinem Beſten wandten, und wie das, was ihm eine Züchtigung däuchte, als er es von vorne anſah, ſich in Liebe verwandelte, wenn er darauf zurückblickte? Jeder Schmerz hat ſeine paſſende Stelle in ſeinem Leben gefunden, und er würde viel verloren haben, wenn er ohne denſelben geweſen wäre. Zufällige Bekanntſchaften hatten ihre Bedeutung und ihren Nutzen, und manchmal scheint es, als ob die vorsehende Liebe selbst das Gewebe seines Lebens nicht anders hätte weben können. Er fühlte es damals nicht, er wußte nicht, daß Gott so sehr mit ihm war; denn was ist weniger augenfällig, als die Liebe eines Vaters? Als Jakob aus kalten Steinen sein Kissen machte und sich niederlegte, darauf zu schlafen, wo er die Erscheinung von der Himmelsleiter hatte, so sah er nichts Ungewöhnliches an dem Orte; als er aber aus dem Schlafe erwachte, sprach er: „Wahrlich, der Herr ist an diesem Orte, und ich wußte es nicht." Als Moses Gott zu sehen wünschte, versetzte ihn der Herr in die Höhle eines Felsen und bedeckte ihn mit seiner Rechten, während seine Herrlichkeit an ihm vorüberging, und Er sprach: „Ich will meine Hand zurückziehen und du sollst meinen Rücken sehen, aber mein Angesicht kannst du nicht sehen." So sind immer die Wege Gottes; Er ist mit uns voll Zärtlichkeit, voll Liebe und Barmherzigkeit. Unser Herz brennt in uns, wie die Herzen der beiden Jünger, da sie mit Jesus auf dem Wege nach Emmaus redeten; aber erst wenn Er uns aus den Augen entschwindet, dann wissen wir in Wahrheit, daß es unser Herr selbst war.

Wir können daher nur durch die Betrachtung zur Erkenntniß Gottes gelangen. Wir müssen, wie Maria, Alles wohl erwägen. Wir müssen nachdenksam sein, wie Isaak war; wir müssen die Gnaden Gottes aufsammeln und zu schätzen wissen, wie Jakob und David. Jakob schaute immer auf sein abenteuerliches Leben zurück; Gott war ihm der Gott Bethel's, der Gott Abraham's, die Furcht Isaak's. Und was ist der Vorwurf David's an sein Volk anders, als daß sie Gott vergaßen, welcher große Dinge gethan in Aegypten, wunderbare Werke im Lande Cham, und schreckliche Dinge im rothen Meere? Die Wohlthaten, die wir kennen, sind mehr als genug, um die feurigste Liebe in uns zu entzünden, und doch werden wir nicht die Hälfte erkennen bis zum Tage des Gerichts. Wer sind wir, daß Gott so für uns sorgte? Hatte Er keine Welt zu regieren? Hatte Er keine Geschöpfe, als uns arme Wesen, keine weisern, heiligern, liebenswürdigern? Und doch quälen wir uns über die Vorherbestimmung und ewige Strafe. Wir urtheilen vorschnell über das, was wir nicht ändern können und nicht verstehen. Ich muß dieß für höchst unvernünftig halten; denn betrachtet die Umstände so, wie sie in Wirklichkeit sind: wir wissen unendlich viel von Gott, aber wenig oder gar nichts, als was Er uns selbst in seiner Güte offenbaren wollte. Wenn wir uns daher über Ihn aussprechen, so gründen sich unsere Urtheile in Wirklichkeit nicht so sehr darauf, was wir sehen, als darauf, was Er uns in seiner Güte von sich selbst sagen wollte. Ich muß hier eine Bemerkung machen, welche den meisten Menschen entgeht, daß nämlich Gott für uns hauptsächlich seine Barmherzigkeit und Herablassung in's Licht gestellt hat. Seine Strenge ist nur die dunkle Seite seiner furchtbaren Majestät wegen des Schreckens, den sie einflößt, aber auch weil Er uns sehr wenig darüber gesagt hat. Wenn es sich jedoch von der Liebe handelt, dann sind die Ausdrücke, deren Er sich bedient, mannigfaltig, klar und deutlich. Von seiner Strenge läßt Er nur hie und da ein Wort fallen, Er stellt sie als eine Thatsache hin und spricht nicht weiter davon. Er erschreckt durch eine plötzliche Offenbarung, aber da es nur die Liebe ist, die Ihn antreibt, Furcht einzuflößen, so ist es Ihm nicht schwer, sogleich Alles auszugleichen und eben zu machen. Ja, die furchtbarsten Ausdrücke über seine Gerichte sind eher Ausbrüche seiner erstaunten Geschöpfe, eines Job, Jesaias, Petrus und Paulus, als Offenbarungen von Ihm selbst. Gerade diese Thatsache ist selbst ein neuer Beweis seiner Liebe. Können wir den Wink nicht fassen, welchen seine erbarmungsvolle Weisheit uns durch diese Art des Verfahrens geben will? Wie wir nur Eine Seite des Mondes sehen, so sehen wir auch nur Eine Seite von Gott, und was können wir davon wissen, was wir nicht sehen? Die Offenbarungen seiner Güte und seiner Zärtlichkeit für seine Geschöpfe sind unendlich mannigfaltig. Er versucht, unsern Blick auf diese zu richten, aber wir wollen nicht. Wir beschäftigen uns am meisten damit, woran wir am wenigsten denken sollen, und wir versäumen, alle jene unzähligen Zeichen der Liebe unsers himmlischen Vaters zu erwägen, welche für uns eben so viele fühlbare Beweise einer unaussprechlichen Liebe sind. Ach, während Gott Alles aus Liebe für uns thut, wie verkehrt suchen wir seiner Zärtlichkeit und Langmuth in den Weg zu treten! Betrachtet, was es heißt, von Gott gesegnet sein! Leget euch selbst in die Wagschale und wäget euch gegen Ihn, dann werdet ihr sehen, was es heißt, der Gegenstand seiner Aufmerksamkeit, seiner Geduld und seiner Liebe zu sein. Wahrlich, schon der Gedanke an Gott ist ein Bett, worauf wir niederliegen und ruhen können, wenn wir wollen. Die Erinnerung an seine unbegränzte Allmacht ist für uns erfreulicher, als die Erscheinung eines Engels, lieblicher, als Maria's Angesicht, wenn sie unserer gereinigten Seele ihr Willkommen im Himmel entgegenlächelt. Daß Er ein solcher Gott ist, wie Er ist, erfüllt uns mit Freude und Seligkeit; daß Er uns von Ewigkeit her liebte und unser theuerster Vater ist, ist für uns eine namenlose Freude; es ist der Himmel, welcher schon auf Erden beginnt! Ist es deßhalb nicht ein Wunder, daß es auf der Welt so wenig Danksagung geben soll, ein größeres Wunder sogar, als daß es da so wenig Gebet gibt, und beinahe ein ebenso großes Wunder, als die unaussprechliche Liebe Gottes?

§. 2. Der Geist der Heiligen — ein Geist der Danksagung.

Der Geist der Danksagung ist zu allen Zeiten das Merkmal der Heiligen gewesen. Die Danksagung war ihr Lieblingsgebet, und wenn ihre Liebe über die Undankbarkeit der Menschen seufzte, so forderten sie die Thiere und sogar leblose Geschöpfe auf, Gott für seine Güte zu preisen. Der heilige Laurentius Justiniani hat eine schöne Stelle über die Danksagung in seiner Abhandlung über den Gehorsam: „Wer alle Wohlthaten Gottes vollständig aufzählen wollte, würde einem Manne gleichen, welcher die mächtigen Ströme des weiten Ozeans in ein kleines Gefäß einschließen wollte; denn dieß wäre ein leichteres Werk, als mit menschlicher Beredtsamkeit die unzähligen Gaben Gottes zu verkündigen. Allein obgleich dieselben sowol der Menge, als der Größe nach unaussprechlich sind, so darf man doch keineswegs mit Stillschweigen darüber weggehen oder sie unerwähnt lassen. Sie sollen mit dem Munde bekannt und im Herzen hoch verehrt werden, so weit der schwache Mensch es vermag. Denn wiewol wir sie nicht mit Worten auszudrücken vermögen, so können wir sie doch in den frommen Gefühlen unsers Herzens anerkennen. Ja, die unendliche Barmherzigkeit unsers ewigen Schöpfers läßt sich herab, nicht nur zu billigen, was der Mensch thun kann, sondern auch, was er gerne thun möchte; denn die Verdienste der Gerechten werden von dem Allerhöchsten nicht blos nach den Werken, sondern auch nach den Begierden des Willens gezählt." In einer der Offenbarungen, welche die heilige Katharina von Siena erhielt, sagt ihr Gott Vater, daß die Danksagung die Seele einlade, sich unaufhörlich in Ihm zu erfreuen, daß sie die Menschen von Nachläßigkeit und Lauigkeit befreie, und sie eifrig mache, Ihm immer mehr in

allen Dingen zu gefallen. Unser Herr führt der heiligen
Brigitta die Zunahme der Danksagung als einen Grund
für das Opfer der Messe an. „Mein Leib," spricht Er,
„wird täglich auf dem Altar geopfert, daß die Menschen
mich um so mehr lieben und um so eifriger meiner Wohlthaten gedenken mögen." „Glücklich ist derjenige," sagt
der heilige Bernhard, „welcher bei jeder Gnade, die er
empfängt, sich in Gedanken zu Dem wendet, in welchem
die Fülle aller Gnaden ruht; denn wenn wir uns nicht
undankbar zeigen für das, was Er uns gegeben hat, so
ziehen wir noch weitere Gnaden auf uns herab." Und an
einer andern Stelle sagt er: „Sprechet zu Gott in Danksagungen, und ihr werdet immer reichlichere Gnaden empfangen." Ebenso sagt der heilige Laurentius Justiniani:
„Zeiget Gott nur, wie ihr dafür dankbar seid, was Er
euch gegeben, und Er wird euch immer bessere Gaben
mittheilen." Die heilige Maria Magdalena von Pazzi
empfing auch eine Offenbarung, in welcher man ihr sagte,
daß die Danksagung die Seele für die gränzenlose Freigebigkeit des ewigen Wortes empfänglich mache.

Nun halte inne, lieber Leser, und denke einige Augenblicke über das ewige Wort nach; erinnere dich, daß es
die zweite Person der heiligen Dreieinigkeit ist, das von
Ewigkeit her erzeugte Wort des Vaters, der Glanz seiner
Majestät, die unerschaffene Weisheit, dieselbe Person,
welche für uns Mensch und gekreuzigt wurde, dieselbe,
welche uns den heiligen Geist sandte, welche uns Maria
gab, welche uns sich selbst im heiligen Sakramente gibt —
und dann denke, was seine Freigebigkeiten sein müssen,
wenn sie kein Maß und keine Gränzen haben! Wir können ihre Zahl nicht zählen, ihre Vortrefflichkeit nicht verstehen, ihre Fülle nicht fassen, die mannigfaltigen Arten
derselben nicht mit Namen nennen. Ach, daß wir eine besondere Andacht zur Person des ewigen Wortes hätten,

daß wir die Wunder, welche die Kirche uns von Ihm erzählt, lesen, und dann, wenn wir sie gelesen, erwägen und Liebesakte erwecken möchten! Dieß ist der wahre Weg, um unsere Andacht zu seiner heiligen Menschheit zu vermehren und zu lernen, wie wir an seiner Krippe wachen, über seinem Kreuze weinen, Ihn in seinem Tabernakel anbeten und zu Ihm und seinem heiligen Herzen unsere Zuflucht nehmen sollen. Bitte den heiligen Michael, den heiligen Johannes Evangelist und den heiligen Athanasius, für dich diese Andacht zu erlangen: sie haben dafür eine besondere Vorliebe, und du wirst sehen, wie schnell du den Weg Gottes laufen wirst, wenn die Liebe dein Herz entflammt. Vergiß ferner nicht, daß Er selbst uns durch seine Offenbarungen an seine Dienerin es sagte, daß die Danksagung die Seele zum Empfang seiner unendlichen Freigebigkeit vorbereite. Du siehst, du mußt noch an diesem Tage, in dieser Stunde eine ganz neue und würdigere Art der Danksagung beginnen, als jene seltenen, förmlichen, ehrerbietigen Dankesbezeugungen sind, womit du bisher zufrieden warst, deine hohen Verpflichtungen gegen unsern Herrn anzuerkennen. Versprich Ihm nun dieß, und dann lies mit einem wärmern Herzen weiter!

Der heilige Bonaventura, oder vielmehr der Verfasser der Betrachtungen über das Leben Christi, erzählt uns, daß die seligste Jungfrau Gott ohne Unterlaß Dank sagte, und um bei den gewöhnlichen Begrüßungen vom Lobe Gottes nicht abgehalten zu werden, pflegte sie, so oft Jemand sie grüßte, zu erwiedern: „Gott sei Dank!" und nach ihrem Beispiele haben mehrere Heilige dieselbe Uebung angenommen. Der P. Didacus Martinez, ein Jesuite, welcher der Apostel von Peru genannt wurde wegen seines Seeleneifers und seiner unermüdlichen Arbeiten in jenem Lande, pflegte täglich vierhundert und oft sechshundert Mal Deo gratias zu sagen, und hatte, um genau zu sein, hiezu eine Art besonderer Rosenkränze. Er versuchte auch, Andere anzuleiten, dieselbe Andacht zu üben, und erklärte, er wisse kein kürzeres Gebet, das Gott angenehmer wäre, wenn man es nur mit frommer Meinung ausspreche.

Es war eine schöne Sage unter den Juden, welche Lancisius aus Philo anführt: Als Gott die Welt erschaffen hatte, fragte Er die Engel, was sie von diesem Werke seiner Hände dächten? Einer von ihnen erwiederte: es sei so groß und so vollkommen, daß ihm nur Eines fehle; es sollte nämlich eine klare, mächtige und harmonische Stimme erschaffen sein, um alle Enden der Welt unaufhörlich mit ihrem süßen Tone zu erfüllen, und so Tag und Nacht dem Schöpfer derselben für seine unvergleichlichen Wohlthaten Dank darzubringen. Ach, sie wußten nicht, wie viel mehr, als dieß, das heiligste Sakrament einst sein würde! Unsere Danksagung soll deßhalb nicht eine Andacht sein, die nur dann und wann geübt wird, sie soll unaufhörlich sein; die Stimme der Liebe, welche im Grunde unsers Herzens lebt, darf niemals schweigen.

In mehreren Texten, welche ich bereits angeführt habe, spricht der heilige Paulus vom Gebete, verbunden mit der Danksagung, als ob es kein Gebet gäbe, wovon die Danksagung nicht einen Theil bildete, und dieß dürfte auch ein Beleg für meine Behauptung sein, daß der Geist der Eucharistie sich in allen Theilen und Akten der katholischen Andacht finde. „Ich glaube," sagt der heilige Gregor von Nyssa, „daß, wenn wir unser ganzes Leben lang ununterbrochen mit Gott verkehren und Nichts thun würden, als Dank sagen, wir wirklich gerade so weit entfernt wären, unserm himmlischen Wohlthäter angemessen zu danken, als wenn wir nie daran gedacht hätten, Ihm überhaupt zu danken. Denn die Zeit hat drei Theile: die Vergangenheit, Gegenwart und Zukunft. Wenn du die Gegenwart betrachtest, so ist es Gott, durch den du jetzt lebeſt; wenn die Zukunft, ſo iſt Er die Hoffnung von Allem, was du erwarteſt; wenn du auf die Vergangenheit ſiehſt, ſo würdeſt du niemals geweſen ſein, wenn Er dich nicht geſchaffen hätte. Daß du geboren wurdeſt, war ſeine Gnade, und nachdem du geboren biſt, iſt dein Leben und dein Tod gleichfalls, wie der Apoſtel ſagt, ſeine Gnade. Was immer deine zukünftigen Hoffnungen ſein mögen, ſie hängen auch von ſeiner Gnade ab. Du biſt nur Herr der Gegenwart, und wenn du dein ganzes Leben lang die Dankbarkeit nicht unterbrechen würdeſt, ſo würdeſt du deßhalb kaum genug thun für die Gnade, welche immer gegenwärtig iſt, und deine Einbildungskraft kann keine Möglichkeit einſehen, wodurch du für die Vergangenheit oder für die Zukunft Etwas thun könnteſt."

Außer dieſen wichtigen Stimmen über die Dankſagung dürfen wir die Zahl der Dankſagungen nicht vergeſſen, welche die Kirche mit einem Ablaſſe verſehen hat, um ihre Kinder deſto leichter dahin zu führen, Gott auf dieſem Wege zu verherrlichen. Wir werden ſpäter Gelegenheit haben, auf die Thatſache zurückzukommen, daß viele dieſer Andachten Dankſagungen ſind zur heiligſten Dreieinigkeit für die Gaben und Gnaden, welche ſie über die ſeligſte Jungfrau ausgegoſſen hat.

Es wird für uns bei der Dankſagung von großem praktiſchen Nutzen ſein, die vorzüglichſten Wohlthaten in Klaſſen einzutheilen, für welche wir Gott beſtändig zu danken verbunden ſind, und wir wollen in dieſem Punkte, wie in ſo vielen andern, der von dem Pater Lanciſius vorgeſchlagenen Ordnung und Methode folgen.

§. 3. Verſchiedene Gegenſtände der Dankſagung.

1) Zu allererſt müſſen wir Gott für die Wohlthaten danken, welche dem ganzen Menſchengeſchlechte gemeinſam

sind. Der heilige Chryfostomus besteht nachdrücklich auf diesem Punkte, und unser Herr nannte die Uebung der Danksagung für diese Wohlthaten das Halsband seiner Braut; denn als Er sich mit der heiligen Brigitta vermählte und sie unterrichtete, wie sie sich geistlicher Weise schmücken solle, sprach Er: „Die Braut muß die Zeichen des Bräutigams auf der Brust tragen, d. h. das Andenken an die Gnaden, die ich dir erzeigte, nämlich wie edel ich dich erschuf, indem ich dir Leib und Seele gab, wie edel ich dich mit Gesundheit und zeitlichen Gütern begabte, wie sanftmüthig ich dich von deinen Irrwegen zurückbrachte, indem ich für dich starb und dich in dein Erbtheil wieder einsetzte, wenn du es antreten willst." Orlandini führt diese Dankbarkeit als einen Charakterzug des P. Peter Faber an. Er dachte immer voll Dankbarkeit nicht nur an die besondern Wohlthaten Gottes, die er erhielt, sondern auch an diejenigen, welche der ganzen Menschheit gemeinsam sind. Er vergaß nie, daß der göttlichen Freigebigkeit Dank gebühre, eben sowol für diese gemeinsamen Wohlthaten, als für die besondern, und es war für ihn eine Quelle des Schmerzes, daß die Menschen gewöhnlich diesen Gaben keine Aufmerksamkeit schenken, sondern sie für Etwas halten, das ihnen von Rechtswegen gebührt. Es betrübte ihn, daß die Menschen selten jene gränzenlose Liebe Gottes preisen, durch welche Er zuerst die Welt erschaffen, dann erlöst, hierauf die ewige Glorie für uns bereitet, und in allen seinen Werken an Jeden von uns besonders zu denken sich gewürdigt hat. Unter diese Klasse der gemeinsamen Wohlthaten müssen alle Gnaden der heiligen Menschheit Jesu, die glorreichen Vorrechte der Mutter Gottes und die ganze Herrlichkeit der Engel und Heiligen gerechnet werden. Unter andern Verheißungen, welche Gott der heiligen Gertrud gab, war folgende: „So oft Jemand mit frommem Sinne Gott preist und Ihm für die Wohlthaten dankt, die Er der heiligen Gertrud verlieh, wird der Allmächtige ihn in seiner Barmherzigkeit mit eben so vielen geistlichen Gnaden bereichern, als er Danksagungen darbringt, wenn nicht im Augenblicke, so wenigstens bei einer passenden Gelegenheit." Ebenso erzählt uns Orlandini, daß P. Faber die Engel und Seligen wegen ihrer Gaben beständig zu beglückwünschen pflegte, indem er unablässig die besondern Gnaden erwog, welche Gott ihnen gegeben hatte, und für jede derselben in ihrem Namen Gott mit inniger Rührung Dank sagte. Er glaubte, daß dieß jenen Bewohnern des Himmels im höchsten Grade angenehm sei, und für uns selbst vom größten Nutzen, da die Seligen im Himmel sehen, daß sie die Schuld der Dankbarkeit gegen Gott niemals abzahlen können. Er trieb diese Andacht so weit, bis es ihm endlich war, als ob es kein einziges Geschenk der göttlichen Güte gäbe, wofür er nicht persönlich der Schuldner wäre. Für Jeden, welchem irgend ein Glück zu Theil wurde, machte er sich gewissermaßen zum Stellvertreter, und kaum bemerkte er das glückliche Ereigniß, als er anfing, Gott zu preisen und zu danken. Es gab nicht Freudiges, das er sah oder hörte, ohne daß er sogleich seine Stimme voll Dank und Lob zum Herrn erhob. Auf die fruchtbaren Felder, auf die schönen Olivengärten, auf die Weinberge mit ihren köstlichen Trauben blickte er mit frohlockendem Auge, und weil sie nicht für sich selbst sprechen konnten, sprach er für sie und dankte dem Herrn für alle ihre Schönheit, und im Namen ihrer Eigenthümer für den Besitz, welchen Er ihnen gegeben hatte. Wie wunderschön muß das Innere der Seele dieses frommen Paters gewesen sein mit ihren mannigfaltigen, reichen Gaben und Gnaden! Es ist kein Wunder, daß der heilige Franz Xaver ihn der Litanei der Heiligen beifügte, oder daß der heilige Franz von Sales von der

Freude und dem Troste spricht, welche er empfand, als er in dem Geburtsdorfe des frommen Paters einen Altar einweihte. Wie Balthasar Alvarez, welchen die heilige Theresia in einer Vision höher in der himmlischen Glorie erblickte, als alle seine Zeitgenossen, obgleich viele unter ihnen heilig gesprochen worden waren, so ist auch Peter Faber nicht auf die Altäre der Kirche erhoben, sondern ruht im Schooße Gottes als einer seiner verborgenen Heiligen. Gepriesen sei die heiligste Dreieinigkeit für jede Gabe und Gnade, welche seine schöne Seele zierte, und für alle Gnadenschätze, welche Gott seinen Heiligen verliehen hat, und nun in sich verborgen hält, so daß wir Ihn für sie nicht verherrlichen können!

2) Die zweite Klasse der göttlichen Wohlthaten, wofür wir beständig Dank darbringen sollen, ist, wie es sich von selbst versteht, die Menge der persönlichen Wohlthaten, welche wir unverdienter Weise von der Güte Gottes empfangen haben. Wie schön drückt dieß der heilige Bernhard in einer Predigt über das hohe Lied aus! „In den Kriegen und Kämpfen," sagt er, „welche Jenen, die ein frommes Leben in Christo führen wollen, zu keiner Zeit fehlen, mögen sie nun vom Fleische, von der Welt, oder vom Teufel herkommen (denn des Menschen Leben ist ein Krieg auf Erden, wie ihr Alle an euch selbst erfahren habt) — in allen diesen Kämpfen müssen wir täglich unsere Dankgesänge für die bereits erfochtenen Siege erneuern. So oft eine Versuchung oder ein Laster überwunden, oder eine drohende Gefahr vermieden, oder ein Fallstrick des Teufels zur rechten Zeit entdeckt, oder eine alte, eingewurzelte Leidenschaft der Seele geheilt, oder eine lang ersehnte und erbetene Tugend endlich durch die Gnade Gottes uns gewährt ist: was müssen wir anders thun, als nach dem Worte des Propheten die Stimme des Lobes und Dankes erheben, und Gott bei jeder einzelnen

Wohlthat für alle Gaben preisen? Sonst wird, wenn der letzte Tag kommt, derjenige unter die Undankbaren gezählt, welcher nicht sagen kann: Gesang sind mir Deine Satzungen im Orte meiner Wanderschaft. Ja, bei jedem Schritte, den wir auf dem Wege der Tugend voranschreiten, müssen wir einen besondern Gesang anstimmen zum Lobe und zur Ehre Desjenigen, welcher uns so erhöht hat." Der P. Lancisius sagt: „Ich möchte gerne alle diejenigen, welche Gott eifrig und getreu dienen, bewegen, Ihm mit besonderer Liebe wenigstens vier Mal des Tages für alle persönlichen Wohlthaten zu danken, die Er uns erwiesen hat: 1) am Morgen bei der Betrachtung, 2) am Mittag oder vor dem Essen, 3) bei der Gewissenserforschung, und 4) zur Zeit, wenn wir schlafen gehen." Den ersten Rang unter den persönlichen Wohlthaten muß die Gnade einnehmen, welche uns von der Irrlehre zum katholischen Glauben, oder von der Vernachlässigung der Sakramente zu einem guten Leben, oder von dem Rückfalle in die Sünde zu einer wahren Bekehrung gerufen hat. Unser Herr sprach einst zur heiligen Brigitta: „Die Braut muß bereit sein mit schönem und reinem Schmucke, wenn der Bräutigam zur Hochzeit kommt, und dann ist dein Schmuck rein, wenn du mit Dankbarkeit an deine Sünden denkst, wie ich dich in der Taufe von der Sünde Adam's reinigte, und wie oft ich dich, als du fielest, wieder aufgehoben habe."

Unter die persönlichen Wohlthaten, wofür wir Gott danken müssen, gehört die Erhaltung unsers Lebens und unserer Gesundheit, wodurch wir täglich große Schätze von Verdiensten sammeln, und die Majestät Gottes durch unzählige Akte der Liebe verherrlichen können. Wir müssen Ihm auch danken für die vergangenen und gegenwärtigen Demüthigungen, für Verläumbungen, für lieblose Auslegungen unserer Worte, Thaten, Unterlassungen oder Absichten, und für Alles, was uns jemals begegnete, um unsere Selbstliebe abzutödten. Denn wenn wir das wahre Interesse unserer Seele betrachten, so ist es ein wirklicher Segen, gedemüthigt und niedergehalten zu werden, nicht nur weil dieß für uns ein Hilfsmittel wird, auf dem Wege der Vollkommenheit voranzuschreiten, sondern auch wegen der unzähligen Gelegenheiten, die wir dadurch erhalten, Gott zu verherrlichen und Verdienste zu erwerben, und so höher in den Himmel zu kommen. Ja es gibt kaum etwas, wodurch wir Gott wirksamer verherrlichen können, als durch die Uebung von Tugenden, während wir unter Demüthigungen leiden. Wenn wir daher in einem Stande oder Berufe sind, wo wir die Aufmerksamkeit oder das Lob der Menschen nicht auf uns ziehen, so müssen wir Gott den wärmsten Dank dafür sagen, in Betracht der Gefahr, welcher unsere Seele vielleicht in einem höhern und ehrenvollern Stande ausgesetzt wäre. Die Geduld und Langmuth Gottes muß ferner ein Gegenstand beständiger Danksagung sein. Ist es nicht zu verwundern, wie gütig Er uns ertragen hat, während wir so verkehrt handelten! Wie viel Mal hat Er uns verziehen, wie oft uns die Verdienste zurückerstattet, die wir verloren hatten, und uns mit neuen Gnaden überhäuft! Das Verhalten Gottes uns gegenüber war nur ein fortgesetztes Wunder der Geduld. Ach, wie sehr haben wir Ursache, mit jener spanischen Dame, von welcher der P. Rho spricht, auszurufen: „Wenn ich eine Kirche zu Ehren der Eigenschaften Gottes zu bauen hätte, so würde ich sie der göttlichen Geduld weihen!" Wie schön muß ihre Seele gewesen sein, und wie innig und vertraut ihr Umgang mit Gott!

Wie viele Sünden waren wir ferner im Begriff zu begehen, und haben sie durch die Gnade Gottes nicht begangen! Wie viele Versuchungen wurden Andern gefährlich, die uns nicht in den Weg kamen! Selbst der heidnische Kaiser Antonin dankte Gott für die Gelegenheiten der Sünde, welchen er nicht ausgesetzt gewesen war. Dieß ist also eine andere persönliche Wohlthat, für welche wir allzeit Dank sagen müssen. Es gibt endlich noch drei Wohlthaten, an welche sich ein Katholik jeder Zeit erinnern soll: die göttliche Wahl, welche ihn zu einem Katholiken machte und nicht zu einem Juden, Mohamedaner oder Irrgläubigen; die göttliche Vorsehung, welche seit seiner Geburt sein Schild und Panzer war; und endlich die göttliche Freigebigkeit, welche ihm so verschwenderisch ihre Gaben und Gnaden mittheilte, die nicht gerade nothwendig waren zu seinem Heile, sondern nur dazu dienten, seine Seele zu schmücken, oder seine Freude an Christus zu erhöhen.

Der heilige Chrysostomus wollte auch, daß man sich mit besonderer Dankbarkeit an die verborgenen und unbekannten Wohlthaten erinnere, womit Gott uns überhäuft hat. „Gott," sagte er, „ist eine reichliche Quelle der Gnaden, welche uns überall umfließt, selbst wenn wir es nicht wissen." Orlandini erzählt uns, daß P. Peter Faber auch in dieser Hinsicht merkwürdig war. Er pflegte zu sagen, es gebe nicht leicht Wohlthaten, wofür wir Gott gewissenhafter Dank sagen sollten, als jene, welche wir niemals verlangten, und welche ohne unser Wissen uns zukamen. Es ist nicht unwahrscheinlich bei Manchem von uns der Fall, daß diese verborgenen Wohlthaten sich am letzten Tage gerade als die Angeln zeigen werden, um welche sich unser Leben drehte, und welche uns die ewige Ruhe sicherten.

3) Auch dürfen wir nicht glauben, daß von uns zu viel verlangt werde, wenn ascetische Schriftsteller uns sagen, daß wir Gott für Trübsalen und Leiden Dank sagen sollen, sowol für jene, die vergangen sind, als auch für diejenigen, welche wir gegenwärtig gerade erdulden.

Es ist natürlich hier nicht der Ort, weitläufig von dem Nutzen und den gnädigen Absichten der Trübsale zu sprechen. Dergleichen Erwägungen werden sich dem Leser selbst darbieten. Johann von Avila pflegte zu sagen, daß ein einziges Deo gratias im Unglück so viel werth sei, als sechstausend im Glück. Wir müssen übrigens noch einmal auf Orlandini zurückkommen, und auf seine Beschreibung der besondern Gabe, Dank zu sagen, welche Peter Faber besaß. Er hielt es nicht für genug, daß die Menschen sich unter die Hand Gottes zur Zeit öffentlicher Plagen demüthigten, sondern sie sollten auch Gott herzlich dafür danken, z. B. für Hungersnoth und Mangel, für Kriege, Ueberschwemmungen, pestartige Krankheiten und alle andern Geißeln des Himmels, und es war für ihn ein Gegenstand besondern Schmerzes, daß die Menschen Gottes barmherzige Absichten in diesen Dingen nicht offen anerkannten. Wenn er über das Unglück Anderer betrübt war, so erregte ihm dieß den größten Schmerz, daß die Menschen nicht einsahen, wie viel Güte in der Heimsuchung liege; denn dieß ist keine vollkommene Dankbarkeit, welche blos durch Wohlthaten genährt wird. „Ja, wir können nicht sagen," spricht der heilige Antiochus, „wer wirklich dankbar ist, bis wir sehen, ob er mitten im Unglück Gott herzlichen und innigen Dank darbringt;" und der heilige Chrysostomus sagt in seinen Homilien über den Brief an die Ephefer: „Wir sollen Gott für die Hölle selbst danken, und für alle Peinen und Strafen, die dort erlitten werden, weil sie ein so mächtiger Zügel für unsere ungeordneten Leidenschaften sind."

4) Es ist auch eine sehr wichtige Andacht, Gott dafür zu danken, was wir unbedeutende Wohlthaten nennen; natürlich nicht als ob irgend eine Wohlthat Gottes gegen solche, wie wir sind, unbedeutend wäre, sondern die Wohlthaten können vergleichsweise gering sein. Der heilige

Bernhard wendet auf diese Andacht die Mahnung unsers
Herrn an seine Jünger an, die übriggebliebenen Stücklein
der Brode zu sammeln, daß nichts davon verloren gehe.
Im Leben der gottseligen Battista Varani, einer Fancisca-
nerin, lesen wir, daß unser Herr einst zu ihr sagte:
„Wenn du nie mehr sündigtest, und allein mehr Bußen
verrichtetest, als alle Seligen im Himmel je verrichtet
haben, und wenn du so viele Thränen vergößest, um alle
Meere damit zu füllen, und so viele Schmerzen dulden
würdest, als du im Stande bist, zu ertragen — all dieß
würde nicht genug sein, mir für die geringste Wohlthat zu
danken, die ich jemals dir erwiesen habe." Ein anderes
Mal sagte Battista, Gott habe ihr zu verstehen gegeben,
daß die glorreiche Mutter Gottes und alle Menschen und
Engel mit ihren Vollkommenheiten der göttlichen Liebe für
die Erschaffung einer der geringsten Feldblumen nicht angemessen danken könnten, welche Er zu unserm Nutzen
geschaffen hat, wegen des unendlichen Abstandes zwischen
seiner Größe und unserer Niedrigkeit. Orlandini erzählt
uns, daß Peter Faber sich auch in dieser Andacht auszeichnete, und daß er zu sagen pflegte, bei jeder Gabe
Gottes, so unbedeutend sie sein möge, müssen drei Dinge
in Betracht gezogen werden: der Geber, die Gabe und
die Gesinnung, mit welcher sie gegeben werde, und wenn
man diese drei Punkte erwäge, so werde man sehen, daß
es gar keine Wohlthaten geben könne, welche gering zu
nennen seien. Ohne Zweifel war dieß, wie sein Biograph
bemerkt, der Grund, warum jener gesegnete Geist immer
von den reichlichsten Gnaden überfloß. Denn da Gott ein
unerschöpflicher Ocean von Güte ist, so kann die Quelle
seiner Freigebigkeit nicht ausgetrocknet werden, wo Er eine
dankbare Seele findet, in welche Er sich ergießen kann.
So bemerkt auch Thomas von Kempis, daß, wenn wir
die Würde des Gebers betrachten, keine Gabe gering ist,

welche von Gott kommt. Unser Herr lehrte auch der heiligen Gertrud, sogar für künftige, noch nicht empfangene Wohlthaten zu danken. So angenehm ist die Danksagung vor Gott.

5) Der heilige Ignatius pflegte zu sagen, es gebe sehr wenige, vielleicht nicht eine einzige Person in der Welt, welche durchaus begreife, wie sehr wir dem Wunsche Gottes, große Dinge in unsern Seelen zu wirken, im Wege stehen; denn es ist kaum glaublich, was Gott thun würde, wenn wir es Ihn nur thun ließen. Daher machten es sich fromme Leute zu einer besonderen Andacht, der Majestät Gottes für alle Wohlthaten zu danken, die Er in seiner Freigebigkeit ihnen mitgetheilt haben würde, wenn sie Ihn nicht gehindert hätten. Andere ferner wurden mit inniger Dankbarkeit erfüllt für die Wohlthaten, für welche sie nicht dankbar waren zur Zeit, als sie dieselben empfingen. Peter Faber pflegte Messen zu lesen oder lesen zu lassen zur Sühne für seine eigene und Anderer undankbare Vergeßlichkeit beim Empfange der Wohlthaten Gottes und so oft er einen reichen oder mit Glücksgütern gesegneten Mann sah, pflegte er Akte der Genugthuung für die Vergeßlichkeit zu verrichten, deren diese Person sich möglicherweise gegen ihren göttlichen Wohlthäter schuldig gemacht haben konnte. Andere wurden über die Wohlthaten lebhaft gerührt, und dankten Gott zur rechten Zeit dafür; aber nun scheint es ihnen, daß sie es nicht so sehr thaten, als sie es hätten thun können, und nicht so innig. Der heilige Laurentius Justiniani sagt uns, daß dieß Gefühl den Danksagungen der Seligen im Himmel nahe komme. Es gibt ferner Wohlthaten, welche wir mißbraucht oder gering angeschlagen haben, und der heilige Bernhard sagt, daß diese zu einem Gegenstand besonderer Danksagung gemacht werden sollen. Einige hinwiederum haben Gott für Wohlthaten gedankt, welche Andere für sie vorbereitetem,

ober welche ihnen zu Theil wurden, während sie im Schlafe lagen. Dieß zeigt wenigstens die erfinderische Liebe dankbarer Herzen. Es gibt aber noch eine andere Uebung, welche Orlandini von Peter Faber anführt, und welche keineswegs übergangen werden darf. Sie ist es wohl werth, von uns Allen nachgeahmt zu werden, und besteht darin, Gott besondern Dank zu sagen, daß Er es unzählige Male verhütet, daß unsere Worte und Thaten Aergerniß geben, wenn sie darauf berechnet sind. Kann es eine köstlichere Wohlthat geben, als diese?

6) Eine andere Uebung frommer Menschen bestand darin, Gott im Namen der unvernünftigen Geschöpfe zu danken, eine Andacht, welche Ihm, als dem weisen Schöpfer der Welt, höchst angenehm ist, und welche auch den weitern Vortheil hat, daß sie eine höchst vortreffliche Uebung der Gegenwart Gottes ist, indem sie uns überall und zu allen Zeiten in den Stand setzt, vermittelst seiner Geschöpfe zu Ihm aufzusteigen. Aber wir müssen dabei nicht so sehr an die Herrschaft oder an den Gebrauch denken, welchen Gott uns in seiner Güte über diese Geschöpfe eingeräumt hat, als an die Liebe, die Er zu uns hatte, indem Er sie schuf, wie Er selbst zu der heiligen Katharina von Siena sagte: „Die Seele, welche die Stufe der vollkommenen Liebe erreicht hat, sieht, wenn sie Gaben und Gnaden von mir empfängt, nicht so sehr auf meine Gabe, als auf die Gesinnung der Liebe, welche mich bewog, ihr die Gabe mitzutheilen."

7) Wir werden auch Gott dadurch verherrlichen, daß wir Ihm für alle Wohlthaten danken, die Er unsern Feinden erwiesen hat. Diese Andacht wird Ihm um so angenehmer sein, weil sie eine große Uebung brüderlicher Liebe ist; denn es ist unmöglich, dieselbe lange zu üben, ohne daß alle Kälte und Mißgunst einem freundlichen und zärtlichen Gefühle selbst gegen diejenigen weicht, die

uns am meisten beleidigt haben, oder die größte Abneigung gegen uns zeigen. Da aber meine Hauptabsicht bei dieser Handlung nichts anderes ist, als so viel als möglich Mittel anzugeben, unserm Herrn ein wenig mehr Ehre zu verschaffen, und da es die Beleidigungen Gottes und die verletzten Interessen Jesu sind, weßhalb ich meine Leser zu rühren wünsche, so will ich sie hier noch mit einigen anderen Arten der Danksagung bekannt machen, welche meinem Zwecke ganz entsprechen. Betrachtet die verlorenen Seelen! Es gibt nicht eine einzige, welche Gott nicht mit Wohlthaten überhäuft, über welche Er nicht die süßesten Gnaden ergossen, und welche Er nicht durch die göttlichen Eingebungen seines heiligen Geistes zu gewinnen gesucht hätte. Aber in der Hölle gibt es keine Dankbarkeit. Die Gerechtigkeit hat dort ihre Aerndte, nicht die Liebe; daher empfiehlt Da Ponte in der Vorrede zu seinen Betrachtungen uns die Uebung, Gott für alle Gaben der Natur und Gnade zu danken, welche er Jenen mitgetheilt hat, die sich selbst durch ihren eigenen Willen zu Grunde gerichtet haben. Ja, Einige waren so eifersüchtig auf Gottes Ehre, so besorgt, daß irgend ein Winkel seiner Schöpfung Ihm nicht für seine Güte danken möchte, daß sie Ihn dafür lobten, daß sogar die Verlorenen um seiner Liebe willen citra condignum, d. h. weniger als sie es verdienten, gestraft sind. Wie verschwenderisch war Gott mit seiner Güte! Könnten Ziffern die Zahl der Wohlthaten angeben, die Er den vielen Verworfenen erwiesen hat? Dazu kommen dann noch die Juden, die Ungläubigen und Irrgläubigen, welche Ihn ohne Danksagung lassen, und schlechte Katholiken, die in der Todsünde leben, die heiligen Sakramente mit Füßen treten, unsern Herrn von Neuem kreuzigen und öffentlich verunehren. Gepriesen sei Gott für jede der Gaben, die Er allen diesen Menschen bewilligt hat; möge das heilige

Sakrament Gott für sie Alle in jedem Tabernakel auf der ganzen Erde preisen; denn tausend Mal süßer ist der Ruf jenes mystischen Lebens Jesu, als die starke, klare, überall ertönende und harmonische Stimme hätte sein können, welche die Liebe der Engel verlangt hatte, wie die jüdische Tradition träumte.

Verlanget ihr dazu eine Uebung, so befolget den Plan, welchen in Frankreich die Apostel des Gebetes angenommen haben. Das Gebet wird nichts desto weniger ein Gebet sein, weil ihr es in eine Danksagung verwandelt, ja es wird dadurch desto mehr Kraft haben. Am Sonntag rufet die heiligste Dreifaltigkeit an und danket für die Kirche, den Papst, die Priesterschaft und alle ihre Mitglieder, welche im Stande der Gnade sind. Am Montag danket Gott in Vereinigung mit allen Heiligen für Alles, was Er gethan hat, was Er wirklich thut und in seiner Gnade für die Bedürfnisse des Katholizismus in Europa zu thun sich vornimmt. Am Dienstag rufet die heiligen Engel an, sich mit euch im Danke gegen die Majestät Gottes zu vereinigen, für alle seine Gnaden gegen die 36 Millionen Wilde und Neger. Am Mittwoch rufet den heiligen Joseph an und danket mit ihm Gott für alle Liebe, die Er an den 345 Millionen Ungläubiger in Ostasien verschwendet hat. Am Donnerstag vereinigt euch mit Jesus im heiligsten Sakramente, und für die Undankbarkeit der 220 Millionen Ungläubiger in Westasien genug zu thun; am Freitag flüchtet euch in das heiligste Herz Jesu, und angetrieben von der Erinnerung an sein bitteres Leiden suchet für die 120 Millionen Irrgläubiger und Schismatiker genug zu thun; am Samstag opfert Gott das unbefleckte Herz unserer süßesten Mutter auf für alle Sünder der Welt zum Danke für die zahllosen Wohlthaten, die Er ihnen erzeigt hat. Ach, daß Gott ein wenig mehr Ehre haben möchte! daß die Zahl der Herzen täglich zunehmen möchte, die Jesum mehr liebten und trauerten, daß Er so wenig geliebt wird! Was ist das Leben, was der Tod, wenn nur Gott mehr und mehr geliebt wird? Süßer Jesus, wann werden wir brennen? Wo ist das Feuer, das du kamst auf Erden zu entzünden? Warum ist es nicht in unsern Herzen entbrannt? Liebster Herr! wenn wir Dich so wenig lieben, so können wir uns wenigstens hassen, daß wir Dich nicht mehr lieben!

8) Eine andere Uebung der Danksagung, welche uns an die Gränzen des nächsten Kapitels führt, wo wir vom Lob und Verlangen sprechen werden, besteht darin, unserm Herrn mit der größten Inbrunst und Freude für die unermeßliche Menge der Engel und Heiligen zu danken, welche die Chöre des Himmels erfüllen, Ihn als ihr Haupt anbeten, und Ihm als dem Urheber aller Gnade und dem Geber aller Gaben danken. Denn wenn wir Ihn aufrichtig lieben, so ist es unser größter Schmerz, daß wir Ihn nicht würdig lieben können, und deßhalb ist es eine wahre Wohlthat, die Er uns erzeigt hat, daß es Ihm gefiel, Geschöpfe zu erschaffen, die Ihn unaussprechlich mehr lieben, als wir. Dazu fügten Einige Danksagungen für alle Anbetung und Verehrung, die Er in jedem Augenblicke auf der Erde und im Fegfeuer empfängt, für alle Opfer und Gebete, die in den Kirchen dargebracht werden, für die Gelübde, womit sich glaubenseifrige Menschen zu seinem Dienste verpflichten, und für alles Wachsthum der göttlichen Liebe, das sich in den Herzen derjenigen entwickelt, welche im Stande der Gnade leben. Andere ferner fühlten sich zu beständigem Danke gegen Jesus hingezogen für die glorreichen Geheimnisse seines Lebens im Gegensatze zu den freudenreichen und schmerzhaften. Sie dankten ihm täglich für dieselben wegen der Glorie, die Er selbst durch sie empfing, und wegen der Ehre, die sein Vater dadurch erhielt, sowie wegen der

Wohlthaten, die wir dadurch erlangen. So haben z. B. diejenigen, welche eine besondere Andacht zur Auferstehung unsers Herrn hatten, dieselbe fast immer mit einer eben so lebhaften Neigung zur Danksagung verbunden.

§. 4. Danksagung für die Gabe des Glaubens.

9) Andere haben sich ihr Leben lang durch ein tiefes Gefühl der Dankbarkeit für die Gabe des Glaubens und für alle übernatürlichen Wunder unserer heiligen Religion ausgezeichnet. Jedes dieser beiden Motive ist die Quelle einer besondern Andacht; durch das letztere, um von diesem zuerst zu sprechen, werden die Menschen angetrieben, sich an der unbeschränkten Allmacht Gottes und an ihrer eigenen Niedrigkeit und Nichtigkeit zu freuen. Wie Peter Consolini fühlten sie sich zu der Ansicht von der Gnade hingezogen, welche die Freiheit des Menschen am geringsten anzuschlagen, aber auf die freie Erwählung Gottes das meiste Gewicht zu legen scheint, oder wenn sie, wie Lessius, der andern Ansicht folgen, so geschieht es aus eben demselben Grunde, weil solchen Gemüthern diese Ansicht Gott eine größere Ehre zu geben scheint, als die andere. Sie glauben, sie können Gott nie genug danken, da sie so ganz und hülflos in seiner Hand sind. Sie möchten es nicht um die Welt anders haben, und können Jene kaum begreifen, welche nicht so fühlen, wie sie. Sie preisen Gott für seine Verheißungen, aber ihre Geistesrichtung neigt sich eher dahin, seiner Liebe zu vertrauen. Sie kümmern sich nicht um die Verdienste, sondern nur um seine Ehre. „Ich kann dieß Reden von Verdiensten nicht ertragen," sagt der heilige Franz von Sales, obwol daraus nicht folgt, daß Jedermann das Recht hat, zu sagen, was er sagte. In der Niedergeschlagenheit des Geistes ist es eher der Gedanke an Gottes Allmacht, als an seine Treue, was ihnen Beruhigung gibt. Es sind

dieß die Personen, welche in der Religion immer so glücklich sind, außer wenn Gott eine Zeit lang dieß Vertrauen entzieht, um ihre Heiligkeit zu fördern und selbst dann sprechen sie mit Job: „Obgleich Er mich geschlagen hat, so will ich Ihm doch vertrauen."

Menschen mit solchen Gesinnungen scheinen vermöge einer besondern Gnade einen großen Abscheu vor der Selbstsucht und dem Weltgeiste zu haben. Sie freuen sich an den geistlichen Fortschritten Anderer oder der religiösen Orden, welche mit dem ihrigen wetteifern. Es gereicht ihnen zur Freude, daß alle Bestimmungen der Kirche über die Verdienste, über die Genugthuung und Nachlassung der Sünden und die Ablässe durchaus übernatürlich sind. Sie haben eine tiefe Ehrfurcht vor allen Segnungen der Kirche, vor ihren Sakramenten, und vor ihrer Art, dieselben zu verwalten, sowie vor ihren Ceremonien, welche ihnen nicht als eine Zurschaustellung irdischer Pracht, sondern vielmehr als ein Vorgeschmack des Himmels erscheinen. Sie freuen sich, daß die Grundsätze des Evangeliums und die Lebenskraft der Kirche ganz im Gegensatze stehen zu allen Berechnungen und Maximen der Welt. Sie suchen ihren Ruhm in der Stärke der Schwäche, in der Erhöhung der heiligen Armuth, in dem Glanze der Niedrigkeit, in der Allmacht des Leidens, im Triumphe der Niederlage. Diese Dinge sind für sie wie der Wohlgeruch der Gewürzinseln, welcher dem müden Schiffer entgegenweht. Sie glühen für Gott und den Himmel. Es ist für sie eine besondere Freude, daß die Menschen, eher durch die unsichtbare Gnade, als durch Controversen bekehrt werden, und daß Gott so oft seine Sache in seine eigene Hand zu nehmen und selbst zu wirken scheint, ohne sich unser zu bedienen. Sie bilden sich keine verzweifelten Schwierigkeiten über Gott und über die Natur, weil sie den Menschen nicht wie gewisse

Abhandlungen über die Naturlehre als den Mittelpunkt des Systems, oder den Grund der Schöpfung, oder als das höchste Ziel ansehen, das sich Gott steckte. Sie glauben, diese Ansicht würde das Gebiet des geistlichen Lebens ebenso verengern, als der Glaube, die Erde sei der Mittelpunkt des Sonnensystems, oder das Sonnensystem sei das Centrum des Universums, eine beschränkte Ansicht des Menschen von der Natur wäre. Sie betrachten Jesus als den Mittelpunkt aller Dinge, als den Grund der Schöpfung, als das Ziel, das Gott sich bei seinen Arbeiten setzte. Die Prädestination Jesu erklärt nach ihrer Ansicht Alles, bringt Alles in harmonische Ordnung und ist die Quelle von Allem, was außerhalb der Einheit der heiligsten Dreifaltigkeit liegt; und die Prädestination Maria's ist ein Theil von der seinigen. Sie sind nur dazu hienieden, um seinen Schritten zu folgen, und nichts Anderes hat Werth in ihren Augen, als die Ehre, von Ihm geliebt zu werden. Wie die kleinen Sterne verschwinden, wenn die mächtige Sonne aufgeht, so können diese Menschen die schwierigen Thatsachen des Glaubens, die Zulassung des Bösen und die Ewigkeit der Strafen nicht sehen, wegen des lieblichen Glanzes der Vorherbestimmung Jesu.

Die Uebung der Danksagung für die Gabe des Glaubens kann in unserer Zeit und in unserm Lande nicht nachdrücklich genug empfohlen werden. Es war dieß die Andacht jener schönen Seele, der heiligen Johanna Franzisca von Chantal, und ich trage um so weniger Bedenken, hierüber eine längere Stelle aus ihrem Leben anzuführen, weil unter allen Arten des geistlichen Lebens, unter allen Offenbarungen des Geistes der Heiligkeit keine für uns so passend scheint, als der liebliche Geist des Ordens der Heimsuchung. Es ist vielleicht natürlich, daß ich so spreche, wegen der engen Verbindung desselben mit dem Oratorium. Als der heilige Franz von Sales noch als junger Mann zu Rom war, hielt er sich viel in dem Oratorium auf und nannte die Regel desselben eine wundervolle Lebensweise. Einer seiner Busenfreunde war unser ehrwürdiger Juvenal Ancina, bei dessen Heiligsprechung der heilige Franz Zeuge war. Als er sein Bekehrungswerk in Chablais zu befestigen wünschte, errichtete er ein Oratorium des heiligen Philipp zu Thonon mit sieben Vätern und er selbst war der P. Superior. Deßhalb hat der heilige Stuhl einigen von unsern Congregationen erlaubt, sein Fest zu feiern, wie das eines Heiligen unsers Ordens. Die Regel des Ordens von der Heimsuchung hat mehrere auffallende Aehnlichkeiten mit der Regel des heiligen Philipp. Um aber wieder auf die heilige Johanna Franzisca zu kommen, so lesen wir von ihr Folgendes: Als sie nach dem Tode ihres Mannes ihren Aufenthalt auf dem Lande nahm, befahl sie denjenigen ihrer Diener, welche die besten Stimmen hatten, den Gesang des Credo zu lernen, um bei der Pfarrmesse mitzuhelfen, denselben desto feierlicher zu singen. Sie empfand daran ein sehr großes Vergnügen und später, als sie in den Orden getreten war, sang sie denselben manchmal zur Erholung. Sie widmete den heiligen Martyrern eine besondere Andacht, weil sie ihr Blut für den Glauben vergossen, und den Heiligen der ersten Jahrhunderte, weil sie diesen heiligen Glauben durch ihre Schriften und ihre Arbeiten vertheidigt haben, so daß es unter ihren Nonnen an den Festen dieser großen Heiligen der ersten Jahrhunderte sprichwörtlich wurde, zu sagen: „Es ist einer der Heiligen unserer Mutter!" Sie begnügte sich nicht damit, diese Lebensbeschreibungen im Refectorium lesen zu hören und davon in der Erholungsstunde zu sprechen, sondern sie ließ manchmal das Buch in's Zimmer bringen, um es wieder für sich zu lesen und in den letzten Jahren ihres Lebens kaufte sie das Leben der Heiligen in zwei Bänden und bezeichnete sich die Lebensgeschichten jener großen Heiligen und ersten Bekenner der Kirche, welche sie mit großer Erbauung las. Sie hatte eine besondere Andacht zu dem heiligen Spiridion, welcher die Vernunft eines scharfsinnigen Philosophen durch den Glauben gefangen genommen hatte. Die Hymne des heiligen Thomas: „Adoro te, devote" konnte sie auswendig und sagte sie oft her. Sie lehrte dieselbe einigen der Schwestern und sagte denselben, daß sie immer die folgenden Verse zwei oder drei Mal wiederhole:

Credo quidquid dixit Dei filius.
Ich glaube Alles, was der Sohn Gottes gesprochen hat.

Im Anfange ihres Wittwenstandes gab sie sich so gänzlich ihrer Andacht hin, daß sie kein größeres Vergnügen hatte, als ihren Verstand mit folgenden Worten zu überzeugen: „Ich sehe den Saft der Traube und glaube, daß es das Blut des Lammes Gottes ist; ich koste Brod und halte es für das wahre Fleisch meines Erlösers." Als sie sich aber unter die Führung des heiligen Franz stellte, lehrte er sie, ihren Glauben zu vereinfachen, und inbrünstige, kurze Glaubensakte herzusagen, indem er ihr so zeigte, daß der einfachste und demüthigste Glaube auch der festeste und liebevollste ist. Sie wiederholte täglich am Ende des Evangeliums der Messe das Credo und Confiteor, und während sie einst ihre Nonnen aufmunterte, dasselbe zu thun, rief sie aus: „O Gott, wie sehr müssen wir uns bemüthigen, da wir nicht würdig gehalten werden, unsern Glauben vor allen Tyrannen der Erde zu bekennen!" Ebenso stand der heilige Philipp einst in der Nacht im Oratorium voll Unruhe auf, aus Furcht, was der Prediger des Abends gesagt habe, möchte seinen Zuhörern eine zu günstige Idee von seinem Orden geben, und rief aus: „Wir dürfen uns nicht rühmen, wir sind nichts; nicht ein Einziger aus der Congregation hat bis jetzt sein Blut für den Glauben vergossen." Die heilige Johanna Franzisca ließ auch gewisse Schriftstellen auf die Mauern der Zelle schreiben, welche später zum Empfange der Novizen diente, und schrieb an die Mauer unter das Krucifix den folgenden Vers aus dem hohen Liede: „Ich saß nieder unter dem Schatten meines Vielgeliebten und seine Frucht war süß meinem Gaumen." Eine Schwester bat sie, ihr zu sagen, warum sie diesen Vers an diese Stelle setzte, und sie gab zur Antwort: „Um oft einfache Akte des Glaubens zu erwecken; denn der Glaube, obgleich ein Licht an sich selbst, ist ein Schatten für die menschliche Vernunft, und ich wünschte, daß meine Vernunft sich unter den Schatten des Glaubens zur Ruhe niederlege, vermöge dessen wir glauben, daß Derjenige, welcher mit so großer Verachtung an das Kreuz geheftet wurde, der wahre Sohn Gottes ist." Ein anderes Mal sagte sie, wenn sie das Krucifix ansehe, so habe sie immer die Meinung, daß schon ihr Blick ein Akt des Glaubens sein möchte, ähnlich jenem des Hauptmanns, welcher sich an die Brust schlug und sagte: „Wahrlich, dieser Mann war der Sohn Gottes."

Sie theilte einer Person im Vertrauen mit, während sie noch in der Welt gelebt habe, habe ihr Gott eine große Erleuchtung über die Reinheit des Glaubens gegeben und ihr gezeigt, daß die Vollkommenheit unsers Verstandes in diesem Leben darin bestehe, denselben unter dem Glauben gefangen zu nehmen, und der Verstand werde in dem Maße erleuchtet, als er sich demüthig diesen Dunkelheiten unterwerfe. Sie habe immer jene Predigten verabscheut, welche durch die natürliche Vernunft das Geheimniß der heiligen Dreifaltigkeit und andere Glaubensartikel zu beweisen suchten; die gläubige Seele müsse keinen andern Grund suchen, als den allein giltigen, allgemeinen Grund, daß nämlich Gott diese Dinge seiner Kirche geoffenbart habe, soweit dieß nothwendig war. Es lag ihr nie daran, zur Befestigung des Glaubens von Wundern oder Offenbarungen zu hören, und manchmal ließ sie dieselben überschlagen, während man im Refectorium das Leben der Heiligen, oder Predigten auf die Feste und Geheimnisse unsers Herrn und der seligsten Jungfrau las. Sie glich darin dem großen Heiligen, Ludwig von Frankreich. Als derselbe einst in seine Privatkapelle gerufen wurde, um eine wunderbare Erscheinung zu sehen, welche bei der Messe stattfand, weigerte er sich, dahin zu gehen, indem er sagte, er danke Gott, daß er an das heilige Sakrament glaube, und um aller Wunder in der Welt willen würde er dieß nicht fester glauben; auch wünsche er nicht ein einziges zu sehen, damit er nicht dadurch die besondere Gnade unsers Herrn verscherze, welche Jenen verheißen sei, die nicht gesehen und doch geglaubt haben. Sie sagte manchmal zu ihren Nonnen: "Was haben wir mit Beweisen, Wundern und Offenbarungen zu schaffen, außer etwa Gott zu preisen, welcher sie für diejenigen angeordnet hat, die derselben bedürfen? Gott hat uns Alles, was nothwendig ist, durch seine Kirche geoffenbart."

Als sie die Betrachtungen für die Geisteserneuerung verfaßte, welche sie aus den Schriften des heiligen Franz auszog, wünschte sie auch eine über die unvergleichliche Gnade zu haben, daß wir Kinder der heiligen Kirche sind. Sie schrieb dieselbe auf ein besonderes Blatt Papier und sagte ihren Nonnen, daß sie die ganzen zwei ersten Tage ihrer Exercitien nicht über diese Betrachtung hinausgekommen sei. Sie las die heilige Schrift auf den Befehl ihrer Obern, aber unter allen Büchern dieses heiligen Werkes war die Apostelgeschichte ihre Lieblingslektüre, und es läßt sich nicht sagen, wie oft sie dieselbe las und wieder las. Sie erzählte den Mitgliedern ihrer Gemeinde den Inhalt derselben mit immer neuer Freude, und so oft sie von dieser ersten Kirche sprach, schien sie ihnen etwas zu sagen, was sie vorher nie gehört hatten. Als sie die Nachricht erhielt, daß ihr Sohn im Kampfe gegen die Engländer auf der Insel Rhé gefallen sei, kniete sie mit gefalteten Händen nieder und rief, die Augen zum Himmel erhoben, aus: „Erlaube mir, mein Herr und mein Gott, zu sprechen und meinem Schmerze Luft zu machen; und was soll ich sagen, o mein Gott, als Dir danken für die Ehre, die Du mir angethan hast, daß Du meinen einzigen Sohn zu Dir nahmst, während er für die römische Kirche kämpfte?" Sie nahm hierauf ein Krucifix, küßte es und sprach: „Ich empfange diesen Schlag, mein Erlöser, mit aller Unterwürfigkeit, und bitte Dich, dieß Kind in die Arme Deiner göttlichen Barmherzigkeit aufzunehmen." Alsdann wandte sie sich an den Verstorbenen mit den Worten: „O mein theurer Sohn, wie glücklich bist du, daß du mit deinem Blute die Treue besiegelt hast, welche deine Vorfahren immer gegen die römische Kirche bewiesen haben: darin schätze ich mich glücklich und danke Gott, daß ich deine Mutter gewesen bin."

§. 5. Danksagung nach der Messe und Kommunion.

10) Es gibt noch eine Uebung der Danksagung, welche mit allen übrigen verbunden werden muß, eine Danksagung eher mit Thränen als mit Worten — die Dankbarkeit für das hochheilige Opfer der Messe und die persönliche Gegenwart Jesu bei seiner Kirche. Es ist nicht blos der unschätzbare Segen des Opfers, welcher diese unaufhörlichen Danksagungen hervorrufen muß, auch nicht die unaussprechliche Liebe und Herablassung, welche darin liegt, sondern es ist die Freude, daß jetzt wenigstens Gott ein Dank dargebracht wird, welcher Ihm angemessen ist. Wir brauchen nicht länger niedergeschlagen zu sein und zu wei-

nen, weil seine Majestät nicht angebetet und gepriesen wird, wie sie sollte. Eine einzige Messe ist ein unendliches Lob, und fast in jedem Augenblick des Tages und der Nacht wird auf unserer Hemisphäre und bei unsern Antipoden das heilige Meßopfer dargebracht. Ueberall auf der Erde befindet sich das heilige Sakrament in häufig besuchten oder vernachläßigten Kirchen, und wo Er ist, da ist unendlich Lob, unaussprechliche Anbetung und Danksagung. Und der Haupttheil der heiligen Messe ist die Eucharistie, das Opfer des Dankes! Ja, selbst das einfache Geschöpf kann sich vermittelst des heiligen Sakramentes zu einem höhern Akte der Anbetung erschwingen, als es sich sonst nicht träumen lassen durfte; denn das Geschöpf kann seinem Schöpfer keine höhere Huldigung darbringen, als daß es Ihn im heiligsten Sakramente wirklich empfängt. Was für eine Ruhe gewährt der Gedanke an all dieß! Wie viele innere Klagen können wir dadurch stillen! wie viele Unruhe über unsere Niedrigkeit und über die Unmöglichkeit beschwichtigen, Gott zu lieben, wie wir fühlen, daß wir Ihn lieben sollten! Der liebe Jesus ist uns nun Alles. Was wir immer bedürfen, es kommt uns durch Ihn zu, und auf Wegen, die uns ganz unerklärlich sind. Können wir dann nicht sagen, daß wir Gott würdig lieben und Ihn anbeten, wie es Ihm geziemt, da ja Jesus der Gegenstand unserer Liebe und Anbetung ist? Wie unaussprechlich glücklich macht uns dieser Gedanke! Und es ist um so süßer, Alles Jesu zu verdanken, als es aus uns selbst zu besitzen, selbst wenn dieß möglich wäre! Es gibt kein Vergnügen, diesseits des Grabes, das dem Gefühle gleich kommt, daß wir unserm lieben Heilande so vielfach verpflichtet sind. Je mehr wir seine Schuldner werden, desto größer ist die Freude; je unauflöslicher unsere Verpflichtungen sind, desto freudiger ist unsere Freiheit; die Erkenntniß, daß wir in alle Ewigkeit seiner

Liebe nicht genügen und nicht bezahlen können, was wir schuldig sind, ist selbst die Freude aller Freuden. Darum Jesu Dank, tausendmal Dank! Gott erlangt durch Ihn Lob, Anbetung und Danksagungen, so innig, schön und unendlich, wie Er selbst.

Dieß wird uns nun vielleicht in den Stand setzen, zu beurtheilen, in wie weit wir wirklich unserm Herrn dankbar sind, und in wie weit wir die Pflicht der Dankbarkeit erfüllt haben. Was man auch von den besondern Arten, diese Andacht zu üben, denken mag, welche die Heiligen übten, oder ascetische Schriftsteller anrathen, die ganze Kirche stimmt über die Pflicht und Angemessenheit einer besondern Danksagung nach der heiligen Communion überein. Wenn es je eine Zeit zum Danke gibt, der sich nicht durch Worte aussprechen läßt, so ist es der Augenblick, wo der Schöpfer sich herabläßt, sein Geschöpf mit der wunderbaren Gabe seiner selbst zu beglücken, und wo Er wirklich in uns ist. Daher rathen uns die Asceten, eine Weile wenigstens kein Buch aufzumachen, sondern uns mit Jesus in unserm Herzen zu unterhalten. Wir müssen Ihm dann doch etwas zu sagen haben, oder Er wird wenigstens uns in der tiefen Stille unsers Herzens etwas mittheilen, wenn wir nur aufmerksam hören wollen. Wie steht es aber in Wirklichkeit? Wenn wir die Inbrunst, womit wir nach der Communion unsere Danksagung machen, zum Maßstab der Liebe gegen Jesus nehmen, so kann wohl nichts betrübender sein. Für die Meisten von uns ist schwerlich eine Viertelstunde in unserm Leben langweiliger und unfruchtbarer, als das, was wir unsere Danksagung nennen. Wir haben nichts zu sagen. Unsere Herzen fließen nicht über. Wir können nie eine größere Gabe empfangen, und mit jeder Communion wird sie größer, so daß unsere Lauigkeit und Undankbarkeit die Fortdauer seiner Liebe zu einem wahren Wunder macht.

Derjenige ist gekommen, welcher unsere Freude sein soll in alle Ewigkeit, und wir haben Ihm nichts zu sagen; wir sind seiner Gesellschaft überdrüssig; es ist uns eine Erleichterung, wenn wir glauben können, daß Er fortgegangen ist. Wir sind höflich gegen Ihn gewesen; wir baten Ihn als unsern Herrn um seinen Segen, aber es war wenig mehr als Höflichkeit, höchstens nur Hochachtung. Ach, es ist unnütz, die Menschen aufzufordern, verschiedene Uebungen der Danksagung anzunehmen, wenn der Besuch unsers Herrn selbst ihnen kaum eine einzige aufnöthigen kann. Es ist, als ob der Danksagung nur eine einzige feste Heimath auf Erden gelassen wäre, und als ob sogar der Besitz von dieser beständig immer unsicherer würde. Indessen wird es doch von Nutzen sein, wenn diese lässigen, unaufmerksamen Danksagungen uns zur Einsicht bringen, wie so gar wenig wir uns in Wirklichkeit um Jesus bekümmern, und daß es gerade eine Religion nach unserm Sinne wäre, wenn wir nur seine Gnade haben könnten, ohne Ihn selbst. Ach, liebster Heiland, und Du weißt dieß Alles, und bleibst noch in dem Tabernakel?

Aber ihr werdet sagen: „Es ist hart, uns mit einigen bittern Worten auf diesem Wege zu verlassen. Wenn unsere Danksagungen so schlecht sind, so könnten wir vielleicht versuchen, sie besser zu machen, wenn uns nur ein Wink gegeben würde, wie dieß anzufangen." Wohlan, lasset uns sehen, was uns gute Schriftsteller darüber sagen.

Ich glaube, es werden wenige Schwierigkeiten allgemeiner empfunden, als die, nach der Communion eine gute Danksagung zu machen. Wie ich soeben bemerkte, sagen uns ascetische Schriftsteller, wir sollen keinen Gebrauch von einem Buche machen, wenigstens nicht gleich nach der Communion. Sie versichern uns, daß, wenn es im Leben Augenblicke gibt, wo die Gnade sich reichlicher und mächtiger zeigt, als je, dieß die Zeit ist, wo Jesus durch seine sakramentale Gegenwart wirklich in unsern Herzen weilt. Der heilige Alphons und andere haben behauptet, daß eine einzige gut verrichtete Communion hinreiche, um einen Menschen zur Heiligsprechung würdig zu machen, und daß die Danksagung die Zeit ist, wo die Seele sich die Fülle der Gnade aneignet, und am tiefsten aus der Quelle des Lichtes und des Lebens trinkt. Der Rath des heiligen Philipp athmet ganz die liebliche Weisheit dessen, der ihn gegeben hat. Er empfiehlt, daß wir, wenn wir vor der Messe unsere Betrachtung gemacht haben, nach der Communion nicht nach neuen Gedanken suchen, sondern den Faden der Gedanken, die wir bei der Betrachtung gefunden haben, wieder aufnehmen sollen. Wir ersparen so eine geraume Zeit, die wir sonst verloren hätten, entweder damit, einen Gegenstand zu finden, oder unter so vielen Dingen, die wir unserm Herrn zu sagen haben, dasjenige zu wählen, womit wir zuerst beginnen wollen. Diese Empfehlung ist ganz der ruhigen Manier angemessen, wie unser Heiliger in geistlichen Dingen zu verfahren pflegte. Er möchte uns gern so vertraut mit unserm Herrn haben, daß jede ungewöhnliche oder geschäftige Aufnahme desselben eher die minder vollkommene Thätigkeit der Martha, als die beschauliche Ruhe der Maria verriethe. Dieselbe Gesinnung gab ihm den Wunsch ein, daß die Väter seiner Congregation nicht eine bestimmte Stunde zur Messe haben, sondern sogleich gehen sollten, wenn der Sakristan sie rufe.

Allein viele Personen, welche in der Welt leben, sind nicht im Stande, vor der Communion eine regelmäßige Betrachtung anzustellen, und Viele üben auch das innerliche Gebet in einer verschiedenen Weise, indem sie ihre Zeit mit dem sogenannten sehnsüchtigen Gebet zubringen, wo eher das Gefühl, als der Verstand vorherrscht, und solchen Personen fällt es manchmal schwer, wenn sie die

Kommunion empfangen haben, Gedanken zu finden, die sie aus ihrem Gebete herausnehmen können. Andere ferner, namentlich solche, welche eine ganz besondere Andacht zum heiligsten Sakramente haben, und sich doch keiner beständigen Vereinigung mit Gott rühmen können, finden die Empfehlung des heiligen Philipp für sie unpassend, und müssen in diesem Augenblicke zunächst mehr an das heiligste Sakrament und an die Gegenwart Jesu in ihnen denken. Unter diesen Umständen und in Betracht der Schwierigkeit und der Wichtigkeit, nach der Communion eine gute Danksagung zu machen, hoffe ich, meine Leser nicht zu ermüden, wenn ich ihnen die Mittel darbiete, diesen Zweck zu erreichen. Ich will ihnen jetzt die Methode der Danksagung, welche P. Lancisius öfters empfahl, genauer auseinanderlegen. Man darf aber nicht glauben, daß ich dieselbe Jedem so empfehle, wie er sie gibt. Dieselbe wäre zu lang und ausführlich, und würde, wie ich glaube, durch die Mannigfaltigkeit der Akte, die sie enthält, in den meisten Fällen die Andacht ersticken. Das Herz muß freieres Spiel haben, und die ganze Uebung viel mehr vereinfacht werden. Ich gebe sie deßhalb nur, um als eine Art von Fundgrube zu dienen, woraus Personen von verschiedenem Geschmacke, oder die nämlichen Personen zu verschiedenen Zeiten sich mit Stoff zur Betrachtung, oder zur sehnsuchtsvollen Erhebung der Seele zu Gott versehen können, da viele der darin enthaltenen Gedanken ebenso tief, als schön sind.

1) Die Akte, welche nach dem P. Lancisius unmittelbar auf die heilige Kommunion folgen müssen, sind die der Demuth. Wir müssen uns vor Gott tief bemüthigen wegen der Ankunft eines so großen Herrn, indem wir uns 1. erinnern an die Sünden unsers vergangenen Lebens; 2. an unsere gegenwärtigen Unvollkommenheiten und an unsere Lauigkeit; 3. an die Niedrigkeit unserer

Natur im Vergleich mit der Gottheit Christi, und 4. an die Vollkommenheiten unsers Herrn als Gott und Mensch.

2) Folgen dann die Akte der Anbetung. Wir müssen anbeten: 1. die heilige Dreifaltigkeit in der heiligen Eucharistie; 2. die heilige Menschheit Jesu, welche in diesem Augenblicke in uns gegenwärtig ist; 3. dieselbe Menschheit, als gegenwärtig an so vielen Orten in der Kirche, wo immer das heilige Sakrament aufbewahrt wird; wir sollen uns dann über seine Anbetung und Ehre freuen, wo die Gläubigen sich in Menge um Ihn versammeln, und über seine Verunehrung trauern, wo Er verlassen ist, ohne daß Ihm die gebührende Andacht erwiesen, oder wo Er vielleicht wirklich gelästert wird; 4. sollen wir besonders die Seele Christi anbeten, als erfüllt mit allem Schmucke der Heiligkeit, mit allen Verdiensten, und mit einer so beständigen und fruchtbaren Liebe gegen uns; 5. den Leib Christi, welcher so viele und so bittere Leiden unsertwegen geduldet hat, und endlich für uns gestorben ist. Jenen Theilen seines Leibes, welche um unsertwillen am meisten mit Wunden gequält wurden, sollen wir geistliche Küsse aufdrücken.

3) Wir müssen auch von Herzensgrund danken 1. für seine Ankunft bei uns in dieser Kommunion; 2. für seine Ankunft bei der Menschwerdung; 3. für alle Verdienste und Tugendbeispiele während seines Lebens, die Er zu unserm Besten hinterlassen hat; 4. für die Einsetzung dieses heiligsten Sakramentes und aller übrigen Sakramente; 5. für seinen Tod und unsere Erlösung; 6. wenn wir Priester sind, dafür, daß Er uns zur Priesterwürde erhoben hat; 7. für die Wohlthat der Schöpfung; 8. für unsere Erhaltung; 9. für die Gabe des Glaubens; 10. für unsere Rechtfertigung; 11. wenn wir in einem religiösen Orden sind, für unsere Berufung; 12. für unsere Beharrlichkeit im Stande der Gnade, oder in einem heiligen

Entschlusse; 13. für seine Geduld, womit Er unsere Sünden und Unvollkommenheiten erträgt; 14. für die Heiligkeit, die Er so vielen Heiligen bewilligt hat; 15. für die Versuchungen und Trübsale, welche wir zu verschiedenen Zeiten zu erdulden hatten; 16. für seine beständige Sorgfalt, uns auf dem Wege des Heils zu leiten; 17. für alle besondern Wohlthaten, die wir von Ihm empfingen, und für welche Jeder Ihm zu danken hat; 18. für alle Wohlthaten, die Er uns durch Andere zuwandte; 19. für Wohlthaten, allgemeine und besondere, welche Gott den Geschöpfen verliehen hat, oder verleihen will, insbesondere für jene, welche Er der heiligen Menschheit Jesu, seiner gebenedeiten Mutter und den übrigen Heiligen und Auserwählten mittheilte; 20. für die Einsetzung des Ordens, der Congregation oder Bruderschaft, zu welcher wir gehören; 21. für ihre Fortpflanzung; 22. für die Verfolgungen, die sie zu erdulden hat, und wodurch sie gekräftigt und gereinigt wird; 23. für alle Heilige und Gelehrte, die sie hervorbrachte; 24. für alle Berufungen in dieselbe; 25. für alle Frucht, die sie in der Welt hervorbrachte; 26. für alle guten Freunde und Wohlthäter, welche sie so sehr lieben; 27. für alle ihre Gegner und Verfolger, welche so viele Gelegenheit geben, Verdienste zu erwerben.

4) Sodann kommt die Aufopferung. Opfert der heiligen Dreifaltigkeit das heilige Sakrament auf, das ihr empfangen habt, wegen der Freude, der Ehre und des Wohlgefallens, das die göttliche Majestät daraus schöpft, und wegen aller Wohlthaten, die es euch und Andern mittheilt; opfert es auch für eure Sünden und Nöthen, und für die eurer Freunde und Feinde, Lebendiger oder Abgestorbener. Opfert unserm Herrn, den ihr empfangen habt, in Vereinigung mit seinen Verdiensten und heiligen Gliedern auf: 1. eure Seele und euren Leib mit allen euren Kräften, Gliedern, Sinnen und Handlungen, und

wünschet nur die Heiligung eurer ganzen Person, damit ihr gewissermaßen ein beständiges Brandopfer sein möget, das zur Freude und Ehre der göttlichen Majestät brennt, und vernichtiget euch selbst vor Gott aus reiner Liebe zu Ihm; 2. euren Willen, eher zu sterben und Alles zu dulden, als Ihn noch einmal durch eine wissentliche Sünde zu beleidigen; 3. euer Vorhaben, immer die vollkommensten Dinge zu wählen, und unter diesen eher jene, welche euren Sinnen, eurem Urtheil, eurem Willen und eurer Ehre widerstreiten, weil ihr hoffet, die Ehre Gottes so am meisten zu vermehren, und dem gekreuzigten Jesu am ähnlichsten zu werden; 4. euren Entschluß, in Beobachtung der Gebote und Räthe Gottes und eurer Regel, und in einem vollkommenen Leben zu verharren, so sehr es von Trübsalen erfüllt sein möge; 5. eure Bereitwilligkeit, für Christus schwere Leiden zu dulden, welche diejenigen, die in eurer Nähe leben, gering anschlagen, so daß ihr dadurch in ihren Augen keine Ehre erlanget; 6. eure Entschlossenheit, kein anderes Ziel zu suchen, als Gott allein in allen euren Handlungen; 7. euer brennendes Verlangen, alle Menschen zu seiner reinen Liebe zu bekehren, und euren sehnsüchtigen Wunsch nach dieser Bekehrung.

5) Hierauf folgen die Akte der Bitte. Bittet Christus inbrünstig: 1. um die Nachlassung eurer Sünden, sowol der Schuld, als der Strafe für dieselben; 2. um die Beharrlichkeit in seiner Gnade und im heiligen Leben; 3. wenn der heilige Geist es euch so eingibt, und ihr die Erlaubniß eures Seelenführers habt, so bittet um verschiedene, häufige und schmerzhafte Leiden, welche von Andern gering angeschlagen werden, oder verborgen sind, und welche euch treffen, ohne daß ihr sie verdient habt; 4. bittet Gott, in euch beständig den Geist der Demuth, der Armuth, der Keuschheit, des Gehorsams, des Glaubens,

der Hoffnung, der Liebe, der Klugheit, der Gerechtigkeit, des Starkmuthes, der Mäßigkeit, der Geduld, der Andacht zu vermehren, und euch zu helfen, eure Leidenschaften abzutödten, und die größte Reinheit des Herzens und der Absicht zu bewahren. Bittet um ein Herz, das keine böse, unverdienstliche und laue Handlung beflecke, und frei sein möge von allen lasterhaften Gewohnheiten, unordentlichen Regungen der Leidenschaften, und von aller Verschuldung zeitlicher Strafe, sei es nun jetzt, oder in der Todesstunde. Bittet Gott mit Inbrunst, daß seine Gnade euch in Allem begleite, was ihr unternehmet, um zu entdecken, was die Natur, die Vollkommenheit und die Abtödtung erfordern, und sodann das, was ihr thut, dergestalt zu regeln, daß eure Handlungen der Kenntniß, die ihr von euren Pflichten habt, und den Absichten des göttlichen Gesetzgebers vollkommen entsprechen. Bittet um ein langes Leben voll Heiligkeit und Fruchtbarkeit für die Seelen. Flehet um die Gnade, euren Leib rauh zu behandeln, ohne dadurch größere Güter, z. B. die Gesundheit, zu beeinträchtigen; und bittet, daß euch zur Zeit, wenn ihr eine Schuld zeitlicher Strafe abzutragen habt, irgend eine Pein geschickt werde. Ja, ihr sollt so weit gehen, daß ihr unsern Herrn anflehet, euch in den Stand zu setzen, so viel als möglich mit allen euren Kräften, Sinnen, Gliedern und Handlungen zu thun, was seine Gottheit, während Er in seiner heiligen Menschheit wandelte, mit denselben Dingen gethan hat.

Bittet Gott den Vater: 1. um die Wachsamkeit und das erbauliche Leben der Kirchenhirten, um die Bekehrung der Irr- und Ungläubigen, der Schismatiker, Sünder und Lauen, um die beständige, fortdauernde Vermehrung der Heiligen, und um ihr Fortschreiten auf den Wegen des Geistes; 2. um die Religions- und Gerechtigkeitsliebe der Könige und weltlichen Regenten, um ihre gegenseitige

Eintracht und ihre glücklichen Erfolge in rechtmäßigen Unternehmungen; 3. um Hilfe und Trost für die Armen oder Kranken, um Geduld für die Verfolgten und um Befreiung von ihren Leiden, wenn dieß mit der größern Ehre Gottes vereinbarlich ist; 4. um reichliche Gaben der Gnade für eure Gegner; 5. für euren Orden oder eure Congregation bittet den ewigen Vater um die Abtödtung aller Leidenschaften, um Andacht, um ein erbauliches Leben, um Seeleneifer, um fortwährende Früchte der Tugend, um Fortschritt in den heiligen Wissenschaften, um Schutz in Trübsalen, um ein hinreichendes zeitliches Auskommen, und um einen Ueberfluß an Arbeitern für den Weinberg des Herrn; 6. betet zur Barmherzigkeit Gottes für alle verstorbenen Mitglieder eurer Congregation, namentlich für jene, welche erst kürzlich gestorben und dem Gebete der Gemeinde empfohlen worden sind, auch für alle eure Gegner, die verstorben sind, für eure Verwandten, Freunde und Andere, insbesondere für Jene, für welche wenige oder gar keine Gebete dargebracht werden, damit sie sobald als möglich vom Fegfeuer befreit und eure besondern Patrone im Himmel werden mögen. Ja, betet für alle Angelegenheiten, welche die Obern euren Gebeten empfohlen haben, oder wenn es Personen sind, für welche ihr beten sollt, so bittet Gott, ihnen in den besondern Anliegen beizustehen, weßhalb sie eure Gebete gewünscht haben.

6) Unsere nächste Pflicht ist es, besondere Akte verschiedener Tugenden zu erwecken, welche auf das heilige Sakrament Bezug haben, und zwar 1. den Akt der Anbetung: Betet mit gebührender Andacht das heilige Sakrament an, das ihr in euch aufgenommen, und welches in so vielen Kirchen in der Welt aufbewahrt wird. Dieser Akt liebender Anbetung kann dadurch um so inniger gemacht werden, wenn man an alle die Kirchen denkt, wo das heilige Sakrament nur wenig geehrt wird, oder wo

Er gleichsam ein Gefangener in der Hand griechischer Schismatiker, oder in Ländern ist, wo schwere Sünden gegen seine Anbetung begangen werden; 2. den Akt des Glaubens: Betrachtet Christus, den ihr empfangen habt, als wahren Gott und als wahren Menschen, und glaubet fest alle Dogmen, welche die heilige Kirche über die Menschheit und Gottheit des Sohnes Gottes lehrt, und welche die Irrgläubigen geläugnet haben; 3. den Akt der Hoffnung: Erwartet von Christus als Gott und als die erste Ursache alles Guten viele natürliche Gaben und übernatürliche Gnaden, und hoffet dasselbe auch durch seine Verdienste als Mensch; 4. den Akt der Liebe: Umfasset Ihn zuerst innig in eurem Willen als Gott und Mensch; freuet euch sodann, daß seine Gottheit an sich selbst und euch gegenüber so vollkommen ist, daß wir dieselbe nicht vollständig zu erkennen im Stande sind; und frohlocket, daß seine Gottheit im Himmel von den Engeln und Heiligen, und von den Gerechten auf Erden so angebetet und geliebt wird, und daß sein Leib und seine Seele mit so unvergleichlichen Gaben geschmückt sind; betrübet euch aber tief darüber, daß gegen seine Liebe von euch oder von Andern so viele Sünden schon begangen worden sind, oder noch begangen werden; am allermeisten aber darüber, daß so Manche, für welche Er so viel gethan und gelitten hat, durch ihren eigenen verkehrten Willen verloren gegangen sind; endlich wünschet mit der zartesten Liebe, daß alle Sünden und Unvollkommenheiten in der Welt sobald als möglich aufhören, daß die Gerechten sich vermehren, und die Heiligen in der Vollkommenheit beharrlich voranschreiten, daß die Ungläubigen und die, welche außerhalb der wahren Kirche stehen, zum heiligen Glauben gebracht werden mögen, und daß Gott und Christus als Mensch von den Menschen in der Weise und in dem Grade geehrt und geliebt werde, wie

Gott wünscht, daß Er selbst und die heilige Menschheit Christi geliebt und geehrt werden möchte.

7) Wir müssen in unserm Herrn als Gott die Eigenschaften seiner Gottheit und seine übrigen Vollkommenheiten betrachten, und mit Rücksicht darauf verschiedene Akte erwecken. Zuerst müssen wir an seine Unabhängigkeit denken, oder wie die Theologen es nennen, an seine Selbstexistenz (aseitas), und Ihn bitten, uns die Gnade zu verleihen, auf Niemand anders zu vertrauen, als auf Ihn allein, und auf die Vorgesetzten nur um seinetwillen. Zweitens müssen wir über seine Ewigkeit nachdenken, und Ihn um ein langes Leben bitten, um Ihm zu dienen und Großes für Ihn zu dulden. Drittens müssen wir seine Allgegenwart betrachten, und wünschen, daß Er an allen Orten erkannt und geliebt werde, und einen innigen Akt der Liebe und Anbetung erwecken, um Ihm für alle Sünden genug zu thun, welche in diesem Augenblicke auf der ganzen Welt begangen werden. Viertens müssen wir an die unendliche Kraft unsers Herrn denken, womit Er natürliche und übernatürliche Wirkungen hervorbringt, und Ihn bitten, uns natürliche und übernatürliche Gaben jeder Art zu verleihen, um dadurch die Menschen zu seiner Liebe heranzuziehen. Fünftens müssen wir seine unendliche Weisheit betrachten, und Ihn bitten, uns in Allem, was den Unterricht unser selbst oder Anderer angeht, weise zu machen, und die Gaben des Rathes, der Klugheit und der Unterscheidung der Geister über uns auszugießen, und unserer ganzen Congregation Wachsthum und Gedeihen in der Tugend und in den theologischen Studien zu schenken, ohne welche wir nur wenig für das Heil der Seelen thun werden. Sechstens müssen wir über seine Güte nachdenken und bitten, daß Gott in unsern Handlungen nichts sehen möge, was nicht gut ist. Allein dieß wird nur dann der Fall sein, wenn alle unsere Handlungen aus freiem Willen

geschehen, ohne Unvollkommenheiten, und zu einem übernatürlichen Zwecke, welcher Gott selbst ist. Sodann müssen wir an seine ewige Erzeugung und Persönlichkeit denken, wodurch Er der Sohn Gottes wurde, und Ihn bei dieser Würde eines göttlichen Sohnes bitten, uns so reichlich als möglich alle natürlichen und übernatürlichen Vollkommenheiten der Gnade und Glorie, welche seinen angenommenen Söhnen mittheilbar sind, in der Art zu verleihen, wie sie Ihm damals mitgetheilt wurden, als Er in sich die Person des ewigen Wortes mit der menschlichen Natur vereinigte. Endlich müssen wir seine thätige Mitwirkung zu allen Handlungen aller Creaturen erwägen, und Ihn anflehen, uns die Gnade zu schenken, daß, gleichwie Er bei jedem Akte seine Mitwirkung in und mit uns einfach auf sich selbst und seine eigene Ehre als Endzweck zurückbezieht, so auch wir in allen unsern Handlungen ohne Ausnahme für Ihn und wegen Ihm wirken mögen und zwar so vollkommen, daß sie nichts in uns findet, wo Gottes Ehre nicht gesucht und gefunden wird.

In derselben Weise können wir auch andere Vollkommenheiten in Gott unterscheiden, und Akte erwecken, welche damit in Verbindung stehen; so z. B. einen Akt der Freude, daß Gott diese Vollkommenheiten an sich hat; und des Dankes, weil Er uns dieselben offenbarte, und die Wirkungen derselben uns mittheilte. Ebenso können wir die Vollkommenheiten der heiligen Menschheit unsers Herrn unterscheiden. Wir betrachten z. B. die Kräfte und Gewohnheiten seiner Seele und bitten Ihn, unsere Seelenkräfte den seinigen so viel als möglich ähnlich zu machen, und sie mit denselben Tugenden zu zieren, wie die seinigen geschmückt waren; oder wenn wir seinen Leib am Kreuze hängen sehen, so betrachten wir jedes Glied desselben und bitten, daß, gleichwie das ewige Wort in diesem Leibe jedes Glied in der vollkommensten Weise senkte und bewegte, so auch Er, welcher nun durch die heilige Kommunion in uns eingegangen ist, nicht nur unsere innern Kräfte, sondern auch alle unsere Glieder und äußern Handlungen so lenken und regieren möge, daß wir gleichsam ein Abbild der heiligen Menschheit werden. Dieß ist eben die Umwandlung, welche die Heiligen und Kirchenlehrer unter den besondern Früchten der heiligen Kommunion aufzählen.

8) Wir müssen unsere Danksagung damit schließen, daß wir unsern Herrn, den wir in der heiligen Eucharistie empfangen haben, allen Ordnungen der seligen Geister darstellen. Zu den heiligen Engeln können wir sagen: „Sehet, ihr, seine höchsten Diener, die ihr sein Wort vollziehet, sehet an den Erstgebornen des ewigen Vaters, den ihr auf das Gebot dieses himmlischen Vaters angebetet, als Er in die Welt eintrat, und erlanget mir die Gnade, Ihm mit demselben Geist und mit derselben Wahrheit zu dienen, womit ihr Ihm während, eurer Prüfungszeit dientet und Ihm jetzt in eurem himmlischen, seligen Leben dienet." Zu den Patriarchen und Propheten können wir sagen: „Sehet, ihr Abgesandte des Himmels und Theilnehmer an den wunderbaren Geheimnissen Gottes, den von Anbeginn der Welt verheißenen Erlöser, den ihr so lange ersehnt und erwartet habt, und machet, daß ich mit allen Kräften und Neigungen meines Herzens nach Ihm verlange und nach meinem Geliebten seufze Tag und Nacht." Zu den heiligen Aposteln können wir sprechen: „Sehet, ihr glorreichen Prediger des Evangeliums, euren geliebten Meister, den ihr von euerm ganzen Herzen liebtet, und machet, daß ich Ihn über Alles und vom Grunde meines Herzens inbrünstig liebe." Zu den heiligen Martyrern können wir sprechen: „Sehet, ihr tapfern Zeugen des Glaubens, den gekreuzigten Christus; aus Liebe zu Ihm habt ihr so willig euer Blut vergossen; o, erlanget mir

die Gnade, immer für Ihn Pein zu leiden und immer am Kreuze zu leben, und zwar an einem harten Kreuze, mag die Natur mit ihrer Kraft mich daran heften, oder die Hände böser Menschen, und daß ich geraden Wegs vom Kreuze zu meinem Herrn in den Himmel komme." An die Bischöfe, welche Bekenner des Glaubens sind, können wir uns wenden mit den Worten: „Sehet, ihr Hirten der Heerde des Herrn, das unbefleckte Lamm, das ihr einst dem allmächtigen Gott auf dem heiligen Altar als süßen Wohlgeruch zu opfern pfleget, helfet mir, mich würdig mit einem so großen Opfer zu beschäftigen, es Gott recht darzubringen, und indem ich mich mit dieser heiligen Opfergabe vereinige, mich selbst beständig durch gute Werke als süßen Wohlgeruch zu opfern." Sodann können wir uns zu den Religiosen wenden, welche den Glauben bekannt haben, und sprechen: „Sehet, ihr treuen Diener meines Herrn, euern vielgeliebten Herrn, für welchen ihr alle Freuden dieser Welt verließet, steht mir aus Liebe zu Ihm bei, bis zum Tode in meinem Stande zu verharren, so verachtet oder armselig er sein mag, und aus reiner Liebe zu Gott allein die Höhen der Heiligkeit zu erklimmen." Zu den Heiligen und Seligen unserer eigenen Congregation können wir sagen: „Sehet, theuerste Brüder, euern Führer, welchem ihr in diesem Leben in Wort und Werk so gleichförmig waret, gewähret mir und allen meinen Brüdern, welche zu seiner Ehre noch hienieden in der Kirche kämpfen, die Gnade, eine Menge Seelen zu gewinnen, ohne Nachtheil für unsere innere Frömmigkeit, und unsere Zahl mit Schaaren ausgezeichneter Arbeiter zu vermehren, welche zu derselben Aerndte berufen sind und mit schweren Garben von Verdiensten beladen zu seiner seligen Gemeinschaft und der eurigen gelangen sollen." Zu den heiligen Jungfrauen können wir sprechen: „Sehet an, ihr Bräute des makellosen Lammes, Denjenigen, für welchen ihr eure Jungfrauschaft so freudig bewahrtet, und erlanget mir die Gnade, vor den Augen eures Vielgeliebten rein an Herzen und Händen zu erscheinen, und frei von allen Flecken der Sünde, um aus diesem Leben geraden Wegs zu Ihm in den Himmel zu kommen." Zu allen Heiligen: „Sehet, meine theuersten Freunde, die ihr der Trost meiner armen Seele seid, den Herrn, den Urheber von dem Lohn eurer Heiligkeit, und erlanget mir die Gnade, wie ihr mit mächtigen Schritten zur Heiligkeit zu wandeln und dem Geist meines Ordens gemäß zu leben, so daß die zunehmende Reihe meiner Jahre mich nie dort am Wege finde, wo ich früher stand, sondern immer aufwärts steigend zu den Höhen der Heiligkeit."

Dann können wir zu unserm Herrn sprechen: „Nun, o mein Herr! ziehe ich mich von dir eine kleine Weile zurück, doch nicht ohne Dich! Nein, denn Du bist der Trost, das Glück und das einzige Gut meiner Seele. Ich empfehle mich beständig Deiner überreichen Liebe mit allen meinen Brüdern, Freunden und Feinden. Liebe uns, o Herr! so viel Du kannst, berausche uns mit Deiner Liebe, und wandle uns in Dein Gleichniß um, o Du Freude und Wonne unserer Herzen! und gib, daß wir ganz in Dir leben, ganz mit Dir und für Dich beschäftigt, und daß wir kein anderes Ziel bei allen unsern Handlungen und Worten haben mögen, als nur Dich, unsere Liebe und unser einziges Gut, der Du lebest und regierest ꝛc." Zuletzt können wir noch beten: „Sieh herab, wir bitten Dich, o Herr! auf diese Deine Familie, für welche unser Herr Jesus Christus kein Bedenken trug, sich in die Hände gottloser Menschen zu überliefern und die Marter des Kreuzes zu dulden, Er, der da lebt und regiert mit Dir und dem heiligen Geiste, als einiger Gott in alle Ewigkeit! Amen."

Ich muß es noch einmal wiederholen, daß ich Keinem

diese Danksagung gerade so anrathe, wie sie dasteht, sondern wir sollen nur aus ihr nach Bedürfniß Ströme lebendigen Wassers schöpfen, um unsere dürren Herzen zu erfrischen und dieselben mit mannigfachen Andachten zu zieren. Diese Methode des P. Lancisius verdient ein sorgfältiges Studium, denn sie enthält wirklich eine Anleitung zum heiligmäßigen Leben, und würde uns helfen, einen wahrhaft heiligen Charakter in uns auszubilden. Es werden darin Wünsche für gewährt angenommen und Gott Bitten dargebracht, vor welchen wir vielleicht erschrecken. Aber es ist gut, daß wir gedemüthigt werden, und wir müssen uns demüthigen, wenn wir sehen, wie weit wir noch entfernt davon sind, zu sein, was wir sein sollten, und vielleicht zu sein dachten. Wir werden gedemüthigt, aber nicht entmuthigt; denn wenn wir entmuthigt würden, so würde dieß zeigen, daß wir wirklich überhaupt keine geistlichen Fortschritte gemacht haben, sondern noch an dem Punkte stehen, von wo wir ausgegangen sind, während wir das selige Ziel unserer Pilgerschaft wenigstens schon im Angesichte haben sollten.

Es gibt auch noch etwas Anderes in dieser Form der Danksagung, was unsere Aufmerksamkeit verdient. Dieselbe erweckt in hohem Grade die Andacht zur Person des ewigen Wortes, und der Mangel dieser Andacht ist die Ursache unserer großen Trockenheit im Gebet, und demselben muß namentlich die Abwesenheit jenes tiefen Geistes der Anbetung zugeschrieben werden, welcher die Andacht zum heiligen Sakramente auszeichnen sollte, und auch die Dürre der Seele, welche durch häufige Kommunionen manchmal eher zuzunehmen, als gehoben zu werden scheint. Laßt uns nur die Gottheit Jesu predigen und lehren, so uneinladend auch theologische Reden für uns sein mögen, und wir werden bald sehen, wie die Herzen ohne Beredtsamkeit von unserer Seite aufgehen, und wie Bethlehem und der Calvarienberg den ärmsten und einfältigsten der demüthigen Armen Christi die reichen Schätze ihrer Liebe öffnen. O für wie Viele ist die Betrachtung schon etwas ganz Anderes geworden, wenn sie den Gedanken an die Gottheit unsers Herrn mit sich zur Krippe oder an den Fuß des Kreuzes nahmen! Obgleich sie gewöhnlich auf keiner hohen Stufe des Gebetes standen, auch nicht schwere Abtödtungen übten, so hat doch ihr Gebet, gerade durch das Licht dieser einzigen Lehre, oft im Schooße der heiligsten Dreifaltigkeit geendigt, wie wenn sie auf der Stufe der Beschaulichkeit gestanden wären. Es hat Viele gegeben, welche nicht in Worten ausdrücken konnten, was ihnen begegnete, und für deren Geistes-Zustand, wenigstens eine Zeit lang, die Worte Dante's nicht unpassend gewesen wären, wenn er singt:

„Dem Vater, Sohn' und heil'gen Geist begann
Das Paradies ein Gloria zu singen,
Daß mich berauscht' der Klang, der sich entspann.
Das Weltall schien mich lächelnd zu umringen:
In mein Gehör und auch zu meinen Blicken
Begann der Rausch beseligend zu dringen.
O Freude, unerschöpfliches Entzücken!
O Leben, wo nur Lieb' und Friede walten!
O Reichthum ohne Wunsch, der mag beglücken!"

§. 6. Praktische Erwägungen über den Gegenstand.

Es ist übrigens nun Zeit, selbst die wichtige Frage zu stellen, wie wir bisher die Pflicht der Dankbarkeit im Allgemeinen erfüllt haben. Was ist unser gewöhnliches Gefühl über die unzähligen Wohlthaten Gottes gegen uns! Wie viel Zeit haben wir je damit zugebracht, die Wohlthaten Gottes gegen uns aufzuzählen, selbst wenn wir in stiller Einsamkeit dem Gebete oblagen? Der heilige Ignatius ermahnt uns sehr weise, unsere Gewissenserforschung jeden Tag damit anzufangen, die Wohlthaten Gottes aufzuzählen und Ihm dafür zu danken. Haben wir diese kleine Uebung immer treu beobachtet? Viele von uns haben regelmäßige Zeiten des Tages zu verschiedenen geistlichen Pflichten; haben wir uns eine besondere Zeit zur Danksagung festgesetzt? Viele von uns bewahren ferner in ihrem Gebetbuche ein kleines Verzeichniß der Dinge und Personen, für welche sie beten wollen; haben wir einen ähnlichen Denkzettel für die Wohlthaten, wofür wir täglich unserm himmlischen Vater danken wollen? Wie oft haben wir Wochen lang den Thron der Gnade mit Vaterunsern, Ave Maria, Rosenkränzen, Kommunionen, und sogar mit Bußübungen um etwas bestürmt, was wir wünschten, und wenn endlich unser Herr unserm Ungestüme nachgab, in welchem Verhältniß stand dann unser Dank zu unserer Bitte? Wie lange dauerte er? Worin bestand er? Mit welcher Inbrunst und Liebe war er begleitet? War es ein einziges Gottlob, ein schnelles Gott sei Dank, und nahmen wir dann mit widerlicher Begierde, was Gott uns entgegenhielt, fast wie wenn es unser Lohn wäre, und dachten dann, ein unbestimmtes Gefühl der Dankbarkeit abgerechnet, weiter nicht mehr daran? Ach, ich fürchte, wir Alle müssen uns in dieser Hinsicht sehr schämen! Weit entfernt, in uns ein Gefühl der Dankbarkeit zu unterhalten, eine lebendige, fortdauernde Erinnerung an die Wohlthaten Gottes, und uns eifrig bemüht zu zeigen, Ihm Opfer des Dankes darzubringen, bleiben wir gleichgiltig und überlassen dem heiligen Geiste die Sorge, unserm Herzen das Gefühl der Verpflichtungen gegen Gott und der Abhängigkeit einzuflößen, worin wir uns Ihm gegenüber befinden. Wir warten auf diese Eingebungen, und wenn sie gekommen sind, dann antworten wir ihrer Aufforderung nur schwach, so daß wir eher Gott gleichsam seinen Dank fordern lassen, als daß wir ihn von freien

Stücken und mit liebendem Herzen darbringen. Wenn ein Mitgeschöpf so gegen uns handelte, so würden wir schnell genug die Niederträchtigkeit eines solchen Betragens einsehen. Aber beantwortet diese Fragen ehrlich eurem Schutzengel, und saget dann, ob ihr glaubet, ich habe übertrieben, als ich sagte, das Mißverhältniß der Danksagung zum Gebete sei eines der Weltwunder, und zwar eines der traurigsten.

Und was ist die Ursache von all dem? Ich will es immer wiederholen, bis ihr müde werdet, es zu hören, wenn ich es dadurch nur eurem Herzen tief einpräge. Es kommt daher, weil ihr euch in eurem verkehrten Sinne weigert, Gott als euren Vater anzusehen. Die Todsünde abgerechnet, gibt es fast kein Elend, das nicht aus jener falschen Ansicht von Gott herkommt. Dieß ist die Wurzel des Uebels, hier müßt ihr die Axt anlegen, wenn ihr wirklich Andere werden wollt, als ihr seid. Kein anderer Plan, euch zu bessern, wird euch etwas nützen. Ihr mögt Betrachtungen anstellen, euer Gewissen erforschen, Rosenkränze beten, und es wird wenig genug dabei herauskommen, wie ihr schon so oft gefunden habt. Ach, wie können doch die Leute so außerordentlich regelmäßig sein, ihre tägliche Betrachtung zu machen, ohne daß dadurch ihr Herz für die Liebe Gottes aufgeht! Nicht eine einzige Leidenschaft wird unterjocht, nicht eine einzige üble Gewohnheit abgelegt! Sie haben die Gewohnheit des Gebetes, ohne die Gabe dazu. Ihr mögt euch Bußübungen auflegen, aber sie werden eher eure Herzen durch falsche Demuth verhärten, als sie zur ächten Liebe erwecken. Sogar die Sakramente werden nur wie in Unordnung gebrachte Maschinen auf euch wirken. Möget ihr euch über die Langsamkeit eures Fortschrittes im geistlichen Leben beklagen, oder über die Abwesenheit aller innigen Andacht, oder über die Unfähigkeit, edle Entschlüsse zu fassen, oder zu halten, oder über euren Rückfall in schwere Fehler, oder über den Mangel an Ehrerbietigkeit im Gebet, oder an Freundlichkeit gegen Andere — fast in jedem Falle läßt sich das Uebel auf einen falschen Begriff von Gott zurückführen. Davon müßt ihr frei werden. Ihr müßt ein kindliches Gefühl gegen Ihn pflegen und den heiligen Geist um die Gabe der Frömmigkeit bitten, wodurch gerade dieses Gefühl erweckt wird. Ihr müßt vor Allem Gott als Denjenigen betrachten, welchen Himmel und Erde als den Vater aller Dinge verehren, und dürft nicht vergessen, daß der Geist Jesu der einzige wahre Geist ist, und daß dieß der Geist der Kindschaft ist, wodurch wir rufen: Abba, Vater. Ihr werdet nie auf dem rechten Wege wandeln, so lange die Idee Gottes, als eures Vaters, nicht alle übrigen Ansichten, die ihr von Ihm habt, überwiegt, oder sie wenigstens zu jener Idee in eine harmonische Unterordnung bringt, welche die Seele des Evangeliums und das Leben der Lehre unsers Erlösers ist. Ein Mensch könnte nichts Besseres thun, als sein ganzes Leben der Ausbreitung dieser einzigen Idee zu widmen, daß Gott unser mitleidiger Vater ist.

Wenn es sich um den Fortschritt im geistlichen Leben handelt, so sind unsere Interessen mit der Ehre Gottes gleichbedeutend. Es ist dieß wieder eine Anordnung seiner erfinderischen Liebe. Wir werden einen neuen Grund finden, uns der Uebung der Danksagung zu ergeben, wenn wir an die Früchte denken, die wir dadurch für das geistliche Leben sammeln können. Das Wachsthum an Heiligkeit ist nichts anderes, als die beständige Ausgießung jener frischen Gnaden auf uns, welche jeden Akt unserer Mitwirkung mit den bereits empfangenen Gnaden krönen, und es gibt, so viel wir wissen, nichts, was die Gnaden so sehr vermehrt, oder Gott veranlaßt, die Thore seiner Schatzkammer so weit zu öffnen, als die Uebung der Danksagung. Allein nicht blos in dieser Hinsicht hilft dieselbe uns zur Heiligkeit. Ihre Wirkungen auf unsern Geist müssen auch angeschlagen werden. Viele Personen versuchen im geistlichen Leben voranzuschreiten, und werden gleichsam durch eine unsichtbare Hand zurückgehalten. Der Grund ist, obgleich sie es nicht bemerken, weil sie sich nie ganz zu Gott bekehrt haben. Sie haben zu kurze Zeit auf dem Reinigungswege des geistlichen Lebens zugebracht, oder irgend eine Anhänglichkeit an die Welt beibehalten, oder gewünscht, nur sachte und nach und nach von unwürdigen Gewohnheiten los zu werden, um sich so den Schmerz der Bekehrung zu ersparen. Die Danksagung nun verwandelt schnell, aber unvermerkt unsere Religion in einen Dienst der Liebe; sie bringt uns dahin, die Dinge anzusehen, wie Gott sie ansieht, uns auf seine Seite zu stellen und uns seinen Interessen ganz zu widmen, sogar wenn sie mit den unsrigen im Widerspruche scheinen. Wir werden so dahin geleitet, entschieden mit der Welt zu brechen, die trübe Atmosphäre derselben zu verlassen, um dem Weg zum Himmel zu folgen. Wir gelangen dadurch auch dahin, uns immer tiefer mit dem Gefühl unserer eigenen Niedrigkeit und Nichtigkeit vor Gott zu durchdringen. Und was ist all dieß anders, als daß wir dadurch unsere Bekehrung vollständiger machen?

Auch äußert sich die Wirkung der Danksagung ebensowol in unserm Wachsthum an Heiligkeit, als in unserer Bekehrung. Jeder Fortschritt im geistlichen Leben kommt von der Liebe, und die Liebe ist zugleich die Wirkung und Ursache der Danksagung. Was das Licht und die Luft für die Pflanzen, das ist das Gefühl der Gegenwart Gottes für die Tugenden, und die Danksagung macht diese fühlbare Gegenwart Gottes fast zu einer Gewohnheit in unserer Seele. Denn sie führt uns beständig dahin, Wohlthaten zu sehen, die wir sonst nicht bemerkt haben würden, und setzt uns in den Stand, ihren Werth weit besser zu schätzen, und in gewissem Grade den Abgrund der göttlichen Barmherzigkeit zu erforschen, woraus sie fließen. Ueberdieß werden wir, wenn wir dieser Uebung der Danksagung getreu sind, uns betrüben über den Mangel derselben in Andern; dieser Schmerz unterhält in uns eine zarte Liebe zu Gott, und erzeugt jenen Geist der Genugthuung, welcher stets den Fortschritt in der Heiligkeit begleitet. Unser Herz wird erweitert, während wir Gott erheben, und wenn unsere Herzen erweitert sind, dann laufen wir den Weg seiner Gebote, wo wir früher nur gegangen oder gekrochen sind. Wir fühlen eine geheime Kraft, Hindernisse zu überwältigen und Besorgnisse zu verachten, und zugleich eine Freiheit, Gutes zu thun, die wir vorher nicht empfanden, und dieß Alles, weil die Danksagung uns zur Einsicht gebracht hat von der Höhe der göttlichen Güte und von der Tiefe unserer Niedrigkeit, und so erscheint uns Nichts zu viel oder zu schwer, wo es die Ehre Gottes betrifft. Wie Areuna zur Zeit der Pest geben wir dem Könige, als ob wir selbst Könige wären. Die Danksagung hat unsere Herzen gekrönt.

Es ist ein großer Irrthum, dem Glücke, welches man in der Religion findet, der Freude, die man beim Gottesdienste kostet, der Süßigkeit im Gebete, der Heiterkeit bei der Abtödtung und dem Antheile des Gefühls an der Andacht, nur eine geringe Bedeutung beizulegen. Wenn Gott diese Tröstungen entzieht, so geschieht es allerdings nicht nothwenig aus Zorn oder als Strafe, und was immer die Ursache sein mag, unsere einfache Pflicht besteht darin, uns seinem unerforschlichen Willen zu unterwerfen. Diese Tröstungen sind jedoch nicht minder ein mächtiges Hilfsmittel zum geistlichen Leben, und müssen daher der Gegenstand unserer innigsten Wünsche sein, aber zugleich müssen wir im Geiste der Ergebung darum bitten.

Wer kennt nicht Fälle, wo einem Menschen Alles schlecht zu gehen scheint, weil er sein Glück nicht in der Religion findet? Selbst bei der Messe und dem Segen liegt ein Schleier über dem Herzen solcher Menschen, welchen weder die Töne der Musik, noch der Glanz des feierlichen Gottesdienstes, selbst nicht die Gegenwart Gottes durchdringen kann. Gottes Wohlthaten sind solchen Menschen eben so lästig, wie seine Strafen den meisten Menschen. Das Gebet ist ihnen eine Buße, die Beicht eine Qual, die Kommunion eine wahre Pein. Forschet nach, ob solche Leute jemals einen Geist der Danksagung besaßen, und ihr werdet gerade die wunde Stelle in ihrem Leben finden. Diese Personen waren nicht dankbar und sind daher nicht glücklich. Es ist dieß ein weiterer Punkt, welcher wohl zu beachten ist, daß das Glück in der Religion aus dem Geiste der Dankbarkeit hervorgeht.

Nun noch einige Worte, um zu zeigen, wie wir durch die Danksagung unsere drei Hauptzwecke erreichen, nämlich an der Ehre Gottes arbeiten, die Interessen Jesu befördern, und zum Heil der Seelen beitragen können. Was nun zuerst die Beförderung der Ehre Gottes betrifft, so wollte Er seine Ehre großen Theils in das Lob und die Danksagung seiner Geschöpfe setzen. Die Danksagung war einer der Zwecke, weßhalb Er uns schuf, aber in keiner Hinsicht wird seiner Ehre so viel entzogen, als in dieser, und darum erwartet Er auch von seinen treuen Dienern eine um so glänzendere Genugthuung. Niemand dankt Ihm mit frommer Meinung, ohne Ihm zugleich dadurch Ehre zu geben. Ich sagte, die Freude komme aus der Danksagung, und der Geist der Danksagung scheint nicht blos jene Freude zu begleiten, welche eine besondere Frucht des heiligen Geistes ist, sondern sich auch in allen besondern Andachten zu offenbaren, wo die Freude hervortritt. Diejenigen, welche eine besondere Andacht zu dem heiligen

Raphael, dem Engel der Freude, hatten, besaßen im allgemeinen eine mehr als gewöhnliche Danksagung. Wir sehen dieß sogar im Buche Tobias, ohne von den Beispielen der Heiligen zu sprechen, welche jenen Geist besonders in sich pflegten, z. B. der heilige Johann von Gott, die heilige Hyacintha Mariscotti und andere. „Mein Vater, er hat mich mit Freude erfüllt," mit diesen Worten bezeichnet der junge Tobias den Charakter des heiligen Raphael. Und als er im Begriffe steht, sich ihnen zu erkennen zu geben, spricht er zu ihnen: „Lobet den Gott des Himmels und danket Ihm vor Allem, was Leben hat, weil Er an euch seine Barmherzigkeit gethan. Denn das Geheimniß eines Königs verbergen, ist gut, aber die Werke Gottes offenbaren und loben, bringt Ehre." Und ferner: „Da ich bei euch war, war ich durch den Willen Gottes bei euch: Ihn preiset und Ihm singet Lob!" Und wiederum: „Nun ist es Zeit, daß ich zu Dem wieder zurückkehre, der mich gesandt hat; ihr aber preiset Gott und erzählet alle seine Wunderwerke." Wahrscheinlich ließ er sie, als er von ihnen schied, einen Blick in seine himmlische Schönheit werfen, da sie sogleich drei Stunden lang in eine Ekstase geriethen, und was er zurückließ, war der Geist der Danksagung. „Da fielen sie nieder und lagen drei Stunden auf ihrem Angesichte, und sie standen auf und lobten alle seine Wunder." Aber der alte Tobias that seinen Mund auf und sprach: „Lobet den Herrn, ihr Kinder Israels! Schauet, was Er an uns gethan, und lobet Ihn mit Furcht und Zittern, und erhebet den König der Ewigkeit in euren Werken! Lobet den Herrn, alle seine Auserwählten; haltet fröhliche Tage und danket Ihm. Jerusalem, Stadt Gottes, danke dem Herrn für deine Güter!" Und wie schön war das Lebensende des frommen Greises! „Die übrige Zeit seines Lebens war er in Freuden, und mit gutem Fortgange in der Furcht Gottes fuhr er hin in Frieden." Diese Freude überlebte ihn in dem jungen Tobias, welcher, anstatt seinen Vater zu betrauern, von ihm sagte: „Nachdem er neunundneunzig Jahre vollbracht hatte in der Furcht des Herrn, begruben sie ihn mit Freuden." Es ist dieß eine Freude, wie man sie so oft in Ordenshäusern findet, wenn Gott ein Mitglied der Gemeinde zu sich gerufen hat. Dieselbe ist zuweilen den Auswärtigen fast zum Aergernisse, welche den tiefen, der Welt abgewandten Geist des Klosters nicht kennen.

Zweitens gibt uns dieselbe Andacht ein wichtiges Mittel an die Hand, die Interessen Jesu zu förbern. Was suchte Er auf Erden eifriger, als die Ehre seines Vaters? Obwol es von Ihm heißt, daß er wußte, was im Menschen war, so zeigte Er sich doch erstaunt, daß nur ein einziger von den zehn Aussätzigen zurückkehrte, um Gott zu danken. Und wie geheimnißvoll ist jener Ausbruch der Danksagung, als Er seinem Vater dankte, daß Er seine Geheimnisse den Weisen und Klugen verborgen und den Säuglingen geoffenbart habe! Es gibt übrigens besonders Ein Mittel, das ich empfehlen möchte, um die Interessen Jesu auf die liebevollste Weise und mit geringer Mühe für uns zu förbern, wenn wir nämlich gewissermaßen selbst die Apostel werden wollten, um die Uebung der Danksagung zu verbreiten. Es gibt wenige unter uns, welche nicht auf andere einen Einfluß haben, z. B. auf Kinder, Dienstboten oder Freunde. Laßt uns dieselben lehren, häufigere und innigere Danksagungen darzubringen, und überall, wo wir können, ein empfehlendes Wort für diese Uebung anbringen. Wenn jedes von den nun fast zehn Tausend Mitgliedern der Bruderschaft des kostbaren Blutes fünf Personen überreden würde, zu Ehren der fünf Wunden unsers Herrn täglich eine Danksagung zu machen, so würden diese fünf diese Uebung wieder andern mittheilen, wie die Ringe auf der Oberfläche eines Teiches sich verbreiten. Und wie würde Jesus sich freuen über diese Aerndte der Ehre Gottes von etwa fünfzig Tausend Seelen, welche täglich einen Akt der Danksagung mehr erweckten, als sie sonst gethan hätten, und wäre es auch nur ein einziges Deo gratias! Bedenket, was an Gnade, Verdienst, Ehre, Preis und Anbetung in einem einzigen Deo gratias enthalten ist! und doch könnte die Bruderschaft mit geringer Mühe zu der beleidigten Majestät Gottes in jedem Jahre 18 Millionen 250 Tausend dieser übernatürlichen Akte hinaufsenden! Ach, warum unterlassen wir so Vieles, was wir für Gott thun könnten, ohne daß wir es versuchen! Was für eine Huldigung der Liebe gegen Jesus würde diese leichte Verbreitung der Danksagung sein! Laßt uns sogleich noch diesen Tag beginnen; denn die Zeit entflieht, und wir haben Gottes Ehre lange genug auf uns warten lassen.

So könnten auch in Schulen und Seminarien und im häuslichen Kreise, besonders wo es viele kleine Kinder gibt, aus deren reinem Munde Gott am liebsten sein Lob vernimmt, kleine Vereine gebildet werden, um täglich eine kurze Danksagung zu sprechen. Wo es thunlich scheint, sollten diese Akte gemeinschaftlich verrichtet und besonders das Gebet vor und nach dem Essen nicht so gedankenlos gesprochen werden. Der Zweck dieser kleinen Vereine wäre, Gott im allgemeinen für alle seine Güte gegen seine Geschöpfe, oder insbesondere für die Menschwerdung, oder ferner für die Gnade zu danken, daß Er uns Maria zur Mutter gab. Die Zöglinge einer christlichen Schule könnten sich Morgens und Abends zu einer Danksagung für den katholischen Glauben vereinigen, und würden sich so eine Gewohnheit aneignen, die für sie in ihrem künftigen Leben eine Schutzwehr gegen Versuchungen bilden würde. Damit könnte man auch eine Andacht zu den heiligen Engeln verknüpfen, deren Leben ein ununterbrochener

Gesang dankbaren Lobes ist, und so könnte die Tugend
der Reinigkeit, welche eine besondere Frucht dieser Andacht
ist, in den Seelen dieser Kinder gepflegt werden. Wenn
wir uns einen richtigen Begriff von der Ehre Gottes
bilden, mit Einem Worte, wenn wir Ihn lieben, so werden uns diese Dinge nicht gering, noch ihr Segen unbedeutend erscheinen. Wie viel verlorene Zeit haben wir durch
diese Danksagungen wieder einzubringen!

Ach, welche Ehre kann ein einziger Mensch unserm
Herrn verschaffen, wenn er es sich nur eifrig angelegen
sein läßt! Der heilige Hieronymus hörte während seines
Aufenthalts im Morgenlande die Mönche oft ihre Doxologie anstimmen: Ehre sei dem Vater, dem Sohne und
dem heiligen Geiste! Dieß gefiel ihm, und er bat den
Papst Damasus, dieselbe in der abendländischen Kirche
einzuführen, wo sie nach menschlicher Ansicht ohne ihn nie
gebraucht worden wäre. Wer kann die Millionen Millionen
Male zählen, wo diese Doxologie mit liebender, frommer
Meinung im Abendlande angewendet wurde! Betrachtet
nur, wie oft sie im Gottesdienste vorkommt. So oft die
heilige Maria Magdalena von Pazzi dieselbe aussprach,
begleitete sie dieselbe mit einer innerlichen Aufopferung
ihrer selbst an die heilige Dreifaltigkeit, und neigte ihr
Haupt, wie wenn sie es auf den Block legen wollte, um
für den Glauben den Martertod zu sterben. So oft der
heilige Alphons in seinem Alter eine gute Kunde für die
Ehre Gottes oder die Wohlfahrt der heiligen Kirche hörte,
rief er mit herzlicher Rührung aus: Ehre sei dem Vater,
dem Sohne und dem heiligen Geiste! Der gottselige Paul
vom Kreuze hatte, wie man sagt, eine besondere Vorliebe
zu dieser Doxologie, und suchte sie seinen Ordensbrüdern
mitzutheilen. Auch das Leben der Heiligen könnte uns
eine Menge anderer Züge heroischer Liebe darbieten, welche
sich auf diese Doxologie beziehen. Wenn aber der heilige

Hieronymus den Papst Damasus nicht gebeten hätte, dieselbe in der abendländischen Kirche einzuführen, so wäre alle diese Ehre für Gott verloren gewesen. Wenn die Menschen etwas für Gott thun, und wäre es auch das Geringste, so wissen sie nie, wo es enden und was es für seine Ehre wirken wird. Das Geheimniß der Liebe besteht darin, alle Dinge für Gott zu thun, ohne daran zu denken, daß sie so ganz gering sind. „Schicke dein Brod über's vorbeifließende Wasser, so wirst du es nach langer Zeit wieder finden. Am Morgen säe deinen Samen, und auch am Abend laß deine Hand nicht ruhen; denn du weißt nicht, was mehr gerathe, Dieses oder Jenes, und wenn Beides zugleich geräth, wär' es desto besser." [1])

Diese Andacht würde drittens ein großes Hilfsmittel sein, viele Seelen zu retten. Wir selbst würden durch die Uebung derselben bei Gott Gnaden erlangen, die unendlich höher wären, als unser gegenwärtiges schwaches Gebet sie erwarten könnte. Wie würden sich uns die Schätze der göttlichen Barmherzigkeit öffnen, und neue Segnungen über die ganze Kirche sich ergießen! Wenn wir dann täglich für die Undankbarkeit und Nachläßigkeit der Sünder Gott eine Genugthuung darbrächten, so würden wir seinen Zorn gegen sie besänftigen, und dadurch viele Gerichte und Strafen von ihnen abwenden, sowol geistliche als zeitliche. Es ist erstaunlich, auf wie vielerlei Wegen Gott in seiner Liebe uns am Heile der Seelen mitwirken läßt. Ich wünschte, wir wären geschickter, dieselben aufzufinden, und unermüdlicher, dieselben zu befolgen. Die armen Seelen! Wir haben ihnen Aergernisse genug gegeben; könnten wir wenigstens durch Gebet und Danksagung dieselben wieder ausgleichen! Das kostbare Blut scheint uns nicht zur Hälfte zu gehören, so lange es nicht

---

[1]) Eccles. 11, 1. 6.

auch ihr Eigenthum geworden ist. Ach, möchte ich nie vergessen, daß es Seelen auf Erden gibt, deren Seligkeit Gott an meinen Eifer und mein Gebet geknüpft hat! Es kann eine theure Seele geben, die Gott von Ewigkeit liebte, und vor Millionen Seelen, die Er dafür hätte erschaffen können, aus dem Nichts in's Dasein zu rufen beschloß; eine theure Seele, für die Er insbesondere alle seine Leiden am Kreuze aufopferte; eine theure Seele, nach deren Gesellschaft Maria im Himmel sich sehnt — und ob sie Gott schauen soll, gekleidet in unvergleichliche Schönheit, mit unaussprechlichen Gaben gekrönt und in einen Ocean ewiger Freuden versenkt, oder nicht — das hängt durch einen Rathschluß der göttlichen Liebe von meinem Gebete ab, ohne daß ich es weiß. Ach, Herr! wann sah ich Dich hungrig, und speiste Dich nicht, durstig, und gab Dir nicht zu trinken? O möge seine Antwort nie aufhören, in meinen Ohren wiederzuhallen: „Was du dem geringsten meiner Brüder nicht gethan hast, das hast du mir nicht gethan!"

VIII. Kapitel.
Lob und Verlangen.

Wissenschaft und Gnade. — Was wird unter Lob und Verlangen verstanden? — Die Liebe des Wohlgefallens und des Wohlwollens. — Werth der innern Akte. — Betrachtung der Eigenschaften Gottes. — Anwendung des Lobes und Verlangens auf die drei Merkmale der Heiligkeit. — Wie wir die Liebe des Wohlgefallens erlangen. — Die sechs Hauptpunkte, welche die Heiligen ausmachen. — Die Mittelklasse frommer Christen. — Beispiele: 1) aus der römischen Ablaßsammlung, 2) die Andachten des P. Lancisius zu dem auferstandenen Christus. — 3) Die Vorbereitung der heiligen Maria Magdalena von Pazzi auf das Pfingstfest. — 4) Die Erneuerung der Gelübde und heroischen Wünsche. — Der Geist der Freiheit. — Die heilige Gertrud und die alte Ascetenschule der Benediktiner. — Das große Wunder, daß Gott die Menschen liebt. — Das noch größere, daß er sich von ihnen lieben läßt, und das größte, daß sie Ihn nicht lieben wollen. — Maria, des Christen Lobgesang. — Das Lob des hochheiligen Herzens Jesu.

§. 1. Wissenschaft und Gnade.

Die Männer der Wissenschaft führen uns in jedes Eck und in jeden Winkel der Welt, um uns selbst an den geringsten Insekten zu zeigen, wie sehr ihre Gewohnheiten und Triebe ihren Bedürfnissen angemessen sind, und wie voll die Schöpfung ist nicht nur von der Macht und Weisheit, sondern auch von der zarten Vorsorge und dem innigen Mitleid des Allmächtigen. Wir haben genau dasselbe in der geistigen Welt und ihren übernatürlichen Einrichtungen gesehen. Alles geschieht aus Liebe, und zwar in einem Grade, welcher beinahe unsern Glauben übersteigt. Gott liebt uns mit einem Uebermaß von Liebe, und Er will von uns geliebt werden, und bietet uns mit unglaublicher Verschwendung die außerordentlichsten Mittel bar, Ihn zu lieben und seine Ehre zu befördern. Die Theologie ist das Gegenstück der Physik. Sie kann uns ebenso wunderbare Dinge von den Engeln sagen, die wir nie gesehen, als die Astronomie uns von den Sternen erzählt, die wir nie erreichen können. Die Wissenschaft von den Gesetzen der Gnade ist der Wissenschaft von den Gesetzen des Lebens ähnlich. Die Geschichte und Einrichtung der Kirche ist in ihren Wundern ebenso erstaunlich, als es die Berichte der Geologie sind. Mit Hilfe der Offenbarung, der Kirche, der Vernunft und der Erleuchtung des heiligen Geistes haben katholische Theologen den Geist wenigstens ebenso gut und mit ebenso großer Gewißheit erforscht, als die moderne Wissenschaft die Materie. Diejenigen, welche lächeln, wenn wir so vertraut von den verschiedenen Chören der Engel sprechen, gleichen Jenen, die das Lachen nicht zurückhalten können, wenn man ihnen von dem Umfang eines Planeten erzählt, oder daß er aus einer Materie besteht, so leicht wie Korkholz. Der Unglaube der Unwissenheit verursacht in beiden das Lächeln. Der unermeßliche Geist des Menschen war einst auf das Leben Gottes gerichtet, auf seine Vollkommenheiten, auf seine Menschwerdung, und auf die Mittheilungen seiner selbst. Die Offenbarung gab ihm unzählige unfehlbare Axiome, und der größte Ruhm des menschlichen Geistes, die katholische Theologie war das Resultat. Dieselbe unermeßliche Kraft des Geistes hat sich nun den Strömungen des Oceans zugewendet, den Kreisen der Winde, den elektrischen Erscheinungen und den Bewegungen der Sterne, und das Ergebniß zeigt sich wunderbar genug im System der modernen Wissenschaft, doch kaum so wunderbar, selbst wenn wir es nur als eine Darstellung der geistigen Kraft des Menschen betrachten, als die Summa der scholastischen Theologie eines Thomas von Aquin.

Die Unkenntniß unserer Religion, mehr als sonst etwas, hindert uns, die außerordentliche Liebe Gottes zu erkennen. Dem Wilden, auf dessen unaufmerksamen Geist keine Phänomene einen Eindruck machen, als die der Macht, z. B. der Sturm, der Blitz, die Sonne, das Meer, der Wind — ist der Schöpfer blos ein mächtiger Geist. Könnte er die Neigungen und Triebe der Thiere einsehen, wie die Wissenschaft sie uns vor Augen stellt, dann würde sich sein Begriff vom Schöpfer sogleich ändern. Ebenso, wenn die Menschen, in weltliche Bestrebungen vertieft, sich nicht mit den göttlichen Dingen beschäftigen, so ziehen nur die mächtigen Erscheinungen in der Religion, der Tod, die Todsünde, das Gericht, die Hölle, die Vorherbestimmung ihre Aufmerksamkeit auf sich. Sie müssen in die einzelnen Gesetze der Gnade, in die Geheimnisse des Gebetes, in die Schätze der Ablässe, in die süßen Mysterien Jesu und Maria's eindringen, um einen wahren Begriff von der Größe und Tiefe der erstaunlichen Liebe Gottes zu bekommen. Der Donnerschlag erweckt die Aufmerksamkeit des Unachtsamen, aber nur wer scharf horcht, vernimmt das sanfte Flüstern der Sommerluft in den Wipfeln der Bäume.

Wir haben gesehen, wie Gott uns in den Stand setzt, Ihn zu lieben, indem Er uns alle seine Vollkommenheiten und die Geheimnisse seines theuern Sohnes gibt, um sie wie unser Eigenthum seiner göttlichen Majestät darzubringen, und ferner indem Er uns lehrt, wie wir unsere kleinen Dienste mit den Absichten und Handlungen unsers Herrn vereinigen, und wie wir alle diese Dinge auf gleiche Weise zur Fürbitte, wie zur Danksagung und zum Lobe anwenden können. Wir können nun einen Schritt weiter gehen und sagen, daß Er in seinem Eifer, geliebt zu werden, und uns die Mittel zu geben, Ihn zu lieben, sogar unsere ohnmächtigen Wünsche zu der Höhe wirklicher Akte erhebt, und uns in den Stand setzt,

Ihm eine köstliche, wahrhaft himmlische Anbetung darzubringen, durch die Wünsche unserer liebenden Herzen. Er verlangt nicht blos Blut und Schmerz und Opfer; Er verschmäht es nicht, seine Ehre mit etwas zu nähren, was einer heroischen Selbstaufopferung bei weitem nicht gleichkommt. Das schwächste Herz in der Schöpfung kann Ihn lieben, und zwar mit der innigsten Liebe.

Wir erinnern uns vielleicht Alle noch aus unserer Jugend an ein Buch mit dem Titel „Zimmer-Reisen," und an die Gegenstände, die es uns vorstellte. Wir saßen gemächlich in der Kinderstube mitten unter unsern Spielsachen, und doch konnten wir die sandigen Flächen Afrika's durchwandern oder die blühenden Wälder Brasiliens; wir ergötzten uns an den schlammigen Vulkanen Islands, oder schauten von der großen chinesischen Mauer auf die Tartaren herab, und wenn die Nacht kam, so blickten wir ängstlich in unser Bettlein, um zu sehen, ob nicht eine Klapperschlange darin laure, oder wir litten im Schlafe Schiffbruch und freuten uns am Morgen, daß es nur ein Traum war. Nun hat Gottes Liebe in unsern Andachten etwas diesen Zimmer-Reisen Aehnliches verwirklicht. Wir können von einem Lande zum andern auf Erden gehen, indem wir Gott mehr Ehre wünschen und Jesum in den vernachlässigten Tabernakeln anbeten. Wir können die düstern Reiche des Fegfeuers durchwandern, und hier für Gottes Ehre und die Interessen Jesu seufzen und wünschen. Wir können mit ungeblendeten Augen den himmlischen Hof betrachten und durch innere Wünsche und stumme Lobpreisung anbeten. Wir können von einer Eigenschaft der göttlichen Majestät zur andern übergehen und jeder unsere Huldigung darbringen. Und dieß ist keine bloße Unterhaltung, es ist eine wahrhafte Anbetung, etwas, was dem ewigen Vater wohlgefällt und uns wirkliche Gnaden erlangt.

Es gibt in der That in der Welt nichts so Wesentliches als alle diese Dinge. Selbst das Leiden ist nur ein wesenloser Schein in Vergleich mit dem, was die Macht hat, dem unbegreiflichen Gotte zu gefallen, und das Gesetz der Schwere ist weniger gewiß, als die Herrlichkeit der Seligen, von welcher wir uns keine Vorstellung machen können. Wahrlich, die Wege Gottes sind weit erhaben über unsere Wege! Wenn wir mit der schwachen Einsicht, die wir in geistliche Dinge haben, die Wahrheit alles dessen, was auf Gott Bezug hat, fühlen können, was Wunder, wenn die Heiligen so gleichgiltig und so verächtlich von den irdischen Dingen gesprochen haben, als ob Freud' und Leid, Leben und Tod so unendlich geringfügig wäre, daß nichts daran liege, ob das Eine oder das Andere den Menschen befalle? Wahrlich, es geht keine Wissenschaft über die Wissenschaft, Gott zu lieben.

§. 2. Was wird unter Lob und Verlangen verstanden.

Der Gegenstand, den ich nun mit euch behandeln will, ist das Lob und das Verlangen nebst den frommen Uebungen desselben, welche uns heilige Menschen hinterlassen haben. Das Lob ist etwas mehr als die Danksagung. Man preist Gott für seine Güte, Macht, Reinheit und Schönheit; man wünscht Ihm Glück, daß Er ist, was Er ist, und daß Niemand Ihm gleichkommt. Man fordert alle Engel und Heiligen auf, mit aller Macht Ihn zu preisen und zu verherrlichen, und indem wir uns von ihnen zu Maria erheben, flehen wir sie an, die Majestät Gottes für uns würdiger zu preisen, als wir selbst es vermögen; und haben wir alle Schätze ihrer fast göttlichen Vorzüge erschöpft, so steigen wir zu dem heiligen Herzen Jesu empor, das einem unermeßlichen Meere gleicht; aber auch hier finden wir noch eine Gränze, wenn gleich das liebe Bildchen, das einen Engel vorstellt, welcher das heilige Herz Jesu zu ergründen sucht, und dessen Sonde nur halb hinabreicht, wahr genug sein mag, so fern es den Menschen und Engeln gegeben ist, die Tiefe dieses göttlichen Herzens zu messen. Denn in einem Uebermaß von Liebe wagen wir es, uns in den Schooß des Allerhöchsten zu werfen, und in süßer Entzückung auf die Stimmen zu lauschen, die von Ihm selbst ausgehen, um Ihn zu loben und zu preisen. Dieß ist ein ganz anderer Geist der Andacht, als derjenige, welcher die Nothwendigkeit des Gehorsams abmißt, seine Ansprüche auf Gott und den Umfang untersucht, wie weit sich der Allerhöchste durch sein Bündniß mit den Menschen verpflichtet hat, und welcher der Meinung folgt, die sich für die leichteste Andachtsübung ausspricht. Ich sage nicht, daß dieser letztere Geist verwerflich sei, sondern nur, was sich nicht leugnen läßt, daß es ein vom Geiste des Lobes ganz verschiedener Geist sei. Ueberdieß ist der Geist des Lobes leichter und lieblicher; er führt kein Leiden mit sich, und erfordert keine Abtödtung, und zwingt uns nicht, die steilen Höhen der Beschaulichkeit zu erklimmen. Es gibt in der Andacht keinen kindlicheren Geist als diesen. Aber es ist nicht blos ein verschiedener Geist, sondern er erzeugt auch einen verschiedenen Charakter des geistlichen Lebens, und treibt uns an, Gott aus Liebe zu dienen. Daher findet er seine passende Stelle in diesem Buche, welches ohne ihn nicht vollständig wäre.

Unter Verlangen verstehe ich nicht, was einige Gottesgelehrte die Liebe der Begierde nennen, wodurch wir Alle nach Gott seufzen, als nach unserm letzten Ende und höchsten Gute, sondern unter Verlangen verstehe ich die Andacht, welche in dem Herzen aus der doppelten Liebe des Wohlgefallens und Wohlwollens hervorgeht, was ich nachher erklären werde. Wir wünschen Gott mehr Liebe,

Gehorsam und Ehre von den Menschen. Wir bilden sogar unmögliche Wünsche, daß z. B. Er, der die Vollkommenheit und Schönheit selbst ist, vollkommener und schöner sein möchte. Wir wollten gerne um des Glaubens willen gemartert werden und wünschen, daß alle Sünden und Aergernisse aufhören, daß die Lauigkeit von der Erde verschwinde, und vor Allem, daß wir einer so erhabenen Majestät anders dienen könnten, als wir es wirklich thun, und daß wir andere Herzen hätten als jene eiskalten von Stein, die wir, soweit es Gott betrifft, unser Leben lang in unserm Busen herumtragen. Wir möchten, daß jedes Sandkörnlein, jedes Laub der Wälder die Einsicht und die Stimme eines Seraphs hätte, um den Chor des Lobes Gottes zu vermehren. Es ist dieß wieder eine ganz andere Gesinnung, als wenn wir wünschen, der Hölle zu entgehen, oder ein kurzes Fegfeuer zu erstehen; es ist etwas ganz Anderes, als um ein ruhiges Leben und ein sanftes Todbett bitten, und nach dem Frieden und der Freude des Himmels seufzen, blos wegen der Lästigkeit der irdischen Leiden. Ich sage es noch einmal, ihr dürft mich nicht mißverstehen. Ich will damit nicht sagen, daß diese letztere Gesinnung unrecht ist, durchaus nicht; ich wünschte vielmehr, alle Menschenkinder wären davon beseelt; aber es ist augenscheinlich ein ganz anderer Geist als der Geist des Verlangens. Dieser ist leichter und lieblicher und gibt Gott größere Ehre, außerdem erzeugt er auch, wie der Geist des Lobes, eine ganz andere geistliche Richtung und führt zum Dienste der Liebe.

Lob und Verlangen, dieß sind die zwei Gegenstände, die wir nun betrachten wollen. Von nun an werde ich nicht besonders von ihnen sprechen, denn sie laufen beständig so nebeneinander her, daß wir sie recht wohl als Ein und Dasselbe betrachten können. Ihr seht, um noch einmal auf das zurückzukommen, was ich schon so oft gesagt habe, was ich von euch verlange — ist Vertrauen auf Gott. Es gibt keine würdige Anbetung, wenn sie nicht der Ausdruck des Vertrauens ist; aber es kann kein Vertrauen geben ohne ein kindliches Gefühl. Wir kommen immer wieder auf den nämlichen Punkt zurück: Gott ist unser Vater! Betrachtet die Vollkommenheiten Gottes, seine Macht wie seine Liebe, seine Gerechtigkeit wie seine Barmherzigkeit, und erwäget sie alle mit gleicher Aufmerksamkeit. So weit wir in unserer Blindheit überhaupt den Charakter Gottes schätzen können, müssen wir anerkennen, daß es keine würdige Anbetung desselben geben kann, wenn sie nicht auf das Vertrauen gegründet ist. Dieß ist die angemessene Huldigung des Geschöpfes gegen seinen Schöpfer. Von der zitternden Furcht, welche den Geist der Macht mit Menschenopfern und fanatischem Selbstmorde anbetet, bis herab zu dem Aberglauben des Fetischismus ist der Mangel an diesem kindlichen Gefühl des Vertrauens das Kennzeichen jeder Art von falscher Anbetung. Die schöne Anbetung Gottes, als unsers Vaters, zeichnet sich gerade dadurch aus, daß sie auf die Vollkommenheiten Gottes liebend vertraut, welche einem Gemüthe ohne Liebe Furcht erwecken würden. Es ist ein großer Akt der Liebe, wie ein Sohn auf Gottes furchtbare Macht zu vertrauen, aber noch ein größerer, nicht zu vergessen, was wir sind, und trotzdem all unser Vertrauen auf seine Gerechtigkeit zu setzen. Alles aus Liebe und Liebe für uns Alle! Alles für Jesus und Jesus für Alle! Darin besteht die ganze Religion. Selbst die Juden sahen ein, wie sich Alles darum drehe, daß die Menschen nicht vergessen, daß Gott ihr Vater ist. „Nichts," sagt eines der rabbinischen Bücher, „beweist mehr die Liebe des Anbetenden, als der Gebrauch der Worte: Unser Vater!" und ferner: „Drei Mal gesegnet ist Jener, welcher Gutes thut aus Liebe zu Gott, weit mehr, als wer Ihm blos aus Furcht dient." Dieß waren sogar die Traditionen der Juden. Und nun, da Jesus gekommen ist, um Alles an sich zu ziehen, um das Feuer seiner Liebe zu entzünden, und das Angesicht der Erde zu erneuern; ach, welch' ein Schmerz für sein heiliges Herz zu sehen, wie viele Katholiken ihren Glauben und die Pflichten, die er ihnen auflegt, zu einer kalten, trockenen Formalität, zu einem kärglichen und darum abstoßenden Culte machen, welchen selbst die Fußfälle und Abwaschungen eines Muhamedaners beschämen könnten.

§. 3. Innere Akte.

Alles, was geschieht, steht in einer gewissen Beziehung zu Gott, und erhält durch Ihn seine Bedeutung und Wirklichkeit. Die Worte sind daher nur außerwesentlich, ja sogar die äußern Akte kommen im Vergleiche zu der Bosheit des innern Willens nur wenig in Betracht. Man hat in den Gedanken eingewilligt, den Entschluß gefaßt und der Versuchung freiwillig nachgegeben. Die That ist unwiderruflich vollzogen und Gott hat sie aufgezeichnet. Es ist nicht nothwendig, daß die Stimme Zeugniß gebe, oder die Hand das Werk vollziehe. Es ist ein Akt, Gott betrachtet ihn als solchen, mag er nun gut oder schlecht, der Belohnung oder der Strafe würdig sein. Sünden des Gedankens, sagt das Concil von Trient, haben folgende Merkmale: 1) verursachen sie zuweilen in der Seele eine größere Wunde als die Sünden der That, und 2) sind sie oft gefährlicher. Sie sind auch zahlreicher, leichter zu begehen und ihre Annäherung setzt uns weniger in Furcht; das wirkliche Verdienst frommer Wünsche, innerlichen Gebetes, und aller sowol innerlicher als gesprochener Akte der Andacht, zeigt die Liebe unsers Gottes. Es brauchen blos innere Akte zu sein, nichts weiter ist nöthig; als solche empfangen sie von Gott ihren Werth und ihr Verdienst. Ja diese innern Akte der Frömmigkeit machen zuweilen auf die Seele einen größern Eindruck als die äußern, während sie den weitern Vortheil haben, daß sie zahlreicher, und leichter zu vollziehen sind. Und doch wird dieser Schatz so wenig gebraucht, doch bekümmern sich die Menschen so wenig darum, und Gott wird so seiner Ehre beraubt! So liebt Er uns und so verlangt Er nach unserer Liebe, daß Er es durch die Verdienste Jesu für unsere Herzen fast ebenso leicht gemacht hat, Ihn zu lobpreisen, als für das Rauchfaß die Wolken süß duftenden Rauches durch seine Oeffnungen auszuströmen, und doch wollen wir es nicht thun!

Es ist schwer, den wahren Werth dieser innern Akte zu schätzen. In dem Kloster der heiligen Maria Magdalena von Pazzi lebte eine Nonne, die Schwester Maria Benedicta Vettori, welche die Heilige fünf Stunden nach ihrem Tode in einer Glorie sah, welche die Seligkeit vieler andern Jungfrauen des Klosters weit übertraf, wie sie furchtlos die Menschheit und Gottheit des Wortes anblickte. Der Jesuit, der Beichtvater der Heiligen, fährt dann so in seiner Erzählung fort: „Nachdem sie lange Zeit aus Freude über einen so entzückenden Anblick in Ekstase gewesen war, rief die Heilige zu wiederholten Malen aus: O glücklich du, die du die verborgenen Schätze zu benützen verstandest! Welche köstliche Gnade, unter den Auserwählten auserwählt zu sein, und doch als eine gewöhnliche Seele betrachtet zu werden! Hätte Jesus nur die Werke angesehen, so würde Er nur wenig zu belohnen gehabt haben, denn kurz war die Zeit des Wirkens. Aber, o Güte Gottes! welche jeden Gedanken, jedes Wort und jeden Wunsch belohnt. Groß und ununterbrochen waren deine Werke, wenige Menschen haben dergleichen geübt; denn es waren innere. O unbegreifliche Größe der innern Werke, welche von so Wenigen verstanden werden! Ein einziges inneres Werk wiegt tausend Jahre äußerer Uebungen auf!

Vergesset nicht, daß es gerade dieser Punkt ist, von welchem wir ausgehen. Nichts in der Welt ist so wirklich und wesentlich wie die Liebe Gottes. Ein einziger Akt göttlicher Liebe ist vollkommener als eine Bildsäule des Phidias oder Praxiteles; fester als die Grundlage der Alpen; dauernder, als das Erdenrund, das Gott so stark gebildet hat. Alle Dinge sind im Vergleich damit nur Seifenblasen, die schnell verschwinden. Ein Akt der Liebe ist ein vollkommenes Werk und hat größern Einfluß und mächtigere Folgen als jede andere Handlung. Und doch kann ein solcher Liebesakt, so schnell wie der Blitz, durch einen einzigen Aufblick des Geistes zu Gott vollbracht werden und den Himmel durchdringen. Dergleichen Akte können wir nach Belieben in's Unendliche vervielfältgen, mitten unter Geschäften, die uns scheinbar am meisten zerstreuen. Weit entfernt, durch Wiederholung geschwächt zu werden, werden sie dadurch nur inniger und mächtger, und erfordern dabei gar keine Anstrengung; sie hervorzubringen, gereicht uns sogar zum Vergnügen. Allein wenn wir diese Thatsachen mit unserer Handlungsweise vergleichen, so scheint die Härte unserer Herzen fast unglaublich. Gepriesen sei daher jener schöne Geist der Genugthuung der Majestät Gottes gegenüber, von welchem so viele Heilige beseelt waren! Er gleicht dem süßen Honig aus bittern Blumen. Die geringe Liebe, die wir zu Gott haben, bietet uns so durch das kostbare Recht der Genugthuung ein anderes Mittel, Ihn mehr zu lieben.

§. 4. Erkenntniß und Liebe der göttlichen Vollkommenheiten.

Um einen klaren Begriff von dem Lobe und dem Verlangen zu bekommen, ist es nöthig, daß wir etwas näher in die Frage der göttlichen Liebe, in ihre verschiedenen Arten und Offenbarungen eingehen; allein anstatt daß dieß uns von unserm Gegenstande entfernt, wird es auf manches vorhergehende Kapitel ein neues Licht werfen. In der That, wenn „Alles für Jesus" dasselbe ist, wie „Alles aus Liebe," dann ist die göttliche Liebe gerade der Gegenstand unserer Abhandlung. Was die Theologen die Liebe der Begierde nennen, ist, wie ich schon bemerkte, eine heilige Sehnsucht nach Gott, als nach unserm letzten Erbe, höchsten Gute und größten Lohne. Daher rief der heilige Paulus aus: „Ich wünsche aufgelöst und bei Christo zu sein." Diese Liebe sollten wir unser Leben lang haben, obgleich Gott uns nicht immer die Gabe verleiht, sie lebhaft zu empfinden. Es kommt eine merkwürdige Stelle in den Offenbarungen der heiligen Gertrud vor, welche beweist, wie angenehm Gott das Verlangen ist, Ihn zu sehen, während sie zugleich auch die Neigung erklärt, womit fromme Personen sich meistens hingezogen fühlen, das heilige Sakrament mit festen Blicken zu betrachten. Sie erhielt von Gott die Versicherung, daß, so oft Jemand mit Sehnsucht und frommer Andacht die Hostie betrachte, wo der Leib Christi verborgen liegt, er dadurch sein Verdienst im Himmel vermehre, und daß ihr bei der künftigen Anschauung Gottes in der Ewigkeit ebenso viel besondere Freuden zu Theil werden, als er auf Erden den Leib unsers Herrn mit frommer Sehnsucht angeblickt oder nur gewünscht hat, dieß zu thun, wenn er daran verhindert war. Daher empfiehlt es Lancisius als eine besondere Andacht für die Octave des Frohnleichnams, man solle da die Messe zu hören suchen, wo man die Hostie auf dem Corporale liegen sehen könne, oder wenn dieß unmöglich sei, solle man dieselbe in der Monstranz aufmerksam betrachten. Und merket wohl, daß Gott diese Verheißung an den Wunsch, Ihn zu sehen, knüpfen wollte, wie an den wirklichen Akt, so daß die Worte des heiligen Laurentius Justiniani keine fromme Uebertreibung waren, wenn er sagte: „Lasset uns in unsern Gebeten verharren, damit uns täglich bessere Gaben verliehen werden. Denn es ist sehr oft der Fall, daß fromme Begierden bewirken, was Verdienste nicht thun können. Ja Gott freut sich so sehr an den Gebeten der Hilfesuchenden, daß Er ihre Wünsche gewährt, wenn sie nur aus einfältigem Herzen, demüthigem Sinne und gläubiger Andacht kommen. Sind nur diese drei Bedingungen vereinigt, so wird Jeder von dem Vater des Lichtes und seinem Sohne Jesus Christus erlangen, um was er bittet." Was unbekannt ist, sagt der heilige Augustin, kann nicht geliebt werden (non enim diligitur nisi cognitum), und man liebt nicht, was man nicht kennt. Und der heilige Thomas entwickelt diesen Satz sehr schön in seiner Summa (secunda secundae). Diese Kenntniß Gottes führt uns zu jenen weitern Arten der Liebe, die wir nöthig haben, um unsern Gegenstand des Lobes und Verlangens näher auseinanderzusetzen; daher muß ich versuchen, was sehr thöricht scheint, nämlich Gott zu beschreiben.

Gott ist einfach, ohne Körper oder bestimmte Theile. Er ist einfach, weil Er nichts Geborgtes an sich hat. Er ist Schöpfer, ohne etwas zu bedürfen, überall, ohne Raum, ewig, ohne Ende, und obgleich alle Dinge verändernd, selbst ohne Aenderung. Er ist unendlich gütig gegen alle Geschöpfe, aber besonders gegen die Menschen. Er ist unendlich in Bezug auf die Menge seiner Vollkommenheiten, auf den Grad und die Herrlichkeit derselben. Er ist überall gegenwärtig auf verschiedene Arten. Er ist unveränderlich; seine Ewigkeit schützt ihn vor der Zeit, seine Unermeßlichkeit vor dem Raume und seine Weisheit vor der Veränderung seiner Rathschlüsse. Er ist ewig ohne

Anfang und Ende. Er ist die höchste Reinheit und Heiligkeit und die glänzendste Schönheit. Er ist immer in Ruhe; keine Störung kann seinem Wesen nahe kommen. Er offenbart sich der Natur, dem Glauben und den Seligen im Himmel und doch bleibt Er allen unbegreiflich. Sein Name ist der unaussprechliche Gott. Seine Wissenschaft übersteigt unsere Begriffe. Sein Wesen ist die Wahrheit selbst, und sein Leben die unerschöpfliche Quelle des Lebens. Sein Wille ist der höchste und seine Freiheit ohne Gleichen. Seine Liebe zu seinen Geschöpfen dauert von Ewigkeit, und seine Barmherzigkeit ist ein unerforschlicher Abgrund des schönsten Mitleids und der Herablassung. Seine Gerechtigkeit ist ebenso tadellos wie seine Heiligkeit, und ebenso wohlwollend, als seine Barmherzigkeit. Seine Macht ist unbegränzt und voll Liebe, und seine Seligkeit unnahbar. Dieß ist in der trockenen Sprache der Schule die Beschreibung Desjenigen, welcher unser liebender, barmherziger Vater ist, Gott über Alles, gepriesen in Ewigkeit. Amen!

Können wir dieß lesen, ohne einzusehen, daß Ihm kein halber Dienst genügt? Er kann nicht über ein getheiltes Herz regieren: denn wer könnte den Thron mit Ihm theilen? Was kann unsere Religion anders sein als Liebe? Womit sonst können wir Ihn anbeten? Wenn wir es gewagt haben, unser Vertrauen auf Ihn zu setzen, dann haben wir Ihn angebetet. Und gleichen diese Eigenschaften nicht den Kreisen des Wirbels, die uns durch den Zauber ihrer Schönheit an sich ziehen? Was können wir weiter thun, als mit dem heiligen Franz von Sales ausrufen: „O unendliche Güte, o gütige Unendlichkeit!" Aber nur in dem Maße, als diese trockenen Definitionen der Schule von dem Feuer und dem Lichte des heiligen Geistes beseelt sind, erwecken sie in unsern Herzen eine wahre Liebe Gottes. Ist die Seele einmal so entflammt, wie schon seit lange die eurige, dann seufzt sie nicht blos nach Gott als nach ihrem höchsten Gut, sondern sie verlangt noch etwas Weiteres. Aber wir wollen zuerst sehen, was aus dieser lieblichen Kenntniß Gottes hervorkommt, wo das Herz fühlt, was der Verstand begreift.

Wenn nun Gott, um geliebt zu werden, zuerst erkannt sein muß, und wenn Er anderseits alle Geschöpfe nur zu diesem Zwecke geschaffen hat, um sich ihnen mitzutheilen und von ihnen geliebt zu sein, so folgt daraus, daß es für die Ehre Gottes von Bedeutung ist, daß seine Vollkommenheiten nicht unbekannt bleiben, und daß seine Güte erkannt werde. Gleichwie unser Herr sagte, daß Er, wenn Er erhöht sein werde, Alles an sich ziehe, so werden die Herzen vieler Menschen in anbetender Liebe zu Ihm hingezogen werden, wenn die göttliche Majestät sich ihren Augen enthüllt. Da nun die Ehre Gottes einer der drei Gegenstände ist, die wir wirklich behandeln, so sehen wir leicht ein, wie sehr wir dieselbe dadurch fördern können, daß wir denjenigen Gott besser bekannt machen, die uns auf unserm Lebenswege begegnen, in welchen Verhältnissen wir auch sein mögen.

Es ist merkwürdig, wie wenige Personen über die Eigenschaften Gottes nachdenken; sie scheinen sich einzubilden, daß von denselben wenig erkannt oder gesagt werden könne, oder höchstens, daß sie eher ein Gegenstand für erhabene Contemplationen sind, als für die demüthige Betrachtung von Anfängern im geistlichen Leben. Wenn man die Geheimnisse Jesu und die Handlungen seiner heiligen Menschheit um der göttlichen Eigenschaften willen hintansetzen müßte, so wäre dieß ohne Zweifel eine Täuschung und zwar, wie uns die heilige Theresia belehrt, eine gefährliche; aber es scheint wirklich fast nothwendig zu einer fruchtbaren Betrachtung über die heilige Menschheit unsers Herrn, daß die Betrachtung über die Eigenschaften Gottes nebenher gehe, und es ist wohl zu beachten, daß der gottselige Paul vom Kreuze, als er seine Passionistinnen stiftete, das Leiden Christi und die Eigenschaften Gottes zum beständigen Gegenstand ihres Gebetes machte. Es ist aber leider eine traurige Wahrheit, daß alle Klassen von Menschen die Vollkommenheiten Gottes selten zum Gegenstand ihres Nachdenkens machen. Man sieht oft Leute in Aufregung gerathen, wenn sie gewisse Dinge von Gott sagen hören, wie sie bei der Erzählung irgend einer nicht bekannten Handlung unsers Herrn oder seiner heiligen Mutter, oder bei der Kunde einer großen Entdeckung auf dem Gebiete der modernen Wissenschaft auffahren würden, wodurch ein Theil ihrer frühern Kenntnisse als unhaltbar über den Haufen geworfen und ihr Geist für den Augenblick in Verwirrung gerathen würde. Dieß ist bestimmt der Grund, warum Gott so wenig geliebt wird, und warum wir Alle in unserer Weise, Ihm zu dienen, so kalt und lieblos sind, und namentlich warum die Klage so allgemein ist, daß die Uebung der Gegenwart Gottes unter allen andächtigen Uebungen am schwersten und lästigsten ist. Nun aber hat Jeder von uns beständig Gelegenheit, ein Wort für Gott zu sprechen, Andern seine Weisheit bemerklich zu machen, oder seine Güte anzuerkennen, seine Parthei zu ergreifen, und den Gegensatz zu zeigen zwischen dem, was Er wünscht, daß wir thun sollten, und dem, was wir wirklich im Allgemeinen thun. Wir sehen fromme und würdige Personen mit ihren Neigungen in einer falschen Bahn; wir beklagen die Inconsequenzen derjenigen, deren eifrige Selbstverläugnung wir mit Freuden bewundern, und dieß kommt alles daher, weil Gott und seine wahre Ehre nicht erkannt wird.

Allein selbst wenn die Gelegenheit, Gott dadurch zu verherrlichen, daß wir Ihn Andern kennen lehren, uns fehlte, so können wir Ihn allzeit dadurch verherrlichen, daß wir Ihn selbst mehr kennen lernen, über Ihn lesen und nachdenken, und seiner Majestät beständig ehrerbietige und liebevolle Akte des Lobes und Verlangens darbringen. Wir brauchen dazu Niemand; es ist nicht einmal nöthig, zu sprechen. Wir verherrlichen Ihn beständig, während wir Akte liebender Bewunderung erwecken, oder Ihn beglückwünschen, daß seine Vollkommenheiten unaussprechlich sind, oder Ihm zur Genugthuung das Lob darbringen, das Ihm von allen jenen Geschöpfen gebührt, die Ihn in diesem Augenblick vergessen. Ach, wie Vieles könnten wir thun mit geduldiger, andauernder Liebe!

Nicht minder wichtig ist es für die Interessen Jesu, daß die Kenntniß Gottes auf Erden verbreitet wird. Er kam, die Sünder nicht blos dadurch zu retten, daß Er für sie starb, sondern auch, daß Er ihnen seinen Vater bekannt machte. Dieß ist das ewige Leben, daß wir Gott erkennen und Jesum Christum, den Er gesandt hat. Unser Herr ist selbst der Abglanz der Glorie seines Vaters und das Ebenbild seines Wesens. Als die zweite Person der heiligen Dreifaltigkeit ist Er das ewige Wort: Ihn hat Er zum Erben aller Dinge eingesetzt, und durch Ihn auch die Welt gegründet. Die Vollkommenheiten Gottes Andern verkünden, oder sie selbst anerkennen, ist daher unter allen Werken unserm Herrn am angenehmsten; denn es ist die Nachahmung seines eigenen Werkes oder vielmehr sein eigenes Werk, woran Er uns mitwirken läßt. Es ist seine eigene Größe, es sind seine eigenen Vollkommenheiten, die wir auf diese Art verkünden und anerkennen, und es gibt keine passendere Andacht zur Person des ewigen Wortes, als die Herrlichkeiten der heiligen Dreifaltigkeit zu loben und zu preisen.

Ebenso hat diese Uebung Bezug auf das Heil der Seelen. Welche Erfahrung haben zum katholischen Glauben bekehrte Personen in der Kirche gemacht? Es ist nicht so sehr die Kenntniß und Liebe Maria's, die sie erlangt haben, wie sich jene so oft einbilden, die auf dem Wege der Finsterniß zurückgeblieben sind, sie haben nicht so fast die Wirksamkeit und Wirklichkeit der Sakramente durch ihre neue Religion kennen gelernt, obgleich das, was sie von diesen Dingen und der Gnadenlehre erfahren haben, allerdings höchst bedeutsam ist, sondern die Hauptveränderung, die in ihnen, seitdem sie Katholiken wurden, vorging, war ihre Erkenntniß Gottes. Die Idee Gottes entwickelte sich seitdem immer mehr in ihnen, bis ihr ganzer Geist davon durchdrungen wurde. Die erste Frucht einer innigen und begeisterten Andacht zur seligsten Jungfrau bestand darin, Gott täglich mehr kennen zu lernen. Wenn sie auf die alten Tage des Irrthums zurückblicken, so scheint es nicht so fast, als ob ihre Unwissenheit in einer Mißachtung Maria's oder der heiligen Eucharistie, der Buße oder des Fegfeuers bestanden hätte, als darin, daß sie einen niedrigen Begriff von Gott hatten, so daß ein solcher Mensch beim Rückblicke unwillkürlich ausrufen muß: „Ach, ich glaubte nicht an Gott!" Und dieser Ausruf ist kaum eine Uebertreibung. Nun erst begreifen sie, was es um die Religion ist. Welche Lieblichkeit führt die Kenntniß Gottes nicht mit sich, welchen köstlichen Schatz! Diese Kenntniß hat dem Leben, der Versuchung, dem Schmerze und Leiden eine ganz andere Gestalt gegeben. Es war für sie eine Quelle der Erfrischung, die beständig fließt, oder, wie der Prophet sagt, „der Schatten eines Felsen im dürren Lande!" Aber die Lieblichkeit kam nicht allein, mit ihr kam die Kraft, zu handeln, und die Kraft, zu dulden. Ja, die Menschen erkennen es nur wenig, was für ein großes und gutes Werk sie thun, wenn sie in Andern die Kenntniß des Allerhöchsten auch nur im geringsten befördern. Sie haben dadurch nicht blos eine Sünde verhindert, sondern hunderte. Sie waren nicht die Kanäle einer einzigen Gnade, sondern von tausenden. Sie haben nicht eine einzige Andacht gelehrt, sondern alle in dieser einzigen, welche daher kommt, daß wir ein Ding von Gott mehr wissen, als früher. Die Erkenntniß Gottes ist die Einführung des Reiches Christi in die Seele. Wie viel mehrere würden sich bekehren, wenn sie nur über Gott lesen und nachdenken wollten! Wie viele würden im geistlichen Leben Fortschritte machen, die jetzt stille stehen, weil ihnen die göttlichen Vollkommenheiten nicht verkündigt werden, oder weil sie keinen Theil ihrer geistlichen Lesung ausmachen! Wie viel mehr Katholiken würden Gott aus reiner Liebe dienen, wenn sie seinen Charakter und seine Eigenschaften zu ihrem Studium machen wollten. Alle Ehre sei Gott wenigstens für diejenigen, welche aus der Irrlehre in den Schooß der wahren Kirche geführt wurden und so fühlten, was die zunehmende Kenntniß Gottes für sie gethan, besonders durch die Andacht zu seiner allerseligsten Mutter! Denn von ihren Seelen kann in Wahrheit gesagt werden: „Da freuet sich die öde und ungebahnte Wüste, da frohlocket die Einöde und blühet wie eine Lilie. Sie sprosset und frohlocket in Freude lobsingend. Man gibt ihr des Libanons Herrlichkeit, die Zier des Carmel und Saron; man schauet die Herrlichkeit des Herrn, den Schmuck unsers Gottes. Stärket die lassen Hände und kräftiget die schwachen Kniee! Saget den Kleinmüthigen: Seid getrost und fürchtet euch nicht; der Blinden Augen öffnen sich, und der Tauben Ohren thun sich auf; dann springet wie ein Hirsch der Lahme und die Zunge der Stummen löset sich; denn in der Wüste brechen Gewässer hervor und Ströme in der Einöde. Das dürre Land wird zum Teiche und das durstige Land zu Wasserquellen. In den Lagern, wo vorher wohnten die Drachen, grünen Schilf und Rohr hervor. Da ist Bahn und Straße, die man heilige Straße nennt.

Dort wird kein Löwe sein und kein böses Thier darauf hinanziehen, noch dort gefunden werden, sondern die Erlösten werden darauf wandeln. Und die der Herr erlöset hat, kehren zurück und kommen nach Sion unter Lobgesang; ewige Freude krönt ihr Haupt; Freude und Wonne erlangen sie, Schmerz und Seufzer fliehen." [1])

§. 5. Die Liebe des Wohlgefallens.

Wir wollen nun untersuchen, was aus dieser Kenntniß Gottes, die wir durch den Glauben empfangen, hervorgeht. Wir sehen in Ihm die unaussprechliche Fülle aller möglichen und unbegreiflichen Vollkommenheiten. Da Er unendlich schön ist, so muß Er auch unendlich wünschenswerth sein, und wird als solcher durch den Verstand erkannt, welcher vom Lichte des Glaubens erleuchtet ist. So oft der Verstand etwas wahrnimmt, was wünschenswerth ist, wird sogleich unser Wille durch ein Gefühl angeregt, und dieß ist nicht ein freier Akt, sondern die nothwendige Folge des Gesetzes unserer Natur. Dieß Gefühl heißt Wohlgefallen; obgleich es aber nicht selbst ein freier Akt ist, so beginnt es doch sogleich zu wirken, wenn nicht die Vernunft es verbietet. Es fängt sogleich an, sich in Ausdrücken oder Empfindungen der Freude, des Vergnügens, des Lobes und Verlangens zu üben. So kommen wir zu jener zweiten Art der göttlichen Liebe, zu der Liebe des Wohlgefallens, die sich in Gott freut, daß Er so gut und daß Er Gott ist. Wir beglückwünschen Ihn deßhalb, ja wir wünschen etwas Unmögliches, was noch über das Wohlgefallen hinausgeht, daß Er besser und vollkommener sein könnte, und dieser Wunsch ist wirklich eine Art der Offenbarung unserer Liebe gegen Ihn. Wir wünschen auch, da wir nichts thun können,

---

[1]) Isai. 35.

seine Ehre an sich selbst zu vermehren, wenigstens die Ehre zu vergrößern, welche aus dem Gehorsam und der Liebe seiner Geschöpfe hervorgeht, die Er zu diesem Ende geschaffen hat. Dieß Wohlgefallen entspringt, ich wiederhole es, gerade aus der Kenntniß Gottes, welche der Glaube uns mittheilt, und es nimmt beständig in uns zu, wenn nicht Sünde und Lauigkeit es hindern und ertödten. Das Verhältniß zwischen Gott und der Seele ist dann, wenn wir die Sprache der Schrift gebrauchen dürfen, folgendes: Die Seele, voll Entzücken über diesen Ocean herrlicher Eigenschaften und Vollkommenheiten hinblickend, scheint eine Stimme zu hören, die sich von der Oberfläche der vielen Wasser erhebt und an ihr innerstes Ohr bringt: „Mit ewiger Liebe lieb' ich dich; darum erbarme ich mich dein, und zieh' dich zu mir. Wiederum erbau' ich dich, und erbaut sollst du bleiben, Jungfrau Israel!" Und die Seele erwiedert: „Wisset, daß der Herr, Er, Gott ist!" Ich sprach zu dem Herrn: „Mein Gott bist Du! Meines Herzens Gott und mein Theil ist Gott in Ewigkeit." Die Stimme der vielen Wasser ertönt wieder: „So Jemand meine Stimme hört und die Thüre mir aufthut, zu dem will ich eingehen und mit ihm Abendmahl halten und er mit mir." Und die Seele spricht voll Entzücken: „Mein Geliebter komme in seinen Garten und esse die Frucht seiner Aepfel." Dann sich zu den Engeln und Menschen wendend, ruft die Stimme aus: „Siehe, der Geruch meines Sohnes ist wie der Geruch eines vollen Feldes, das der Herr gesegnet hat." Und die Seele hört es, und da sie weiß, daß nichts von ihr selbst gut ist, wendet sie sich auch an die Engel und Menschen und spricht: „Siehe, der König führet mich in seine Kammer und seine Brüste sind süßer als Wein. — Fern sei es von mir, mich zu rühmen, außer in dem Kreuze unsers Herrn Jesu Christi! — Ich lebe, aber nicht ich, sondern Christus lebt in mir.

— Mein Geliebter ist mir eine Cyprustraube von den Weinbergen Engaddi's." (Hoh. L. 1, 3. Gal. 6, 14. Ebend. 3, 20. Hoh. L. 1, 13.)

Wie entzückend ist dieß Wohlgefallen an Gott! Es kennt keine Grenzen. Man kann hier von keinem Maße sprechen. Mäßigung wäre Niedrigkeit und Untreue, wo es Gott betrifft. Gott ist ganz vor unsern Augen, unendlich vollkommen, unendlich wünschenswerth, um uns in Ihm zu erfreuen. Was ist dagegen die Erde? Was sind die irdischen Dinge? Werden wir da nicht weit über uns selbst, über unsere Niedrigkeit und unser Elend, über unsere gemeinen Interessen und niedrigen Wünsche erhoben? Gott geht vor unsern Augen auf, wie die aufgehende Sonne in ihrem Glanze. Wir gleichen jenem guten Greise, von dem im Leben des heiligen Philipp die Rede ist, und den man Schritt für Schritt vom Altare zurückweichen sah. Verwunderung und Entzücken malte sich auf seinem Gesichte und als man ihn fragte, sagte er, während er über die Größe Gottes nachdachte, sei es ihm gewesen, als ob ihn Etwas mit Gewalt zurückdränge. Je mehr wir von Gott kennen lernen, desto mehr nimmt unser Wohlgefallen zu, weil, um unsern Geist auszufüllen, der einfache Gedanke Gottes durch tausend Gegenstände vervielfältigt und wiederholt werden muß. Es ist wie mit der Sonne, wenn sie eine Bergkette beleuchtet. Sie vervielfältigt sich nicht selbst, aber wie sie ihre goldene Pracht über einen Gipfel nach dem andern ausgießt, werden wir immer mehr von ihrem Glanze umflossen. So ist es mit Gott; jede Eigenschaft, welcher wir einen Namen geben (wiewol eigentlich seine Eigenschaften nichts Anderes sind, als Er selbst), ist für uns wie eine besondere, von seiner Glorie gekrönte Höhe, die Ihn in unserer Seele abspiegelt.

Wer kann an sich selbst denken, wenn er so Gott

gegenübersteht? Wer kann mit Furcht an seine unumschränkte Herrschaft denken, wenn er, in dieses Wohlgefallen verloren, sich über Gott freut, daß Er Gott ist, daß Er gerade ist, was Er ist, und daß nichts Ihm mangelt? Er ist der Herr, laßt Ihn thun, was Ihm gut däucht. Was Eli im Leide sagte, können wir noch mehr in der Freude sagen. Ach, lieber Jesus, warum pflegen wir in uns dieß Wohlgefallen nicht? Es ist so voll Heiterkeit und Friede und selbstvergessener kindlicher Liebe! O lehre uns immer deine Herrlichkeit betrachten, voll Freude, daß Du bist, was Du bist, daß Du es warest von Anbeginn, und sein wirst in alle Ewigkeit!

„Die Seele," sagt der heilige Franz von Sales, „die in der Uebung dieser Liebe des Wohlgefallens lebt, ruft in ihrer heiligen Stille ohne Unterlaß: Es genügt zu meiner Glückseligkeit, daß Gott Gott ist, daß seine Güte unendlich, seine Vollkommenheit unermeßlich ist. Mag ich leben oder sterben, gleich gilt mir Beides, da mein innig Geliebter ewiglich ein glorreiches Leben lebt. Nimmermehr vermag es selbst der Tod, die Seele zu betrüben, die da weiß, daß ihre höchste Liebe lebt. Es genügt der liebenden Seele, zu wissen, daß Der, den sie mehr als sich selbst liebt, überreich an ewiger Glorie sei, da sie mehr in Demjenigen lebt, den sie liebt, als im Körper, den sie belebt. Ja, sie lebt nicht selbst, sondern ihr Geliebter lebt in ihr." (Von der Liebe Gottes B. 5, K. 3.)

Die Liebe des Wohlgefallens ist eigentlich die Freude, die wir an den unendlichen Vollkommenheiten Gottes empfinden, daß Er ist, was Er ist. Aber gerade die Kenntniß Gottes durch den Glauben kann nicht bei der bloßen Kenntniß stehen bleiben, sondern geht nothwendig in ein Wohlgefallen über; und dieß Wohlgefallen äußert sich in freien Akten des Lobes und des Verlangens. Daher kann auch diese freie Liebe des Wohlgefallens sich nicht in sich selbst abschließen; sie geht zu einer andern Liebe über, welche die Liebe des Wohlwollens heißt. Unsere Liebe zu Gott ist gerade das Gegentheil der Liebe Gottes gegen uns. Er liebt uns zuerst mit einer Liebe des Wohlwollens, indem Er in uns alles Gute wirkt, was wir haben; und dann, wenn dieß geschehen ist, liebt Er uns mit einer Liebe des Wohlgefallens an seinem eigenen Werke, das Er in uns vollbrachte. Aber unser Wohlwollen gegen Gott ist, wie der heilige Franz von Sales bemerkt, blos die natürliche Folge unsers Wohlgefallens an Ihm. Wir freuen uns zuerst, daß Er so gut und vollkommen ist, und dann wünschen wir Ihm, wenn es möglich wäre, mehr Güte und Vollkommenheit, und dieser letzte Akt ist die Liebe des Wohlwollens. Um dieß zu erklären, will ich die Worte des heiligen Franz selbst anführen.

„Da es nicht leicht einzusehen ist, wie der Mensch Gott einen Zuwachs an Glückseligkeit oder Vollkommenheit wünschen kann, so wollen wir untersuchen, in wiefern die Liebe des Wohlwollens, die wir gegen Ihn hegen, eine wirkliche wahre Liebe ist. Da Gott der Mittelpunkt alles Guten ist, da seine Vollkommenheiten unendlich sind, und folglich von unsern Wünschen und Gedanken nicht erreicht werden können, so ist es klar, daß wir Ihm wenigstens mit keinem wirksamen Verlangen irgend eine Vollkommenheit wünschen können, die zu seinem Wesen etwas hinzufügen könnte. Ueberdieß gilt das Verlangen nur von einem künftigen Gute. Kein Gut aber ist in Gott künftig, da alle Vollkommenheit ihm dergestalt gegenwärtig ist, daß sie mit der göttlichen Wesenheit Eines und Dasselbe ist. Da wir also kein wirkliches oder absolutes Verlangen für Gott hegen können, so hegen wir eingebildete und bedingte, etwa auf folgende Weise: Ich sprach zu Dir, Herr! Du bist mein Gott, der Du voll unermeßlicher Güte weder meiner Güter, noch irgend etwas Anderes bedürfen kannst. Könnte ich jedoch — wenn anders dieß möglich wäre — denken, daß Du irgend eines Gutes bedürftest, nimmermehr aufhören würde ich dann, es Dir zu wünschen, und mein Leben, mein Dasein und Alles würde ich daran setzen, es Dir zu verschaffen. Wenn Du, der Du bist, was Du bist, und nimmermehr aufhören kannst, es zu sein, fähig wärest, noch einen Zuwachs an Güte zu empfangen, wie überaus groß würde dann meine Sehnsucht sein, daß Du ihn empfingest! Mein ganzes Herz, o Herr der Ewigkeit! wollte ich dann in Wünsche, mein ganzes Leben in Seufzer verwandeln, dieß Gut Dir zu wünschen. Aber, o Hochgeliebter meiner Seele! fern von mir ist die Sehnsucht, Deiner hocherhabenen Majestät etwas Gutes wünschen zu können. Mit Wohlgefallen sieht mein Herz diesen allerhöchsten Grad der Güte in Dir, dem kein Verlangen etwas zusetzen kann. Wenn aber das Verlangen, Dich vollkommener oder glücklicher zu sehen, verwirklicht werden könnte, so wünschte ich, daß meine Seele sich ganz in dieß Verlangen verwandelte, und daß mein Eifer, Dir irgend eine Vollkommenheit zu wünschen, die Du nicht schon besäßest, so lebendig in mir wäre, als die Freude, die ich nun fühle, außer Stande zu sein, Dir etwas zu wünschen, was Du nicht schon hast. Wie sehr liebe ich dieß Unvermögen, wenn ich bedenke, daß es aus dem unendlichen und unbegreiflichen Reichthume Deines Ueberflusses entspringt!" — Dieß Verlangen also läßt sich (wenn man unmögliche Dinge sich einbilden will) zuweilen in den Entzückungen heiliger Liebe erwecken. Auch erzählt man von dem heiligen Augustin, daß er öfter derlei Verlangen hegte, und in einem Uebermaß von Liebe sprach: „Herr! Augustinus bin ich, und Du Gott; wäre ich jedoch — was nicht ist und nicht sein kann — Gott, und Du Augustinus, so möchte ich mit Dir tauschen und Augustinus werden, damit Du Gott würdest!"

„Auch dieß ist eine Art des Wohlwollens gegen Gott, wenn wir, obwol wir wissen, daß es uns nimmer möglich ist, die unendliche Vollkommenheit Gottes zu vermehren, Ihn in uns selbst durch das Wohlgefallen an seiner Vollkommenheit immer mehr zu vergrößern wünschen. In diesem Falle wünschen wir dieß Wohlgefallen nicht um der Freude willen, womit es uns erfüllt, sondern weil Gott Freude daran findet. Wir lieben auch das Wohlgefallen nicht, weil es uns Freude gewährt, sondern weil diese Freude aus unserer Vereinigung mit der Freude und der Vollkommenheit entspringt, die in Gott ist, welchem uns immer inniger zu vereinigen wir ein Wohlgefallen ohne Gränzen haben möchten, gleich jener hochgebenedeiten Königin und Mutter der Liebe, deren heilige Seele Gott immerdar pries und erhob. Und damit kund würde, daß diese Lobeserhebung aus dem Wohlgefallen an der göttlichen Liebe entsprang, erklärte sie, daß ihre Seele in Gott, ihrem Heile, frohlocke."

Diese Erklärungen reichen für meinen Zweck aus. Wie ich euch aufgefordert habe, die Ehre Gottes, die Interessen Jesu und das Heil der Seelen durch die sogenannte Liebe des Mitleids oder Schmerzes über die Sünden Anderer, durch die Anwendung von Fürbitten und Danksagungen, und dadurch zu förbern, daß ihr eure Handlungen Gott in Vereinigung mit denjenigen unsers Herrn aufopfert, und Ihm auch seine eigenen Vollkommenheiten, die Geheimnisse Jesu und Mariä, und die Verdienste der Heiligen und Engel als Opfer darbringt, so möchte ich nun, daß ihr in gleicher Weise Ihn durch diejenigen Akte des Lobes und Verlangens verherrlichet, welche aus dieser doppelten Liebe des Wohlgefallens und Wohlwollens entspringen. Dergleichen Akte sind: 1) Akte der Freude, daß Gott ist, was Er ist; 2) Akte, womit wir Ihn über seine Vollkommenheiten, seine Werke und die Geheimnisse seiner heiligen Menschheit beglückwünschen; 3) Akte des Verlangens; da wünschen wir Ihm unmögliche Dinge, was der heilige Franz von Sales Akte wirklicher Liebe nennt, die Ihm sehr angenehm seien; 4) Akte des Verlangens, wodurch wir wünschen, daß Er im Laufe der verflossenen Jahre mehr Ehre von der Welt, von den verlorenen Seelen empfangen haben möchte; 5) Akte des Verlangens, welche durch die Fürbitte wirksam werden können, daß Er nämlich mehr verherrlicht werden möchte, als es jetzt geschieht, durch die Vollkommenheit der Heiligen, durch die Bekehrung der Sünder, und die schnellere Befreiung der Seelen aus dem Fegfeuer; 6) Akte des Lobes: wir wünschen dann, daß jedes Sandkörnlein des Meeres und jedes Laub der Wälder den Geist eines Engels besitzen möchte, um Ihn zu preisen, und opfern Ihm immerfort voll Liebesinbrunst das Lob der Engel im Himmel auf; 7) Seufzer liebenden Schmerzes über seine beleidigte Majestät, seine vergessene Güte und entzogene Ehre. Zwar athmen alle diese Akte die höchste Heiligkeit, aber sie erfordern nicht die Abtödtungen, die uns zurückstoßen; auch nicht die übernatürlichen Kräfte, von welchen wir sowol im Gefühle unserer Ohnmacht, als aus Demuth zurückschaudern. Wie viel könnten wir mit diesen Akten ausrichten mit ebenso geringer Mühe, wie mit allen übrigen Mitteln, die in den frühern Kapiteln empfohlen sind!

§. 6. Die Heiligen und die Mittelklasse frommer Christen.

Wenn wir irgend einen Heiligen betrachten, so sehen wir, daß ihn sechs Merkmale auszeichnen. 1) Der Gehorsam gegen die Gebote Gottes und die Vorschriften der Kirche; 2), 3) und 4) ein ebenso starkes, als liebendes Verlangen nach der Ehre Gottes, den Interessen Jesu und dem Heil der Seelen; 5) eine innige Liebe zu Leiden und freiwilligen Abtödtungen, begleitet von furchtbaren innern Prüfungen und, wie die Mystiker sagen, passiven Reinigungen des Geistes; und 6) übernatürliche Zustände des Gebetes, ungewöhnliche Gaben und Wunderkräfte. Von dem ersten dieser Merkmale können wir absehen; denn wir müssen alle dasselbe besitzen, wenn wir gerettet werden wollen. Daß wir das fünfte nicht in uns fühlen, gestehen wir wahrscheinlich ehrlich ein; wir schaudern davor zurück, sowol aus Demuth, als aus Feigheit, und in Folge davon sind wir nicht so ganz von Selbstliebe verblendet, um nicht einzusehen, daß das sechste Merkmal mit userm gegenwärtigen Zustande unvereinbar ist. So bleibt also noch das zweite, dritte und vierte Merkmal übrig, als etwas, was einerseits die gewöhnlichen nothwendigen Uebungen der Gläubigen übersteigt, und anderseits die Höhen der Heiligen nicht erreicht. Diese drei Merkmale scheinen wir uns aneignen zu können, insofern die Abtödtungen, welche uns abschrecken, und die übernatürlichen Höhen des Gebetes, welche außer userm Gesichtskreise liegen, nicht dazu erfordert werden. Ueberdieß — was ein besonderer Trost ist — besteht die Schönheit der Heiligen eher in den drei Merkmalen, die wir uns aneignen können, als in den beiden Höhen, zu welchen wir nicht hinanzustreben wagen.

Fromme Personen, die sich durch ihre Liebe zur Ehre Gottes, zu den Interessen Jesu und dem Heil der Seelen auszeichnen, gibt es in katholischen Ländern in guten Zeiten im Ueberfluß, und sie scheinen für die Kirche das zu sein, was die Mittelklasse des Volkes für die Wohlfahrt des Staates ist. Es sind nicht ihre Heroen, aber sie machen ihre eigentliche Lebenskraft aus. Sie gedeihen in ruhigen Zeiten, aber wenn Verfolgungen kommen, können

Martyrer in Menge aus ihnen hervorgehen. Die Heiligen jedoch, die geistlichen Schöpfungen eines innern Lebens, gehören einer andern Ordnung der Dinge an. Es ist also klar, daß es in gewöhnlichen Zeiten unsere Hauptaufgabe ist, diese Mittelklasse der Gläubigen zu vermehren; sonst werden wir so kalte und gleichgiltige Christen sein, daß wir diejenigen, welche außerhalb des Schafstalles sind, nie bekehren, und was sogar noch wichtiger ist, wir werden Niemand haben, um unsere zahlreichen Armen zu lieben, oder ihretwegen irgend eine mit Aufopferung verbundene Arbeit zu übernehmen. Es ist gleichfalls augenscheinlich, daß der Teufel ein besonderes Interesse hat, die Zahl dieser Klasse von Christen zu vermindern; und dieß thut er auf zwei Wegen: 1) indem er der Andacht einen bösen Namen gibt, und die Menschen antreibt, dieselbe romantisch, enthusiastisch, unpraktisch u. dgl. zu nennen; und 2) indem er die Leute verleitet, zu hoch zu streben, zu viel zu versuchen, Wundern und Zeichen nachzulaufen, übereilte Gelübde zu machen, und Gott dadurch zu versuchen, daß sie sich mit einer Menge Gebete überladen. Wenn dann ihre wächsernen Flügel geschmolzen sind, so sinken sie zur bloßen Beobachtung der Vorschriften herab, und nicht selten sogar noch tiefer.

Der Zweck dieser Abhandlung ist, ein Gemälde dieser Mittelklasse zu entwerfen, eine Skizze ihres Lebens zu geben, und Beispiele ihrer Andacht anzuführen. Diese Art von Leuten hauptsächlich suchte der heilige Philipp zu Rom zu vermehren; und gerade dieß ist das Hauptgeschäft, welches er seinen Söhnen hinterlassen hat. Ich sage nicht, es sei ihr ausschließliches Geschäft, sonst würden wir unser Recht auf die Massen von Sündern verlieren, die sich durch den Wohlgeruch, welchen der Name unsers Heiligen verbreitet, zu uns hingezogen fühlen. Wenn ihr also Heilige werden wollet, wie diejenigen, welche die Kirche heilig gesprochen hat, so ist dieß kein Buch für euch. Nur derjenige, welcher die steilen Höhen erklommen hat, kann euch die Geheimnisse des rauhen Pfades mittheilen. Hier werden euch die leichten Wege zur Liebe Gottes vorgezeichnet, welche höher liegen, als die Ebene, und über ihre Staubwolken erhaben sind, aber nicht so hoch, daß sie außerhalb der Region lägen, wo liebliche Blumen und schattige Bäume und erfrischende Quellen uns erfreuen. Habt ihr jemals das Leben des heiligen Philipp gelesen, so werdet ihr euch erinnern, wie einst Einer, welcher ein Heiliger zu werden wünschte, träumte, der fromme Vater ziehe ihn durch rauhes Dorngesträuche. Ich wünschte, wir hätten Alle das Herz, den Dornen zu trotzen; aber es ist nicht so, und der Versuch, nach Theorien gut zu sein, wäre unnütz. Aber Gott lieben, ist etwas Großes, Ihn immer mehr lieben, etwas Größeres, und machen, daß Andere Ihn lieben, etwas so Großes, daß es für uns jeden Tag eine neue und frische Freude ist, daß Gott uns eine so erhabene Mission anvertraut.

Ihr dürft nicht glauben, daß ich die Uebungen der Abtödtung, mögen sie nun äußere oder innere sein, gering anschlage; oder daß ich denke, die sehnsüchtige Liebe mache die thätige Liebe unnöthig, oder die innere Abtöttung könne von der Verpflichtung zu körperlichen Bußen freisprechen, wenn man nach Vollkommenheit strebt. Mein Buch ist kein Abriß einer ascetischen Theologie; aber deßhalb, weil wir uns nicht so hoch erschwingen können, dürfen wir keineswegs so tief herabsinken. Einige strenge Asceten halten die sehnsüchtige Liebe für ein wenig besser, als für eine Täuschung, oder meinen, im besten Falle werde Gott da nur mit Gefühlen gedient. Aber dieß ist gewiß ein übereiltes, liebloses Urtheil, nicht wie Gott oder die Kirche urtheilt. Ich gebe zu, wir dürfen dabei nicht stehen bleiben, sondern wir müssen immerfort unsere unordentlichen Leidenschaften abtödten, wir müssen arbeiten und dulden. Indessen ist es gewiß, daß die blos sehnsüchtige Liebe an sich selbst gut ist; auch kann sie für Katholiken nicht blos ein Cultus mit Gefühlen sein, denn ich habe bereits gezeigt, und meine Ansichten gründeten sich ganz auf die Theologie, daß dergleichen Uebungen sehr einflußreich werden können, und es fast immer sind. Auch ist die sehnsüchtige Liebe der Weg zur thätigen; überdieß verlieren wir gewöhnlich beide, wenn wir nur ausschließlich nach einer einzigen streben. Ich weiß, es gibt viele Leute, welche entschlossen sind, keine Heiligen zu werden. Wenn Gott über dieselben erzürnt wäre, wenn Er ihnen ihren Kleinmuth als Sünde anrechnete, wenn Jesus sein Angesicht von ihnen abwendete, und sie nicht mehr unter die Seinigen zählen würde, dann wäre es unnütz, uns mit ihnen zu beschäftigen. Aber dieß thut Er nicht, und deßhalb können wir solche Menschen in aller Liebe fragen, ob sie, wenn sie auch keine Heiligen werden wollen, unsern Herrn nicht wenigstens bis zum Kalvarienberg lieben wollen, ohne bis zur Kreuzigung mitzugehen. Diese Gesinnungen werden sich uns aufdrängen, wenn unser armes, beschämtes Herz uns sagt, daß wir selbst unter die Zahl jener feigen Streiter gehören, die bei guten Absichten ein kleinmüthiges Herz besitzen, und einen großen Theil von dem Heere unsers Herrn ausmachen.

Obgleich ich für die Ehre Gottes und einen Gottesdienst aus Liebe das Wort führe, so wird es doch nicht unangemessen sein, euch mit Beweisen anzugreifen, die von euren eigenen Interessen hergenommen sind. Ich bin überzeugt, viele aus euch sind mit sich selbst nicht zufrieden. Ihr möchtet mehr Liebe zu Gott, mehr Anhänglichkeit an Jesus besitzen. Ihr fühlet das Bedürfniß, aus diesem Zustande der Trockenheit und Kälte gegen Ihn herauszutreten. Ihr möchtet eine größere Freiheit des Geistes, eine innigere Liebe zur Religion und zu den Interessen des Himmels haben. Ihr sehet, daß der Dienst aus Liebe den gesunden Menschenverstand auf seiner Seite hat, daß dieser kümmerliche Cultus, den ihr Gott erweiset, euch weder glücklich, noch heilig macht, und überdieß zieht euch etwas in eurem Herzen näher zu Gott und zu einer höhern Ordnung der Dinge hin. Betrachtet nun, was diese Akte des Lobes und Verlangens in dieser Hinsicht für euch thun können. Sie nehmen die Welt aus eurem Herzen weg, so daß ihre Vergnügen euch gering und fade erscheinen, und führen euch in eine ganz neue Sphäre von Gedanken und Gefühlen ein. Sie machen euch die Uebung der Gegenwart Gottes ebenso leicht, als angenehm. Sie entscheiden für euch eine Menge von Gewissensfällen, indem sie euch sogleich in eine hellere Atmosphäre erheben, wo es keine solche Zweifel und Schwierigkeiten mehr gibt. Sie machen euch die Trägheit, die Frivolität und die Zerstreuung unerträglich, wegen der Veränderung, die sie in eurem Geschmacke hervorbringen. So waren der heiligen Maria Magdalena die Engel trotz ihrer Schönheit gleichgiltig, denn sie suchte an jenem Ostermorgen Jesum. Was war für sie ihr himmlisches Angesicht und ihr blendender Glanz? Ach, sie hatten ihren Herrn hinweggenommen, und sie wußte nicht, wohin sie Ihn gelegt. Auch der Gärtner, wie der heilige Franz so schön bemerkt, erinnerte sie nur an Blumen, während ihr Haupt voll Nägel und Dornen war; da Er ihr aber in den Weg kommt, spricht sich sogleich der einzige Gedanke aus, der sie beschäftigt: „Herr, wenn Du Ihn von hier weggenommen hast, so sage mir, wo Du Ihn hingelegt, und ich will Ihn mit mir nehmen." Die drei Könige eilten durch Jerusalem; der Hof machte sie nur unruhig; sie konnten nirgends Ruhe finden, als mit ihrem Sterne an der Krippe Jesu in der Höhle zu Bethlehem. Die Braut begegnete den

Wächtern der Stadt, und ihr Herz war sogleich auf ihren Lippen: "Habt ihr Ihn gesehen, den meine Seele liebt?" So machen diese Akte des Lobes und Verlangens neue Menschen aus uns. Wir Alle sind für den Himmel, selbst der Tod verliert sein Aussehen. Alles, was für Jesus ist, scheint leicht; Alles willkommen, was zu Ihm führt. Wie ganz anders empfindet man dann! Als eine gewisse Person zu dem P. Dominikus, aus dem Orden der Passionisten, dessen Andenken so vielen aus uns theuer ist, sagte, daß sie sich vor dem besondern Gerichte fürchte, traten ihm Thränen in die Augen und er rief aus: "Wie süß ist es, zum ersten Mal die heilige Menschheit Jesu zu erblicken!" Zu dieser Gesinnung bringt uns das Lob und das Verlangen; wir können nicht Alles sein, was wir in diesem Leben gerne sein möchten, aber durch die Liebe können wir uns dem annähern, was wir wünschen, so daß wir mit der Braut im hohen Liede ausrufen: "Mein Geliebter ist mein, und ich bin sein; Er weidet unter den Lilien, bis der Tag anbricht und die Schatten sich neigen."[1])

§. 7. Uebungen des Lobes und Verlangens.

1) Mein erstes Beispiel der Uebungen des Lobes und Verlangens will ich aus keinem geringern Buche nehmen, als aus der Sammlung der Ablässe, worin eine Reihe von Akten göttlicher Liebe enthalten ist, womit Pius VII. im Jahre 1818 Ablässe verbunden hat. Ich will einige derselben anführen, welche meinen Gegenstand näher beleuchten. Z. B.: "Ich wünsche, o mein Gott, Dich von Allen geliebt zu sehen. O wie glücklich wäre ich, wenn ich mein Blut geben könnte, um zu machen, daß alle Menschen Dich lieben! Kommt, alle Geschöpfe, und lobet meinen Gott! O mein Gott, daß ich doch tausend Herzen hätte, Dich damit zu lieben; oder daß ich

---

[1]) Hoh. L. 2, 16. 17.

die Herzen aller Menschen besäße, um Dich damit lieben zu können! O daß es mehr Welten gäbe, als es gibt, damit alle Dich lieben möchten! Was für eine Freude würde dieß für mich sein! Glücklich derjenige, welcher Dich mit den Herzen aller Geschöpfe lieben könnte! Ich freue mich, daß die Engel und Seligen Dich im Himmel lieben, und ich wünsche, Dich mit aller Gluth zu lieben, womit die Heiligen, denen Du am theuersten warest, Dich liebten, wie der heilige Joseph und die seligste Jungfrau Maria. Ich möchte Dich lieben, wie der göttliche Erlöser Dich jetzt im Himmel liebt, und wie er Dich lieben wird in alle Ewigkeit! — Endlich wünschte ich, o mein Gott, Dich mit jener Liebe zu lieben, die Du gegen Dich selbst hegst."

2) Folgende Glückwünsche werden von Lancisius in seinen Andachten zum auferstandenen Jesus empfohlen: 1. Können wir den auferstandenen Jesus beglückwünschen wegen der Gaben seines verherrlichten Leibes, und wegen Allem, was er durch seinen Tod verdient hat, z. B. wegen seiner glorreichen Auffahrt in den Himmel, wegen seiner königlichen Würde und Herrschaft über die ganze Welt, wegen der Fülle seiner Macht im Himmel und auf Erden, wegen seines Richteramtes u. dgl.; 2. können wir ihn beglückwünschen wegen der mannigfaltigen Früchte, die sein Leben, Leiden und Tod unter Engeln und Menschen hervorbrachte, und wegen allen unzähligen Gnaden, welche die Menschen empfangen haben, die Sünde zu verhindern, oder sich aus der Sünde zur Vollkommenheit zu erheben; ferner wegen allen Sakramenten und Ablässen, und endlich wegen der Auferstehung unserer Leiber. Es wird hier nicht am unrechten Orte sein, die besondere Andacht zu erwähnen, welche die Schwester Maria Dionysia aus dem Orden von der Heimsuchung zu ihrem Schutzengel hatte. Sie pflegte ihn blos wegen der einzigen Thatsache seines vergangenen Lebens zu beglückwünschen,

von welcher sie sichere Kunde hatte, nämlich wegen der Gnade, die er empfing, Gott getreu zu bleiben, während die Engel rings um ihn abfielen; 3. können wir Ihn beglückwünschen wegen der unzählbaren Chöre der Engel und Heiligen im Himmel, die Ihn als ihr Oberhaupt, als den Geber und die Ursache aller Gnaden und Ehren anbeten, und wegen der göttlichen Verehrung, die Ihm im Himmel, auf Erden und im Fegfeuer dargebracht wird; 4. können wir Ihn auch wegen jener unendlichen Liebe preisen, womit Er, wie es dem heiligen Karpus geoffenbart wurde, bereit ist, noch einmal zum Heile des Menschengeschlechtes den Tod zu erleiden. Dasselbe offenbarte Er auch der heiligen Brigitta mit den Worten: „O meine Freunde, ich liebe meine Schafe so zärtlich, daß ich, wenn es möglich wäre, für jedes derselben insbesondere lieber einen ebenso grausamen Tod, als den am Kreuze, erleiden wollte, als von ihnen getrennt zu sein." Ein anderes Mal sprach der Herr zu ihr: „Wenn es möglich wäre, wie freudig wäre ich bereit, noch ebenso vielmal zu sterben, als es Seelen in der Hölle gibt." Durch diese unendliche Liebe unsers Herrn zu uns können wir ermessen, wie geringfügig die Liebe ist, welche wir für Ihn hegen!

3) Da die Akte, bei welchen ich verweile, vorzüglich innere sind, so wird es nicht unangemessen sein, hier die Vorbereitung der heiligen Maria Magdalena von Pazzi auf das Pfingstfest anzuführen. Am Himmelfahrtstage rief sie in einer Entzückung aus: „O ihr heiligen Apostel, als der Herr in den Himmel auffuhr, lehrte Er euch, was ihr thun solltet, ehe ihr den heiligen Geist empfinget; lehret dieß nun auch mich! O du reiner Johannes, du liebenswürdiger Philippus! ihr werdet mir meine Bitte nicht abschlagen. Saget mir, was meine innern und äußern Handlungen in diesen Tagen sein sollen. Worin soll meine geistliche Nahrung und mein geistlicher Trank

bestehen? Ich werde sie in der Betrachtung der Werke finden, welche das ewige Wort während seines Aufenthaltes unter uns vollbracht hat. Mein Trank wird das Blut sein, das aus jenen vier Quellen seiner heiligen Hände und Füße floß, und zuweilen werde ich aus jener Quelle schöpfen, woraus viele Bächlein fließen — aus seinem anbetungswürdigen Haupte. O Wort voll der Liebe! Dreiunddreißig Jahre verweiltest Du unter uns, und ich muß beßhalb des Tages dreiundbreißig Akte der Selbstvernichtigung erwecken. Dieß soll die erste meiner innern Handlungen sein. — Acht Tage nach Deiner Geburt vergoßest Du Dein Blut für uns, und ich muß beßhalb des Tages acht Gewissenserforschungen anstellen; denn wenn die Seele nicht wohlgeprüft und von ihren Fehlern gereinigt ist, so ist sie nicht geeignet, ihr Blut für Dich zu vergießen, d. h. sich im Akte des Marterthums Dir aufzuopfern, und so oft ich diese Gewissenserforschung anstelle, will ich eine Erneuerung meiner Ordensgelübde hinzufügen. — Vierzig Tage hielteſt Du Dich nach Deiner Auferstehung auf der Erde auf, und vierzig Mal im Laufe des Tages muß ich meinen Geist zu Dir erheben. Sieben Jahre warest Du in Aegypten, und sieben Mal des Tages muß ich Dir diejenigen aufopfern, welche in der Finsterniß der Sünde liegen. Meine geistliche Nahrung wird die tägliche Betrachtung Deines heiligſtens Leidens sein, womit die ich Betrachtung jener glühenden Liebe verbinde, mit welcher Du Mensch geworden bist; jener Demuth, womit Du mit den Menschen umgingest; jener Freundlichkeit, womit Du Deine Lehre verkündigtest; und jener Freude, womit Du auf die Kananiterin und das samaritanische Weib hörtest. Sie fragte Dich nicht, sondern Du ludest sie ein, zu fragen. Ich will auch über jene Worte nachdenken: „Dieß ist mein geliebter Sohn, an welchem ich mein Wohlgefallen habe; meine Speise ist es, den

Willen meines Vaters zu thun; lernet von mir, denn ich bin sanftmüthig und demüthig von Herzen." — Zwölf Jahre warest Du verborgen, ehe Du Deine Weisheit zeigtest. Ich will zwölf innere Akte der Liebe zu meinem Nächsten erwecken, und zwölf weitere der Demuth. Wie viele Gelegenheiten zu diesen innern Akten bieten sich uns dar, wo wir unsern Eigenwillen unterjochen können! Siebenmal will ich das heiligste Sakrament anstatt derjenigen anbeten, welche es nicht thun; sieben Mal will ich auch meinen Christus anbeten, welcher sein Kreuz mit gebeugtem Haupte für alle Auserwählten trägt. Drei Mal will ich die seligste Jungfrau besonders loben und preisen als die Mutter und Schützerin aller frommen Seelen, damit sie uns namentlich in der Beobachtung unserer Ordensgelübde beistehe, und so oft sich Gelegenheit bietet, will ich Akte der Liebe zu meinem Nächsten erwecken, mit aller möglichen Herzensfreudigkeit. Ich will eine ununterbrochene Wachsamkeit über meine Sinne bewahren, und um nicht für einen Sonderling zu gelten, will ich dieß zur gehörigen Zeit und auf besondere Weise thun; denn wenn ich Niemand anblicken würde, so könnte man meinen, ich sei erzürnt, und wenn ich Niemand antwortete, so würde dieß verdächtig erscheinen. Drei Mal des Tages will ich meine Schwestern an die Würde unsers Berufes erinnern, indem ich jedesmal etwas zum Lobe desselben sage, und ich selbst will beständig daran denken. So oft sich Gelegenheit darbietet, will ich die Betrübten trösten, mögen ihre Schmerzen innere oder äußere sein, und nach jeder meiner Handlungen will ich in beständiger Uebung der Liebe zu verharren suchen und unabläßig über mein Herz wachen.

Diese Andacht paßt natürlich nicht für Alle, aber sie ist erbaulich und lehrreich für Alle; denn es ist ein wirklicher Gewinn, einzusehen, wie wenig wir Gott lieben und wie armselig wir Ihm dienen. Darin besteht gerade einer der großen Vortheile, welche die Lesung des Lebens der Heiligen uns verschafft. Weil das Leben der Heiligen nicht leicht nachzuahmen ist, folgt keineswegs, daß ihr Leben für uns keinen praktischen Nutzen habe. Ja meistens ist es das wunderbare Leben der Heiligen, was uns die tiefste Demuth lehrt und die größte Liebe in uns entzündet.

4) Dahin gehört auch der Brauch, welcher in einigen Orden herrscht, die Klostergelübde zu gewissen Zeiten zu erneuern. Dieß läßt sich auch auf die Erneuerung eines jeden Gelübdes oder Vorsatzes anwenden, wodurch eine fromme Person eine Verbindlichkeit gegen Gott eingegangen hat. Es ist dieß wieder ein Beweis von der erfinderischen Liebe Gottes. Gerade, wie Er uns erlaubt, Ihm die Geheimnisse Jesu, als wären sie unser eigen, aufzuopfern, ebenso gestattet Er uns, Ihm unsere Gelübde immer wieder darzubringen und so seine Ehre und unser Verdienst durch die nämliche Handlung oftmals zu vermehren. Wir erfahren aus dem Leben der heiligen Maria Magdalena von Pazzi, wie angenehm diese Erneuerung der Gelübde Gott ist. Sie sagt: „So oft Gott gemachte Versprechen erneuert werden, findet eine Erneuerung der Vereinigung mit Gott statt, und die geliebte Seele tritt mehr oder weniger mit Ihm in Verbindung, je nach dem Stande der Vollkommenheit, worin sie sich gerade befindet, und nach dem Grade der Liebe, die sie besitzt. Diese Erneuerung, welche die Seele innerlich macht, ist der heiligen Dreifaltigkeit angenehm, weil die Seele ihr inneres Wohlgefallen zugleich erneuert, während sie diese Aufopferung Gott darbringt, und sich an das Vergnügen der ersten Aufopferung mit immer neuer Freude erinnert. Dieser Akt ist Maria ebenso angenehm, als ob sie selbst ihr Gelübde der Keuschheit erneuerte. Derselbe erhöht die Seligkeit der Engel, weil dadurch die heiligen Eingebungen in Erfüllung gehen, die uns durch sie vom Himmel gesandt

worden sind; er ist auch die Freude der Heiligen, weil sie sehen, wie Andere ihrem Schöpfer auf denselben Fußstapfen nachfolgen, auf welchen sie Ihm selbst nachgefolgt sind. Der Chor der Jungfrauen wird dadurch erfreut, welche ihren neuen Gesang wiederholen, indem sie sehen, daß jene Tugend vermehrt wird, die sie mit so besonderer Liebe übten; auch ihre Glorie wird dadurch erhöht, weil, so oft diese Erneuerung geschieht, es gleichsam ein Fest für diese heiligen Jungfrauen ist. Die Seele selbst erlangt dadurch reichliche Früchte; denn alle Gnaden nehmen in ihr zu, alle ihre Vorsätze werden gestärkt, und es beginnt ein neuer Friede in ihr, dessen Früchte sich in ihren Worten und Werken zeigen. Welchen hohen Werth haben diese Gelübde und Versprechen vor Gott bei einer feierlichen Ablegung derselben, da schon ihre Erneuerung solche Wirkungen und Früchte für die Seele hervorbringt! Wir dürfen uns daher nicht wundern, o liebreicher Erlöser! daß Diejenigen, welche das Licht besitzen, der Orden, der Deinen heiligsten Namen trägt (die Jesuiten), diese Erneuerung als ein hohes Fest begehen, besonders da die Weltmenschen so viel auf ihren Geburtstag oder auf den Jahrestag irgend eines wichtigen Ereignisses halten. Wie viel mehr sollten wir mit geistlicher Freude den Tag feiern, an welchem wir mit Gott durch ein so starkes Band vereinigt wurden, das nie sich trennen soll!" Die Heilige selbst pflegte ihre Gelübde täglich zu erneuern, weil sie dieselben als etwas Göttliches und als ein besonderes Vorrecht betrachtete, das Gott den Seelen verleiht, die Er zum klösterlichen Leben beruft. Sie sah dieselben als „den Preis und Schatz des Paradieses" an, und liebte sie als „die Bande der göttlichen Liebe."

Der heilige Franz Xaver erneuerte seine Gelübde häufig und sagte: so oft er es thue, fühle er seine Jugend erneuert, wie die des Adlers, und er erklärte seinen Mit=

brüdern oft, daß eine tägliche Erneuerung ihrer Gelübde eines der besten Vertheidigungsmittel gegen die Angriffe und Fallstricke Satans sei. Lancisius erzählt uns, daß der P. Cerruto, ein italienischer Jesuite, seine Gelübde gewöhnlich des Tages dreitausend Mal im Geiste erneuerte. So lesen wir auch im Leben des gottseligen Alphons Rodriguez, eines Laienbruders im Jesuitenorden, daß er seine Gelübde jeden Tag erneuerte, und daß diese Erneuerung ihn immer im Stande feuriger Liebe erhielt. Unser Herr bedeutete ihm, daß ihm diese Andacht wohlgefällig sei, und zeigte ihm sowol den Nutzen, welcher daraus für seine Seele fließe, als auch die Gaben, womit Er ihn deßhalb bereichere. Als er einst die Messe hörte, seine Gelübde erneuerte und Gott für seine Berufung in die Gesellschaft mit großer Inbrunst dankte, wurde er von einem ungewöhnlichen Lichte heimgesucht, welches jedes erschaffene Licht zu übertreffen schien. Durch diese Erleuchtung gewahrte er die Größe der Gnaden, die er bisher empfangen hatte, seine eigene Unwürdigkeit und sein Elend, und die Unmöglichkeit, Gott dafür angemessenen Dank zu sagen. Er fühlte sein Herz von frommer Scham durchdrungen und wagte nicht, zu seinem Wohlthäter aufzuschauen, oder seinen Mund zur Danksagung zu öffnen, sondern schwieg innerlich gesammelt, voll Demuth stille. Aber Gott, welchem das Gebet der Demüthigen immer wohlgefällt, zeigte ihm sein Wohlgefallen an dieser neuen Art der Danksagung, wo die Zunge schweigt, und sprach zu ihm mit einer Stimme, welche sein äußeres Ohr vernahm: „Alphons, wandle immer vor mir in dieser Uebung, deine Gelübde zu erneuern, und Alles wird sich für dich zum Guten wenden." Diese Gnade versetzte den demüthigen Laienbruder in noch größere Verwirrung, und seiner Unwürdigkeit eingedenk, hielt er es für einen Trug des Teufels. Aber wiederum hörte er die Stimme Gottes, welcher sprach: „Alphons, warum fürchtest du dich? Hier ist keine Ursache zur Furcht, denn es ist kein Trug darin; thue, was ich dich heiße." Und zu gleicher Zeit gab Er ihm eine innere Ueberzeugung, daß all dieß von Ihm herkomme.

Lancisius berichtet einen Zug aus dem Leben eines mit großer Klugheit begabten Mannes, welcher in die Gesellschaft trat. Alles gefiel ihm darin, nur nicht die Erneuerung der Gelübbe, welche ihm ungereimt und nichtig erschien: Als der Tag zur Erneuerung der Gelübbe herbeikam, fühlte er den größten Widerwillen dagegen; aber er tödtete seine Selbstliebe ab und machte die Erneuerung, obwol mit solcher Verwirrung, daß er kaum wußte, wo er war. Gott jedoch belohnte seinen Gehorsam. Als der Priester, vor welchem er die Erneuerung abgelegt hatte, mit dem heiligsten Sakramente zu ihm kam, um ihn zu communiciren, sah er unsern Herrn in der Hostie und wurde mit wunderbarem Troste erfüllt, und eine höhere Erleuchtung zeigte ihm, wie angenehm Gott diese Erneuerung der Gelübbe sei. In Thränen ausbrechend, wurde er seinen Irrthum gewahr, und die Fülle der göttlichen Gnaden ergoß sich lange Zeit in ihn, so daß er außer Stande war, zu sprechen.

All dieß läßt sich ebenfalls auf die Erneuerung guter Vorsätze und heroischer Wünsche anwenden. Thomas von Kempis ermahnt uns in seiner Nachfolge, unsere guten Vorsätze jeden Tag zu erneuern und uns zur innigen Liebe Gottes zu erwecken, als ob wir erst heute bekehre worden wären, und Lancisius empfiehlt gewisse Arten heroischer Akte und Wünsche, welche zu erneuern für uns von Nutzen wäre. Es sind dieß: 1) Akte der Demüthigung, woburch wir unsere Nichtigkeit erkennen. Unser Herr sprach zur heiligen Maria Magdalena von Pazzi: „So oft du einen Akt deiner Nichtigkeit erweckest, erinnere dich, daß, gleichwie kein Geschöpf ohne ein Herz leben kann, so auch du nicht leben kannst, ohne mich. So lange diese Erkenntniß in dir bleibt, darfst du überzeugt sein, daß du mit mir vereinigt bleiben wirst, und mein Friede wird mit dir sein, sogar während du beständig Krieg gegen die Versuchungen zu führen scheinst, welche durch meine Zulassung dich angreifen, aber nicht überwältigen werden; je schärfer sie dich anfallen, desto mehr wird mein Beistand in dir zunehmen, obgleich du seine Gegenwart oder seine Lieblichkeit nicht empfindest." Ein anderes Mal sprach Er zu ihr: „Diejenigen, welche mir dienen, sollten es mit solcher Demuth thun, als ob ihre Seele in den Mittelpunkt der Erde hinabsänke; denn gerade wie ein fallender Pfeil nicht ruht, bis er den Boden erreicht, so ruht mein Geist nur in der Seele, die er in dem Mittelpunkt ihrer eigenen Nichtigkeit findet." Einst sprach Gott der Vater zu ihr: „Die Leiter der Worte meines Eingebornen ist höher, als die Jakobsleiter; denn ihr Fuß ruht in der Seele, welche durch Demuth und Selbsterkenntniß sogar niedriger ist, als der Abgrund, worein sie durch ihre niedrige Meinung von ihr selbst sich versenkt, und durch die treue Erkenntniß ihrer selbst gelangt sie sogar in mein innerstes Wesen. Der Unterschied zwischen den beiden Leitern ist folgender: Die Leiter Jakob's reichte nicht über den Himmel hinaus, noch tiefer hinab, als auf die Oberfläche der Erde, aber diese Leiter geht über die Sterne hinaus, in dem Maße, wie die Seele sich verdemüthigt, ja sie wird sogar bis in mein innerstes Wesen erhöht; denn die Erniedrigung der Seele ist ihre Erhöhung." 2) Wünsche und Vorsätze, alle wissentliche Sünde und Unvollkommenheit zu vermeiden, so daß wir mit dem heiligen Augustin lieber sterben, als sündigen, mit dem heiligen Chrysostomus eher das Angesicht der Hölle erblicken, als Gott beleidigen, und mit dem gottseligen Alphons Robriguez lieber ohne alle Schuld in die Hölle geworfen werden, als Gott durch die geringste läßliche Sünde beleidigen möchten. 3) Wünsche und Vorsätze, Alles für unsern Herrn zu dulden, wie sie der heilige Ignatius bei der Betrachtung des Reiches Christi in der zweiten Woche seiner Exercitien uns vorstellt. „Siehe," spricht er, „o höchster König und Herr! ich, obgleich höchst unwürdig, aber Deiner Gnade und Hilfe vertrauend, opfere mich ganz Dir auf und unterwerfe Alles, was ich habe, Deinem Willen, indem ich vor Deiner unendlichen Güte und vor der glorreichen Jungfrau, Deiner Mutter, und vor dem ganzen himmlischen Hofe erkläre, daß dieß meine Gesinnung, mein Wunsch und mein Entschluß ist, Dir so nahe zu folgen, als ich kann, und dich mit wahrer Geduld in Ertragung von Unbilden und Widerwärtigkeiten nachzuahmen." 4) Wünsche und Vorsätze, in Betreff der Feindesliebe. 5) Wünsche und Vorsätze, unsern ganzen Willen und unsere Freiheit Gott zu übergeben, ohne sie je zurückzufordern, und ohne etwas von dem Opfer auszunehmen.

Daß schon diese Wünsche als Liebesopfer dem allmächtigen Gott höchst angenehm seien, kann man auch aus dem Umstande abnehmen, daß Er seinen Dienern so oft fromme Vorsätze eingibt, deren Vollziehung Er niemals beabsichtigt, wie es z. B. mit dem Opfer Isaak's durch Abraham und dem Verlangen des heiligen Philipp der Fall war, nach Indien zu gehen, um das Evangelium zu verkünden und sein Blut zu vergießen. Das Leben der Heiligen bietet uns viele Beispiele dieser Art. Es ist daher eine Wahrheit, was der heilige Franz von Sales sagt, daß es wirklich eine Anbetung und eine Gott angenehme Liebe sei, über Ihn und seine Vollkommenheiten sogar unmögliche Wünsche zu hegen. Dieß gibt uns Stoff zu vielen Erwägungen, und wenn unser Herz wäre, was es sein sollte, so würden uns dadurch viele Quellen liebender Thränen eröffnet.

Während wir zum Besten unserer Seele sowol, als zur Ehre Gottes uns bemühen, den Geist des Lobes in uns zu pflegen, dürfen wir nicht vergessen, daß derselbe in Wirklichkeit nicht so fast eine persönliche Tugend, als eine Gabe Gottes ist, und deßhalb durch besondere Gebete von Ihm erfleht werden muß. Auch sollen wir nicht unterlassen, in dieser Absicht den Schutz der heiligen Gertrud anzurufen, die sich sogar unter den Heiligen durch ihre wunderbare Gabe unablässigen Lobes auszeichnete. Könnten wir sie in diesem Stücke nachahmen, so dürften wir uns endlich, wie sie, einer wunderbaren Freiheit des Geistes erfreuen. Wie viel hängt von dieser Freiheit ab, und wie innig ist sie mit dem Geiste des Lobes verknüpft! Ich wünschte, das Leben der heiligen Gertrud würde genauer betrachtet, als es gewöhnlich geschieht; denn ohne Zweifel ist der Mangel an Freiheit des Geistes unser großer Fehler. Dieß ist der Hauptgrund, warum der Gottesdienst aus Liebe verhältnißmäßig so selten unter den Christen ist. In der That, wenn Leute, welche in der Welt und in der Gesellschaft leben, ein frommes Leben zu führen wünschen, so sollten sie nicht glauben, daß ein mehr oder minder gemildertes Klosterleben die für sie angemessene Richtung des Geistes sei. Durch ihre Stellung und ihre Pflichten können sie über ihre Zeit nicht gebieten, oder den Tag in halbe oder Viertel-Stunden abtheilen, wie wenn sie in einem ruhigen Kloster lebten und nichts zu thun hätten, als dem Klange der Klosterglocke zu folgen. Wenn man daher solchen Personen sagen wollte, sie sollten sich eine Regel aufzeichnen und dieselbe befolgen, und sich nach bestimmten Stunden richten, um ihren frommen Uebungen nachzukommen, so wäre dieß in neun Fällen unter zehn eben so viel, als wenn man Personen, die in der modernen Gesellschaft leben, sagte, sie dürfen es nicht versuchen, ein sogenanntes frommes Leben zu führen. Wie Viele haben die Frömmigkeit ganz aufgegeben, weil sie es mit einer Regel probirten, und fanden, daß sie dieselbe nicht halten konnten! Wie Viele haben das ganze Gewicht auf bestimmte Stunden gelegt, um ihren religiösen Uebungen nachzukommen, und nach und nach kühlte sich ihr Eifer ab, weil eine schwache Gesundheit, oder veränderte Geschäfte, oder die Vergnügen der Mode ihnen die Beobachtung ihrer festgesetzten Stunden unmöglich machten! In einer Woche war es oft mit ihrem ganzen Plane aus. Sie haben es mit dem geistlichen Leben versucht, aber es gelang ihnen nicht; ihre Anstrengungen sind gescheitert, und da die Art des geistlichen Lebens, welche sie versuchten, nicht mit Erfolg gekrönt wurde, so wollen sie gar keinen Versuch mehr damit machen.

§. 8. **Die heilige Gertrud und die alte Ascetenschule der Benedictiner.**

Der schlechte Erfolg dieser Art von Frömmigkeit sowol, als der Gedanke, daß keine andere Art derselben sicher zum Ziele führe, kommt ganz von dem Mangel an Freiheit des Geistes her. Wo das Gesetz des Herrn, wo der Geist Christi ist, da ist die Freiheit. Niemand kann die ascetischen Schriftsteller aus der alten Schule des heiligen Benedict lesen, ohne voll Bewunderung den Geist der Freiheit zu bemerken, wovon ihre Seele durchdrungen war. Es ist dieß gerade, was wir von einem Orden zu erwarten das Recht haben, dessen Traditionen so ehrwürdig sind, und es wäre für uns ein großes Glück, eine größere Anzahl von Abdrücken und Uebersetzungen ihrer Werke zu besitzen. Die heilige Gertrud ist ein schönes Muster derselben; sie athmet überall den Geist des heiligen

Benedict. Es gibt ganze Abhandlungen über das geistliche Leben, welche die Weltleute durchlesen und am Ende zu der Ueberzeugung kommen, daß die Methode, welche man ihnen vorschlägt, ein Zwang ist, welchem sich zu unterwerfen eine Unklugheit wäre. Nach diesen strengen Lehrern müßten alle jungen Leute ein Seminaristenleben führen, oder ganz auf die Frömmigkeit verzichten; jedes junge Mädchen müßte gewissermaßen eine Nonne sein, ohne den Habit zu tragen, oder ganz die Hoffnung aufgeben, etwas Besseres zu werden, als die meisten ihrer Gespielinnen. Ach, wie steht all dieß der Liebe im Wege, jener Liebe, wie sie Jesus von Jedem von uns verlangt! Die Welt in ein großes Kloster umwandeln wollen, ist nicht der Weg, die Sache unsers Herrn zu fördern. Der katholische Geist ist ein Geist der Freiheit, und derselbe war vorzüglich den Asceten aus der alten Benedictinerschule eigen. Die modernen Schriftsteller haben größtentheils den Bogen zu hoch gespannt, und dadurch verloren, anstatt zu gewinnen.

Es ist schwer, von der Freiheit des Geistes zu sprechen, ohne daß es scheint, als wolle man die Nachlässigkeit empfehlen, oder Unpünktlichkeit, Trägheit und Laune unterstützen. Wir können übrigens den Gegenstand aus dem Leben der heiligen Gertrud selbst hinlänglich beleuchten, und die folgenden Züge aus ihrem Leben werden dazu dienen, uns zu zeigen, welcher köstlichen Freiheit des Geistes sie sich erfreute. Sie blieb nie von der heiligen Kommunion weg aus Furcht vor den Gefahren, welchen sich, wie ihre ascetischen Bücher ihr sagten, die aussetzen, welche unwürdig communiciren. Im Gegentheil, je inniger sie ihre innern Unvollkommenheiten fühlte, desto begieriger eilte sie zu unserm Herrn von lebendiger Hoffnung und eifriger Liebe Gottes durchdrungen. Sie wurde dazu durch ein Gefühl der Demuth angeregt, welches ihr alle guten Werke, die sie verrichten konnte, und alle Uebungen, wodurch man sich gewöhnlich auf die Kommunion vorbereitet, als unnütz und fast der Beachtung unwerth erscheinen ließ. Deßhalb enthielt sie sich auch niemals der heiligen Kommunion, wie es bei Vielen der Fall ist, wenn sie gerade nicht ihre gewöhnlichen Andachtsübungen durchgegangen hatte, weil sie alle Anstrengungen menschlicher Andacht im Vergleiche mit der freiwilligen Gabe, die uns in der heiligen Eucharistie gereicht wird, wie einen einzelnen Wassertropfen gegen das unendliche Meer ansah. Daher vertraute sie, ohne eine zu große Anhänglichkeit an eine ihrer besondern Vorbereitungen, lediglich auf die unendliche Herablassung Gottes, und bekümmerte sich nur darum, jenes erhabene Sakrament in ein liebendes Herz aufzunehmen.

Als sie einst eine Reise machte, fiel sie unglücklicher Weise von einer gefährlichen Höhe herab. Voll Freude rief sie aus: „Ach, mein süßer Heiland, was für eine Gnade wäre es für mich gewesen, wenn dieser Fall meinen Weg zu Dir abgekürzt hätte!" Einige ihrer Begleiterinnen nahmen daran ein kleines Aergerniß, und fragten sie, ob sie sich nicht fürchte, ohne die heiligen Sakramente zu sterben? „Ich wünsche von ganzem Herzen," gab sie zur Antwort, „vor meinem Tode durch die heiligen Sakramente gestärkt zu werden; aber ich wage es, die Vorsehung meines Herrn und Gottes allen Sakramenten vorzuziehen, und halte dieß für die würdigste Vorbereitung auf den Tod. Es ist mir gleichgiltig, ob mein Tod langsam oder plötzlich erfolgt, wenn er nur in den Augen Desjenigen angenehm ist, zu welchem er mich, wie ich fest vertraue, führen wird. Denn wie ich auch immer sterben mag, ich hoffe, die Barmherzigkeit Gottes zu finden, ohne welche ich ewig verloren sein würde, so lange auch meine Vorbereitung auf den Tod gewesen sein möchte."

Eine fromme Person hatte lange Zeit um eine besondere Gnade gebeten, und Gott hatte ihr Gebet nie erhört, worüber sie in einen Zustand gefährlicher Entmuthigung verfiel. Endlich sprach Gott zu ihr: „Ich habe gezögert, dich zu erhören, weil du kein hinreichendes Vertrauen auf die Wirkungen hast, welche meine Barmherzigkeit in dir hervorbringt; du solltest meine auserkorne Jungfrau Gertrud nachahmen, welche sich so fest auf meine Vorsehung verläßt, daß es nichts gibt, was sie nicht von der Fülle meiner Gnade hofft, und daher kann ich ihr auch nie etwas abschlagen, um was sie bittet."

Ein anderer Charakterzug ihres Geistes zeigt sich in folgender Sitte: Sie wollte nie ihre Kleider oder sonst etwas wählen, worin ihr die Wahl frei stand, sondern schloß die Augen, streckte die Hand aus und nahm, was sie zuerst berührte. Dann, wenn sie es genommen hatte, gewann sie es sogleich lieb als ein Geschenk, das ihr aus Gottes eigener Hand zugekommen war, und sie faßte eine wahre Neigung dafür, und war nicht länger gleichgiltig dagegen. Denket ein wenig über dieß Betragen nach, und ihr werdet darin Etwas finden, um die Härte des eurigen zu verbessern und eure Begriffe von der heiligen Gleichgiltigkeit zu läutern. — Hier ein Bild aus dem Leben der heiligen Gertrud. Als einst die heilige Mathilde im Chore sang, sah sie Jesum auf einem hohen Throne sitzen, und Gertrud vor Ihm auf- und abgehen, ohne je die Augen von seinem Angesichte abzuwenden, und zugleich schien sie mit einer Menge äußerer Pflichten emsig beschäftigt. Während Mathilde voll Erstaunen die Vision anschaute, hörte sie unsern Herrn sagen: „Dieß ist das Bild des Lebens, das meine theuere Gertrud vor meinen Augen führt. Sie wandelt immer in meiner Gegenwart. Sie gestattet ihren Wünschen und ihren Sorgen keine Ruhe, um herauszufinden, was meinem Herzen am nächsten und theuersten ist, und sobald sie es entdeckt hat, so vollzieht sie es mit Sorgfalt und Treue. Aber die Hauptsache ist, daß sie nicht dabei stehen bleibt, sondern immer wieder etwas Neues nach meinem Willen sucht, um ihren Eifer durch neue Handlungen und frische Tugendübungen zu verdoppeln. So ist ihr ganzes Leben nur eine ununterbrochene Kette des meiner Ehre und Glorie geweihten Lobes." Die heilige Mathilde dachte sogleich an die gewöhnliche Schwäche einer thätigen und eifrigen Frömmigkeit, denn sie hatte dieselbe, wie sie meinte, an ihrer theuern Gertrud wahrgenommen, und sie wagte es, zu sagen: "Aber, o Herr, wenn Gertrud's Leben so vollkommen ist, wie kommt es, daß sie die Mängel Anderer nicht ertragen kann, und dieselben so sehr übertreibt?" Unser Herr erwiederte mit wunderbarer Freundlichkeit: "Weil sie den geringsten Flecken an ihrem eigenen Herzen nicht leiden kann, fühlt sie die Fehler ihres Nächsten so tief." Wieviel ließe sich über diese einzige Bemerkung sagen! —

Noch ein Beispiel; wir wollen das Zeugniß Gottes selbst hören. Ein heiliger Mann flehte zu Gott in seinem Gebete, Er möchte ihm offenbaren, was seiner göttlichen Majestät an seiner geliebten Gertrud so sehr gefalle. Gott ließ sich herab, ihm zu erwiedern: "daß es die Freiheit ihres Herzens sei." Da antwortete der heilige Mann, welcher den Vorzug dieser Gabe viel geringer angeschlagen hatte, als sie es verdiente, voll Erstaunen: "Und ich, Herr, dachte, was Dir an ihrer Seele am meisten gefalle, sei ihre vollkommene Kenntniß ihrer selbst, und die große Liebe, welche sie durch Deine Gnade erlangt hat." "Allerdings," versetzte unser Herr, "sind dieß zwei große Vollkommenheiten, aber die Freiheit des Herzens schließt beide in sich, und ist eine so köstliche Gabe und ein so vollkommenes Gut, daß sie hinreicht, eine Seele zum Gipfel der Vollkommenheit zu erheben. Dieselbe macht das Herz der Gertrud geeignet, in jedem Augenblick ihres Lebens neue Gnaden zu empfangen, und verhindert es, sich an etwas zu hängen, was mir mißfallen oder mir ihre Liebe streitig machen könnte."

So war diese Heilige, die besondere Heilige des Lobes und der frommen Wünsche! Ach könnte sie noch einmal in der Kirche sein, was sie in vergangenen Jahrhunderten war, — die Lehrerin und Verkündigerin des innern Lebens, wie Debbora, welche unter der Palme auf dem Berge Ephraim saß, ihre Loblieder sang und Israel richtete.

Nachdem ich schon so viel von dem geringen Erfolge gesprochen habe, den fromme Personen, die in der Welt leben und nach Vollkommenheit streben, erreichen, kann ich doch nicht umhin, obwol es nicht nothwendig mit meinem Gegenstande zusammenhängt, noch einige weitere Worte hinzuzufügen. Seitdem Gott den Garten Edens versiegelte und ihn vor unsern Augen verbarg, soll nichts so sehr einem Paradiese auf Erden gleichen als ein Jesuitennoviziat. Die Welt kann leider nicht in ein solches verwandelt werden. In ihr müssen wir versuchen, ein englisches Leben zu führen, aber nicht in der ruhigen, Heiligkeit athmenden Luft von Sant' Andrea, sondern mitten unter allen Zerstreuungen des geräuschvollen Lebens, das uns umgibt. Wollten wir wie im Kloster mitten in der Welt leben, so hieße das die Welt mit sich in die Zelle einschließen, und den verdächtigen Gesellschafter nicht sehen, welchen wir bei uns haben. Der Versuch, das Leben eines Religiosen in der Welt zu führen, indem man dem Weltleben das Klosterleben gewissermaßen anpaßt, ist der Grund, warum so viele rechtschaffene Leute in ihren Anstrengungen scheitern, besser zu werden.

Es gibt aber auch noch einen andern Grund. Das

beschauliche Leben ist etwas anderes, als das thätige Leben, und jedes hat seine Beschäftigungen und Gewohnheiten, und bei beiden liegt das Geheimniß des Erfolges in der Beharrlichkeit. Nun aber sind, mit Ausnahme sehr weniger Personen, fromme Leute, die in der Welt leben, ebendeßhalb zu einem thätigen Leben berufen. Sie verfallen aber hier beständig in einen Irrthum. Ihr geistliches Leben soll ganz innerlich sein, während ihr thätiges Leben ganz für die Welt ist, gerade wie es die Methodisten machen, die den Sonntag der Uebung der Religion widmen, und die Wochentage der Welt. Diese guten Leute führen kein christlich thätiges Leben, und so liegen die Gebete und das Kirchengehen mit den Promenaden und Lustpartien beständig im Streite, und endlich unterliegt die Andacht und verzichtet auf ihre Rechte. Mit andern Worten, ich fürchte sehr, wir können in der Welt kein frommes Leben führen ohne eine thätige Wirksamkeit für die Armen! Die Kranken in den Spitälern besuchen, nach den Schulen schauen, sich um reumüthige Sünder und Findlinge annehmen und dgl. — darin meine ich, liege das Geheimniß der Vollkommenheit in der Welt, und der Beharrlichkeit eines frommen Lebens in derselben. Drei Stunden lang des Tags ein inneres beschauliches Leben in der Welt zu führen, ist eine hohe Gnade. Aber ihr seht, es dauert leider nicht lange an. Wie nun, wenn ich wirklich Recht hätte, und der Grund des Falles so vieler frommer Personen darin läge, daß es eine unrechtmäßige Theilung ist, das innere Leben ganz Gott zu widmen; und das äußere ganz der Welt, und daß, wenn die Reichen heilig werden wollen, sie entweder ihren Reichthum von sich werfen und sich hinter Klostermauern verschließen, oder mit eigenen Händen für Jene, die unter ihnen stehen, arbeiten, und sich zu Genossen der Armen machen müssen? — Ihr seht, euer christliches Leben besteht in der Anhörung der heiligen Messe, im Besuch der heiligen Kommunion, in Betrachtung, Gewissenserforschung, einigen leichten Abtödtungen und dergl., aber all dieß ist mehr oder weniger beschaulich, so lange man dabei stehen bleibt. Es ist Alles ganz recht; aber ihr seid auch noch zu etwas Anderm berufen, zu einem christlich thätigen Leben, und wenn ihr reich seid, zu dem Apostolat der Reichen, welches in ununterbrochenen Werken der Liebe und Barmherzigkeit besteht. Werfet einen Blick auf katholische Länder, wo die Mittelklasse frommer Menschen so zahlreich, so fruchtbar an guten Werken und in ihrer geistlichen Schönheit so lieblich ist. Es scheint als ob das Geheimniß dieses Zustandes gerade in dieser rühmlichen Thätigkeit für die Armen liege. Wenn ihr vom Gebete oder von der Kirche kommt, so könnt ihr, ohne daß es auffällt, den Ausdruck eurer Geistessammlung nicht in die Gesellschaft mitbringen, und überdieß gleicht das Gebet einer zarten Blume, die in der Seele aufgegangen ist, und in der verdorbenen Luft der Welt sogleich verwelkt. Aber wenn ihr von der Dachkammer und der Kellerwohnung oder vom Hospitale kommt, dann habt ihr gleichsam eine himmlische Rüstung um euch, von welcher die giftigen Pfeile der Welt stumpf und unschädlich abprallen. Ueberall, wo die Welt, da ist Gefahr für die Seele, aber es gibt kaum ein weltliches Vergnügen, das nicht durch die thätige Barmherzigkeit für die Armen von allen Gefahren befreit und sogar geheiligt werden könnte. Ihr dürft überzeugt sein, für euch, die ihr in der Welt lebt, ist die Barmherzigkeit nur ein anderes Wort für Beharrlichkeit, und die Sorge für die Armen ist die wirkliche Gegenwart eures Herrn.

Welches Wunder ist es, daß Gott die Menschen liebt? Was ist auch an ihnen zu lieben? Wenn wir unsere natürlichen Gaben mit denen eines Engels vergleichen, wie erbärmlich erscheinen wir! Wenn wir erwägen, daß die Thiere dem Zwecke ihrer Schöpfung weit getreuer entsprechen als wir, worauf wollten wir stolz sein? Ueberdieß hat Gott die Menschen wiederholt auf die Probe gestellt, und sie haben seiner Erwartung immer nicht entsprochen, und zwar unter Umständen, die eine unbegreifliche Selbstsucht verrathen.

Denken wir zuerst an das Paradies und den Fall des ersten Menschen. Jeder weiß, was da vorging; Gott wurde gegen einen Apfel in die Wagschale gelegt, und der Apfel erhielt das Uebergewicht. Die Sündfluth war ein furchtbares Gericht, aber die Barmherzigkeit folgte ihr auf dem Fuße. Dennoch finden wir die Kenntniß Gottes bald fast nur auf eine einzige Familie und auf eine Reihe von Patriarchen beschränkt. Dann kamen die Juden; Job's Geduld ist kaum ein entsprechendes Bild für die Langmuth Gottes mit seinem Volke. Er belohnte, und sie verachteten Ihn; Er strafte, und sie verhärteten ihre Herzen; Er sandte ihnen seinen Sohn, und sie kreuzigten Ihn; und die Römer mußten kommen und Stadt und Tempel verbrennen. Betrachtet die Welt seit der Kreuzigung Christi; wenn man einen Blick darauf wirft, so möchte man sagen, das Leiden unsers Herrn sei fast ohne Erfolg geblieben, so wenig hat sich das Angesicht oder der Ton der Welt verändert. Das Auftreten Jesu in der Welt gleicht einem ungewöhnlichen Roman in ihrer Geschichte, und die Wirkungen des Evangeliums auf dieselbe lassen sich auf eine große Anzahl neuer Wörter zurückführen, die in ihre verschiedenen Sprachen kamen, um die Erscheinung der Menschwerdung auszudrücken. Wenn man die Welt im Ganzen betrachtet, kann Jemand sagen, daß sonst viel daraus hervorging? Wir Christen insbesondere bieten das traurigste Schauspiel dar. Wie behandeln wir unsere Sakramente? Wie viele von uns dienen unserm gekreuzigten Herrn edelmüthig und aus Liebe? Wahrlich, die Liebe Gottes gegen die Menschen ist ein bloßes Wunder, und doch wie sehr mußte Er sie lieben, da Er nicht ein Engel wurde aus Liebe zu den Engeln, sondern ein Mensch aus Liebe zu den Menschen! Es ist dieß eines der Geheimnisse Gottes, wie die ewige Weisheit von ihm selbst sagt: „Ich bin eingesetzt von Ewigkeit, von Alters her, ehe denn die Erde geworden. Die Tiefen waren noch nicht, und ich war schon empfangen; die Wasserquellen brachen noch nicht hervor, der Berge gewaltige Last stand noch nicht; und vor den Hügeln ward ich geboren. Noch hatte Er die Erde nicht gemacht, nicht die Flüsse, nicht die Angeln des Erdkreises. Als Er die Himmel bereitete, war ich dabei, als Er nach genauem Gesetze einen Kreis zog um die Tiefen, als Er den Luftraum oben festigte und die Wasserbrunnen abwog, als Er der Erde ihre Grundvesten zuwog: da war ich bei Ihm und machte Alles, und erlustigte mich Tag für Tag, und spielte vor Ihm allezeit, spielte auf dem Erdkreis, und meine Lust ist, bei den Menschenkindern zu sein." (Spr. 8. Kap.)

Aber es ist noch ein größeres Wunder, daß Gott uns gestattet, Ihn zu lieben. Welche Worte könnten das Vorrecht ausdrücken, das darin besteht, den unbegreiflich schönen, unendlich guten und heiligen Gott lieben zu dürfen? Man sollte glauben, eine Liebe, wie die unsrige, würde nur eine anmaßende Entweihung sein, und wenn es uns erlaubt wäre, vor Gott mit jener instinktmäßigen Liebe zu erscheinen, wie wir sie in den Thieren des Feldes, oder in den Vögeln der Luft finden, so wäre dieß schon Ehre genug für uns. Wenn Er jedoch in seiner unerschöpflichen Barmherzigkeit uns gestattet, Ihn zu lieben, so muß dieß mit unserm Blute geschehen, mit Schmerz, Leiden und Erniedrigung, mit den kostbaren

Opfern großer Abtödtung und gänzlicher Selbstverläugnung. Ach! liebster Gott, so ist es wirklich; aber nicht unser Blut fließt, nicht wir leiden, nicht wir werden gedemüthigt, sondern Er! Er weint, damit wir uns freuen; Er blutet, damit wir gerettet werden; Er wird mißhandelt, damit wir heiter und fröhlich sein können; Er ist in Furcht und Angst, so daß Er Blut schwitzt, damit wir über unsere begangenen Sünden ruhig sein mögen, und voll Vertrauen auf Gott in Betreff der Ewigkeit. Er geht so weit, daß wir Ihn nicht nur innigst lieben dürfen, sondern Er hat alle Dinge so angeordnet, daß sie uns zur Liebe auffordern. Er läßt uns Ihn lieben und verherrlichen, und für uns selbst dabei die ewige Seligkeit erwerben, durch Mittel, wie sie ein guter Vater mit seinem Kinde anwendet. Wenn all dieß auf Erden für uns geschieht, was wird Er erst im Himmel für uns thun? Isaias und der heilige Paulus haben uns belehrt, wie unnütz die Nachforschung darüber wäre. Wir müssen andere Augen haben, um es zu sehen, andere Ohren, um es zu hören, und einen andern Verstand, um es zu fassen. Wird ein solches Glück uns wirklich einst zu Theil? Durch das Blut unsers lieben Jesu dürfen wir es zuverlässig hoffen. Und was haben wir dafür gethan? Ist ein Verhältniß zwischen dem Werke und dem Lohne? Nein, es kommt Alles von Jesus. Jesus ist das Geheimniß von Allem. Was für eine Religion ist dieß, und was für ein Gott! O möchten es alle Bewohner der Erde vernehmen! Wir alle dürfen Gott lieben, so sehr wir wollen, und auf alle Arten, die wir uns denken können. Unaussprechliche Erlaubniß, lieben zu dürfen! Hierin liegt das Vorrecht des Geschöpfes, das ein Gott mit seinem Blute erkaufte.

Nehmen die Wunder hier ein Ende? O nein, es gibt noch ein größeres! Es ging über ein Wunder, daß Gott den Menschen liebt, daß Er seine Liebe sich gefallen läßt, aber es ist das größte Wunder, daß der Mensch Gott nicht liebt, während er es darf. Dieß ist kaum zu glauben, obgleich wir es mit Augen sehen. Ach! wären wir nicht durch Gewohnheit gegen diesen Anblick verhärtet, es würde in uns ein Entsetzen hervorrufen, wie ein grausamer Vatermord. Aber Gott vergessen ist an der Tagesordnung, und wir bemerken kaum diese Erscheinung. Und was kann man den Menschen sagen, um sie zur Liebe Gottes zu erwecken, das nur halb so nachdrücklich ist, als was Gott schon für sie gethan hat? Seine Barmherzigkeit ist so bereit, seine Nachsicht so überzeugend, daß, wenn es Ihm nicht gelang, uns dadurch zu gewinnen, die Menschen sich keine Mühe zu geben brauchen, seine Liebe zu verkündigen. Dieß muß der heilige Paulus gemeint haben, wenn er von der Thorheit des Predigens sprach. Der gekreuzigte Christus war selbst die Predigt und der Prediger, was brauchte es weiter? Nur in seiner Liebe ließ Gott uns dieß zu; Er gestattete uns, die Worte seines Bundes in den Mund zu nehmen, und unsere geringe Liebe zu Ihm dadurch zu zeigen, daß wir Andern seine große Liebe zu uns zeigen. Er zeigte uns seine Liebe ferner dadurch, daß Er die Eroberung der Welt von dieser Thorheit der Predigt abhängen ließ. Aber ihr und ich, wir lieben Ihn, und dieß ist ein anderes Wunder. Wie kommen wir zu diesem Glücke, während rings um uns so viele Andere desselben beraubt sind? Es ist einfach seine Gabe, seine Gnade. Jesus lehrte uns, wie wir lieben sollen, und da Er sah, was für ungeschickte Schüler wir waren, so nahm Er etwas von seiner Liebe aus seinem heiligen Herzen und legte es in das unsrige, um Gott damit zu lieben. Aber all unser Antheil daran ist, daß wir die angezündete Lampe erlöschen ließen. Es scheint fast, als ob Er absichtlich diejenigen auswählte, die am wenigsten fähig waren, Ihn zu lieben. Ihr und ich, wir müssen dieß ohne Zweifel fühlen. Wir könnten eine Menge Personen nennen, die Ihn nicht lieben, und doch haben sie ein tausend Mal edleres Herz als wir, und würden uns unendlich übertroffen haben, wenn ihnen Gott jene Gnaden mitgetheilt hätte, die Er uns erwiesen hat.

Wie erbärmlich sind wir! Warum rief Gott nicht andere Seelen aus dem Nichts, die Ihn würdiger geliebt hätten? Er liebte uns und unsere Seelen, Er wählte uns von Ewigkeit, Er gab uns von Ewigkeit den Vorzug und liebt uns mit einer Liebe, die immer dauert. Und warum? Darauf läßt sich keine Antwort geben, wir können blos sagen, Er liebte uns und deßhalb wählte Er uns. Was haben wir also mit dieser Welt zu thun, die Gott nicht lieben will? Dieß ist die wahre Frage. Wir mögen wohl Kopf und Herz voll von einer Menge Plane haben, womit wir seiner Ehre dienen und seine Liebe befördern wollen. Dieser Gedanke beschäftigt uns Tag und Nacht; aber was können wir thun? Wie können wir an allen Enden der Welt zugleich sein? Ich antworte: Durch die Liebe und den Geist der Genugthuung.

Ach! thut doch etwas für die Liebe Jesu! Könnt ihr die göttliche Liebe von einem Herzen zum andern betteln gehen sehen, ohne von Mitleid über seine Armuth gerührt zu werden? Es ist kein Bettler auf Erden so verachtet, als Er, durch den die Welt geschaffen wurde und existirt. Erwecket auch nur Ein Herz, Ihm zu Ehren des Vaters ein Almosen zu geben, zur Ehre des Sohnes Genugthuung zu leisten, und nehmet selbst an Liebe zu Ehren des heiligen Geistes zu! Wenige verfehlen ihr Ziel, wenn sie sich beharrlich vornehmen, dasselbe zu erreichen. Welcher Erfolg würde unsere Anstrengungen krönen, wenn einige aus uns einen unerschütterlichen Entschluß faßten und sprächen: Ich bin entschlossen, die Liebe Gottes unter den Menschen immer weiter auszubreiten; ich will nicht umsonst in die Welt gekommen sein, denn Gott hat mich erschaffen, um seine Liebe fortzupflanzen, und die Liebe Gottes soll in der Welt durch mich zunehmen, so viel es in meinen Kräften steht. Haben wir je einen solchen Entschluß gefaßt? Lasset uns jetzt einen solchen fassen und heute noch an dem Werke beginnen! Ich habe einen gewaltigen Glauben daran. Wann beginnen wir? Heute. Ganz gut; wir haben nun eine bestimmte Aufgabe vor uns, eine Aufgabe, die erfüllt werden soll. O Majestät eines vielgeliebten Gottes! Bei dem Herzen Jesu, wir wollen etwas Großes und Edelmüthiges für Dich thun!

§. 9. Maria, Jesus, Gott.

Es würde eine Wortverschwendung sein, zu zeigen, wie die Uebung des Lobes und Preises uns in dem Wachsthum unserer Liebe zu Gott und in der Genugthuung für den Mangel an Liebe bei Anderen unterstützt. Allein wenn wir Alles gethan haben, so scheint es so unbedeutend, daß wir gerne zu unserer Lehre von der Aufopferung die Zuflucht nehmen, um das Fehlende zu ersetzen. Wohin anders werden wir uns wenden, als zu Maria, der unbefleckten Mutter Gottes, zu ihr, die ohne Sünde empfangen wurde! Wir würden Gott nie so gut kennen, als es der Fall ist, wenn nicht Maria wäre. Sie ist gleichsam der Wiederschein der Herrlichkeit Gottes. Ihre Würde ist die höchste, die es geben kann, wie der heilige Thomas uns sagt. Sie ist eine Trophäe der göttlichen Liebe, an welche die drei heiligsten Personen alle Gaben geknüpft haben, die ein bloßes Geschöpf empfangen kann. Sie ist vom Haupte bis zu den Füßen in die unaussprechliche Schönheit Gottes gekleidet. Er hat sich ihr in einer Weise mitgetheilt, die wir nicht in Worten auszudrücken wagen. Der Sohn hat der Mutter übertragen, was sein eigen ist. Sie ist über die ganze übrige Schöpfung erhaben, würdiger, schöner, mächtiger, von Gott geliebter, als jedes andere Geschöpf. Daher ist sie vor Gott der unaussprechliche Hymnus, welcher Ihm in Sion gebührt. Sie ist lauter Lob, lauter Danksagung. Auf ihr ruht das gnädige Wohlgefallen Gottes, die Fülle seiner Segnungen. An ihr hat Er sein Wohlgefallen. Darum ist das Lob Maria's eine der vorzüglichsten Andachten, die wir Ihm darbringen können. In den alten Zeiten nahmen die Diener Gottes zum Gegenstande ihrer Loblieder Meere und Berge, Vögel und Fische, Hitze und Kälte, Brunnen und Thäler, Thiere und Menschen. Sie forderten sie alle auf, den gütigen Schöpfer zu preisen und zu erhöhen, aber Maria ist das Loblied der Christen. Die Kirche lehrt uns, der heiligen Dreifaltigkeit in Tönen glühender Liebe für die Gaben und Gnaden Maria's zu danken, und sie hat deßhalb verschiedene Andachten mit Ablässen verbunden. Betrachtet wohl, was in dieser Lehre liegt, gehet in den Geist der Kirche ein und vergesset nicht, daß Maria der Lobgesang der Christen ist.

Süßes Lob Maria's! Theure Mutter, was für eine Freude ist es für uns, zu wissen, daß du für Gott ein solches Lob bist! Süßes Lob, herrlicher Preis, der Preis der Sündelosen! Kann es etwas Erhabeneres geben? Ja, o Mutter, und Niemand wußte dieß so gut, als du selbst. Es war eine Ceder auf dem Libanon, von schönen Aesten, dickbelaubten Zweigen, hohem Wuchse, und unter den laubreichen Zweigen ragte ihr Wipfel hervor. Das Wasser zog sie auf, dieses Wasser brachte sie in die Höhe, Ströme flossen rings um ihre Wurzeln, und Bäche ließ sie abfließen zu allen Bäumen der Gegend. Darum ward sie höher als alle Bäume der Gegend, und ihrer Aeste wurden viele, und ihre Zweige wuchsen hoch ob des vielen Wassers. Da sie ausgebreitet war und ihre Schatten warf, nisteten alle Vögel des Himmels auf ihren Aesten, und unter ihrem Gezweige brachten Junge alle Thiere des Waldes, und unter ihrem Schatten wohnte die Versammlung sehr vieler Völker. Sie war sehr schön in ihrer Größe und der Ausbreitung ihrer Zweige; denn ihre Wurzeln hatten viel Wasser. Höhere Cedern, denn sie, waren nicht im Paradiese Gottes, die Tannen kamen ihr nicht gleich an Höhe, und die Ahornbäume glichen ihr nicht an ihren Zweigen; mit allen Bäumen des Paradieses Gottes war sie nicht zu vergleichen in ihrer Schönheit."[1]) Seht, wie lieblich der Prophet von der heiligen Menschheit Jesu spricht! Zu Ihm unvergleichbar mehr, als zu unserer theuersten Mutter, sagt der Vater: „Zeig' mir dein Angesicht, laß deine Stimme in meinen Ohren klingen, denn deine Stimme ist süß, und dein Angesicht schön."[2]) Seine Stimme klingt, wie die ihrige, und sein Angesicht trägt die Züge des ihrigen. Aber wer könnte das Lob ausdrücken, welches die Stimme Jesu der Herrlichkeit des Vaters singt? Als ein Engel vor dem heiligen Franziskus nur einen Augenblick sang, glaubte der Heilige vor Entzücken zu sterben, wenn die Musik noch länger angedauert hätte; was muß erst die Stimme unsers Herrn sein? Was für eine Freude ist es, in stummem Preise niederzuknieen mit dem süßen Gedanken an all das göttliche, unaussprechliche Lob, welches die Stimme Jesu Gott darbringt! Welcher Trost ist es, daß Gott jetzt wenigstens ein Lob empfängt, dessen Werth unendlich ist wegen der Vereinigung des Wortes mit der heiligen Menschheit unsers Herrn!

Aber nur Heilige können von diesen Dingen sprechen, wie es sich gebührt, und wir wollen deßhalb vernehmen, was der heilige Franz von Sales sagt: Wenn man alles Lob, das die zahllose Menge so verschiedener Geschöpfe

---

[1]) Ezech. 31. — [2]) Hoh. L. 2, 14.

in heiligem Wetteifer einstimmig ihrem Schöpfer darbringt, angehört hat, und endlich die Stimme des göttlichen Sohnes vernimmt, so findet man eine gewisse Unendlichkeit an Verdienst, Werth und Lieblichkeit darin, die alle Hoffnung und Erwartung des Herzens übertrifft. Und wie aus einem tiefen Schlafe erwacht dann die Seele und urplötzlich durch das Uebermaß der Süßigkeit einer solchen Stimme entzückt, ruft sie aus: Horch, die Stimme meines Hochgeliebten! Gleich der Königin aller Stimmen erschallt sie über alle Stimmen, und mit ihr verglichen sind alle übrigen eine stumme, traurige Stille! Sieh', wie dieser geliebte Sohn sich emporschwingt; Er kömmt hüpfend über die Gebirge, die Hügel überspringend! Seine Stimme übertönt die Stimmen der Seraphim und der ganzen Schöpfung. Gleich dem Scharfblick des Rehes ist seine Spähkraft, um tiefer als jeder Andere in die Schönheit Desjenigen einzubringen, den er durch sein Lob verherrlichen will. Die Züge, welche seine gränzenlose Liebe bezeichnen, werden in dem hohen Liede so beschrieben: „Sieh', Er steht hinter der Wand, verdeckt durch seine heilige Menschheit. Blicken läßt Er sich durch seine Wunden und durch seine durchstochene Seite und sieht uns durch diese Oeffnungen, wie durch Fenster und Gitter. Die göttliche Liebe thront in dem Herzen unsers Erlösers als auf ihrem königlichen Throne, und durch die Wunde seiner durchstochenen Seite schaut sie die Kinder der Menschen. Denn dieß Herz hält, als König der Herzen, den Blick unwandelbar auf die Herzen gerichtet. Wie aber, wer durch ein Gitter sieht, allerdings sieht, jedoch nur halb erblickt wird, so sieht auch die göttliche Liebe dieses Herzens, oder vielmehr dieß Herz der göttlichen Liebe, unsere Herzen immer deutlich und schaut sie mit den Augen ihrer Liebe; wir indeß sehen es nicht, sondern können nur einen Blick hineinwerfen; denn könnten wir es sehen, wie es ist, sterben fürwahr würden wir dann aus Liebe für Ihn, da wir sterblich sind, wie Er selbst für uns starb, als Er sterblich war, und auch noch aus Liebe zu uns sterben würde, wenn Er der Sterblichkeit noch unterworfen wäre. O hätten wir Ohren, dieß göttliche Herz zu hören, wie es mit unendlich lieblicher Stimme den Lobgesang der Gottheit singt, wie groß würde unsere Freude, wie groß die Anstrengung unserer Herzen sein, zum Himmel sich empor zu schwingen, es immerdar zu hören! Er selbst ermahnt uns indeß dazu. „Auf," spricht Er, der geliebte Freund unserer Seele, „erhebe dich, tritt aus dir selbst hervor und flieg' auf zu mir, meine Taube, meine Schöne!" (Hoh. L. 2, 10.) Erhebe dich zu diesem himmlischen Aufenthalt, wo alles Freude, wo alles voll himmlischen Segens und Lobes ist! Alles blühet hier, alles verbreitet Lieblichkeit und Wohlgeruch; selbst die Turteltauben, die traurigsten aller Sänger des Haines, singen hier freudige Lustgesänge. Komm, meine Vielgeliebte, meine Einzige, betrachte mich durch meine Wunden, sie sind die Fenster, durch welche ich dich schaue. Meine Taube in den Klüften des Felsens, komm' und betrachte mein Herz durch die Oeffnung meiner blutenden Seite, die unter den Ruinen meines Leibes sich öffnete, als er auf dem Baume des Kreuzes kläglich zerstört ward. Komm und zeige mir dein Angesicht, laß deine Stimme ertönen in meinen Ohren, denn vereinen will ich sie mit meiner Stimme und so wird dein Antlitz schön, deine Stimme lieblich sein. O wie unaussprechlich wird einst unsere Wonne sein, wenn unsere Stimmen mit der Stimme des göttlichen Erlösers vereint Theil haben werden an der unendlichen Lieblichkeit der Lobgesänge, die dieser innig geliebte Sohn seinem Vater opfert!"[*]

Kann die Majestät Gottes mehr verlangen als dieß?

---

[1] Von der Liebe Gottes 5, 11.

Soll unsere Liebe hier nicht voll Entzücken ausruhen können? Nein, nicht einmal hier, nicht einmal mit dem Lobe der heiligen Menschheit unsers Herrn. Die menschlichen Handlungen Jesu haben allerdings einen unendlichen Werth wegen seiner göttlichen Person, aber sie sind nicht unendlich an sich selbst. Wir müssen noch höher steigen, bis wir in jenem vollkommenen unendlichen Lobe ruhen, welches die Gottheit sich selbst darbringt. O mein Gott, ich preise Dich, daß Du so groß bist, daß nicht Maria, nicht einmal die heilige Menschheit Jesu Dich loben kann, wie Du verdienst, gelobt zu werden!

Wir wollen wieder den heiligen Franz v. Sales sprechen lassen; er faßt Alles, was wir vom Lob und Verlangen, vom Wohlgefallen und Wohlwollen zu sagen versuchten, in folgenden Worten zusammen: „Wie groß ist das Wohlgefallen, wie groß die Wonne der liebenden Seele, ihre ganze Sehnsucht erfüllt zu sehen, da ihr Hochgeliebter sich selbst mit unendlichem Lobe preist und verherrlicht! Diesem Wohlgefallen entspringt dann eine neue Sehnsucht nach Lob; denn zu loben erglüht die Seele dieß würdige Lob, das Gott sich selbst ertheilt, und Ihm inniglich dafür zu danken, und abermal ruft sie alle Dinge auf, daß sie mit ihr sich vereinigen, die Glorie Gottes zu verherrlichen und seine unendliche Güte zu preisen. Durch diese Rückwirkung und wiederholten Lobeserhebungen schwebt das Herz gleichsam zwischen Wohlgefallen und Wohlwollen; wie in einen Abgrund wird es von diesen beiden Empfindungen gezogen und beständig von der einen zu der andern übergehend, vertieft es sich immer mehr und mehr in dieser unermeßlichen Lieblichkeit, unaufhörlich die Gottheit preisend, daß sie nur durch sich selbst würdig gepriesen werden kann. Und empfand auch Anfangs die liebende Seele eine Sehnsucht, Gott genugsam loben zu können, so würde es sie dennoch, so bald sie zu sich selbst zurückkehrt, höchlich betrüben, wenn es ihr möglich wäre, Ihn genugsam zu loben, und sie verharrt in dem demüthigen Wohlgefallen, zu sehen, daß die göttliche Majestät so unendlich lobwürdig ist, daß sie nur durch ihre eigene Unendlichkeit genugsam gelobt werden kann. Und von heiligem Entzücken hingerissen stimmt dann das Herz das Loblied an:

>Würdig nur in Sion's Hallen,
>Gott und Herr der Ewigkeit!
>Wird Dir Preisgesang erschallen,
>Der Dein göttlich Herz erfreut.
>Hymnen, die dort zu Dir steigen,
>Sind: Verwunderung und Schweigen.

Mit ihren Flügeln bedeckten die Seraphim, die Isaias sah, ihr Antlitz und ihre Füße, und priesen anbetend Gott den Herrn; kund gaben sie dadurch ihr gänzliches Unvermögen, Ihn zu erkennen und Ihm wohl zu dienen. Denn die Füße, die den Körper stützen, deuten auf Handlungen und Dienste. Gleichwol flogen sie mit zwei Flügeln, wodurch die beständige Regung des Wohlgefallens und Wohlwollens angezeigt wird, und in dieser süßen Unruhe ruht ihre Liebe. Nie wird das Herz des Menschen so sehr beunruhigt, als wenn man die Bewegung stört, kraft welcher es sich immerdar öffnet und schließt, und nie ist es so ruhig, als wenn es sich frei bewegt. Es besteht demnach seine Ruhe in seiner Bewegung. Dieß nämliche gilt von der Liebe der Seraphim und allen seraphischen Menschen; denn die Ruhe dieser Liebe besteht in der beständigen Regung des Wohlgefallens, wodurch sie ihren Gott an sich zieht und Ihn festhält, und in der Regung des Wohlwollens, wodurch sie sich erschließt und zu Ihm sich emporschwingt. Es sehnt diese Liebe sich, alle Wunder der göttlichen Güte zu schauen, allein sie verhüllt mit den Flügeln dieser Sehnsucht ihr Antlitz, und bekennt dadurch, daß sie dieß nimmermehr vermag. Auch erglüht sie darnach, ihrem Gotte würdig zu dienen, aber ebenso verhüllt sie die Füße mit Flügeln und bekennt ihr Unvermögen; es erübrigen ihr demnach nur noch die beiden Flügel des Wohlgefallens und des Wohlwollens, mit welcher sie fliegt und zu Gott sich emporschwingt.

Ach, liebevollster Erlöser! wie kommt es, daß wir an etwas Anderes denken, als an dieß? Warum scheint uns die Welt nicht immer so gering, wie in dieser Stunde, und das Leben eine Last und der Tod ein Gewinn? Warum schlägt unser Herz für etwas Anderes, als für Gott? Warum bist Du nicht unsere einzige Süßigkeit, unsere einzige Ruhe und Erholung, Du, der Du unser Vater, Bruder und unser Gott bist? Warum willst Du Dich nicht unserer Hilflosigkeit erbarmen und uns mit Deinem Feuer entzünden, daß wir Dir aus Liebe dienen? O Jesu, Du Geber aller Liebe, schenk' uns Deine Liebe!

IX. Kapitel.

Das Fegfeuer.

Gedanken über die Hölle. — Die Sinnenwelt und die Geisterwelt. — Die Gemeinschaft der Heiligen. — Zwei Ansichten vom Fegfeuer — worin die beiden Ansichten übereinstimmen. — Lehren für unser eigenes Beste und für das Beste der armen Seelen. — Gründe für diese Andacht: 1) Alle Andachten vereinigen sich in ihr; 2) sie schließt alle Werke der Barmherzigkeit in sich; 3) sie ist eine Uebung der drei theologischen Tugenden; 4) ihre Wirkungen auf das geistliche Leben. — Die Arten, sie zu üben. — Geschichte von Maria Dionysia von Martignat. — Der Kummer zarter Herzen. — Schluß.

§ 1. Gedanken über die Hölle.

Es ist unglaublich, wie theuer die Ehre Gottes Jenen wird, die beständig darnach suchen. Schon das Streben darnach gibt ihnen einen neuen Sinn, womit sie dieselbe finden können, während die täglich wachsende Liebe diesen Sinn beständig schärft. „Die Erde ist voll Deiner Herrlichkeit." Was für eine Freude für ein liebendes Herz! Aber es ist nicht genug, daß der Himmel überfloß, und die Erde mit seiner Herrlichkeit erfüllt ist; wir wünschten von ganzem Herzen, daß es nicht einen Winkel in der Schöpfung gäbe, welcher nicht davon erfüllt wäre, und doch gibt es einen Ort, wo diese Ehre vergebens gesucht zu werden scheint. Einen Ort, von welchem sich weder klagendes Gebet, noch freudiges Lob, noch segnender Dank oder sehnsüchtiges Verlangen erhebt. Es ist dieß die Heimath Jener, die ihr Urtheil empfangen und ihre Sache verloren haben, und mit ihr Gott auf ewig. Hier ist Gnade, die keine Frucht getragen, oder deren Früchte auf dem Baume verfault sind. Hier sind Sakramente, die nichts hervorbrachten. Das Kreuz war hier ohne Sieg, und den liebenden Absichten Gottes wurde erfolgreich widerstanden. Demungeachtet lehrt uns der Glaube, daß die Ernte der Ehre Gottes auch aus diesem Abgrund des Elendes eine überreiche ist; denn die verlorene Seele bringt seiner Gerechtigkeit ebenso eine gezwungene Huldigung dar, wie die bekehrte Seele seiner Liebe eine freiwillige. Auch hier hat Jesus seine Interessen; denn die Peinen, so unaussprechlich sie sind, sind geringer als die Sünde es verdiente, geringer, als das gerechte Maß der Strafe — und dieß nur wegen Ihm. Das kostbare Blut ist in gewissem Sinne sogar bis hierher gedrungen. Ebenso ist jener furchtbare Ort nicht ohne eine höchst segensreiche Folge für die Rettung vieler Seelen durch die heilsame Furcht, welche er in ihnen erzeugt, und dadurch, daß er die falschen Begriffe von Gott im Geiste Jener, die nicht denken, verbessert. Als unser Herr der Schwester Franzisca vom heiligen Sakramente, einer spanischen Karmeliterin, den Zustand einer verdammten Seele zeigte, und sie verschiedene Male in einer Vision antrieb, die besondern Qualen jenes Ortes zu betrachten, tadelte Er sie, weil sie weinte: „Franzisca, warum weinst du?" Sie fiel zu seinen Füßen nieder und sprach: „Herr, über die Verdammung jener Seele und die Art, wie sie verdammt worden ist." Da erwiederte ihr der Herr und sprach: „Meine Tochter, sie hat es selbst gewählt, verdammt zu werden; ich habe ihr viele Gnadenmittel gegeben, um sich zu retten, aber sie wollte dieselben nicht benützen. Dein Mitleid gefällt mir: aber ich möchte lieber, daß du meine Gerechtigkeit liebtest." Und ein anderes Mal, als sie ihren Blick auf diese Peinen richten mußte, sagten die Engel zu ihr: „Franzisca, strebe beharrlich nach der heiligen Furcht Gottes!" — Wer kann auch zweifeln, daß in diesem Augenblicke Tausende von Seelen in der Herrlichkeit des Himmels sind, die nie dorthin eingegangen wären, wenn es keine Hölle gegeben hätte? Ach, welcher Vorwurf für das lieblose Herz des Menschen, daß das Kreuz Christi keinen bessern Beistand auf Erden fand, als das unerträgliche Feuer der Hölle! Es ist in der That für uns gut, manchmal an jenen Schreckensort zu denken. So wahr, als das schöne Frankreich jenseits des Canales liegt, so wahr, als die Sonne auf die weißen Wände, auf die schönen Brücken, auf die lustigen Gärten, und auf die thurmhohen Paläste seiner prächtigen Hauptstadt scheint, so wahr gibt es eine Hölle, wo in diesem Augenblicke zahllose Schaaren von Unglücklichen sich unter den grausamsten Qualen und in den Aengsten der Verzweiflung krümmen. Mit Ausnahme der Seligen im Himmel hat Niemand ein so tiefes Bewußtsein seines Lebens, als jene Millionen von Seelen, die auf immer verloren sind. Es ist nicht unmöglich, daß auch wir dorthin kommen, daß wir schon Viele dahin gesendet haben. Wenn wir durch die Straßen gehen, müssen wir oft Jene sehen, die einst für immer dort wohnen werden. Es sind jetzt einige dort, die vor einer Stunde nicht da waren. Es sind jetzt manche auf den grünen Feldern oder in den geschäftigen Städten, auf bequemen Ruhebetten oder auf der sonnigen See, die zu einer andern Stunde vielleicht dorthin wandern. Es ist dieß eine ebenso schreckliche, als unbestreitbare Wahrheit.

Aber wie, wenn mehr als all dieß wahr wäre? Wenn es einst Tage gegeben hätte, wo wir dorthin gegangen wären, im Fall wir gestorben wären? Wenn die Hölle im gegenwärtigen Augenblick eine Menge von Jünglingen und Mädchen in sich schließt, die weit weniger gesündigt haben, als wir, die vielleicht sogar nur einmal sündigten, während wir tausend Mal gesündigt haben? Wir müssen uns aber noch mehr demüthigen, wenn wir bedenken, wie lange wir verharren würden, Gott zu dienen, wenn wir sicher wären, daß es keine Hölle gäbe. Hätten wir unser Sündenleben aufgegeben, ohne den Gedanken an die Hölle? Habt ihr jemals darüber nachgedacht, was es für eine Gnade ist, daß wir noch auf dieser schönen Erde weilen dürfen, wo überall hoffnungsvolles Leben uns umringt, während wir wirklich mit Hand und Auge, mit Wort und Gedanken uns das traurige Anrecht auf all dieß ewig dauernde Weh erworben haben? Wie die Dünste von der unfruchtbaren Oberfläche des Oceans aufsteigen, wo das Korn nicht gedeiht und der Weinstock keine Früchte bringt, und die Wolken bilden, die in befruchtenden Regenschauern über Thal und Hügel herabfallen sollen, so erhebt sich von diesem unermeßlichen Meere des Feuers und Fluches das göttliche Mitleid, um Gnadenströme auf die Seelen der Lebenden herabzugießen. Der Gedanke an die Hölle sollte uns niemals verlassen, sonst könnte sich nach und nach eine gute Meinung von uns selbst in unsere Seele einschleichen, und uns endlich an jenen furchtbaren Ort der Verbannung bringen. Es ist in der That sehr nützlich, an die Hölle und an jenes Wunder der Güte zu denken, daß wir zu dieser Stunde nicht schon dort sind. Warum erschrecket ihr? Was ihr sehet, ist wirklich das helle Licht der irdischen Sonne; dieser Ton, den ihr höret — es ist der Wind, welcher die Zweige des Waldes schüttelt; eure Augen täuschen euch nicht, dieß dort sind die Kirchthürme des Dorfes, die im Nebel der friedlichen Landschaft schlummern. Gott Lob, wir sind hier und sind frei, aber wir verdienten dort zu sein und Sklaven!

Müssen wir aber, wenn wir es uns zur Aufgabe machen, die Ehre Gottes zu suchen und zu finden, und wenn dieß unsere einzige Beschäftigung auf Erden ist, in die Hölle hinabsteigen, um uns an jenen furchtbaren Eigenschaften Gottes zu erfreuen, welchen jenes schreckliche Opfer dargebracht wird? Nein, Gott sei gepriesen! Dieß ist kein Theil unserer Andacht. Wir sind Geschöpfe der Hoffnung und der Liebe. Wir gehen dahin, wo die Ehre Gottes uns möglich ist, und wo wir ihre Interessen befördern können, oder wenn wir uns in die Sphäre des Unmöglichen erheben, so führt uns nur das Uebermaß unserer Liebe und Sehnsucht dahin. Wir haben nichts mit der Hölle zu schaffen. Wir haben gesehen, daß von unsern drei Zwecken, welche sind die Ehre Gottes, die Interessen Jesu und das Heil der Seelen, die zwei ersten sogar dort einen Wirkungskreis finden, aber nicht in einer Weise, die uns angeht; deßhalb sind auch Betrachtungen über die Hölle nicht nothwendig zu meinem Plane. Es genügt uns, zu wissen, daß es einen solchen Ort gibt, daß er in diesem Augenblicke von Seelen erfüllt ist, daß immer mehr dorthin strömen, daß die Strafen dort furchtbar sind, und daß es nicht Einen unter uns gibt, der nicht Gefahr läuft, diesen Ort als seinen Antheil und sein Erbe für immer zu erhalten. Die Gott aus Liebe dienen, vergessen deßhalb diese furchtbaren Wahrheiten nicht; ja sie erinnern sich um so mehr daran, weil sie so viel lieben.

§. 2. Die Andacht für die sündhaften Seelen und für die armen Seelen.

Obgleich wir übrigens gnädig davon befreit sind, in die Hölle hinabsteigen zu müssen, um die Interessen Jesu zu suchen und zu fördern, so ist es doch ganz anders mit dem Fegfeuer. Wie Himmel und Erde voll sind von der Herrlichkeit Gottes, so ist es auch jener höchst traurige, aber unser Herz innigst rührende Aufenthalt, wo die Gefangenen der Hoffnung durch die liebende Gerechtigkeit ihres Erlösers von der beseligenden Anschauung zurückgehalten werden, und wenn wir die Interessen Jesu auf Erden und im Himmel befördern können, so möchte ich fast sagen, daß wir dieß noch mehr im Fegfeuer vermögen. Was ich euch in dieser Abhandlung zu zeigen versuchen will, ist die Art, wie ihr Gott durch euer Gebet und eure Andachtsübungen helfen könnt, was auch immer eure Berufsgeschäfte sein mögen, und wie sich alle diese Uebungen insbesondere auf das Fegfeuer anwenden lassen. Zwar behaupten einige Gottesgelehrte: trotz dem, daß die armen Seelen kein Hinderniß in den Weg legen, sei doch die Wirkung des Gebetes für sie nicht unfehlbar; demungeachtet ist sie viel sicherer, als die Wirkung des Gebetes für die Bekehrung der Sünder auf Erden, wo es so oft durch ihre Verkehrtheit und ihre schlimmen Neigungen vereitelt wird. Bisher habe ich euch zu zeigen versucht, daß Jeder von uns, ohne über die Gnaden hinauszugehen, die er empfangen hat, ohne Abtödtungen, für welche er keinen Muth besitzt, ohne übernatürliche Gaben, auf welche wir keinen Anspruch erheben, blos durch die Liebe und die Uebungen einer ächt katholischen Andacht unglaublich große Dinge zu verrichten vermag für die Ehre Gottes, für die

Interessen Jesu und für das Heil der Seelen. Ich würde deßhalb meinen Gegenstand sehr unvollständig lassen, wenn ich nicht die Andacht für die armen Seelen im Fegfeuer etwas ausführlicher betrachtete, und ich werde nicht so sehr von den besondern Uebungen derselben handeln, die sich in jedem gewöhnlichen Gebetbuche finden, als vielmehr von dem Geist der Andacht selbst.

Rosignoli berichtet in seinem Buche, welches den Titel: „Die Wunder Gottes im Fegfeuer" führt, aus den Annalen der Dominikaner ein interessantes Gespräch zwischen zwei frommen Mönchen über das Verdienst der Andacht für die Bekehrung der Sünder und der Andacht für die armen Seelen. Der Bruder Bertrand war immer ein eifriger Fürsprecher für die armen Sünder, er las beständig Messe für dieselben und opferte alle seine Gebete und Bußübungen auf, um für sie die Gnade der Bekehrung zu erlangen. „Die Sünder," sprach er, „sind ohne die Gnade in einem Zustande des Verderbens. Die bösen Geister legen ihnen beständig Schlingen, um sie der beseligenden Anschauung zu berauben und den ewigen Qualen zu überantworten. Unser Herr kam vom Himmel herab und starb des schmerzlichsten Todes für sie. Was kann es für ein erhabeneres Werk geben, als Ihm nachzuahmen und mit Ihm am Heile der Seelen zu arbeiten? Wenn eine Seele verloren geht, so geht auch der Preis ihrer Erlösung verloren. Die Seelen im Fegfeuer aber sind ihres ewigen Heiles sicher. Es ist ganz wahr, sie sind in ein Meer von Schmerzen versenkt; aber sie wissen gewiß, daß sie endlich herauskommen, sie sind die Freunde Gottes, während die Sünder seine Feinde sind, und Gottes Feind sein, ist das größte Elend, das man sich denken kann."

Der Bruder Benedetto sprach mit gleicher Begeisterung für die leidenden Seelen. Er opferte alle seine freien

Messen für sie auf und ebenso seine Gebete und Bußen. „Die Sünder," sprach er, „sind mit den Ketten ihres eigenen Willens gebunden. Sie können vom Sündigen lassen, wenn sie wollen. Das Joch, welches sie tragen, ist ihre eigene Wahl, während die Verstorbenen gegen ihren Willen an Händen und Füßen gebunden sind und die grausamsten Qualen leiden. Sag' mir einmal, mein lieber Bruder Bertrand, gesetzt, es sind zwei Bettler; der eine, gesund und stark, könnte seine Hände gebrauchen und arbeiten, wenn er wollte, aber er will lieber die Armuth erdulden, als sich von seinem süßen Müßiggange trennen; der andere ist krank, verstümmelt und hilflos, und kann in seiner bedauernswerthen Lage nichts thun, als schreien und weinen und damit die Hilfe anflehen; welcher von beiden verdient wohl am meisten Mitleid, besonders wenn der Kranke die unerträglichsten Schmerzen dabei leidet? Sieh, gerade dieß ist der Unterschied zwischen den Sündern und den armen Seelen. Diese leiden die grausamsten Qualen und haben kein Mittel, sich zu helfen. Sie haben zwar diese Schmerzen für ihre Sünden verdient, aber sie sind bereits von jenen Sünden gereinigt. Sie müssen vor dem Tode in die Gnade Gottes zurückgekehrt sein, sonst wären sie nicht gerettet. Sie sind jetzt Gott unaussprechlich theuer, und das Mitleid, wenn es beschaffen ist, wie es sein soll, muß der weisen Liebe des göttlichen Willens folgen und am meisten lieben, was Er am meisten liebt."

Der Bruder Bertrand jedoch wollte nicht nachgeben, obwol er auf den Einwurf seines Freundes keine ganz genügende Antwort finden konnte. Aber in der folgenden Nacht hatte er eine Erscheinung, welche, wie es scheint, ihn so überzeugte, daß er von dieser Zeit an seine Andachtsübungen änderte und alle seine Messen, Gebete und Bußen für die armen Seelen aufopferte. Der Ausspruch des heiligen Thomas scheint dem Bruder Benedetto zu Hilfe zu kommen, wenn er sagt: „Das Gebet für die Gestorbenen ist angenehmer, als für die Lebendigen; denn die Verstorbenen bedürfen es am meisten und können sich nicht helfen, wie die Lebendigen."

Wie angenehm diese Andacht dem Allmächtigen ist, und mit welcher Ungeduld Er gleichsam nach der Befreiung dieser Seelen seufzt, obwol Er die Sorge dafür unserer Liebe überläßt, lehrt uns ebenfalls die heilige Theresia. In dem Buche ihrer Klosterstiftungen sagt sie uns, daß ihr Bernardino di Mendoza für ein Kloster zu Valladolid ein Haus, einen Garten und einen Weinberg gab. Zwei Monate darauf und ehe die Stiftung vollzogen war, wurde er plötzlich krank und verlor die Sprache, so daß er nicht beichten konnte, obgleich er viele Zeichen von Reue gab. „Er starb," sagt die heilige Theresia, „sehr schnell und fern von dem Orte, wo ich mich damals aufhielt, aber unser Herr offenbarte mir, daß er gerettet sei, obgleich er große Gefahr gelaufen habe; denn Gott habe sich seiner erbarmt wegen der Gabe, die er dem Kloster seiner gebenedeiten Mutter bestimmte; indeß werde diese Seele erst dann vom Fegfeuer frei sein, wenn die erste Messe in dem neuen Hause gelesen werde. Ich fühlte die Schmerzen, welche diese Seele litt, so tief, daß ich, so sehr ich auch die Stiftung zu Toledo zu vollenden wünschte, sogleich die Reise nach Valladolid antrat. Als ich einst zu Medina del Campo betete, sagte mir Unser Herr, ich solle eilen, denn diese Seele leide große Schmerzen. Auf dieses brach ich sogleich auf, obschon ich nicht recht dazu vorbereitet war, und kam am Sankt Lorenztag zu Valladolid an." Sie erzählt sodann weiter, daß ihr, als sie bei der ersten Messe, welche in dem Hause gelesen wurde, die heilige Kommunion empfing, die Seele ihres Wohlthäters im Glanze der Seligen erschien, und darauf in den

Himmel einging. Sie erwartete dieß nicht, denn sie sagt: „Obgleich es mir geoffenbart war, daß dieß bei der ersten Messe vorkommen werde, so glaubte ich doch, es müsse die erste Messe gemeint sein, wenn das heilige Sakrament dort im Tabernakel aufbewahrt werde." Wir könnten die Offenbarungen der Heiligen fast in's Unendliche vervielfältigen, welche das besondere Wohlgefallen bezeugen, womit unser Herr diese Andacht empfiehlt, die seine Interessen so nahe angeht; allein es ist nun Zeit, einen klaren Ueberblick über unsern Gegenstand zu erlangen.

Es gibt, wie wir alle wissen, zwei Welten, die Sinnenwelt und die Geisterwelt. Wir leben in der Sinnenwelt, umgeben von der Geisterwelt, und als Christen stehen wir zu jeder Stunde wirklich in Verbindung mit jener Welt. Was von der Kirche in der Sinnenwelt liegt, ist ein bloßes Bruchstück derselben. Die triumphirende Kirche im Himmel, welche in jedem Jahrhunderte neue Schaaren an sich zieht und sich beständig mit neuen Heiligen verschönert, muß den Umfang der streitenden Kirche nothwendig weit übertreffen, welche nicht einmal die Mehrheit von den Einwohnern der Erde umfaßt. Auch ist es nicht unwahrscheinlich, sondern höchst wahrscheinlich, daß die leidende Kirche im Fegfeuer die streitende Kirche an Ausdehnung weit übertreffen muß, wie sie dieselbe an Schönheit übertrifft. Gegen jene zahllosen Schaaren, die verloren sind, haben wir keine Pflichten, sie sind von uns abgefallen; wir wissen kaum den Namen eines Einzigen, der dort ist. Denn viele haben geglaubt, Salomo sei gerettet; Einige gingen so weit, die Worte in der Apostelgeschichte über Judas als nicht unfehlbar entscheidend anzusehen und nicht einmal über Saul ist man ganz einstimmig. Wie dem sein mag, wir sind von ihnen abgeschnitten, rings um sie ist schwarze Finsterniß, wir stehen in keiner Beziehung zu ihnen.

Allein nach der Lehre von der Gemeinschaft der Heiligen und von der Einheit des mystischen Leibes Christi stehen wir zu der triumphirenden und leidenden Kirche in den innigsten Beziehungen und die Katholiken haben auch viele von der Kirche gutgeheißene Mittel, ihre Pflichten gegen sie zu erfüllen. Davon werde ich später sprechen, für den Augenblick genügt es zu sagen, daß Gott uns eine solche Macht über die Todten verliehen hat, daß sie, wie ich vorhin bemerkte, fast mehr von der Erde, als vom Himmel abzuhängen scheinen. Daß Er uns mit dieser Macht ausrüstete, und uns die übernatürlichen Mittel mittheilte, dieselben zu üben, ist nicht der geringste Beweis der väterlichen Liebe Gottes. Wir können die Freude der Seligen im Himmel nicht begreifen, wenn sie aus dem Schooße Gottes und ihrer ewigen Ruhe auf diesen Schauplatz des Elendes, der Unruhe, des Zweifels und der Furcht herabschauen und sich in der Fülle ihrer Liebe, ihrer fast unbegränzten Macht auf das heilige Herz Jesu erfreuen, wodurch sie Tag und Nacht für die armen Bewohner der Erde Gnade und Segen erflehen. Dieß zieht ihre Aufmerksamkeit von Gott nicht ab, und stört ihre Anschauung, ihre Seligkeit oder ihren Frieden nicht im geringsten; im Gegentheile verhält es sich mit ihnen wie mit unsern Schutzengeln; die Dienste der Liebe, die sie uns erweisen, vermehren ihre Seligkeit. Dieselbe Freude kann auch uns gewissermaßen schon auf Erden zu Theil werden. Wenn wir von dieser katholischen Andacht für die armen Seelen vollkommen durchdrungen sind, wird uns nie das angenehme Bewußtsein der unermeßlichen Macht fehlen, die Jesus uns ihretwegen verliehen hat. Wir sind Ihm nie so ähnlich, wir ahmen seine zärtliche Liebe nie so sehr nach, als wenn wir eben diese Macht mit frommem Sinne ausüben. Wir fühlen uns dadurch außerordentlich gedemüthigt, daß wir die Wohlthäter jener schönen Seelen werden, die so unendlich über uns stehen, wie Joseph dadurch Demuth gelernt haben soll, daß er Jesu gebot. Wir lieben Jesus mit unaussprechlicher Liebe, mit einer Liebe, die uns fast Furcht einflößt; aber was für eine köstliche Furcht? Wie gütig ist der Herr, daß Er uns mit seinen Genugthuungen thun läßt, was wir wollen; daß wir sein kostbares Blut verwenden dürfen, wie wenn es ebensoviel Wasser wäre aus der nächsten Quelle; daß wir die Wirksamkeit seines unblutigen Opfers gleichsam beschränken, und die einzelnen Seelen insbesondere Ihm empfehlen dürfen! Wie schön war die Hilflosigkeit seiner heiligen Kindheit! Wie schön ist seine Hilflosigkeit im heiligen Sakramente! wie schön die freiwillige Ohnmacht, wozu Er sich aus Liebe zu uns in allem verurtheilt, was seine theuern Bräute im Fegfeuer betrifft, deren Eingang in die ewige Glorie Er mit solcher Ungeduld erwartet! Ach! welche Gedanken, welche Gefühle, welche Liebe sollte uns beseelen, wenn wir gleich Chören irdischer Engel auf das stille, unermeßliche, sündenlose Reich der leidenden Seelen hinabschauen, und dann gleichsam mit den Händen Jesu den Balsam seines erlösenden Blutes über dieselben ausgießen!

§. 3. Doppelte Ansicht vom Fegfeuer.

Es haben in der Kirche immer zwei Ansichten vom Fegfeuer vorgeherrscht, die einander nicht widersprechen, sondern vielmehr den Geist der Andacht derjenigen ausdrücken, welche ihnen huldigen. Die eine Ansicht finden wir im Leben und in den Offenbarungen der meisten italienischen und spanischen Heiligen, in den deutschen Werken des Mittelalters und in den gewöhnlichen Abbildungen des Fegfeuers ausgesprochen, wie sie in Belgien, in Portugal, in Brasilien, in Mexiko und in andern Ländern verbreitet sind. Die andere Ansicht ist durch den heiligen

Franz von Sales üblich geworden, obgleich er sie ursprünglich seiner Lieblingsabhandlung über das Fegfeuer von der heiligen Katharina von Genua entlehnte. Jede dieser beiden Ansichten athmet, obgleich keine die andere aufhebt, ihren eigenthümlichen Geist der Andacht.

1) Die erste Andacht drückt sich in den schreckenerregenden Fastenpredigten der Italiener und in jenen Abbildungen aus, denen wir so oft am Wege begegnen. Sie stellt das Fegfeuer blos als eine Hölle dar, die nicht ewig dauert. Qualen, Wehklagen, Furcht und Schrecken sind die Hauptzüge des Gemäldes. Sie verweilt, und zwar mit Recht, bei den entsetzlichen sinnlichen Schmerzen, welche die Seelen auf geheimnißvolle Weise erdulden müssen. Das Feuer ist dasselbe, wie in der Hölle ausdrücklich dazu geschaffen, Qualen zu bereiten. Unser irdisches Feuer ist im Vergleiche damit nur ein gemaltes. Außerdem ist es für die körperlose Seele ein besonderes unaussprechliches Entsetzen, die Beute dieser materiellen Pein zu werden. Das Gefühl einer engen und unerträglichen Gefangenschaft, und die dichte, greifbare Finsterniß sind weitere Züge in dieser Schreckensscene. Engel werden als thätige Vollzieher der furchtbaren Gerechtigkeit Gottes dargestellt. Einige haben sogar behauptet, daß die Dämonen die Bräute Christi in jenem glühenden Feuer berühren und quälen dürfen. Zu dieser fürchterlichen sinnlichen Pein kommt dann noch der entsetzliche Schmerz über den Verlust der Anschauung. Die Schönheit Gottes bleibt an sich selbst derselbe Gegenstand unsäglicher Sehnsucht, wie zuvor, aber die Seele ist verändert. Alles, was im Leben und in der Sinnenwelt ihr Verlangen nach Gott einschläfert, ist nun entschwunden, so daß sie Ihn mit einer Heftigkeit sucht, die wir nicht begreifen können. Gerade das Feuer ihrer Liebe wird ihre unerträglichste Pein. Zu diesen Schrecken könnten wir noch mehrere hinzufügen, welche

das Fegfeuer blos als eine Hölle schildern, die nicht ewig dauert.

Der Geist dieser Ansicht ist eine heilige Furcht, Gott zu beleidigen; ein Verlangen nach leiblichen Abtödtungen, ein hoher Werth, welchen den Ablässen beigelegt wird; ein außerordentlicher Abscheu vor der Sünde, und eine beständige Angst vor den Gerichten Gottes. Jene, welche ein Leben ungewöhnlicher Buße führten, und strenge religiöse Orden, waren stets von dieser Ansicht beseelt, und die scholastische Theologie scheint dieselbe besonders verfochten zu haben, wie wir sogleich sehen, wenn wir uns an Bellarmin wenden, welcher in jedem Abschnitte in seiner Abhandlung über das Fegfeuer die Offenbarungen der Heiligen mit den Folgerungen der Theologie zusammenstellt. Es ist auch merkwürdig, daß, als der gottselige Heinrich Suso durch seine zunehmende Vertraulichkeit mit Gott anfing, verhältnißmäßig gering von den Peinen des Fegfeuers zu denken, unser Herr ihn warnte, und ihm sagte, daß Ihm dieß sehr mißfalle. Welche Strafe kann auch geringfügig sein, die Gott für die Sünder bereitet hat? Viele Theologen haben behauptet, daß die geringste Pein im Fegfeuer nicht blos größer sei, als der heftigste irdische Schmerz, sondern größer, als alle irdischen Schmerzen mit einander. Dieß ist allerdings eine wahre Ansicht vom Fegfeuer, aber keine vollständige, wiewol auch keine grobe oder gemeine. Es ist die Ansicht vieler Heiligen und Diener Gottes, welche sich auch in der gewöhnlichen Feier des Allerseelentages in manchen katholischen Ländern abspiegelt.

2) Die zweite Ansicht vom Fegfeuer löscht nicht einen einzigen von den Zügen des vorigen Gemäldes aus, aber sie stellt andere Betrachtungen mehr in den Vordergrund. Nach ihr tritt die Seele in das Fegfeuer, süß getröstet durch den ersten Anblick der heiligen Menschheit Jesu bei

dem besondern Gerichte, das sie erstanden hat. Dieser Anblick bringt mit der Seele in ihr neues Gefängniß, verscheucht die Schrecken desselben, und ähnlich den silbernen Strahlen, die der Mond ausgießt, bringen die Augen Jesu mit ihrem freundlichen Lichte durch diese furchtbare Nacht. Mitten in dem Feuerofen hält die Seele an diesem Bilde fest. Sobald sie beim Anblicke ihres Gottes ihre eigene Unwürdigkeit für den Himmel gewahr wird, fliegt sie freiwillig dem Fegfeuer zu, wie eine Taube nach ihrem Neste in dem Schatten des Waldes. Es sind keine Engel nöthig, sie dahin zu geleiten; es ist eine freiwillige Huldigung, welche sie der Reinheit Gottes darbringt. Dieß ist in einer Offenbarung der heiligen Gertrud, welche Blosius erzählt, schön ausgedrückt. Die Heilige sah im Geiste die Seele einer Nonne, welche ihr Leben in der Uebung der erhabensten Tugenden zugebracht hatte. Sie stand vor unserm Herrn in den Schmuck der Liebe gekleidet, aber sie wagte nicht, die Augen zu Ihm zu erheben, sondern hielt dieselben niedergeschlagen, als ob sie sich schämte, vor Ihm zu stehen, und zeigte durch Geberden ihr Verlangen, ferne von Ihm zu sein. Gertrud, darüber verwundert, wagte die Frage an den Herrn: „Gnädigster Gott! warum nimmst Du diese Seele nicht in die Arme Deiner unendlichen Liebe auf? Und was sind dieß für sonderbare Geberden des Mißtrauens, die ich an ihr wahrnehme?" Da streckte unser Herr voll Liebe den rechten Arm aus, wie wenn Er die Seele näher an sich ziehen wollte, aber sie zog sich mit tiefer Demuth und Bescheidenheit vor Ihm zurück. Die Heilige, in dem Anblicke des noch größern Wunders verloren, fragte die Seele, warum sie vor der Umarmung eines Bräutigams zurückfliehe, welcher so würdig sei, geliebt zu werden? und sie erhielt die Antwort: „Weil ich noch nicht vollkommen von den Flecken gereinigt bin, die meine Sünden hinterlassen haben; und selbst, wenn Er mir in diesem Zustande den freien Eintritt in den Himmel gewährte, so würde ich es nicht annehmen; denn so glänzend ich in deinen Augen erscheine, so weiß ich doch, daß ich noch keine passende Braut für meinen Herrn bin."

In diesem Augenblicke liebt die Seele Gott höchst inniglich, und wird hinwiederum von Ihm auf's Zärtlichste geliebt. Den Augen derjenigen, welche dieser Ansicht huldigen, scheint die Seele von der höchsten Schönheit umkleidet. Wie sollte auch eine theure Braut Gottes anders als schön sein? Die Seele ist allerdings in einem Zustande der Strafe, aber sie steht in einer ununterbrochenen Verbindung mit Gott. Sie hat, wie die heilige Katharina von Genua sagt, durchaus keine Erinnerung an ihre vergangenen Sünden, oder an die Erde. Sie ergibt sich in den anbetungswürdigen Willen ihres himmlischen Vaters, und erwartet in ihrem Gefängnisse die Zeit ihrer Reinigung mit der vollkommensten Zufriedenheit. Wie kein Anblick der Sünde den Frieden stört, den sie genießt, so wird sie auch nicht durch die mindeste Furcht, oder durch einen Zweifel an ihre Sicherheit gequält. Sie kann nicht mehr sündigen, und es gab eine Zeit auf Erden, wo diese Gabe allein den ganzen Himmel in sich zu schließen schien. Sie kann nicht die geringste Unvollkommenheit begehen, die geringste Regung der Ungeduld empfinden. Sie kann nichts thun, was Gott im geringsten mißfallen würde. Sie liebt Gott über Alles, und zwar mit einer reinen, uneigennützigen Liebe. Sie wird beständig von Engeln getröstet, und kann sich nur an der Sicherheit ihres Heiles freuen. Ja, selbst ihre bittersten Schmerzen sind von einem tiefen, unerschütterlichen Frieden begleitet, wie die Sprache dieser Welt ihn nicht in Worte fassen kann. Es gibt Offenbarungen, welche von Einigen sprechen, die im Fegfeuer sind, aber das Feuer nicht empfinden. Sie harren, von Gott getrennt, geduldig aus, und dieß ist für sie Strafe genug. Einige Offenbarungen erzählen auch von einer Menge von Seelen, die in keinem örtlichen Gefängnisse sind, sondern ihre Reinigung in der Luft abwarten müssen, oder bei ihren Gräbern, oder nahe bei den Altären, wo das heilige Sacrament aufbewahrt wird, oder in den Zimmern derjenigen, die für sie beten, oder mitten unter den Scenen ihrer frühern Eitelkeit und Frivolität. Wenn stilles, sanftes Dulden schon auf Erden etwas so ehrwürdiges ist, was für einen Anblick muß diese Region der Kirche darbieten? Im Vergleiche mit der Erde, ihren Prüfungen, Zweifeln, ihren aufregenden und niederdrückenden Gefahren, um wie viel schöner und wünschenswerther ist jenes stille, ruhige Reich der Duldenden, über welches Maria als Königin herrscht, und wo der heilige Michael der unermüdliche Diener ihrer Barmherzigkeit ist!

Der Geist dieser Ansicht ist die Liebe, ein außerordentliches Verlangen, Gott nicht zu beleidigen, ein glühender Eifer für die Interessen Jesu. Die erste freiwillige Flucht der Seele an jenen Ort, wo sie ihren Antheil an den Leiden erwartet, drückt ihren ganzen Charakter aus. Wie sie in jenem Akte die Partei Gottes gegen sich selbst ergriff, so ist es durchaus. Das Fegfeuer so angesehen, wird gleichsam ein Cultus der Reinigkeit und Heiligkeit Gottes. Es ist gerade die Ansicht, wie wir sie von dem heiligen Franz von Sales, oder der liebenden heiligen Katharina von Genua erwarten können. Viel mehr die Hilflosigkeit, als das Elend jener gefangenen Seelen bewegt Jene, welche dieser Ansicht huldigen, zum Mitleid und zur Andacht für sie, obwol die Ehre Gottes und die Interessen Jesu den größten Einfluß auf sie ausüben.

Ach, wie erhaben und überwältigend ist der Gedanke an jenes heilige Reich des Schmerzes! Da wird kein Geschrei, kein Murren gehört, Alles ist stille, stille, wie Jesus vor seinen Feinden. Wir werden nie erkennen, wie wahr wir Maria lieben, bis wir aus jenen tiefen Thälern des furchtbaren, geheimnißvollen Feuers zu ihr aufblicken. O herrliche Region der Kirche Gottes! O liebliche Schaar der Heerde Maria's! Was für eine Scene stellt sich unserm Auge dar, wenn wir auf jenes heilige Reich der Sündenlosigkeit und dabei des tiefsten Leidens blicken! Wir sehen hier die Schönheit jener makellosen Seelen, die Liebenswürdigkeit ihrer Geduld, die Majestät ihrer Gaben, die Würde ihres Leidens, die Beredtsamkeit ihres Schweigens. Das Mondlicht, das vom Throne Maria's ausgeht, erleuchtet dieß Land des Schmerzes und der unaussprechlichen Erwartung; Engel mit silberweißen Schwingen durchfliegen die Tiefen dieser geheimnißvollen Region; vor Allem aber bleibt die süßeste aller Tröstungen die Erinnerung an jenes Angesicht Jesu, das man nicht sieht, aber sich beständig vor Augen stellt. O Welt, geräuschvoller Aufenthalt der Langeweile und der Sünde! Wer würde nicht, wenn er könnte, deinen Mühseligkeiten und deiner gefährlichen Pilgerschaft entrinnen, und wie eine Taube aus dem Käfig mit Freude nach dem niedrigsten Orte in jenem so reinen, sichern und heiligen Lande des Leidens und der sündenlosen Liebe fliegen?

§. 4. Die heilige Katharina von Genua über das Fegfeuer.

Die Veröffentlichung der Abhandlung der heiligen Katharina bildet in der Geschichte von der Lehre und Andacht bezüglich des Fegfeuers eine so merkwürdige Epoche, daß es von Nutzen sein mag, meinen Lesern davon eine kurze Rechenschaft zu geben. Der hochwürdigste Erzbischof von Paris, Harduin-Perefix, ließ sie im Jahre 1666 von den Doktoren der Sorbonne prüfen. In der Approbation nennen sie dieselbe „eine seltene Ausgießung des heiligen Geistes über eine reine und liebende Seele, und einen wunderbaren Beweis seiner Sorgfalt für seine Kirche, womit er sie erleuchtet und ihr beisteht nach ihren Bedürfnissen." Die Approbation sagt ferner, daß die Examinatoren diese Abhandlung als eine Fügung der Vorsehung ansehen, gerade in dem Augenblicke, wo die Ketzereien Luthers und Calvins zu so vielen andern Gottlosigkeiten die Angriffe auf die Verstorbenen hinzufügten. Im Jahre 1675 übergab Martin d'Esparza aus der Gesellschaft Jesu eine Kritik dieser Abhandlung dem Kardinal Azolini, welcher an dem Prozesse der Beatification der Heiligen einen thätigen Antheil nahm. Darin, sagt er, daß „die Lehre ihrer Abhandlung untadelhaft, überaus heilsam und zugleich seraphisch sei, daß sie der Katharina durch den heiligen Geist eingegeben wurde, welcher sich ihr durch eine geheime Offenbarung mittheilte, und daß diese Lehre, sowie ihr Dialog zwischen der Seele und dem Leibe an sich selbst der beredteste Beweis für die Heiligkeit der Dienerin Gottes sei." Manieri macht in seinem Leben der Heiligen als auf ein seltsames Zusammentreffen darauf aufmerksam, daß der Name „Fegfeuer" (purgatorium) zum erstenmal von Autoritäts wegen dem Zwischenzustande der Seelen im Jahre 1254 gegeben wurde, und zwar von Innocenz IV. aus dem Hause der Fieschi, welcher Familie die Heilige angehört. Das Folgende ist ein Auszug aus ihrer Abhandlung über das Fegfeuer. Nicht so bald hat eine Seele, auf welcher zwar keine Todsünde lastet, deren Schuld gegen Gott aber nur eine zeitliche Strafe sühnen kann, die Welt verlassen, und ist gerichtet, als sie sich in der Gnade und Liebe gekräftigt fühlt. Sie ist ebenso wenig mehr im Stande, zu sündigen, als ein Verdienst zu erwerben, und ist durch einen ewigen und unveränderlichen Rathschluß dazu bestimmt, einst in das

Reich der Seligen einzugehen, um Gott, die ewige Quelle alles Glückes, zu sehen, zu lieben und zu genießen.

In diesem Augenblicke stellen sich der Seele alle Sünden ihres vergangenen Lebens dar, mögen es nun Todsünden oder läßliche Sünden sein, sogar wenn sie schon bei Lebzeiten durch die Reue und das Sacrament der Buße nachgelassen sind. Aber nach diesem vorübergehenden und augenblicklichen Anblick derselben erinnert sich die Seele nicht mehr daran. Die Heilige spricht sich darüber so aus: „Die Ursache des Fegfeuers, welche diese Seelen in sich haben, sehen sie ein für alle Mal beim Austritte aus diesem Leben, und nachher nie wieder." Der Grund dieser Darstellung der Sünden besteht, wie sie uns belehrt, darin, die Seele in diesem Augenblicke in den Stand zu setzen, durch einen Akt, welcher allerdings nicht mehr verdienstlich, aber demungeachtet ein wirklicher Akt des Willens ist, alle ihre Sünden von neuem zu verabscheuen, und besonders jene läßlichen Sünden, über welche sie im Leben keine Reue empfand, entweder durch die Schwäche eines unvollkommenen Herzens, oder durch das Unglück eines plötzlichen Todes, so daß es buchstäblich wahr ist, daß keine Sünde verziehen wird, wenn nicht der Sünder einen Akt des Abscheues darüber erweckt.

Nach diesem schnell vorübergehenden Anblick der Sünden und der förmlichen Verabscheuung derselben nimmt die Seele in sich die üblen Folgen derselben, die schlimme Hinterlassenschaft wahr, und dieß bildet, wie die Heilige sagt, das Hinderniß, Gott zu schauen. Der Rost der Sünde, sagt sie, ist das Hinderniß, und das Feuer verzehrt fortwährend den Rost; was damit bedeckt ist, kann die Strahlen der Sonne nicht abspiegeln; erst wenn die Decke verzehrt ist, kann die Sonne darauf wirken. Ebenso nimmt das Fegfeuer von der Seele die Schuld (reatus) der läßlichen Sünde und auch die Schuld der zeitlichen Strafe für die erlassene Todsünde hinweg. Diese letztere Behauptung ist, wie meine Leser einsehen werden, eigentlich nicht wie Einige geglaubt haben, im Widerspruche mit der Lehre des Suarez und anderer Scholastiker, welche behaupten, daß durch die Sünde kein Flecken in der Seele zurückbleibe, welcher die reinigende Wirksamkeit jenes Straffeuers erfordere. Die Heilige spricht durchaus, als ob das Fegfeuer nicht so fast darin bestände, sich von Flecken zu reinigen, als sich einer Schuld zu entledigen.

Sobald die Seele wahrnimmt, daß sie Gott angenehm und als Erbe des Paradieses eingesetzt, aber wegen dieses Hindernisses nicht im Stande ist, sogleich Besitz von ihrer Erbschaft zu ergreifen, so empfindet sie ein inniges Verlangen dieses Hindernisses, dieses doppelten Bandes der Schuld und Strafe ledig zu werden. Aber da sie weiß, daß das Fegfeuer allein diese zwei Bande lösen kann, und daß Gott gerade zu diesem Zwecke die Seele zum Feuer verdammt, so will sie selbst die Strafe leiden. „Wenn die vom Leibe geschiedene Seele" (dieß sind die eigenen Worte der Heiligen) „in sich selbst nicht alle erforderliche Reinheit findet, und dieß Hinderniß an sich sieht, das nur durch das Fegfeuer weggenommen werden kann, so stürzt sie sich sogleich freiwillig hinein; ja, wenn sie diese Anordnung des Fegfeuers für die Entfernung dieses Hindernisses nicht passend fände, so würde sogleich in ihr eine Hölle entstehen, weit schlimmer, als das Fegfeuer, insofern sie sehen würde, daß sie wegen dieses Hindernisses nicht zu Gott gelangen könnte, welcher ihr Ziel und Ende ist. Wenn deßhalb die Seele ein anderes, heftigeres Fegfeuer finden könnte, als dieses, worin sie bälder dieses Hindernisses ledig zu werden vermöchte, so würde sie sich schleunig hineinstürzen, getrieben durch den Ungestüm der Liebe, die sie zu Gott trägt."

Allein dieß ist nicht Alles. Im folgenden Kapitel

lehrt die Heilige weiter, daß, wenn die Seele, welche unter diesem Hindernisse leidet, die freie Wahl hätte, sogleich und wie sie ist, in den Himmel aufzufahren, oder in's Fegfeuer hinabzusteigen und zu leiden, sie lieber leiden würde, wiewol die Schmerzen fast ebenso furchtbar sind, wie die in der Hölle. Sie drückt sich darüber so aus: "Von welcher Bedeutung das Fegfeuer ist, kann keine Zunge aussprechen, kein Verstand begreifen. So viel ich sehe, ist seine Pein fast der in der Hölle gleich, und doch sehe ich, daß die Seele, welche den geringsten Flecken an sich wahrnimmt, sich lieber in tausend Höllen stürzen, als sich mit diesem Mangel der Majestät Gottes vorstellen möchte; weil sie nun sieht, daß das Fegfeuer gerade dazu bestimmt ist, diese Flecken wegzunehmen, stürzt sich die Seele in dasselbe und scheint, während sie es erträgt, zu erkennen, daß sie hier eine Erfindung keiner geringen Barmherzigkeit antrifft, blos weil sie so in den Stand gesetzt wird, dieses Hindernisses los zu werden."/

"Wenn die gerechte Seele so in das Fegfeuer gelangt ist, so verliert sie sogleich alles Uebrige aus den Augen, und sieht nur zwei Gegenstände vor sich: das Uebermaß des Leidens und das Uebermaß der Freude. Eine höchst quälende Pein wird ihr dadurch verursacht, daß sie einsieht, daß Gott sie mit unendlicher Liebe liebt, daß Er das höchste Gut ist, daß Er die Seele als seine Tochter betrachtet, und daß Er sie vorherbestimmte, sich auf ewig in der Gesellschaft der Seligen zu freuen, und deßhalb liebt die Seele Ihn mit der reinsten, vollkommensten Liebe. Zu gleicher Zeit wird sie gewahr, daß sie Ihn nicht sehen oder genießen kann, wiewol sie so innig darnach verlangt; und dieß betrübt sie um so mehr, da es ganz unbestimmt ist, wann die Zeit ihrer Verbannung von ihrem Herrn und vom Paradiese erfüllt sein wird."/

Dieß ist der Schmerz über den Verlust der Anschauung im Fegfeuer, worüber die Heilige sagt, es sei ein so außerordentlicher Schmerz, daß keine Zunge es aussprechen, kein Verstand den geringsten Theil davon begreifen könne. Diesen Schmerz der Trennung vergleicht sie mit dem heftigen Verlangen eines Hungrigen nach einem Stücke Brod. „Wenn es in der ganzen Welt nur Einen Laib Brod gäbe, welcher den Hunger aller Creaturen stillen könnte, die schon durch den Anblick desselben satt würden, was wären wohl die Gefühle eines Menschen, welcher von Natur den Trieb zu essen besitzt, im Falle er gesund wäre; was, sage ich, wären seine Gefühle, wenn er weder im Stande wäre, zu essen, noch krank zu werden, oder zu sterben? Sein Hunger würde immer mehr zunehmen, und da er wüßte, daß nur jenes Eine Brod ihn sättigen könnte, ohne daß er im Stande ist, es zu erlangen, so würde er in einer unerträglichen Qual leben." Dieß Gleichniß stellt uns jedoch nur einen Schatten von dem vor Augen, was die Seele in Wirklichkeit leidet. Sie fühlt sich mit einer liebenden Gewalt zu Gott hingezogen, welcher sie allein ersättigen kann. Diese Gewalt nimmt immer mehr zu, je länger die hungrige Seele ihres göttlichen Gegenstandes beraubt ist, und auch ihre Qual würde ebenso zunehmen, wenn sie nicht täglich durch die Hoffnung, oder vielmehr durch die Gewißheit gemildert würde, daß sie der ewigen Seligkeit immer näher kommt. Nach den Worten des Propheten weiß der Dulder, „daß er schauen und satt werden wird, weil seine Seele gearbeitet hat."[1]

Den sinnlichen Schmerz, welchen die Seele ausstehen muß, vergleicht die Heilige mit dem Gold im Schmelztiegel. „Sehet das Gold an, je mehr ihr es schmelzet, desto besser wird es, und ihr schmelzet es, bis jede Un-

---

[1] Isai. 53, 11.

vollkommenheit vernichtet ist. Dieß ist die Wirkung des Feuers auf die irdischen Dinge. Aber die Seele kann sich in Gott nicht vernichtigen, wohl aber in sich selbst, und je mehr sie gereinigt wird, desto mehr wird sie in sich selbst vernichtigt, bis sie endlich ganz rein in Gott ruht. Wenn das Gold, so lauten ihre Worte, zu vierundzwanzig Karat gereinigt ist, so wird es sich nicht mehr verflüchtigen, so viel Feuer man auch anwenden mag, weil in Wirklichkeit nichts verzehrt wird, als die Unvollkommenheit. Das göttliche Feuer wirkt in gleicher Weise auf die Seele. Gott hält sie in das Feuer, bis jede Unvollkommenheit verzehrt ist, und bis er sie zu der Reinheit von vierundzwanzig Karat bringt. Jede Seele jedoch wird nach dem Grade ihrer Vollkommenheit behandelt. Wenn die Seele gereinigt ist, so ruht sie ganz in Gott, ohne etwas in sich selbst zurückzubehalten. Gott ist ihr Leben, und wenn Er die so gereinigte Seele zu sich gebracht hat, so ist sie keines Leidens mehr fähig, denn es ist nichts in ihr zurückgelassen, was verzehrt werden könnte, und wenn Er sie, sobald sie so gereinigt ist, noch länger in das Feuer hielte, so würde ihr das Feuer keinen Schmerz verursachen, ja es wäre dann das Feuer der göttlichen Liebe, das ewige Leben selbst, wo die Seele nichts Widriges mehr erfahren kann."

Dieß ist also der erste Gegenstand, welcher sich den Augen der Seele darbietet, nämlich das Uebermaß des Leidens. Wir wollen nun auch den andern Gegenstand betrachten, nämlich das Uebermaß der Freude. Da die Seele Gott mit der reinsten Neigung liebt, und weiß, daß ihre Leiden der Wille Gottes sind, damit sie gereinigt wird, so ergibt sie sich vollkommen in den göttlichen Rathschluß; während sie im Fegfeuer ist, sieht sie nichts, als daß dieß Gott so gefällt; sie weiß von nichts, als von seinem Willen; sie erkennt nichts so klar, als die Angemeſſenheit dieſer Reinigung, um ſich einer ſo erhabenen Majeſtät ganz ſchön und liebenswürdig darzuſtellen. Die Heilige ſpricht ſich darüber ſo aus: „Wenn eine Seele, welche noch nicht ganz gereinigt iſt, zur Anſchauung Gottes zugelaſſen würde, ſo würde ſie zehnmal mehr leiden, als im Fegfeuer, denn ſie wäre ganz außer Stand, dieſes Uebermaß der Güte zu ertragen. Daher kommt es, daß die leidende Seele ganz in den Willen ihres Schöpfers ergeben iſt. Sie liebt ſogar ihre Schmerzen und freut ſich darin, weil ſie eine heilige Anordnung Gottes ſind. Deßhalb genießt ſie mitten in der glühenden Hitze eine ſo vollkommene Zufriedenheit, daß der menſchliche Geiſt ſich keinen Begriff davon machen kann. „Ich glaube nicht,“ ſagt die Heilige, „daß es möglich iſt, eine Zufriedenheit zu finden, die ſich mit derjenigen vergleichen ließe, welche die Seelen im Fegfeuer empfinden, wenn es nicht die Zufriedenheit der Heiligen im Paradieſe iſt. Dieſe Zufriedenheit nimmt täglich durch den Einfluß Gottes in jenen Seelen zu; und dieſer Einfluß wächst in dem Maße, als das Hinderniß entfernt wird. In der That, ſoweit es den Willen betrifft, können wir kaum ſagen, daß die Schmerzen überhaupt Schmerzen ſeien, ſo zufrieden ruhen die Seelen in der Anordnung Gottes, mit deſſen Willen eine reine Liebe ſie vereinigt.“

In einer andern Stelle ſagt ſie, daß dieſe unerklärliche Freude der Seele, während ſie das Fegfeuer auszuſtehen hat, aus der Stärke und Reinheit ihrer Liebe zu Gott entſpringt. „Dieſe Liebe gibt der Seele eine ſolche Zufriedenheit, die ſich nicht beſchreiben läßt; allein dieſe Zufriedenheit nimmt kein Jota von der Pein hinweg, vielmehr iſt es die Trennung der Liebe vom Beſitze ihres Gegenſtandes, was die Pein verurſacht, und der Schmerz iſt um ſo größer, je größer die Vollkommenheit der Liebe iſt, deren Gott die Seelen fähig gemacht hat. So em=

pfinden die Seelen im Fegfeuer zugleich die größte Zufriedenheit und das größte Leiden, und die eine hebt das andere in keiner Weise auf. Was die Gebete, Almosen und Messen betrifft, so behauptet die Heilige, daß die Seelen großen Trost daraus ziehen, aber daß hierin, wie in andern Stücken, ihre Hauptsorge darin besteht, daß Alles in der großen Wage des göttlichen Willens gewogen werde, indem sie sich in allen Dingen der Anordnung Gottes ergeben."

Sie schließt ihre Abhandlung damit, daß sie einen Blick auf ihren Nächsten wirft, und einen auf sich selbst. Zu ihrem Nächsten sagt sie: „Ach, daß ich so laut rufen könnte, um alle Menschen, welche auf Erden wohnen, zu erschrecken und ihnen zu sagen: O ihr erbärmlichen Menschen, warum habt ihr euch so von dieser Welt verblenden lassen, daß ihr keine Vorkehrung für jene gebieterische Nothwendigkeit treffet, die ihr im Augenblicke des Todes finden werdet? Ihr alle flüchtet euch unter die Hoffnung auf die Barmherzigkeit Gottes; aber ihr sehet nicht ein, daß gerade die Güte Gottes sich im Gerichte gegen euch erheben wird, weil ihr euch gegen den Willen eines so gütigen Herrn empört habt. Schläfert euch nicht selbst in ein falsches Vertrauen ein, indem ihr saget: Wenn es mit mir zum Sterben kommt, werde ich eine gute Beicht ablegen, dann werde ich den vollkommenen Ablaß gewinnen, und so in jenem letzten Augenblicke von allen meinen Sünden gereinigt und gerettet sein. Denket doch ein wenig nach! Beicht und Reue sind nothwendig zu einem vollkommenen Ablaß, und die Reue ist so hart zu erlangen, daß, wenn ihr wüßtet, wie schwer dieß ist, ihr vor Furcht zittern und eher glauben würdet, daß eine solche Gnade euch nie zu Theil werde, anstatt, daß ihr sie mit solcher Zuversicht erwartet."

Als sie sich selbst mit dem Lichte einer übernatürlichen

Erleuchtung betrachtete, sah sie, daß Gott sie in der Kirche als ein lebendiges Bild des Fegfeuers aufgestellt habe. Sie sagt darüber: „Diese Form der Reinigung, welche ich an den Seelen im Fegfeuer sehe, werde ich jetzt an meiner eigenen Seele gewahr. Ich sehe, daß meine Seele in ihrem Leibe wie in einem Fegfeuer wohnt, das dem wahren Fegfeuer ganz ähnlich ist, nur in dem Maße, wie es mein Leib ertragen kann, ohne zu sterben. Demungeachtet nimmt es immer mehr zu, bis es den Punkt erreicht, wo die Natur unterliegen muß." Ihr Tod war in der That höchst wunderbar, und ist immer als ein Marterthum göttlicher Liebe betrachtet worden. In einer alten Lebensbeschreibung von ihr, welche von ihrem Beichtvater Marabotto und ihrem geistlichen Sohne Vernazza verfaßt wurde, heißt es: „Wahrlich, es scheint, daß Gott dieß sein Geschöpf als einen Spiegel und ein Beispiel der Peinen des andern Lebens aufstellte, welche die Seelen im Fegfeuer leiden. Es ist gerade, wie wenn Er sie auf eine hohe Mauer gesetzt hätte, welche dieß Leben von dem künftigen trennt, um uns, während sie sieht, was in jenem Leben gelitten wird, schon in diesem Leben offenbaren zu können, was wir zu erwarten haben, wenn wir die Gränze desselben überschritten haben." Dieß ist nur ein Auszug der herrlichen Abhandlung, welche der heiligen Katharina einen hohen Rang unter den Theologen der Kirche verschafft hat.

Dieselbe Ansicht vom Fegfeuer, wie wir sie bei der heiligen Katharina finden, ist kurz, aber rührend von Dante in jener schönen Scene ausgedrückt, wo er und Virgil an den Gränzen des Fegfeuers umherwandern. Der Dichter wird auf einmal von dem glänzenden Lichte eines Engels geblendet, welcher über die See herüberkommt und eine Barke antreibt, die mit neuen Seelen für das Fegfeuer angefüllt ist. Er sieht das Boot so leicht der Küste zutreiben, daß es keine Welle auf dem Wasser aufregt, während die Seelen, welche erst seit einigen Minuten das Leben und die Erde und das Gericht hinter sich gelassen haben, ernst, aber freudig den Gesang des Psalmes anstimmen: In exitu Israel de Aegypto. Gewiß ist dieß ein schöner Gedanke von ihm, und da er ein ebenso guter Theologe, als Dichter war, so scheint es hier eine Erwähnung zu verdienen, um zu zeigen, welche Ansicht vom Fegfeuer sich selbst in den Tagen Dante's geistvollen Männern empfahl.

§. 5. **Vereinigung der beiden Ansichten.**

Wir wollen nun sehen, was diesen beiden Ansichten über das Fegfeuer gemeinsam ist; diese Betrachtung hat mehr Werth für uns. Ich setze hier voraus, daß es Keinen unter uns gibt, welcher erwartet, ewig verloren zu gehen. Wir kennen und fühlen mit mehr oder weniger Unruhe die Größe der Gefahr, welcher wir ausgesetzt sind, aber erwarten, verloren zu gehen, würde die Sünde der Verzweiflung sein. Die Hölle hat für uns nur eine Bedeutung als ein Motiv zu größerer Sorgfalt, Umsichtigkeit und Furcht, aber mit dem Fegfeuer verhält es sich nicht so. Ich glaube, wir Alle erwarten, sicher einst dorthin zu kommen. Wenn wir überhaupt nicht viel an den Gegenstand denken, dann haben wir vielleicht eine unbestimmte Hoffnung, geraden Weges in den Himmel zu kommen, sobald wir gerichtet sind; allein wenn wir ernstlich darüber nachdenken, über unser Leben, über die Heiligkeit Gottes, über das, was wir in Erbauungsbüchern und im Leben der Heiligen lesen, so kann ich kaum begreifen, wie Einer von uns erwarten mag, dem Fegfeuer zu entrinnen, anstatt eher zu fühlen, daß es fast ein Uebermaß der göttlichen Barmherzigkeit ist, wenn wir nur dahin gelangen. Es würde vielmehr eine eitle Selbstüberschätzung, als eine heroische Hoffnung sein, wenn wir anders dächten. Wenn wir nun wirklich erwarten, daß unser Weg zum Himmel durch die Strafen des Fegfeuers gehen wird (denn ohne Zweifel ist die Reinigung desselben eine Strafe), so liegt uns gewiß sehr viel daran, zu wissen, was beiden Ansichten vom Fegfeuer, die in der Kirche vorherrschen, gemeinsam ist.

Zuerst stimmen diese beiden Ansichten darin überein, daß die Schmerzen äußerst strenge sind, sowol wegen des Zweckes, dessen Erreichung Gott sich dabei vorsetzt, als weil die körperlose Seele der Gegenstand derselben ist. Beide stimmen auch in der Länge des Leidens überein. Bei diesem Punkte muß ich länger verweilen, da es schwer ist, die Leute davon zu überzeugen, und von dieser Ueberzeugung sowol für uns selbst, als für Andere sehr viel abhängt. Diese Dauer läßt sich auf zweifache Art verstehen, einmal als wirkliche Zeitlänge, und zweitens als scheinbare Länge wegen des übermäßigen Schmerzes. Wenn wir mit Rücksicht auf die erste dieser beiden Meinungen einen Blick in die Offenbarungen der Schwester Franzisca von Pampelona werfen, so werden wir unter hundert Fällen finden, daß bei weitem die größere Anzahl dreißig, vierzig oder sechzig Jahre leiden mußte. Hier folgen einige Beispiele: Ein frommer Bischof war wegen einer geringen Nachlässigkeit in seinem hohen Amte neunundfünfzig Jahre im Fegfeuer gewesen, ehe er der Dienerin Gottes erschien; ein anderer Bischof, welcher mit seinen Einkünften so freigebig war, daß er den Namen Almosengeber erhielt, war fünf Jahre dort, weil er die Würde gewünscht hatte; ein Priester vierzig Jahre, weil durch seine Nachlässigkeit einige kranke Personen ohne die Sacramente gestorben waren; ein Edelmann vierundsechzig Jahre, weil er gern um Geld Karten spielte. Die Bischöfe scheinen im Ganzen nach ihren Offenbarungen am längsten dort zu verweilen und mit den strengsten Strafen heimgesucht zu werden.

Ohne die Beispiele zu vervielfältigen, was leicht geschehen könnte, mögen diese Enthüllungen uns zu größerer Wachsamkeit über uns selbst und zu unverdrossener Beharrlichkeit im Gebete für die Abgeschiedenen ermuntern. In den alten Stiftungen für Jahrtagsmessen drückt sich dieselbe Ansicht vom Fegfeuer aus. Wir sind geneigt, uns in der Verblendung einer thörichten Zärtlichkeit einzubilden, daß unsere Freunde aus dem Fegfeuer befreit werden, ehe dieß wirklich der Fall ist. Wenn die Schwester Franzisca die Seelen vieler frommen Karmeliterinnen, von welchen einige bei Lebzeiten Wunder gewirkt hatten, noch zehn, zwanzig, dreißig und sechzig Jahre nach ihrem Tode im Fegfeuer erblickte, und sie, wie manche ihr sagten, ihrer Befreiung noch nicht nahe waren, was muß aus uns und den Unsrigen werden? Was dann die Länge betrifft, die wegen des übermäßigen Schmerzes nur so scheint, so werden in den Chroniken der Franziscaner, im Leben des heiligen Franz Hieronymus und sonst noch viele Beispiele von Seelen angeführt, welche eine oder zwei Stunden nach dem Tode erschienen und glaubten, sie seien viele Jahre im Fegfeuer gewesen. So wird vielleicht auch das Fegfeuer Derjenigen beschaffen sein, welche am jüngsten Tage durch das Gericht des Herrn überrascht werden.

Beide Ansichten stimmen ferner in der Behauptung überein, daß die Fehler, die wir in der Welt sehr geringfügig nennen, im Fegfeuer auf's härteste gestraft werden. Der heilige Peter Damian gibt uns viele Beispiele davon, und andere sind von Bellarmin gesammelt und angeführt. Ein geringes Gefühl des Wohlgefallens an sich selbst, unbedeutende Unaufmerksamkeiten beim Lesen des Breviers u. dgl. kommen häufig darunter vor. Die Schwester Franzisca erwähnt den Fall von einem Mädchen von vierzehn Jahren im Fegfeuer, weil sie nicht ganz in den Willen Gottes ergeben war, als sie so jung starb, und eine Seele sprach zu ihr: "Ach! die Menschen denken in der Welt wenig daran, wie theuer sie hier die Fehler bezahlen müssen, die sie dort kaum bemerken." Sie sah sogar Seelen, welche schon dafür außerordentlich gestraft wurden, daß sie in diesem Leben scrupulös gewesen waren; ich glaube entweder deßhalb, weil in den Scrupeln sehr häufig viel Eigenwille liegt, oder weil sie dieselben nicht ablegten, als der Gehorsam es gebot. Falsche Begriffe über geringe Fehler können uns so verleiten, die Verstorbenen zu vernachlässigen, oder unsere Gebete zu bald aufzugeben, und auch die Frucht einer nützlichen Lehre für uns selbst zu verlieren.

Sodann stimmen beide Ansichten über die Hilflosigkeit der armen Seelen überein. Sie liegen da, wie der Gichtbrüchige am Teiche. Nicht einmal die Ankunft des Engels ist für sie eine Wohlthat, wenn nicht einer von uns ihnen hilft. Einige haben sogar gedacht, daß sie nicht beten können. Wie dem sein mag, sie haben kein Mittel, sich uns vernehmlich zu machen, von deren Milde sie abhängen. Einige Schriftsteller haben behauptet, daß unser Herr ihnen nicht helfen will ohne unsere Mitwirkung, und daß die seligste Jungfrau ihnen nicht helfen könne, außer auf mittelbare Weise, weil sie nicht länger im Stande sei, Genugthuung zu leisten. Was auch immer aus diesen Meinungen folgen mag, sie zeigen wenigstens deutlich, mit welchem Nachdruck die Gottesgelehrten die Hilflosigkeit der armen Seelen hervorheben. Ein anderes Merkmal ihrer Hilflosigkeit ist ferner die Vergeßlichkeit der Lebendigen, oder die grausame Schmeichelei der Verwandten, welche immer haben wollen, daß Jene, die ihnen im Leben nahe oder theuer waren, den Tod der Gerechten gestorben seien.

Sie würden gewiß einen Scrupel haben, wenn sie wüßten, wie vieler Messen und Gebete sie die Seelen durch die selbstsüchtige Uebertreibung ihrer Tugenden berauben. Ich heiße dieß selbstsüchtig; denn es ist nichts weiter, als ein erbärmlicher Kunstgriff, womit sie sich in ihrem Kummer trösten wollen. Der wahre Zustand der armen Seelen ist die gränzenloseste Hilflosigkeit. Sie können keine Buße thun, kein Verdienst erwerben, sie können keine Genugthuung leisten, keinen Ablaß gewinnen, sie haben keine Sacramente, sie stehen nicht unter der Gerichtsbarkeit des Statthalters Christi, von welchem eine Fülle von Gnadenmitteln und mannigfaltigen Segnungen ausfließt. Sie sind ein Theil der Kirche, ohne daß ihnen eine Priesterschaft oder ein Altar zu Gebote steht.

Dieß sind die Punkte, welche beiden Ansichten vom Fegfeuer gemeinsam sind, und wie mannigfaltig sind die Lehren, die wir sowol zu unserm Nutzen, als auch zum Frommen der armen Seelen daraus ziehen können! Denn was uns anlangt, was für ein Licht wirft all dieß auf die Nachlässigkeit, Lauigkeit und Liebe zur Bequemlichkeit? Was müssen wir davon denken, wenn wir unsere Andachten blos aus Formalität oder Gewohnheit verrichten? Was für eine Veränderung sollten diese Lehren nicht in unserm Leben bewirken! Was für einen Fleiß bei der Gewissenserforschung, bei der Beicht, bei der Kommunion und im Gebete! Es scheint, als ob die höchste Gnade, um welche wir unsern Herrn unabläſſig anflehen sollten, darin bestehe, für die Sünde jenen Haß zu empfinden, den unser Herr gegen sie im Garten zu Gethsemane fühlte. Ach! ist nicht die Reinheit Gottes etwas Furchtbares, Unaussprechliches, Anbetungswürdiges? Er ist so rein, daß schon sein Anblick ewige Reinheit und Seligkeit verursacht. Die Reinheit Maria's ist nur ein Schatten dagegen, ja sogar die heilige Menschheit Jesu selbst kann die Reinheit des Allerhöchsten nicht anbeten, wie es ihr angemessen ist. Und wir sollen einst für immer in den Armen Desjenigen ruhen, welcher die Reinheit selbst ist! Betrachten wir dagegen unser Leben, durchforschen wir unser Herz auch nur Einen Tag getreu, so werden wir sehen, was für gemischte Empfindungen, was für menschliche Rücksichten, welche Selbstliebe und Schwäche unsern Handlungen, ja sogar unsern Andachtsübungen zu Grunde liegen. Erscheint uns da nicht das Fegfeuer, selbst wenn es sieben Mal heißer wäre und wenn unser Aufenthalt bis zum Tage des letzten Gerichtes dauern müßte, nur wie ein gelindes Noviziat, um uns auf die Anschauung des Allerheiligsten vorzubereiten?

Es gibt übrigens Manche, welche der Gedanke an das Fegfeuer empört. Sie können sich nicht denken, daß nachdem wir uns unser Leben lang angestrengt haben, Gott zu dienen, wir nur darum siegreich aus jener furchtbaren Prüfung hervorgehen sollen, um von dem Schmerze des Todbettes hinweg in die rächenden Flammen eines Feuers zu wandern, dessen Gluth nichts gleichkommt, das überall durchbringt, und worin man lange Jahre bleiben muß. Ach, meine theuern Freunde! euer Unwille wird euch nichts helfen und auch die Thatsachen nicht ändern. Habt ihr übrigens auch schon genugsam über Gott nachgedacht? Habt ihr versucht, euch in anhaltender Betrachtung seine Heiligkeit und Reinheit vorzustellen, wie sie wirklich ist? Findet eine wirkliche Feindschaft zwischen euch und der Welt statt, die ihr als die Feindin Gottes erkennet? Habt ihr euch auf die Seite Gottes gestellt und einzig seine Interessen ergriffen? Wünschet ihr sehnlich, seine Ehre zu befördern? Habt ihre eure Sünden und das Leiden des Erlösers wohl bedacht? O! wenn dieß der Fall wäre, so würde euch das Fegfeuer nur als die letzte, unerwartete und unaussprechlich zärtliche Erfindung einer beharrlichen Liebe erscheinen, die voll Barmherzigkeit entschlossen ist, euch wider euern Willen zu retten. Es wäre für euch ein beständiges, freudiges, jeden Morgen neues Wunder, daß ihr ewig gerettet werden sollet, obwol ihr so beschaffen seid, wie ihr euch erkennet und wie Gott euch erkennt. Vergesset nicht, was die leidende Seele so einfach, aber so bedeutungsvoll zur Schwester Franzisca sagte: „Ach! Jene, welche diesseits des Grabes sind, schlagen es so gering an, wie theuer sie einst jenseits für das Leben büßen müssen, welches sie führen!" Ihr seid ungehalten, wenn man euch vom Fegfeuer spricht. Welche Thorheit! Uebrigens schmeichelt man euch vielleicht, und es ist möglich, daß ihr nie gut genug seid, dorthin zu kommen. Ihr erkennet wirklich euer Glück nicht, wenn man mit euch so davon spricht. Und merket es wohl, nur die Demüthigen kommen dorthin. Es wurde der Maria Crucifixa geoffenbart, daß, obgleich viele der Heiligen, während sie auf Erden lebten, Gott mehr liebten, als manche sogar im Himmel, dennoch der größte Heilige auf Erden nicht so demüthig sei, wie die Seelen im Fegfeuer. Ich erinnere mich nicht, jemals in dem Leben der Heiligen etwas gelesen zu haben, das einen solchen Eindruck auf mich machte, als dieß. Ihr seht also, daß der Unwille hier nicht am rechten Platze ist; denn nur Jene sind glücklich genug, in's Fegfeuer zu kommen, welche sich aufrichtig der Hölle würdig halten.

Allein nicht nur wir können zu unserm Nutzen Lehren daraus ziehen, sondern auch zum Besten der armen Seelen. Wir sehen, daß unsere mitleidige Aufmerksamkeit gegen sie weit stärker und beharrlicher sein muß, als bisher; denn wir wissen jetzt, daß man wegen einer Kleinigkeit in's Fegfeuer kommen kann, und dort viel länger bleiben muß, als man sich einbildete. Allein die rührendste Aufforderung an uns ist die Hilflosigkeit dieser Seelen, und unser Herr hat mit seiner gewöhnlichen liebevollen Einrichtung uns eine Macht gegeben, ihnen zu helfen, welche ihrer Hilflosigkeit mehr als angemessen ist. Einige Gottesgelehrte haben behauptet, daß das Gebet für die armen Seelen nicht unfehlbar erhört werde. Ich muß gestehen, ihre Beweise in diesem Stücke überzeugen mich nicht; aber auch diesen Punkt zugegeben, wie wunderbar ist doch die Macht, die wir für die Abgeschiedenen ausüben können! Der heilige Thomas hat uns wenigstens gelehrt, daß das Gebet für die Verstorbenen bereitwilliger von Gott angenommen werde, als das Gebet für die Lebendigen. Wir können für sie alle Genugthuungen unsers Herrn Jesu aufopfern und anwenden. Wir können ihnen durch das Gebet die Abläße schenken, die wir gewinnen, vorausgesetzt, daß die Kirche dieselben auf die Verstorbenen anwenden läßt. Wir können für diese Seelen oder für eine derselben das heilige Meßopfer verrichten lassen. Die Kirche, welche keine Gewalt über sie hat, kann dennoch Abläße durch das Gebet auf sie anwendbar machen und vermittelst der Liturgie, der Commemoration, des Weihrauchs, des Weihwassers u. dgl., kann sie auf sie einwirken, am allermeisten aber durch ihre privilegirten Altäre. Die Gemeinschaft der Heiligen bietet die Adern und Kanäle dar, wodurch alle diese Dinge zu ihnen gelangen. Der Himmel selbst läßt sich herab, durch die Erde auf sie einzuwirken. Ihre Königin hilft ihnen, indem sie uns einladet, an ihrer Befreiung zu arbeiten, und die Engel und Heiligen bringen durch uns ihre Gaben dar und machen uns zu ihren Almosengebern, oft ohne daß wir es wissen. Unser Herr sieht auf uns herab, als ob Er sagen wollte: Hier sind meine Werkzeuge, wirket für mich! Gerade wie ein Vater sein Kind einen Theil seines Werkes thun läßt, trotz der Gefahr, dasselbe verdorben zu sehen. Solche Macht besitzen, und nicht gebrauchen, würde der höchste Grad von Unehrerbietigkeit gegen Gott sein und auch den höchsten Mangel an Liebe zu unsern Mitmenschen verrathen. Nichts ist so unehrerbietig, weil nichts so unkindlich ist, als die Gaben Gottes, blos wegen ihres Ueberflusses, zurückzuweisen. Die Menschen empfinden ein Gefühl der Sicherheit, wenn sie sich nicht in das Uebernatürliche einmischen; allein in Wahrheit ist es unmöglich, sich davon fern zu halten und selig zu werden. Wenn wir nicht in das System eingehen und demüthig darin Platz nehmen, so wird es uns hineinziehen, aber nur, um uns alsdann in Stücke zu zerreißen. Die Furcht vor dem Uebernatürlichen ist eines der gefährlichsten Gefühle, und der Widerwille dagegen prophezeit uns das ewige Verderben, was nur zu oft wahr wird.

Was ich bisher gesagt habe, ist wenigstens mittelbar für diese Andacht gesprochen; aber ich muß nun zur eigentlichen Empfehlung derselben übergehen.

§. 6. Die Vorzüge dieser Andacht.

1) Es ist nicht zu viel gesagt, wenn man die Andacht für die armen Seelen gewissermaßen den Mittelpunkt nennt, worin alle katholischen Andachten zusammentreffen, und welche mehr als jede einzelne andere Andacht unsern Pflichten gegen Gott genügt, weil sie ganz aus uneigennütziger Liebe hervorgeht. Wenn wir einen Blick auf die vorzüglichsten katholischen Andachten werfen, so werden wir die Wahrheit davon einsehen. Nehmen wir z. B. die Andacht des heiligen Ignatius für die Ehre Gottes; dieß war, wenn wir uns eines solchen Ausdrucks bedienen dürfen, auch die besondere Lieblingsandacht Jesu. Nun gleicht das Fegfeuer aber einem Felde, welches für die Ehre Gottes eine reichliche Aerndte darbietet. Es kann kein Gebet für die armen Seelen gesprochen werden, ohne daß Gott zugleich sowol durch den Glauben, als durch die

Liebe des bloßen Gebetes verherrlicht wird. Keine Erleichterung, so unbedeutend sie sein mag, kann einer der Seelen zu Theil werden, ohne daß er durch die Verehrung des kostbaren Blutes seines Sohnes und durch den Fortschritt, welchen die Seele zur Seligkeit macht, verherrlicht wird. Es wird nicht Eine Seele aus ihrer Trübsal befreit, ohne daß die Ehre Gottes unendlich zunimmt. Das Kreuz Christi hat triumphirt, der Beschluß der Vorherbestimmung ist siegreich in Erfüllung gegangen, und es ist nun ein Anbeter mehr im himmlischen Hofe. Ueberdieß ist die Ehre Gottes im Fegfeuer gesichert, weil es hier keine Sünde gibt, nicht einmal die Möglichkeit der Sünde. Alles, was gewonnen ist, ist wirklich Gewinn; Alles, was geärndtet ist, ist wahrer Waizen ohne Spreu oder Stoppel.

Was für eine Andacht ist ferner mit Recht den Christen so theuer, als die Andacht zur heiligen Menschheit Jesu? Es ist eigentlich mehr ein Inbegriff mannigfaltiger, schöner Andachten, als eine Andacht an sich selbst. Sehet jedoch, wie sie alle in der Andacht für die armen Seelen gleichsam erfüllt werden! Je schneller die Seelen aus dem Fegfeuer befreit werden, desto mehr wird die Aerndte seines heiligen Leidens vervielfältigt und beschleunigt. Eine frühe Aerndte ist ebenso eine Wohlthat, als eine reichliche; denn jeder Aufschub des Eintritts einer Seele in den Himmel ist ein ewiger, unersetzlicher Verlust für die Ehre und Glorie der heiligen Menschheit Jesu. So sonderbar dieß klingt, so wahr ist es. Kann die heilige Menschheit Jesu mehr geehrt werden, als durch das anbetungswürdige Opfer der Messe? Und gerade hier finden wir das mächtigste Mittel, auf das Fegfeuer einzuwirken. Der Glaube an die heiligen Sacramente, sofern sie sich auf die Verstorbenen anwenden lassen, ist eine Huldigung, die wir Jesu darbringen und die Ihm wohlgefällt; dasselbe kann auch von dem Glauben an die Abläße und privilegirten Altäre gesagt werden. Die ganze Macht der Kirche fließt aus seiner heiligen Menschheit und ist ein beständiges Preis- und Dankopfer derselben; so ehrt Ihn auch diese Andacht dadurch, daß sie seinen Eifer für die Seelen nachahmt; denn dieser Eifer ist das Merkmal seines Volkes und ein Erbtheil, das Er ihm hinterlassen hat.

Die Andacht zur seligsten Jungfrau ist gleichfalls in der Andacht für die armen Seelen begriffen, mögen wir sie nun als die Mutter Jesu betrachten, als welche sie an den Ehren seiner heiligen Menschheit Theil hat, oder als Mutter der Barmherzigkeit, als welche sie besonders durch Werke der Barmherzigkeit verehrt wird, oder endlich im besondern Sinne als die Königin des Fegfeuers, in welcher Eigenschaft ihr die Wohlfahrt und Befreiung dieser leidenden Seelen besonders am Herzen liegt.

Sodann kommt die Andacht zu den heiligen Engeln, und auch diese wird durch die Andacht für die armen Seelen befriedigt. Denn sie trägt dazu bei, die leeren Throne in den englischen Chören auszufüllen, welche der Fall Lucifer's und eines Dritttheils der himmlischen Heerschaaren verursachte. Sie vermehrt die Gesellschaft der seligen Geister. Wir dürfen auch glauben, daß sie mit besonderm Interesse auf jenen Theil der Kirche schauen, welcher im Fegfeuer liegt, weil derselbe bereits mit ihrem eigenen Schmucke, der endlichen Beharrlichkeit, gekrönt, obgleich noch nicht in das Erbtheil eingegangen ist, wie sie. Viele von ihnen haben auch ein zartes persönliches Interesse am Fegfeuer. Tausende, vielleicht Millionen von ihnen sind die Schutzengel Jener, und ihr Amt ist noch nicht vorüber. Tausende haben Schutzbefohlene dort, die ihnen im Leben besonders ergeben waren. Wird der heilige Raphael, welcher dem Tobias so getreu war, seinen Schützlingen dort weniger getreu sein? Maria Dionysia aus dem Orden der Heimsuchung pflegte ihren Engel jeden Tag wegen der Gnade zu beglückwünschen, daß er standhaft blieb, während so viele um ihn abfielen. Es war, wie ich oben bemerkte, das Einzige, was sie bestimmt von seinem vergangenen Leben wissen konnte. Konnte er sie unbeachtet lassen, wenn sie nach dem Willen Gottes in's Fegfeuer kam? Der heilige Michael ferner, als Fürst des Fegfeuers, nimmt, um das theure Amt zu erfüllen, das ihm durch die Kirche in der Messe für die Todten zugetheilt wird, jeden Akt der Liebe für die seiner Sorgfalt anvertrauten armen Seelen als eine Huldigung auf, die ihm selbst dargebracht wird; und wenn es wahr ist, daß ein edelmüthiges Herz stets das Kennzeichen eines dankbaren ist, so wird dieser erhabene Geist, dessen Güte seinem Muthe gleichkommt, uns einst auf eine Weise belohnen, die eines solchen Fürsten würdig ist.

Auch der Verehrung für die Heiligen wird in dieser Andacht für die Verstorbenen gedient. Sie erfüllt dieselben mit den Freuden der Liebe, da sie ihre Reihen vermehrt und verschönert. Zahllose Schutzheilige haben ein persönliches Interesse an einer Menge von Seelen. Das liebevolle Verhältniß zwischen ihren Klienten und ihnen besteht nicht nur, sondern es mischt sich noch ein tieferes Gefühl der Zärtlichkeit ein, wegen der schrecklichen Leiden, welche diese Wesen dulden, und ein lebendigeres Interesse wegen des von ihnen errungenen Sieges. Sie sehen in den armen Seelen das Werk ihrer eigenen Hände, die Frucht ihres Beispiels, die Erhörung ihres Gebetes, den Erfolg ihres Schutzes, die schöne Krone ihrer liebevollen Fürbitte. All' dieß läßt sich besonders auf die Stifter von Orden und Congregationen anwenden. Ach! diese heiligen Stifter sind die Kinder des heiligen Herzens Jesu; sie sind mit seinem kostbaren Blute genährt worden, einem Blute, süßer als Milch und lieblicher als der Wein von den Trauben Engaddi's. Wer könnte die Sorgfalt ausdrücken, welche diese frommen Stifter für diejenigen ihrer Kinder empfinden, die in den Flammen das Werk ihrer Reinigung vollenden? Diese Seelen ehrten sie im Leben, sie lebten im Hause ihres Vaters und Stifters; seine Stimme klang immer in ihren Ohren; seine Feste waren Tage des Gesanges und der geistlichen Freude; seine Reliquien waren ihr Schild; seine Regel ihr anderes Evangelium; seine Worte und Thaten waren immer auf ihren Lippen, und seine Kleidung war ihnen so theuer, als das Gewand eines Königs seinem Lieblinge. Er war den ganzen Tag bei ihnen, so lange sie lebten, und als es mit ihnen zum Sterben kam, konnte, den Namen Jesu und Maria's ausgenommen, kein anderer Name so sehr ihren Geist beruhigen, die Anfälle der Dämonen zurücktreiben und dem Tode seine Schrecken rauben, als der seinige. Was Wunder, wenn ihr Stifter sie liebt, da er sie, die Edelsteine seines Ordens, den Ruhm seiner Regel, in ihrer unbefleckten Schönheit mitten in den sühnenden Flammen gefangen sieht!

2) Diese Andacht für die Verstorbenen hat aber auch noch einen andern, ihr eigenthümlichen Charakter. Sie beschränkt sich nicht auf Worte und Gefühle, und führt endlich blos zu einer Handlung. Sie ist an sich selbst eine Handlung, und deßhalb eine substantielle Andacht. Sie spricht, und eine That ist geschehen; sie liebt, und eine Pein ist vermindert; sie opfert, und eine Seele ist befreit. Wir möchten sie fast in ihrer Art mit der schaffenden Stimme Gottes vergleichen, welche wirkt, was sie sagt, und hervorbringt, was sie befiehlt. Was der Kirche besonders am Herzen liegt, sind die Werke der Barmherzigkeit. Sehet, wie sie alle in dieser Andacht für die Verstorbenen erfüllt werden! Sie nährt die hungrigen Seelen mit Jesus, dem Brode der Engel. Sie gibt ihnen in ihrem Durste sein kostbares Blut zu trinken; sie kleidet

die Nackten mit einem Gewande der Glorie. Sie besucht die Kranken mit mächtigen Heilmitteln und tröstet sie wenigstens durch den Besuch; sie befreit die Gefangenen aus Banden, die schrecklicher sind, als der Tod, und setzt sie in den Besitz einer himmlischen, ewigen Freiheit; sie nimmt die Fremdlinge auf, und der Himmel ist die Herberge, in welche sie dieselben aufnimmt; sie begräbt die Todten im Schooße Jesu, um hier eine ewige Ruhe zu genießen. O! wenn der letzte Tag kommen und unser Herr jene sieben Fragen über die Werke der Barmherzigkeit stellen wird, wie glücklich wird dann Derjenige sein, und wäre es der ärmste Bettler unter uns, der nie ein Almosen gab, weil er selbst von Almosen leben mußte, welcher seine Vertheidigung mit beredten Worten von Schaaren seliger Geister übernommen sieht, denen er alle diese Barmherzigkeiten erwies, während sie in ihrer Gefangenschaft der Erlösung harrten! Dreimal des Tages stellte sich der heilige Franz von Sales in die Gegenwart Gottes, als vor seinen Richter, und versuchte sich nach den Gesetzen Jesu Christi zu richten. Laßt uns nur dieß thun, und wir werden ebenso viele Diener des heiligen Michael, ebenso viele Schutzengel jenes schönen, aber traurigen Landes werden, wo die Seelen dulden und harren.

3) Es gibt noch einen andern Gesichtspunkt, unter welchem wir diese Andacht betrachten können. Wir finden hier eine ganz vollständige schöne Uebung der drei theologischen Tugenden, des Glaubens, der Hoffnung und der Liebe, welches die übernatürlichen Quellen unsers ganzen geistigen Lebens sind. Sie übt den Glauben, weil sie die Menschen anleitet, nicht nur in der unsichtbaren Welt zu verweilen, sondern auch mit solcher Energie und Ueberzeugung für dieselbe zu wirken, als ob sie vor ihren Augen stände. Gedankenlose oder schlechtunterrichtete Leute er-

schrecken manchmal fast über die Genauigkeit, Vertraulichkeit und Sicherheit, mit welcher Andere über die unsichtbare Welt sprechen, als ob es die Ufer des Rheins wären oder die Olivengärten der Provence, die Campagna von Rom oder die reizende Küste von Neapel, kurz; ein Ort, den sie auf ihren Reisen gesehen, und dessen geographisches Bild sie immer so lebhaft in der Erinnerung tragen, wie wenn es vor ihren Augen schwebte. Dieß alles kommt aus dem Glauben, aus dem Gebete, aus der geistlichen Lesung, aus der Kenntniß des Lebens der Heiligen und aus dem Studium der Theologie. Es wäre auffallend und traurig, wenn es nicht so wäre. Denn was für ein Interesse, oder was für eine Bedeutung hat für uns die Welt, die wir sehen, gegen die Welt, welche wir nicht sehen? Diese Andacht übt auch unsern Glauben an die Wirkungen des heiligen Opfers und der Sacramente; Dinge, die wir nicht sehen, aber von welchen wir täglich mit Rücksicht auf die Verstorbenen, als von unzweifelhaften und vollendeten Thatsachen sprechen. Sie erhebt unsern Glauben an die Gemeinschaft der Heiligen auf einen Grad, daß ein Irrgläubiger lächeln würde, wenn man ihm sagte, daß er einst an eine so außerordentliche Lehre glauben müsse. Sie kennt den unsichtbaren Schatz, woraus die Ablässe kommen, und die unsichtbaren Schlüssel, welche diese Schatzkammer öffnen, und das unsichtbare Werk, welches sie verrichten, gerade so, wie man von der Existenz sinnlicher Gegenstände überzeugt ist. Die schwierige Lehre von der Genugthuung ist für den Glauben dieser Andacht keine Schwierigkeit. Sie bewegt sich darin mit der größten Leichtigkeit, trifft ihre eigenen Anordnungen, überträgt ihre Genugthuungen da und dorthin, wendet sie dem einen oder dem andern zu, und ist dabei fest überzeugt, daß sie alle Gott wohlgefällig sind. Die Einzelnheiten im täglichen Haushalte werden nicht mit mehr Ruhe besorgt, als alle diese verborgenen Dinge, die alle Augenblicke dem Verstande beinahe die schwierigsten Folgen darbieten. Diese Andacht zeigt denselben ruhigen Glauben an alle jene katholischen Andachten, die, wie ich vorhin erwähnte, in dieser Andacht für die Verstorbenen ihren Mittelpunkt finden. Daher sagt der Apostel: „Der Gerechte lebt aus dem Glauben, wenn er sich aber entzieht, wird er mir nicht mehr gefallen;" und was ist der Glaube anders, als „der feste Grund für das, was man hofft, und eine gewisse Ueberzeugung von dem, was man nicht sieht?" [1]

Diese Andacht ist auch eine heroische Uebung der Hoffnung, einer Tugend, welche leider in dem geistlichen Leben unserer Zeit so selten ist. Denn seht, was für ein mächtiges Gebäude diese Andacht aufrichtet, in welches sie auf die eine oder die andere Weise die ganze Schöpfung hineinzieht! Und auf was ruht dieß alles, als auf einem einfältigen, kindlichen Vertrauen auf die Treue Gottes, welche das übernatürliche Motiv der Hoffnung ist? Wir hoffen für die Seelen, denen wir helfen, und unbegränzt sind die Segnungen, die wir für sie hoffen. Wir hoffen selbst Barmherzigkeit zu finden wegen unserer Barmherzigkeit, und diese Hoffnung stärkt unsere Anstrengungen, ohne dem Verdienste unserer Liebe Abbruch zu thun. Wenn wir unsere Genugthuungen und die Abläsie, die wir gewinnen, den Seelen im Fegfeuer schenken, anstatt für uns selbst zu behalten, was ist dieß anders, als eine heroische Uebung der Hoffnung? Wir verlassen uns auf Gott, und halten uns kaum bei dem Gedanken auf, daß wir so selbst unser Urtheil fällen, deßhalb vielleicht viele Jahre länger in jenem unerlöschlichen Feuer bleiben zu müssen. Wir verschließen unsere Augen, wir unterdrücken den Gedanken, wenn er uns aufsteigt, wir geben unser

---

[1] Hebr. 10 u. 11.

Almosen und werfen uns getrost in die Arme Gottes.
Unsere Hoffnung wird uns nicht täuschen. Wer hat je
auf Ihn vertraut und sah sein Vertrauen getäuscht? Nein,
nein! Alles ist sicher, wenn man Gott die Sorge über=
läßt. Diese Andacht beschäftigt sich ferner mit Dingen,
die jenseits des Grabes liegen, und dort ist die Region
der Hoffnung. Ein Schleier verbirgt uns den Ort, so
sie wohnt. „Durch Hoffnung werden wir selig. Die Hoff=
nung aber, welche man sieht, ist keine Hoffnung; denn
was Jemand sieht, wie hofft er mehr darauf? Wenn wir
aber das hoffen, was wir nicht sehen, so erwarten wir
es mit Geduld." [1]) Denn der Zustand der Todten ist
kein Traum, auch nicht unsere Macht, ihnen zu helfen,
ebenso wenig als die Reinheit Gottes oder das kostbare
Blut ein Traum ist. Obwol es daher viele Tröstungen
gibt, so haben wir doch den festesten Trost, „wir, die da
eilen, die angebotene Hoffnung festzuhalten, welche ein
sicherer und fester Anker für unsere Seele ist, der bis in's
Innere des Vorhangs hineingeht, wohin als Vorläufer
für uns eingegangen ist Jesus, welcher nach der Weise des
Melchisedech Hoherpriester geworden ist auf ewig." [2])

Was die Liebe dieser Andacht betrifft, so wagt sie
sogar die Liebe Gottes selbst nachzuahmen. Was gibt es
im Himmel oder auf Erden, das sie nicht umfaßte, und
mit solcher Leichtigkeit und Anmuth, als ob es ihr kaum
eine Anstrengung kostete, oder als ob die Selbstsucht weg=
gezaubert wäre und sich nicht einmischen könnte, um sie zu
zerstreuen? Es ist eine Uebung der Liebe Gottes, denn
wir lieben dadurch diejenigen, die Er liebt, und zwar
weil Er sie liebt, und um seine Ehre zu erhöhen und sein
Lob zu vervielfältigen. In dieser einzigen Liebe ist eine
hundertfache Liebe Gottes enthalten, wie wir einsehen wür=

---

[1]) Röm. 8. — [2]) Hebr. 6.

ben, wenn wir über jene armen Seelen nachdächten und uns Alles deutlich vorstellten, was der endliche Eingang einer Seele in die Ewigkeit in sich schließt. In dieser Andacht zeigt sich auch die Liebe zur heiligen Menschheit Jesu, weil sie die Früchte der überreichen Erlösung Jesu vermehrt. Sie ehrt seine Verdienste, Genugthuungen, Anordnungen und Geheimnisse. Sie bevölkert seinen Himmel und verherrlicht sein Blut. Sie ist mit Jesus, mit seinem Geiste, mit seinem Werke, mit seiner Macht, mit seinen Siegen erfüllt. Ebenso ist sie auch eine Uebung der Liebe zur seligsten Jungfrau, wie wir schon gesehen haben, und zu den Engeln und Heiligen. Wie überschwenglich ist ihre Liebe zu den Seelen selbst, mögen wir ihnen nun das rechte Maß von Allem geben, was die Kirche uns zu thun befiehlt, und noch manches freiwillige Almosen dazu, oder das volle Maß unserer Genugthuungen während unsers Lebens, wenn die Gerechtigkeit uns nicht verpflichtet, anders darüber zu verfügen, was die heilige Gertrud that; oder das wohlgerüttelte Maß, welches Alles hinzufügt, was für uns nach dem Tode geschehen soll, wie wir an dem heroischen Akt der Selbstentsagung des Paters Monroy sehen; oder endlich das überlaufende Maß, welches alle übrigen besondern Werke der Liebe darauf häuft, um diese Andacht durch Gespräche, Predigten, Bücher, durch Erlangung von Messen, Kommunionen, Bußübungen, Ablässen von Andern für diese armen Seelen zu fördern. Alle auf Erden lebenden Menschen, selbst die unbekehrten Sünder, sind in dieser Andacht eingeschlossen, weil sie die triumphirende Kirche vermehrt und so für uns, die wir noch auf Erden kämpfen, die Fürbitter vervielfältigt. Auch für uns selbst ist sie eine Uebung der Liebe, denn sie gewinnt uns Freunde im Himmel, sie erlangt Barmherzigkeit für uns, wenn wir selbst im Fegfeuer sein werden, ruhig und ergeben, aber ach, in welcher Verlassenheit! Sie vermehrt auch unsere Verdienste in den Augen Gottes, und dadurch, wenn wir verharren, unsere ewige Belohnung jenseits. Wenn nun diese zarte Liebe für die Abgestorbenen eine solche Uebung für die drei theologischen Tugenden ist, und wenn ferner sogar der höchste Grad der Heiligkeit vorzüglich in ihrer Uebung besteht, welchen Nutzen müssen wir nicht aus dieser schönen und rührenden Andacht ziehen!

4) Ein anderer Vorzug dieser Andacht liegt in ihren Wirkungen auf das geistliche Leben. Sie ist in der That so lehrreich und erhaben über unsere Natur, daß wir über den Einfluß nicht staunen dürfen, welchen sie auf das geistliche Leben ausübt. Zuerst ist sie ein verborgenes Werk vom Anfange bis zum Ende. Wir sehen die Resultate nicht, so daß die Eitelkeit hier wenig Nahrung findet. Auch ist es keine Andacht, deren Uebung irgendwie Andern in die Augen fällt. Ueberdieß ermuntert sie uns zu einer gänzlichen Entsagung unserer selbst, indem sie uns einladet, uns der Genugthuungen und der Abläße zu berauben, die wir gewonnen haben, und ein zartes Interesse an einem Gegenstande zu unterhalten, der uns nicht mittelbar angeht. Hier geschieht Alles nicht blos zur Ehre Gottes, sondern zur größern Ehre Gottes und einzig zu seiner Ehre. Diese Andacht hilft uns, daß wir uns einen richtigen Begriff von den Seelen bilden, was in dieser sinnlichen Welt sehr schwer ist, und daß wir sie uns blos als Bräute Jesu denken. Wir erlangen so eine Geistesrichtung, welche siegreich gegen den Geist der Welt und die Tyrannei der menschlichen Rücksichten streitet, während sie dem Gifte der Selbstliebe entgegenwirkt. Der unabläßige Gedanke an die armen Seelen hält uns ein beständiges Bild des Leidens vor, nicht eines blos passiven Leidens, sondern einer freudigen Ergebung in den Willen Gottes. Dieß ist aber gerade der Geist, welcher das ganze Evangelium durchweht; ferner theilt diese Andacht uns

gleichsam durch Sympathie die Gefühle jener armen Seelen mit, und vermehrt so unsere Ehrfurcht vor der Reinheit Gottes. Der Geist dieser Andacht ist ein Geist zarten Mitleids, und dieß ist ein Gegenmittel gegen Frivolität und Herzenshärtigkeit, und zeugt wunderbar von dem liebevollen Charakter, welcher zur hohen Heiligkeit gehört. Und wer kann sagen, was kommen wird, wenn wir Jahre lang ein solches Vorbild eines unaussprechlichen und geduldigen Verlangens, bei unserm Herrn zu sein, beständig vor Augen haben? Ach, wie ist das Leben eines eifrigen Katholiken so wunderbar! Es ist fast allmächtig, fast allgegenwärtig, weil nicht so fast er lebt, als Christus in ihm. Wie ist es möglich, daß wir allstündlich in unserm Leben berühren und handhaben, was so voll von einer übernatürlichen Kraft, von einer geheimen Salbung und von göttlicher Stärke ist, und daß wir doch in unserm Leichtsinn die fromme Meinung vernachlässigen, und mitten in diesem erstaunlichen, übernatürlichen System der Gnade die Zeit verschleudern, so gedankenlos, fast wie ein in die Erde gebetteter Stein, der sich täglich mit ihr herumdreht, ohne Bewußtsein von dem Umschwunge, den er macht.

Es scheint unnütz, die verschiedenen Arten aufzuzählen, wie wir diese Andacht üben können. Sie sind den Katholiken hinlänglich bekannt, und genauer in dieselben einzugehen, würde selbst ein Buch erfordern. Das hochheilige Opfer der Messe und die Abläße sind natürlich stets die Hauptmittel, unsere Liebe gegen die Abgeschiedenen zu bethätigen, und von den Andachten, welche mit Abläßen verknüpft sind, habe ich vor, anderswo ausführlich zu sprechen. Es wäre zu wünschen, daß die schöne Andacht, den Monat November besonders für die armen Seelen zu widmen, in derselben Weise, wie wir den Monat Mai der seligsten Jungfrau weihen, unter uns einheimisch und allgemein üblich werden möchte. Es gibt kaum eine Andacht in der Kirche, welche unserm Charakter und unsern Gefühlen so zusagt, als die für die armen Seelen im Fegfeuer. Nur dürfen wir bei allen unsern Uebungen nicht vergessen: 1) was für geringe Fehler gute Menschen zu sühnen haben, und 2) wie lange der Läuterungsprozeß dauert; wo es kein Verdienst geben kann, denselben abzukürzen oder den Werth der Leiden zu erhöhen.

§. 7. Beispiele der Heiligen.

Während die Wahl besonderer Uebungen füglich der Andacht jedes Einzelnen überlassen werden kann, muß etwas noch von den Beispielen der Heiligen gesagt werden. Ueber diesen Gegenstand sind sie, wie sich's erwarten läßt, fast unerschöpflich. Ich habe zwar nicht im Sinne, euch mit vielen zu belästigen; aber ich wünschte doch, die vorhergehende Lehre mit den Beispielen heiliger Personen zu beleuchten und zu bekräftigen. Die Zwiegespräche des heiligen Gregor des Großen können als die Hauptquelle der Andacht für die armen Seelen in allen folgenden Zeiten gelten, und der Pater Peter Faber pflegte zu sagen: Gregor sei zwar ein Heiliger, welcher aus vielen Rücksichten geliebt und verehrt zu werden verdiene; aber dieß sei sein Hauptverdienst, daß er (ich führe hier seine eigenen Worte an) die Lehre vom Fegfeuer so lichtvoll und klar uns dargelegt habe. Er dachte nämlich, daß, wenn der heilige Gregor uns nicht so Vieles von den armen Seelen gesagt hätte, die Andacht für sie in den folgenden Jahrhunderten viel kälter gewesen wäre.

Zwar haben Andachten für die Verstorbenen die meisten Heiligen in ganz besonderer Weise charakterisirt, wie uns denn auch der heilige Thomas sagt, daß die Liebe unvollkommen ist, so lange sie nicht die Todten eben so einschließt, als die Lebendigen; demungeachtet hat es gewisse heilige Personen gegeben, welche Gott erweckt zu haben scheint, um aus ihrem Leben ein übernatürliches Opfer für die Seelen im Fegfeuer zu machen. Die Schwester Josepha von Santa Inez, eine Augustinerin, war eine derselben, und die Schwester Franziska von Pampelona, eine Karmeliterin, ebenfalls. Sie schienen beide für diesen Einen Zweck zu leben, und standen beständig mit den abgeschiedenen Seelen in Verbindung. Ihre Zellen waren oft mit ihnen angefüllt, besonders die der Schwester Inez. Auch in andern Rücksichten war der Charakter der Heiligkeit dieser zwei Nonnen sich außerordentlich ähnlich. In Betreff des Fegfeuers können wir ohne den geringsten Scrupel uns solcher Offenbarungen bedienen, nach dem Beispiele einer so wichtigen Autorität, wie Kardinal Bellarmin ist, welcher in seiner Abhandlung über das Fegfeuer, wie ich bereits bemerkte, immer einige Privatoffenbarungen als ein Beweisstück hinzufügte. Aus vielen Gründen habe ich es vorgezogen, mein Beispiel aus dem Leben der Schwester Maria Dionysia von Martignat aus dem Orden der Heimsuchung zu nehmen, welche im Kloster zu Annecy im Jahre 1653 starb. Die Länge meiner Erzählung will ich nicht entschuldigen, weil Ein ausführlich erzähltes Beispiel den Gegenstand besser beleuchten wird als ein Dutzend kurzer Geschichten.

Zur Zeit, als Fräulein Martignat den französischen Hof mit dem des Carl Emanuel zu Turin vertauschte, lebte in jener Hauptstadt eine Dame, welche unter dem Namen „Mutter Antäa" bekannt war. Sie hatte von dem heiligen Geiste eine besondere Gabe empfangen, sich dem Dienste der Seelen im Fegfeuer zu widmen, und bereits viele Jahre in dieser Weise zugebracht. Als sie die Bekanntschaft mit Fräulein Martignat machte, erlangte sie von Gott durch ihr Gebet, daß Maria Dionysia ihre Nachfolgerin in ihrem hohen Berufe werden sollte, und in der That war ihre Seele die erste, welche Maria

Dionysia sah, als sie nach einer Gefangenschaft von fünf Stunden aus dem Fegfeuer kam, welche Strafe sie erstehen mußte, weil sie den Eingebungen nicht gefolgt war, die sie in Betreff gewisser guter Werke erhalten hatte. Die Mutter Antäa hatte ihr gesagt, daß sie endlich in ein Kloster gehen werde, wie ihr auch der heilige Franz von Sales einige Jahre früher zu Paris deßhalb einen Wink gegeben hatte. Als die Zeit kam, wurde es bestimmt, daß sie in das Kloster der Heimsuchung zu Annecy treten sollte. Sie wurde auf ihrer Reise von einer Menge armer Seelen begleitet, deren Gegenwart ihr so fühlbar war, daß sie nicht einmal den Uebergang über den Mont Cenis bemerkte, so vertieft war sie in den Verkehr mit ihnen. Auf das Gebet der Mutter Antäa hatte Maria Dionysia eine wunderbare geheimnißvolle Gnade empfangen, während sie vor dem heiligen Schweißtuch zu Turin betete, wodurch sie eine unbegränzte Gewalt über die Seelen im Fegfeuer erhielt, und ihre ersten Jahre in Annecy wurden ganz den Andachtsübungen für diese Seelen gewidmet. Sie enthüllten ihr manche Dinge; so z. B. sagten sie ihr, als sie Krankenwärterin war, es gäbe keinen Ort, wo so viele Teufel sich aufhalten oder wo sie so thätig wären, als in einer Krankenstube, weil hier die Seele ihren letzten Kampf für die Ewigkeit auszufechten habe.

Sie war beständig von ihnen begleitet und ihre Gegenwart war ihr fühlbar. Sie sagte der Oberin, sie fürchte dieselben so wenig, daß sie sich vielmehr mitten unter einer Schaar dieser Seelen ebenso behaglich fühle, als in der Gesellschaft ihrer Schwestern, und im Umgang mit ihnen finde sie für ihre Seele mehr Nutzen, als in dem Verkehre mit den Lebendigen. In der Erholungszeit sprach sie immer mit großer Beredtsamkeit von dieser ihrer Lieblingsandacht. Ihre Oberin drückte einmal den

Wunsch aus, von einer Seele aus dem Fegfeuer besucht zu werden, wenn dieser Besuch sie demüthiger und Gott angenehmer machen würde. Maria Dionysia erwiederte: „Wohlan, meine liebe Mutter, wenn Ihr den Muth und das Verlangen habt, so wollen wir unsern Herrn bitten, daß Er es Euch gewähre." Die Oberin war damit einverstanden, und erstaunte, noch an demselben Abende ein geheimnißvolles Zeichen von einer leidenden Seele zu empfangen, welche sie von diesem Augenblicke an häufig besuchte. Mehrere aus der Gemeinde schliefen im Zimmer der Oberin und waren Augen- und Ohrenzeugen dieser Besuche, und dieß dauerte sieben ganze Monate fort. Am Ende dieser Zeit sagte Maria Dionysia zu der Oberin, daß die Fortdauer der Pein des Fegfeuers für eine solche Seele, wie diejenige sei, welche sie besucht habe, ihr zeigen werde, um wie viel länger diese Seelen in jenem Leidensorte gefangen gehalten werden, als sie es sich vorher gedacht habe, und zwar aus vier Gründen: 1) wegen der unbegreiflichen Reinheit, welche die Seelen besitzen müssen, ehe sie sich Demjenigen vorstellen können, welcher die Heiligkeit und Reinheit selbst sei, und welcher Niemand in sein himmlisches Jerusalem aufnehme, der nicht so rein sei, wie die Stadt selbst; 2) wegen der unzählbaren Menge läßlicher Fehler, welche wir in diesem Leben begehen, und wegen der geringen Buße, die wir für die Todsünden thun, die wir gebeichtet haben; 3) wegen der Unfähigkeit dieser Seelen, sich selbst zu helfen; und 4) wegen der Lauigkeit und Nachlässigkeit des größten Theils der Christen, für diese Seelen zu beten und gute Werke zu verrichten, da die Verstorbenen fast ebenso bald dem Gedächtniß der Lebendigen entschwinden, als sie ihnen aus den Augen sind, während die wahre Liebe denen, die sie liebt, durch die Flamme des Fegfeuers bis zu den Freuden des Paradieses folgt.

Das Fest Unserer Frau von den Engeln war ein Tag, an welchem Maria Dionysia gewöhnlich die Befreiung vieler Seelen aus dem Fegfeuer erlangte. Einst nach der Kommunion an diesem Tage fühlte sie eine heftige innere Bewegung, wie wenn unser Herr ihr die Seele aus dem Leibe nähme und sie an die Gränze des Fegfeuers führte. Hier zeigte Er ihr die Seele eines mächtigen Fürsten, welcher in einem Duell getödtet worden war, dem aber Gott die Gnade verliehen hatte, noch vor seinem letzten Athemzuge einen Akt der Reue zu erwecken, und es wurde ihr befohlen, besonders für ihn zu beten. Sie that dieß neun Jahre und drei Monate lang und gab sogar ihr Leben zum Opfer für seine Seele hin, und doch wurde er nicht befreit. Von dieser Erscheinung seiner Seele wurde sie so überwältigt, daß die Oberin merkte, es müsse ihr etwas Außerordentliches begegnet sein. Sie erzählte die Vision und fügte hinzu: „Allerdings, meine liebe Mutter, ich habe jene Seele im Fegfeuer gesehen; aber ach! wer wird sie befreien? Vielleicht wird sie nicht herauskommen bis zum Tage des Gerichts. Ach, meine Mutter," fuhr sie unter Thränen fort, „wie gut ist Gott in seiner Gerechtigkeit! Wie sehr ist dieser Fürst dem Geiste der Welt und des Fleisches gefolgt! Welche geringe Sorgfalt hatte er für seine Seele, und welche geringe Andacht bei dem Besuch der Sacramente!" Die Wirkung dieser Erscheinungen und ihrer Bußübungen für diese Seele hatte einen solchen Einfluß auf ihre leibliche Gesundheit, daß die Oberin ihr deßhalb Vorstellungen machte; aber sie erwiederte, sie müsse nun unabläßig leiden, da sie sich Gott aufgeopfert habe, um jener armen Seele eine Linderung ihrer Pein zu verschaffen. „Und doch, meine liebe Mutter, bin ich nicht so sehr bewegt über den kläglichen Zustand des Leidens, worin ich jene Seele erblickt habe, als ich mich über den seligen Augenblick der Gnade wunbere, welcher ihre Rettung herbeiführte. Dieser glückliche Augenblick scheint mir ein Uebermaß der unendlichen Güte und Liebe Gottes. Die Handlung, worin er starb, verdiente die Hölle. Es war keine Aufmerksamkeit auf Gott von seiner Seite, was jenen kostbaren Augenblick der Gnade vom Himmel erlangte. Es war eine Wirkung der Gemeinschaft der Heiligen, durch welche er an den Gebeten Theil nahm, welche für ihn verrichtet wurden. Ach! meine liebe Mutter, von nun an müssen wir alle Welt auffordern, von Gott, von der heiligen Jungfrau und den Heiligen die so kostbare Gnade der endlichen Beharrlichkeit in der Todesstunde zu erflehen und ihr auch die Wege durch gute Werke zu bereiten; denn wenn es auch unserm Herrn manchmal gefällt, von seiner gewöhnlichen Weise zu handeln, abzugehen, so berechtigt uns doch nichts zur Annahme, daß eine solche Gunst uns zu Theil werden muß. Es gab viele Schlachten in Israel, aber die Sonne stand nie still, als für Josua und ging nur für Ezechias zurück. Eine Million Seelen hat ihr Verderben in derselben Handlung gefunden, wo dieser Fürst sein Heil fand. Er erlangte sein Bewußtsein nur auf einen Augenblick wieder, um mit dieser kostbaren Regung der Gnade mitzuwirken; dieser Augenblick flößte ihm eine wahrhafte Zerknirschung ein, die ihn in den Stand setzte, einen aufrichtigen Akt der Reue zu erwecken." Als die Oberin gegen diese Ansicht einen Einwurf machte, gab ihr die fromme Schwester zur Antwort: „Meine liebe Mutter, da der Fürst den Glauben nicht verloren hatte, glich er einem Zweige dürren Holzes, das leicht Feuer fängt; als daher der Funke der göttlichen Gnade den christlichen Mittelpunkt seiner Seele berührte, wurde das Feuer der Liebe entzündet und brachte den rettenden Akt hervor. Gott bediente sich des Instinktes, welchen wir von Natur besitzen, unsern Schöpfer anzurufen, wenn wir in bringender Gefahr sind, das Leben zu verlieren, welches wir von Ihm empfangen haben, und so rührte Er den Fürsten, und gab ihm den Gedanken ein, zur wirksamen Gnade seine Zuflucht zu nehmen. Die göttliche Gnade ist thätiger, als wir uns denken können. Wir vermögen mit unsern Augen nicht so schnell zu winken, als Gott sein Werk in der Seele wirken kann, wo Er die Mitwirkung sucht, und der Moment, in welchem die Seele ihren Akt der Mitwirkung mit der Gnade vollzieht, ist fast eben so kurz, als derjenige, in welchem sie dieselbe empfängt; dadurch erfährt die Seele, wie wunderbar sie nach dem Bilde und Gleichniß Gottes geschaffen ist." Da die Oberin sah, in welche geheimnißvolle Tiefen Maria Dionysia sich zu versenken im Begriffe stand, unterbrach sie dieselbe mit der Bemerkung, daß Gott vierzig Jahre mit den Kindern Israels sich beschäftigt habe, und selbst dann hätten sie sich nicht von ihren bösen Wegen bekehrt. „Allerdings, meine liebe Mutter," versetzte die Schwester; „aber dann schwur Er auch in seinem Zorne, daß sein verhärtetes Volk nicht eingehen solle in seine Ruhe. Die siegreiche Gnade brauchte nur einen Augenblick, um den heiligen Paulus niederzuschlagen, und über sein Herz zu triumphiren. Die Gerichte und das Verfahren Gottes sind Abgründe, die wir nicht erforschen dürfen; aber Eines kann ich euch versichern, daß ohne diesen glücklichen Augenblick der Gnade die Seele des Fürsten in die tiefste Hölle hinabgefahren wäre, und seit der Teufel ein Teufel geworden ist, sah er sich vielleicht nie in seiner Erwartung mehr getäuscht, als da er diese Beute verlor. Denn er hatte nichts von der innern Stimmung seines Opfers in jenen wenigen Sekunden gewußt, welche die göttliche Güte ihm nach seiner tödtlichen Verwundung bewilligte."

Die Sprache kann die geistlichen und leiblichen Leiden fast nicht beschreiben, welche Maria Dionysia für die Erleichterung dieser Seele ausstand. Die Mutter de Chaugy widmet ihnen ein ganzes Kapitel und sie sind denjenigen ganz gleich, die wir von einigen Heiligen lesen. Nach einem langen Marterthum dieser Art gefiel es Gott, ihr in einer Vision die leidende Seele des Fürsten ein wenig über den brennenden Abgrund erhoben zu zeigen; sie erhielt zugleich die Versicherung, daß er einige Zeit vor dem letzten Tage befreit werde, und daß ihm der Nachlaß einiger Stunden am Fegfeuer bewilligt worden sei. Sie bat die Mutter de Châtel, für ihn zu beten; die gute Mutter willigte ein, konnte sich aber nicht enthalten, ihr Erstaunen auszudrücken, daß Maria Dionysia nur von der Abkürzung einiger Stunden gesprochen habe. Darauf versetzte die Schwester: „Meine Mutter, es ist schon viel, daß die göttliche Barmherzigkeit es uns gestattet, einigen Einfluß auf sie zu üben; die Zeit hat nicht dasselbe Maß im andern Leben, wie in diesem; jahrelange Betrübniß, Armuth und Krankheit in dieser Welt ist nicht zu vergleichen mit einer einzigen Stunde des Leidens der armen Seelen im Fegfeuer." Es würde mich zu weit führen, wenn ich alle Mittheilungen berichten wollte, welche unser Herr ihr über den Zustand dieser Seele machte. Es kam endlich dahin, daß sie ihr Leben blos für seine Erleichterung, nicht für seine Befreiung aufopferte, und das Opfer wurde angenommen. Nicht lange vor ihrem Tode, als die Oberin äußerte, daß diese Seele jetzt gewiß frei sein werde, sprach Maria Dionysia mit großer Wärme: „O Mutter, viele Jahre und viele Gebete sind noch dazu nöthig." Als sie endlich starb, sprach sie kein Wort davon, daß der Fürst selbst durch jenes heroische Opfer befreit sei, welches neun Jahre des Leidens, der Gebete, der Messen, der Kommunionen und Abläße krönte, die dieser Seele nicht nur von ihr, sondern auch von vielen Andern zu Theil wurden. Wie viel ließe sich noch über all dieß schreiben! Aber Herzen, die Gott lieben, werden es von selbst verstehen.

Nun noch ein Wort. Unter den Sorgen, welche empfindsame Herzen quälen, gibt es eine, die in jeder folgenden Generation der Welt größer zu werden scheint. Es ist die ungeheure Zunahme der Armuth und des Elendes, und unsere Unfähigkeit, es zu erleichtern. Es gibt kaum Einen unter uns, welcher dieß nicht schon empfunden hat. So überwältigend ist das Elend, daß diejenigen, welche wenig zu geben haben, den Schmerz ebenso fühlen, als die, welche nichts haben, und diejenigen, welche viel zu geben haben, fast noch mehr. Denn, wer gibt, dem geht das Herz auf, und er gibt immer lieber, und Jene, die mehr zu geben haben, wissen am besten, wie gering es ist im Vergleich mit der Noth. Diese Lust jedoch, Almosen zu geben, entstammt dem heiligen Herzen Jesu und muß befriedigt werden; und wie können wir sie besser befriedigen, als dadurch, daß wir jenen Almosen geben, welche es am meisten bedürfen — den armen Seelen im Fegfeuer? Wir Alle vermögen dieß. Und wie viel könnten wir selbst für unsere Armen auf Erden thun, wenn wir ihre Sache den Seelen empfehlen würden, deren Befreiung Gott in unsere Hand gibt, und wenn wir mit ihnen eine Art Vertrag machen wollten, daß, wenn sie einmal in der freien Luft des Himmels lebten, sie um eine reichliche Ausgießung der Gnade auf die von Glücksgütern gesegneten Menschen beten sollten, damit ihre Herzen aufgehen möchten, wie die Herzen der ersten Christen, um sich selbst zu verläugnen und die Armen Christi zu unterstützen!

Diese Lehre vom Fegfeuer und die wunderbare Macht, die in die Hand derjenigen gelegt ist, welche die Andacht für die armen Seelen üben, beweist besser als alles Uebrige, wie Gott alle Dinge dazu eingerichtet hat, um uns seine

Liebe gegen uns zu zeigen, und um für sich die Liebe seiner Geschöpfe zu gewinnen. Ebenso zeigt die Vernachlässigung dieser Andacht die Undankbarkeit und Verkehrtheit, womit wir Gottes Liebe bezahlen. Wie schön und rührend war die Beschreibung, die Gott der heiligen Gertrud von sich selbst gab, wenn Er den Seelen nachfolgt: „Gerade wie ein armer Kranker," sprach Er, „der nicht gehen kann, und sich mühsam in den Sonnenschein tragen läßt, um sich ein wenig an der Wärme zu erfreuen, wenn plötzlich ein Sturm losbricht, geduldig wartet, bis der Himmel wieder hell wird — so ist es mit mir. Meine Liebe zu euch überwältigt mich und treibt mich an, mitten unter dem heftigsten Sturme eurer Sünden unter euch zu verweilen, in der Hoffnung auf die endliche Ruhe eurer Besserung und auf den stillen Hafen eurer Demuth." Wohl dürfen wir mit der heiligen Katharina von Genua ausrufen: „O Herr, wenn ich nur die Ursache Deiner so großen und reinen Liebe gegen die vernünftigen Geschöpfe wissen könnte!" Unser Herr aber gab ihr zur Antwort: „Meine Liebe ist unendlich, und ich kann nicht umhin, zu lieben, was ich geschaffen habe. Die Ursache meiner Liebe ist nichts, als die Liebe selbst, und da du siehst, daß du es nicht verstehen kannst, so beruhige dich dabei und suche nicht, was du nie finden wirst." Darauf rief die Heilige aus: „O Liebe, wer dich fühlt, versteht dich nicht, und wer dich zu verstehen wünscht, kann dich nicht kennen!"

Ich würde nur wiederholen, was ich bereits anderswo gesagt habe, wenn ich die verschiedenen Arten im Einzelnen bezeichnen wollte, wie diese Andacht unsere drei Zwecke: die Ehre Gottes, die Interessen Jesu und das Heil der Seelen fördert. In der That ist der besondere Charakter dieser Andacht ihre Fruchtbarkeit; sie ist von einer übernatürlichen Macht beseelt und bringt überall hin. Wir berühren immer eine verborgene Quelle in ihr, die weiter reicht, als wir beabsichtigten, und mehr bewirkt, als wir hofften. Sie ist einem Instrumente zu vergleichen, in welchem alle Saiten zusammenlaufen, die die Ehre Gottes verkünden; wenn Eine berührt wird, tönen alle nach und bilden so eine Melodie zum Preise Gottes, einen Theil jenes lieblichen Gesanges, welchen das heilige Herz Jesu immerdar im Schooße der heiligsten Dreifaltigkeit ertönen läßt.

Inhalt.

	Seite
Vorwort des Uebersetzers	V
Vorrede des Verfassers	VII
Morgengebet	9
Abendgebet	15
Beichtgebete	19
Kommuniongebete	25
Meßgebet	33
Kreuzweganbacht	44

I. Kapitel.
Die Interessen Jesu.

§. 1. Jesus Alles für uns — und Alles aus Liebe	51
§. 2. Was die Interessen Jesu sind	58
§. 3. Die vier Hauptinteressen Jesu: Die Verherrlichung seines Vaters	65
§. 4. Die Frucht seines Leidens	68
§. 5. Die Ehre seiner Mutter	69
§. 6. Die Werthschätzung der Gnade	71
§. 7. Wie wir die Interessen Jesu befördern können	74
§. 8. Das Gebet ein Hauptmittel, die Interessen Jesu zu fördern	77

II. Kapitel.
Die Sympathie mit Jesus.

§. 1. Die Sympathie mit Jesus, das Merkmal eines Heiligen	79
§. 2. Die Merkmale der Heiligen: Der Eifer f. d. Ehre Gottes	87
§. 3. Die Empfindlichkeit in Betreff der Interessen Jesu	89
§. 4. Emsige Sorgfalt für die Rettung der Seelen	98
§. 5. Die sechs Vortheile, welche aus der Anwendung der Ablässe auf die Seelen im Fegfeuer entspringen	99

Seite

III. Kapitel.
Die Sünde verwundet die Liebe.

§. 1. Gott, unser theuerster Vater 109
§. 2. Die Liebe des Wohlgefallens und Mitleidens . . 116
§. 3. Beispiele von der Liebe des Mitleidens . . 122
§. 4. Verschiedene Arten, die Liebe des Mitleids zu üben . 132
§. 5. Es gibt keinen wahren Schmerz über die Sünden Anderer ohne wahre, herzliche Reue über unsere eigenen. Geistliche Früchte der Liebe des Mitleidens 137

IV. Kapitel.
Gebet der Fürbitte.

§. 1. Die Rettung einer Seele 152
§. 2. Das Geheimniß des Gebetes 157
§. 3. Die drei Merkmale des gottseligen Lebens, angewendet auf das Gebet der Fürbitte . . . 164
§. 4. Für wen wir beten sollen 173
§. 5. Die Verborgenheit und Freude der Fürbitte . 185

V. Kapitel.
Der Reichthum unserer Armuth.

§. 1. Wie Gott uns beisteht, Ihn zu lieben . . 190
§. 2. Die heilige Menschheit Jesu 198
§. 3. Das heilige Leiden unsers Herrn . . . 200
§. 4. Die Andacht zur allerseligsten Jungfrau . . 208
§. 5. Die heiligen Engel 215
§. 6. Die irdischen Dinge 216
§. 7. Die göttlichen Eigenschaften 218

VI. Kapitel.
Gott, der Mittelpunkt von Allem.

§. 1. Die Hilflosigkeit der weltlichen Weisheit . . 222
§. 2. Die Lehre von der frommen Meinung näher betrachtet 227
§. 3. Die Uebungen der Heiligen 230
§. 4. Ascetische Schriftsteller 235
§. 5. Der Geist der heiligen Gertrud . . . 241
§. 6. Die Aufopferung unserer Vergnügungen . . 244
§. 7. Von der Abwechselung in den Andachten . . 256
§. 8. Von den Schutzgebeten 261

Seite

VII. Kapitel.
Danksagung.

§. 1. Die Vernachlässigung der Danksagung . . . 272
§. 2. Der Geist der Heiligen — ein Geist der Danksagung . 285
§. 3. Verschiedene Gegenstände der Danksagung . . . 289
§. 4. Danksagung für die Gabe des Glaubens . . . 303
§. 5. Danksagung nach der Messe und Kommunion . . 310
§. 6. Praktische Erwägungen über den Gegenstand . . 328

VIII. Kapitel.
Lob und Verlangen.

§. 1. Wissenschaft und Gnade 341
§. 2. Was wird unter Lob und Verlangen verstanden? . 345
§. 3. Innere Akte 349
§. 4. Erkenntniß und Liebe der göttlichen Vollkommenheiten 352
§. 5. Die Liebe des Wohlgefallens 360
§. 6. Die Heiligen und die Mittelklasse frommer Christen . 367
§. 7. Uebungen des Lobes und Verlangens . . . 373
§. 8. Die h. Gertrud und die alte Ascetenschule der Benedictiner 385
§. 9. Maria, Jesus, Gott 398

IX. Kapitel.
Das Fegfeuer.

§. 1. Gedanken über die Hölle 405
§. 2. Andacht für die sündhaften Seelen und für die armen Seelen 410
§. 3. Doppelte Ansicht vom Fegfeuer 416
§. 4. Die heilige Katharina von Genua über das Fegfeuer . 422
§. 5. Vereinigung der beiden Ansichten . . . 432
§. 6. Die Vorzüge dieser Andacht 440
§. 7. Beispiele der Heiligen 452

www.ingramcontent.com/pod-product-compliance
Lightning Source LLC
Chambersburg PA
CBHW022114300426
44117CB00007B/706